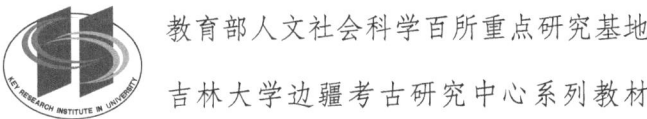

教育部人文社会科学百所重点研究基地

吉林大学边疆考古研究中心系列教材

博物馆藏品管理学

吕军 著

科学出版社

北京

内 容 简 介

藏品管理学是博物馆学的基础学科,是一门社会科学和自然科学相结合,自然科学渗透到社会科学的综合性新兴学科。本书力求全面反映当前博物馆藏品管理学理论研究若干前沿课题、热点课题的进展情况和博物馆藏品管理实践发展趋势,结合国内外博物馆藏品管理相关案例,对博物馆藏品管理的理论与实践问题展开论述。全书共分为十二章,其中第一章总论部分系统阐述了藏品、藏品管理、藏品管理学的基础知识和学科理论问题,第二章到第十二章则分别对具体问题及其原则方法进行了系统论述,修订并增补了有关我国博物馆及藏品管理等领域近年来新的实践及研究成果,同时就相关问题进行了探讨和展望。

本书填补了国内高校博物馆藏品管理学教材的空白,适用于高校考古学、文物与博物馆学等专业教学使用和国内各级各类博物馆藏品管理相关人员的业务培训,同时也可作为考古、文博工作者,尤其是文博系统藏品管理工作者、藏品管理研究者的最新专业参考书。

图书在版编目(CIP)数据

博物馆藏品管理学 / 吕军著. —北京:科学出版社,2020.12
ISBN 978-7-03-067383-1

Ⅰ. ①博⋯ Ⅱ. ①吕⋯ Ⅲ. ①藏品保管(博物馆) Ⅳ. ①G264.2

中国版本图书馆CIP数据核字(2020)第253817号

责任编辑:赵 越 / 责任校对:邹慧卿
责任印制:吴兆东 / 封面设计:刘可红

科学出版社 出版
北京东黄城根北街16号
邮政编码:100717
http://www.sciencep.com

北京厚诚则铭印刷科技有限公司印刷
科学出版社发行 各地新华书店经销

*

2020年12月第 一 版 开本:787×1092 1/16
2026年1月第八次印刷 印张:25 1/2
字数:600 000
定价:148.00元
(如有印装质量问题,我社负责调换)

本书为

吉林大学本科"十二五"规划教材

教育部人文社会科学百所重点研究基地

吉林大学边疆考古研究中心系列教材

并得到

教育部人文社会科学重点研究基地基金

吉林大学考古学院考古学科"双一流"建设项目

资助

前　言

公元前220年左右，亚历山大博物馆建立，被认为是博物馆的萌芽[①]；1683年正式对外开放的牛津大学阿什莫尔博物馆，是世界博物馆史上第一个正式向公众开放的博物馆，这也是目前被公认的年代最早的公共博物馆[②]。115年前，实业家张謇创建了南通博物苑，这是中国人自己创建的第一座博物馆[③]。今天，中国已有备案博物馆5535座[④]。那么，博物馆是怎样产生的呢？纵观国内外博物馆建立历史，不难看出，博物馆是从收藏而产生的，先有了收藏、鉴赏和向社会民众展示，然后产生了博物馆。如果没有收藏的藏品，便不能称之为博物馆。可以这样说，藏品是博物馆赖以生存和发展的重要基础。关于这一点，中国有关法规也都明确指出：博物馆藏品是国家宝贵的科学文化财产，是博物馆业务活动的物质基础[⑤]。因而博物馆藏品的管理就显得十分重要。藏品管理学作为研究藏品管理工作理论、规律和方法的科学，也就应运而生。

藏品管理学把博物馆的藏品管理作为一个完整的有机体，作全面的理论上的分析，以及实践经验的概括总结，力图使大家能正确理解藏品管理在整个博物馆工作中的地位、意义，从藏品搜集到藏品备案的管理流程，以及藏品管理各项具体措施步骤的相互关系，增加藏品管理方面的知识并获得一定的技能，对一些具体问题有较多的感性认识，比如什么是文物？什么是藏品？它们的概念内涵，有何变化？文物鉴定、定级、定名是怎么回事？藏品登记的性质、方法、要求都是什么？为什么要分类，分类有哪些方法？藏品编目、建档为什么十分重要？藏品保护工作有何原则要求？藏品管理人员的职业道德和业务素质方面有哪些具体要求？怎样培养和提升藏品管理人员的业务素质？如何设置藏品管理的组织机构，才能更加有利于藏品管理工作的有效开

[①] 中国大百科全书总编辑委员会《文物·博物馆》编辑委员会、中国大百科全书出版社编辑部编：《中国大百科全书·文物 博物馆》，中国大百科全书出版社，1993年1月版，第563页。

[②] 中国大百科全书总编辑委员会《文物·博物馆》编辑委员会、中国大百科全书出版社编辑部编：《中国大百科全书·文物 博物馆》，中国大百科全书出版社，1993年1月版，第3页。

[③] 中国大百科全书总编辑委员会《文物·博物馆》编辑委员会、中国大百科全书出版社编辑部编：《中国大百科全书·文物 博物馆》，中国大百科全书出版社，1993年1月版，第389页。

[④] 截至2019年底的数据。参见《2020年"5·18国际博物馆日"中国主会场活动开幕式在南京博物院举行》，来自国家文物局官方网站，网址：http://www.ncha.gov.cn/art/2020/5/18/art_722_160585.html。

[⑤] 《博物馆藏品管理办法》，文化部，1986年6月19日颁布，第一章"总则"第一条。

展？藏品管理数字化、信息化和规范化建设，目前的进展如何？取得了哪些建设成果？等等。

  本书介绍了博物馆藏品管理学的历史、研究现状，展望了其未来的发展前景。它能够让大家了解到藏品管理学密切相关的分支学科，书中阐述了藏品管理学的体系及相关概念，藏品管理工作流程及其方法。本书始终关注博物馆及藏品管理的新技术、新理念和新方法，并就藏品管理工作内容和藏品管理人员专业培养等问题以及藏品管理各领域相关问题展开了讨论。通过对各章内容的阅读和了解，将有助于大家更加充分地体会到博物馆藏品及藏品管理在博物馆工作中所占有的重要地位，以及其中的神奇魅力。

目　　录

第一章　总论 …………………………………………………………（1）
　　第一节　藏品 ………………………………………………………（1）
　　第二节　藏品管理 …………………………………………………（23）
　　第三节　藏品管理学的学科理论 …………………………………（56）
第二章　藏品搜集 ……………………………………………………（64）
　　第一节　藏品搜集的意义和作用 …………………………………（64）
　　第二节　藏品搜集的基本要求 ……………………………………（67）
　　第三节　藏品搜集的途径和方法 …………………………………（72）
　　第四节　藏品搜集的范围和政策 …………………………………（78）
　　第五节　新时期藏品搜集的新变化 ………………………………（84）
第三章　藏品接收和鉴选 ……………………………………………（93）
　　第一节　藏品接收 …………………………………………………（93）
　　第二节　藏品鉴选 …………………………………………………（102）
　　第三节　入藏品的清洁消毒和技术处理 …………………………（105）
　　第四节　不入藏的资料的处理 ……………………………………（111）
第四章　藏品鉴定、定级和定名 ……………………………………（112）
　　第一节　藏品鉴定 …………………………………………………（112）
　　第二节　藏品定级 …………………………………………………（119）
　　第三节　藏品定名 …………………………………………………（128）
第五章　藏品登记 ……………………………………………………（143）
　　第一节　藏品登记的重要性及要求 ………………………………（143）
　　第二节　藏品登记的内容和方法 …………………………………（146）
第六章　藏品分类 ……………………………………………………（166）
　　第一节　藏品分类概说 ……………………………………………（166）
　　第二节　藏品分类办法 ……………………………………………（174）
　　第三节　国内几种分类主张 ………………………………………（187）
　　第四节　藏品分类的实例 …………………………………………（196）

第七章　藏品库房管理 ……………………………………………（208）
　　第一节　藏品库房的建筑和设施 …………………………（208）
　　第二节　藏品入库和出入库管理 …………………………（220）
　　第三节　藏品退出注销 ……………………………………（230）
　　第四节　藏品核对统计 ……………………………………（236）
第八章　藏品编目、建档和备案 …………………………………（241）
　　第一节　藏品编目 …………………………………………（241）
　　第二节　藏品建档 …………………………………………（250）
　　第三节　藏品备案 …………………………………………（259）
第九章　藏品保护、修复和复制 …………………………………（263）
　　第一节　藏品保护 …………………………………………（263）
　　第二节　藏品修复 …………………………………………（275）
　　第三节　藏品复制 …………………………………………（278）
第十章　藏品管理数字化、信息化和标准化 ……………………（284）
　　第一节　藏品管理数字化 …………………………………（284）
　　第二节　藏品管理信息化 …………………………………（296）
　　第三节　藏品管理标准化 …………………………………（317）
第十一章　藏品管理法规和制度 …………………………………（330）
　　第一节　藏品管理法规 ……………………………………（330）
　　第二节　藏品管理制度 ……………………………………（335）
第十二章　藏品管理机构和管理队伍 ……………………………（341）
　　第一节　藏品管理的组织机构设置 ………………………（341）
　　第二节　藏品管理队伍 ……………………………………（352）

参考书目 ……………………………………………………………（370）
附录　藏品管理相关法规文件（节选/全文）……………………（374）
后记 …………………………………………………………………（397）

第一章 总 论

管理是社会共同劳动中一种不可缺少的社会职能。它产生于社会的共同劳动中，并随着社会分工的发展而发展。马克思在《资本论》中指出，在人类社会中"一切规模较大的直接社会劳动或共同劳动，都或多或少地需要指挥，以协调个人的活动，并执行生产总体的运动——不同于这一总体的独立器官的运动——所产生的各种一般职能"。

博物馆的藏品管理是逐步发展的。当博物馆处于奇珍异物收藏室的阶段时，虽然已经有了管理，但它的内容和形式还很简单。到了近代，博物馆已成为一种独立的社会文化事业，博物馆的规模逐渐扩大，博物馆藏品的种类数量逐渐扩大增多，藏品管理的组织、工作内容和方式方法也逐渐复杂，博物馆藏品管理也相应发展，形成了博物馆学的一个重要组成部分——藏品管理学。

藏品管理学作为博物馆学的一个分支学科，是一门新兴学科，又是一门社会科学和自然科学相结合，自然科学渗透到社会科学的综合性学科。它有自己的研究领域和范围，与其他学科紧密相关。藏品和藏品管理是博物馆藏品管理学的两大研究主体。

第一节 藏 品

博物馆的藏品，是国家和民族宝贵的科学文化财产，是博物馆赖以生存和发展的基础，是博物馆业务活动的重要基础。它在博物馆里有多种存在状况，随着博物馆事业的发展，藏品的范围和种类也在不断地变化和扩大着。

一、藏品的概念

（一）藏品的一般概念

1. 藏品的定义

什么是藏品？顾名思义，藏品就是收藏的物品。那么是不是说，凡是博物馆所收藏的物品就都可以称为博物馆的藏品呢？对此，《中国大百科全书·文物 博物馆》卷曾提出："藏品一词内容非常广泛，博物馆藏品系博物馆收藏品的总称，它具有特殊的含义，不是任何实物都能成为博物馆藏品的，而只有那些能够反映人类和人类环境的具有历史、艺术、科学价值的实物才能成为博物馆物品。"[①]由此可知，并非凡博物馆所收藏的物品就一定都是博物馆藏品。博物馆的藏品是指博物馆为实现其"收藏机构"职能而收藏的文物、自然标本、科技成果/实物资料等一切物件。在中国各级各类博物馆中，有的专门收藏文物，有的专门收藏自然标本，有的专门收藏科技成果/实物资料，也有兼收文物和自然标本的。所以，要给博物馆藏品下一个比较周密的定义的话，应该说：一般来讲，博物馆的藏品，就是博物馆根据本馆的性质、特点、任务，按一定标准履行一定手续有计划入藏的具有历史价值、艺术价值和科学价值的有关文物、自然标本和科技成果/实物资料等，它是国家和民族宝贵的科学文化财产，是博物馆业务活动的重要物质基础。

实际上，收藏在博物馆内的文物、自然标本等物件还存在着几种不同的情况：

（1）正式藏品：是博物馆搜集来并决定编号入藏的文物、标本和科技成果/实物资料等。也就是我们通常所说的，属于国家和民族宝贵的科学文化财产，是博物馆业务活动的重要物质基础的"藏品"，在具体保管过程中，要求登入藏品总登记账。

（2）参考性藏品：是博物馆搜集来，经过鉴定不够一定级别但又具有一定价值的有关文物、标本及有关资料，决定编参考品号入库收藏者。它包括与陈列展览中的文物、标本等有关的资料，如陈列中曾使用的复制品，及辅助陈列品，如沙盘、模型、情景画等，另外还包括考古发掘出土的大量陶片、瓷片中那些不可复原者，以及大量重复的文物标本等。这部分资料可以做参考性藏品，而不宜成为正式藏品，即在保管中只登入参考品账，而不宜登入藏品总登记账，但它也属于博物馆藏品范畴。

（3）资料性收藏品：通过各种途径进入到了博物馆，但是一直没有做过进一步的鉴定，对其价值缺乏足够的认识，是暂时不编号入藏的资料性收藏品。这部分资料中，或多或少地存在着有一定价值的可以正式入藏的物件，只是需要开展相应的鉴定工作来加以确认。保管过程中，只建立资料性收藏品登记账。

（4）待处理品：已经进入到博物馆，但经过鉴定确定没有多少收藏价值，或不符合该博物馆性质和特点者，决定不入库收藏而等待处理者，可以登入待处理品账。

需要明确的是，"待处理品"原先可能是藏品，后来确定为待处理品，便已不再是藏品，因此，不应把待处理品与藏品混为一谈。

---

① 中国大百科全书总编辑委员会《文物·博物馆》编辑委员会、中国大百科全书出版社编辑部编：《中国大百科全书·文物 博物馆》，中国大百科全书出版社，1993年1月版，第21页。

2. 藏品概念的认识过程

根据宋向光先生的研究①，对博物馆藏品概念的认识，大体上经历了三个阶段。

第一阶段：20世纪80年代初以前，我国博物馆界多认为博物馆藏品是"文物、标本"的代名词。

第二阶段：20世纪80年代中期，博物馆藏品是"供研究和社会教育之用的有价值的历史文化遗产、自然标本和科技成果及有关的一切资料"，"是自然界和人类社会物质文明、精神文明发展的见证物"，要通过博物馆相应的藏品管理工作程序，才能得以确认藏品的身份。

第三阶段：20世纪90年代中期以来，提出博物馆藏品是"能够反映人类和人类环境的具有历史、艺术、科学价值的实物"。

我国博物馆界对博物馆藏品的认识大体经历了从20世纪80年代初之前的"无限制的文物标本"到"根据博物馆性质、需求搜集的文物、标本"，进而到突破文物范畴的"自然界和人类社会物质文明、精神文明发展的见证物"，再到90年代"反映人类和人类环境的具有历史、艺术、科学价值的实物"的认识过程②。这一认识发展过程是与我国博物馆事业多学科、多层面的发展，博物馆工作专业化、职业化的发展，以及博物馆学研究逐渐成熟、深入的过程大致相吻合的。

2007年，国际博物馆协会在维也纳召开的全体大会再次通过了对博物馆定义的修订，定义是"博物馆是一个为社会及其发展服务的、向公众开放的非营利性常设机构，为教育、研究、欣赏的目的征集、保护、研究、传播并展出人类及人类环境的物质及非物质遗产"。这一定义把博物馆藏品范围扩大到了非物质遗产领域。

3. 现代博物馆学理论中的博物馆藏品概念

现代博物馆学工作者认为，博物馆藏品是全面反映人类和人类生存环境的现状及发展的实物证据，与以前对博物馆藏品的认识相比较，藏品的内涵更为深化，外延更为扩展。其一，博物馆藏品不再仅仅是自身存在的反映，它还是实物所蕴涵、表现、传达和映射的丰富的信息的载体；其二，它不再仅仅是实物现状的表现，还是其存在过程中质地、结构、重量和外观等要素变化的记录；其三，博物馆藏品不仅包括实物，也包括反映和记录客观真实存在和发生的现象与过程的非实物记录；其四，当代博物馆藏品与其说是静止不变的物，不如说是以实物为外在表现和检索标志的信息组。博物馆藏品是博物馆工作的重要信息资源。与博物馆工作人员结合才能充分发挥其科研、教育和流传后世的社会作用。博物馆藏品的价值体现在其客观、真实、典型

---

① 宋向光：《博物馆藏品概念的思考》，《中国博物馆》1996年第2期。
② 宋向光：《博物馆藏品概念的思考》，《中国博物馆》1996年第2期。

及其携带的信息含量上①。

（二）藏品的范围

传统博物馆的藏品。老的博物馆一般都是收藏可移动的文物、标本等物件的。可以搬进库房收藏的文物就是通常所说的"庋藏文物"。还有一部分博物馆，其建筑物本身就是文物。例如，故宫博物院所在的整个建筑群是国家级文物保护单位。也可以这样说，整个故宫建筑和庭院都是故宫博物院的藏品。

新兴博物馆的藏品。新兴的博物馆，有的把很大面积的遗址、墓地用现代建筑物保护起来，例如中国陕西西安市市郊的西安半坡博物馆，把整个新石器时代的村落遗址都变成了博物馆内的藏品。陕西临潼秦始皇帝陵博物院的秦始皇兵马俑博物馆，则把总面积14260平方米的兵马俑坑都覆盖在一座大厅之内。美国纽约的大都会博物馆专门修建一个大厅用以容纳从埃及搬迁来的整座古代神庙。

露天博物馆的藏品。还有越来越流行的办法就是搞露天博物馆，例如日本发掘的新石器时代的稻田遗址，就是采用了这种办法。英国比米什博物馆也采用这种方式保存和展示反映英国早期工业发展和与当地居民生活有关的建筑、机械装置、各类实物和资料信息等。而世界上第一所露天博物馆，是斯坎森（Skansen）露天博物馆②，在瑞典斯德哥尔摩的吉尔卡登岛。1880年筹建，1891年建成，是世界博物馆史上的一个创举。占地30余万平方米。大体可分为北部地区和南部地区两种类型，都是木结构建筑。为了真实反映各个时期的建筑面貌，所有建筑严格按照原状进行复原陈列。有从斯德哥尔摩旧市区迁来的15栋店铺和手工作坊，有从瑞典各地迁来的各个不同时期的83栋农舍，还有教堂、钟楼、风车等各种建筑30余栋。室内陈设也按当时情景布置，穿着当时民族传统服装的工作人员"生活"在这特定环境中，造成一种强烈的时代气息。

生态博物馆的藏品。生态博物馆是一种以村寨社区为单位，没有围墙的"活体博物馆"。它强调保护和保存文化遗产的真实性、完整性和原生性。生态博物馆的概念最早于1971年由法国人弗朗索瓦·于贝尔和乔治·亨利·里维埃提出。其"生态"的含义既包括自然生态，也包括人文生态。目前，全世界的生态博物馆已发展到400余座，1995年中国和挪威两国政府联合在贵州省六枝特区梭嘎乡建立中国乃至亚洲第一个生态博物馆，即梭嘎苗族生态博物馆。中国目前已有各种形式的生态博物馆超过50个，成功地保护了苗、侗、瑶、汉等民族村寨的传统文化。

---

① 甄朔南、沈永华主编：《现代博物馆学基础知识问答》，中国自然科学博物馆协会，2000年12月出版（编印），第26、27页。

② 中国大百科全书总编辑委员会《文物·博物馆》编辑委员会、中国大百科全书出版社编辑部编：《中国大百科全书·文物 博物馆》，中国大百科全书出版社，1993年1月版，第485页。

（三）对藏品认识的发展

随着博物馆事业的不断发展，博物馆藏品的范围也在逐步发生着变化。主要表现为，藏品范围随文物范围的拓宽而扩大，由原来传统的可移动的物件扩大到包括可移动的物件和不可移动的文物古迹（遗址、墓葬及文物保护单位）；藏品收藏也从室内（库房）管理扩展到室外（露天博物馆）管理。藏品范围随着文物时限的延长而扩展，由传统的古代文物扩展到近代文物、现代文物，甚至当代文物，而民族文物和民俗文物都没有时间界限的。藏品范围随着遗产形态的扩展而拓宽，从形态上由传统的实物拓宽到包括非实物记录和非物质文化遗产在内的非实物的文化资源；从状态上的静态（遗址）到动态，活体（生态）博物馆。

（四）藏品广义的定义

综上所述，博物馆的藏品，并不限于可移动的物件，已经包括不可移动的建筑物、建筑群、遗址、墓地等。所谓"收藏"的概念，也由藏于室内而扩大到露天管理。

广义地讲，凡是经过选择确定为博物馆所有产权的文物（包括文物保护单位）、自然标本和实物资料等物件，均可视为博物馆的藏品。

二、藏品的种类

博物馆藏品，根据其本质属性和特点，大体上可以划分为文物、自然标本、实物资料（科技成果）、非实物记录和非物质文化遗产等四种。

（一）文物

我们现在所讲的"文物"一词，在我国古代早已出现，只是该词的含义古今有所不同。

1. 文物的定义

在《左传·桓公二年》中已有"文物"之称："夫德，俭而有度，登降有数，文物以纪之，声明以发之；以临照百官，百官于是乎戒惧而不敢易纪律。"此处的"文"是指礼仪制度规定的各种纹饰图案，"物"是指礼仪活动中使用的器具。后来，"文物"这一合成词兼有两方面含义。一种是指礼乐典章制度，如《后汉书·南匈奴传》："制衣裳，备文物"，唐代李白诗："朝野盛文物，衣冠何翕赩"。另一种是指与典章制度相关的礼器、乐器，如唐代诗人骆宾王《夕次旧吴》诗："文物俄迁谢，英灵有盛衰"，杜牧《题宣州开元寺水阁阁下宛溪夹溪居人》诗："六朝文物草连空，天澹云闲古今同"，韩愈《题子美坟》诗："有唐文物盛复全，名书史册俱才贤"。并进一步引申而可以泛指有历史、艺术价值的古代遗物。

当前，现代汉语中的"文物"一词，已具有科学术语的性质。关于文物的定义，在《文物学》：文物是人类在社会活动中遗留下来的具有历史、艺术、科学价值的遗迹和遗物。也可以说，文物是历史上人们创造的或与创造活动有关的物质文化和精神文化的遗存，具有历史、艺术、科学价值，是重要的物质文化遗产[1]。在《中国大百科全书·文物 博物馆》卷：当代中国根据文物的特征，结合中国保存文物的具体情况，认为文物是指人类社会历史发展进程中遗留下来的、由人类创造或者与人类活动有关的一切有价值的物质遗存的总称[2]。

《中华人民共和国文物保护法》（2017年修订）第十一条：文物是不可再生的文化资源。

参考上述文物定义，依据《中华人民共和国文物保护法》，本书认为：在"历史文物""革命文物""民族民俗文物"等学术名词中，"文物"可以定义为是不可再生的文化资源，是具有一定历史、艺术、科学价值的由人类文化所产生的物质遗存，是中华民族、中国革命的精神标识和文化标识，是国家象征、民族记忆的情感依托和物质载体。

2. 对文物定义的三个方面的说明

（1）"文物"和"古物""古董"有所不同。

"古物"或"古董"专指有价值的古代遗物，年代久远是必要条件之一，相当于英语中的"antique"（在英国，至少要五十年或以上的东西才能算"antique"，在美国要一百年以上的才算）。"文物"则不受年代的限制。革命文物、民族民俗文物有许多是年代很近的东西，但从长远看，历史价值和科学价值很大，就可以列为文物。在英语中"relic"比较接近于现代汉语的"文物"，但也不完全相当。

（2）"文物"与"人类文化"的关系。

人类文化的"文化"，和考古学上"半坡文化""大汶口文化"的"文化"是不同的概念，乃是指人类社会历史实践过程中所制造的物质财富和精神财富的总和。从这个意义上说，凡是自然界本来没有的、由人类活动而产生的一切事物，都是人类文

---

[1] 李晓东：《文物学》，学苑出版社，2005年版，第4页。
[2] 中国大百科全书总编辑委员会《文物·博物馆》编辑委员会、中国大百科全书出版社编辑部编：《中国大百科全书·文物 博物馆》，中国大百科全书出版社，1993年1月版，前言第2页。

化的产物。但是,人类文化的产物并不都是实物,而有多种形式。例如,某种行为和技能(语言、舞蹈、瑜伽)、某种知识和技术(药物学、冶金术)、某种制度(一夫一妻制、财产继承法)、某种组织(氏族、工会、政党),都是人类文化的产物。而"文物"则必须是物质性的人类文化的产物。这些"物质性的人类文化的产物"即实物可以反映出人们的物质文化和精神文化,也就是说,从不同领域和不同侧面反映出不同时期人们改造世界并改造自身的活动状况,可以作为人类历史的见证物,或者说是历史长河中人类信息的载体。文物是人类文化产物之一的物质性的产物。

(3)"人类文化的产物"与"文物"的关系。

虽然,只要不是自然界原生的实物,凡是人工制造或打上人类活动烙印的一切实物,都可以从一定程度上反映人们的物质文化和精神文化,但并不是说这些实物就都是文物。也就是说,并不是所有的"人类文化的产物"都能成为文物,关键在于它们有多大的历史价值、艺术价值、科学价值。举例来说,衣服是人类物质文化和精神文化的综合产物之一,普通的衣服,哪怕是价钱非常贵的,我们并不把它当作文物。但是,像周恩来总理的补了又穿的衣服、革命烈士的血衣等,由于有特殊的纪念意义和教育作用而成为文物;古墓中完存下来的古代衣服,由于罕见,具有很大的研究价值而成为文物;即使是近现代普通人穿的服装,如果是按时代、流派、民族、职业分门别类系统的收集品,也会因为其特有的历史价值、科学价值而成为文物。

3. 我们经常使用的还有革命文物和民族民俗文物

(1)革命文物

革命文物,作为我国各族人民长期革命斗争和中国共产党领导的新民主主义革命与社会主义革命和建设的实物见证,凝聚着中华民族和中国共产党人抵御外侮、威武不屈,热爱祖国、维护统一,追求真理、舍生取义,自尊自信、自强不息,励精图治、无私奉献,艰苦奋斗、勤劳勇敢,百折不挠、奋发向上的伟大精神[①]。革命文物以其深刻的内涵和直观、形象、具体的特点,记录了中华民族和中国共产党生存、奋斗和发展的光辉历程,充分体现了中国共产党和人民群众血肉相连、情感相系的巨大力量,有力地证明了"没有共产党就没有新中国""只有社会主义才能救中国""只有社会主义才能发展中国"的伟大真理,在社会主义物质文明和精神文明建设中有着无可替代的特殊地位和作用。

革命文物是自1840年以来,中华民族为争取民族独立、实现伟大复兴而奋斗,特

---

① 中共中央办公厅、国务院办公厅关于转发《中央宣传部、国家教委、民政部、文化部、国家文物局、共青团中央关于加强革命文物工作的意见》的通知,中办发[1998]2号,1998年1月20日。载北京市文物局 中国文物信息咨询中心主编:《可移动文物保护与利用工作手册》,学苑出版社,2017年11月版,第28页。

别是中国共产党领导下的新民主主义革命和社会主义革命与建设光辉历程的重要实物见证[①]。革命文物包括各类与革命运动、重大历史事件或者英烈人物有关的，具有重要纪念意义、教育意义或者史料价值的近代现代重要史迹、实物、代表作建筑，蕴含着中华民族和中国共产党人的精神价值与优良传统。

革命文物，主要是指见证近代以来中国人民抵御外来侵略、维护国家主权、捍卫民族独立和争取人民自由的英勇斗争，见证中国共产党领导中国人民进行新民主主义革命和社会主义建设的光荣历史的实物遗存。

革命文物凝结着中国共产党的光荣历史，展现了近代以来中国人民英勇奋斗的壮丽篇章，是革命文化的物质载体，是激发爱国热情、振奋民族精神的深厚滋养，是中国共产党团结带领中国人民不忘初心、继续前进的力量源泉[②]。

革命文物与一般历史文物的异同在于二者在基本属性和社会功能方面既有同一性，又有一定的差别。二者的共同点在于同为传承历史信息的载体，都是中华民族优秀历史文化和优良传统的凝聚和物化，都能起到启迪后人的作用；二者的主要差别表现在：革命文物较之历史文物更加贴近时代，贴近生活，"闪烁着浓烈的时代气息和感情色彩"，更容易被当代人听得到，看得见，摸得着，因而在实物教育中，具备了更加生动直观、形象鲜明和感人至深的突出功效。

（2）民族民俗文物

民族民俗文物是指有关我们各民族，特别是少数民族的民间生产、生活、娱乐、风俗、习惯和信仰等方面的实物资料。

根据我国现代的习惯用法，民族文物多指汉族以外诸少数民族的文物。民俗文物则是指包括汉族在内的各民族风俗、习惯、信仰、生产、娱乐等方面的实物资料。

4. 文物时限的变化

（1）文物时限的概念

文物的时限，就是指文物的年代上限和下限。目前，文物年代的上限基本一致，就是有了人类就有文物。

文物年代下限，没有统一的划定。

[①] 国家文物局、中宣部、发展改革委、教育部、民政部、财政部、住房城乡建设部、文化部、国家旅游局、共青团中央：《关于加强革命文物工作的若干意见》（文物博发 [2008] 22号），2008年3月20日。载北京市文物局编：《新编文物工作实用手册》，经济管理出版社，2012年7月版，第142页。

[②] 中共中央办公厅 国务院办公厅印发《关于实施革命文物保护利用工程（2018—2022年）的意见》2018年7月29日，来自国家文物局官网，网址：http://www.ncha.gov.cn/art/2018/7/29/art_722_151073.html。

（2）文物的时限变化

1）传统的文物时限概念

我们国家在20世纪60年代一直以1795年（乾隆六十年）以前、1911年（辛亥革命）、1949年（中华人民共和国成立）"三条年限"为标准；那个时代的藏品征集工作，都以1795年为时间标准，1795年以后的东西不在征集范围内。

2）当前的文物时限概念

最新版《文物出境审核标准》[①]在其《说明》中的第三条、第四条指出，"三、本标准以1949年为主要标准线。凡在1949年以前（含1949年）生产和制作的具有一定历史、艺术、科学价值的文物，原则上禁止出境。其中，1911年以前（含1911年）生产和制作的文物，一律禁止出境（第三条）。四、少数民族文物以1966年为主要标准线。凡在1966年以前（包括1966年）生产、制作的有代表性的少数民族文物禁止出境（第四条）。"

以下附《文物出境审核标准》[②]（全文）。

文物出境审核标准

说明

一、为加强我国文化遗产保护，防止珍贵文物流失，根据《中华人民共和国文物保护法》《中华人民共和国文物保护法实施条例》，制定本标准。

二、文物进出境审核机构在开展文物出境审核工作时，执行本标准。

三、本标准以1949年为主要标准线。凡在1949年以前（含1949年）生产、制作的具有一定历史、艺术、科学价值的文物，原则上禁止出境。其中，1911年以前（含1911年）生产、制作的文物一律禁止出境。

四、少数民族文物以1966年为主要标准线。凡在1966年以前（含1966年）生产、制作的有代表性的少数民族文物禁止出境。

五、现存我国境内的外国文物、图书，与我国的文物、图书一样，分类执行本标准。

六、凡有损国家、民族利益，或者有可能引起不良社会影响的文物，不论年限，一律禁止出境。

七、未列入本标准范围之内的文物，如经文物进出境审核机构审核，确

---

① 国家文物局：《文物出境审核标准》，2007年4月3日经国家文物局第4次局务会议审议通过，2007年6月5日公布，自2007年6月5日起施行。载《中国文物报》2007年6月15日第2版。

② 《关于印发〈文物出境审核标准〉的通知》（文物博发〔2007〕30号），来自国家文物局官方网站，网址：http://www.ncha.gov.cn/art/2007/6/13/art_2318_43438.html。

有重大历史、艺术、科学价值的，应禁止出境。

八、本标准所列文物分属不同审核类别的，按禁止出境下限执行。

九、本标准由国家文物局负责解释并定期修订。

十、本标准实施后，此前国家文物局发布的其他规定与本标准不一致的，以本标准为准。

审核类别		禁限
1. 化石		
	古猿化石、古人类化石以及与人类活动有关的第四纪古脊椎动物化石	一律禁止出境
2. 建筑物的实物资料		
2.1 建筑模型、图样	建筑的木制模型、纸制烫样、平面立面图、内部装修画样及工程作法等	一九一一年以前的禁止出境
	具有重要历史、艺术、科学价值的	一九四九年以前的禁止出境
2.2 建筑物装修、构件	包括园林建筑构件	一九一一年以前的禁止出境
	具有重要历史、艺术、科学价值的	一九四九年以前的禁止出境
3. 绘画、书法		
3.1 中国画及书法		一九一一年以前的禁止出境 一九一一年后参照名单执行
	肖像、影像、画像、风俗画、战功图、纪事图、行乐图等	一九四九年以前的禁止出境 属于本人或其亲属的肖像、影像、画像等不在此限
3.2 油画、水彩画、水粉画	包括素描（含速写）、漫画、版画的原作和原版等	一九四九年以前的禁止出境 一九四九年后参照名单执行
	具有重大历史、艺术价值，产生广泛社会影响的	一律禁止出境
3.3 壁画	宫殿、庙宇、石窟、墓葬中的壁画等	一九四九年以前的禁止出境
	近现代著名壁画的原稿、设计方案及图稿	一律禁止出境
4. 碑帖、拓片		
	碑碣、墓志、造像题记、摩崖等拓片及套帖	一九四九年以前的禁止出境
	古器物拓片，包括铭文、纹饰及全形拓片	一九四九年以前的禁止出境
	新发现的重要的或原作已毁损的石刻等拓片	一律禁止出境

续表

	审核类别	禁限
5. 雕塑		
	人像、佛像、动植物造型及摆件等	一九一一年以前的禁止出境
	名家作品	参照名单执行
	具有重大历史、艺术价值，产生广泛社会影响的	一律禁止出境
6. 铭刻		
6.1 甲骨	包括残破、无字或后刻文字及花纹的甲骨和卜骨	一律禁止出境
6.2 玺印		一九一一年以前的禁止出境
	名家制印	参照名单执行
	历代官印，包括玺、印、戳记等	一律禁止出境
	各类军政机构、党派、群众团体使用过的，以及其他有特殊意义的印章、关防、印信等；著名人物使用过的有代表性的个人印章	一九四九年以前的禁止出境
6.3 封泥		一律禁止出境
6.4 符契	包括符节、铁券、铅券、腰牌等	一九一一年以前的禁止出境
6.5 勋章、奖章、纪念章		一九一一年以前的禁止出境
	反映重大历史事件，有特殊意义的；颁发给著名人物的；有重要艺术价值的	一九四九年以前的禁止出境 属于本人或其亲属的不在此限
6.6 碑刻	历代石经、刻石、碑刻、经幢、墓志等	一九四九年以前的禁止出境
6.7 版片	书版、图版、画版、印刷版等	一九四九年以前的禁止出境
7. 图书文献		
7.1 竹简、木简	包括无字的	一律禁止出境
7.2 书札		一九一一年以前的禁止出境
	名人书札	一九四九年以前的禁止出境 属于本人或其亲属的一般来往函件不在此限
7.3 手稿		一九一一年以前的禁止出境
	涉及重大历史事件的或著名人物撰写的重要文件、电报、信函、题词、代表性著作的手稿等	一律禁止出境 属于本人的信函、题词、代表性著作的手稿等不在此限

续表

审核类别		禁限
7.4 书籍		一九一一年以前的禁止出境
	存量不多的木板书及石印、铅印的完整的大部丛书，如图书集成、四部丛刊、丛书集成、万有文库等	一九四九年以前的禁止出境
	有重要历史、学术价值的报刊、教材、图册等	一九四九年以前的禁止出境
	有重大影响的出版物的原始版本或最早版本	一九四九年以前的禁止出境
	有领袖人物重要批注手迹的	一律禁止出境
	地方志、家谱、族谱	一九四九年以前的禁止出境
7.5 图籍	各种方式印刷和绘制的天文图、舆地图、水道图、水利图、道里图、边防图、战功图、盐场图、行政区划图等	一九四九年以前的禁止出境
	非公开发售的各种地图等	一律禁止出境
7.6 文献档案		一九一一年以前的禁止出境
	有重要历史价值的	一律禁止出境
	重大事件或历次群众性运动中散发、张贴的传单、标语、漫画等	一律禁止出境
	重要战役的战报及相关宣传品等	一律禁止出境
8. 钱币		
8.1 古钱币	各种实物货币、金属称量货币、压胜钱、金银钱等	一九一一年以前的禁止出境
8.2 古钞	宝钞、银票、钱票、私钞等	一九一一年以前的禁止出境
8.3 近现代机制币	金、银、铜、镍等金属币和纪念币	一九四九年以前的禁止出境
8.4 近现代钞票	具有重要历史、艺术、科学价值的	一九四九年以前的禁止出境
8.5 钱范	古代各种钱范和近代各种硬币的模具	一律禁止出境
8.6 钞版	各时期各种材质的钞版	一律禁止出境
8.7 钱币设计图稿	包括样钱、雕母、母钱等	一律禁止出境
9. 舆服		
9.1 车船舆轿	包括零部件	一九一一年以前的禁止出境
9.2 车具、马具	包括零部件	一九一一年以前的禁止出境
9.3 鞋帽		一九一一年以前的禁止出境
9.4 服装		一九一一年以前的禁止出境
9.5 首饰		一九一一年以前的禁止出境
9.6 佩饰		一九一一年以前的禁止出境

续表

审核类别		禁限
10. 器具		
10.1 生产工具		一九一一年以前的禁止出境
	反映近现代生产力发展的代表性实物，如工业设备、仪器等	一九四九年以前的禁止出境
10.2 兵器		一九一一年以前的禁止出境
	中国自制的各种枪炮	一九四九年以前的禁止出境
	名人使用过的或有记年记事铭文的	一律禁止出境
10.3 乐器	包括舞乐用具	一九一一年以前的禁止出境
	已故著名艺人使用过的	一律禁止出境
10.4 仪仗		一九一一年以前的禁止出境
10.5 度量衡	包括附件	一九一一年以前的禁止出境
10.6 法器	包括乐器、幡、旗等	一九一一年以前的禁止出境
10.7 明器	各种材质所制的专为殉葬用的俑及器物	一九一一年以前的禁止出境
10.8 仪器	包括日晷、罗盘、天文钟、天文仪、算筹等有关天文历算的仪器和科学实验仪器及其部件	一九四九年以前的禁止出境
10.9 家具	各种材质的家具及其部件	一九一一年以前的禁止出境
	黄花梨、紫檀、乌木、鸡翅木、铁梨木家具	一九四九年以前的禁止出境
10.10 金属器	青铜器	一九一一年以前的禁止出境
	金、银、铜、铁、锡、铅等制品	一九一一年以前的禁止出境
10.11 陶瓷器	包括具有历史、艺术、科学价值的残片	一九一一年以前的禁止出境
	官窑器、民窑堂名款器，有纪年、纪事或作为历史事件标志性的器物及残件	一九四九年以前的禁止出境
	名家制品	参照名单执行
10.12 漆器		一九一一年以前的禁止出境
	名家、名作坊或有名人款识的制品	参照名单执行

续表

	审核类别	禁限
10.13 织绣品	各种织物、刺绣及其制成品和残片,包括附属于手卷、画轴、册页上的包首、隔水等所用织绣品	一九一一年以前的禁止出境
	地毯、挂毯等	一九一一年以前的禁止出境
	成匹的各种绸、缎、绫、罗、纱、绢、锦、棉、麻、呢、绒等织物	一九四九年以前的禁止出境
	织绣、印染等名家制品	参照名单执行
	缂丝、缂毛（包括残片）	一九四九年以前的禁止出境
10.14 钟表		一九一一年以前的禁止出境
10.15 烟壶		一九一一年以前的禁止出境
	名家制品	参照名单执行
10.16 扇子	包括扇骨、扇面	一九一一年以前的禁止出境
	名家制品	参照名单执行
11. 民俗用品		
11.1 民间艺术作品	年画、神马、剪纸、泥人等各种类型的民间艺术作品	一九一一年以前的禁止出境
	具有重要艺术价值的	一九四九年以前的禁止出境
11.2 生活及文娱用品	灯具、锁具、餐具、茶具、棋牌、玩具等	一九一一年以前的禁止出境
	稀有的具有地方特色的代表性实物和民间文化用品	一九四九年以前的禁止出境
12. 文具		
12.1 纸	素纸,包括信笺及手卷、册页所附的素纸	一九一一年以前的禁止出境
	腊笺、金花笺、印花笺、暗花笺等	一九四九年以前的禁止出境
12.2 砚		一九一一年以前的禁止出境
	名家制砚或名人用砚	一九四九年以前的禁止出境
12.3 笔	包括笔杆	一九一一年以前的禁止出境
12.4 墨	包括墨模	一九四九年以前的禁止出境
12.5 其他文具	各种材质的笔筒、笔架、镇纸、臂格、墨床、墨盒等	一九一一年以前的禁止出境
	名家制品或名人用品	一九四九年以前的禁止出境

续表

审核类别		禁限
13. 戏剧曲艺用品		
	包括戏衣、皮影、木偶以及各种与戏剧曲艺有关的道具	一九一一年以前的禁止出境
	唱片	一九四九年以前的禁止出境
14. 工艺美术品		
14.1 玉石器	包括翡翠、玛瑙、水晶、孔雀石、碧玺、绿松石、青金石等各种玉石及琥珀、雄精、珊瑚等制品	一九一一年以前的禁止出境
	材质珍稀，工艺水平高，有一定历史价值和其他特殊意义的	一九四九年以前的禁止出境
14.2 玻璃器		一九一一年以前的禁止出境
14.3 珐琅器	掐丝珐琅、画珐琅等	一九一一年以前的禁止出境
14.4 木雕		一九一一年以前的禁止出境
14.5 牙角器	象牙、犀角制品	一律禁止出境
	车渠、玳瑁等其他骨、角制品	一九一一年以前的禁止出境
14.6 藤竹器	各种藤竹制品、草编制品等	一九一一年以前的禁止出境
14.7 火画	包括通草画、纸织画等	一九一一年以前的禁止出境
14.8 玻璃油画	肖像画、风俗画	一九四九年以前的禁止出境 属于本人或其亲属的肖像画不在此限
	一般故事画、寿意画等	一九一一年以前的禁止出境
14.9 铁画		一九四九年以前的禁止出境
15. 邮票、邮品		
		一九一一年以前的禁止出境
	珍贵的邮票、实寄封、明信片、邮简等	一九四九年以前的禁止出境
	邮票及未发行邮票的设计原图、印样	一律禁止出境
	邮票的印版	一律禁止出境
16. 少数民族文物		
16.1 民族服饰	包括各种材质的佩饰	一九六六年以前的禁止出境
16.2 生产工具	能够反映民族传统生产方式的工具	一九六六年以前的禁止出境
16.3 民俗生活用品	反映民族传统生活方式、具有民族工艺特点的	一九六六年以前的禁止出境
16.4 建筑物实物资料	具有代表性的民族建筑构件	一九六六年以前的禁止出境

续表

	审核类别		禁限
16.5	民族工艺品	木雕、木刻、骨雕、漆器、陶器、银器、面具、唐卡、刺绣、织物、乐器等	一九六六年以前的禁止出境
16.6	宗教祭祀、礼仪活动用品	少数民族宗教祭祀及其他民族礼仪活动的用品	一九六六年以前的禁止出境
16.7	文献、书画、碑帖、石刻	包括以少数民族语言文字记录的、有关本民族的文献档案，文艺作品的刻本、抄本、绘画、家谱、书札、碑帖、石刻等	一九六六年以前的禁止出境
16.8	名人遗物	与重要历史事件、活动相关的	一律禁止出境

5. 文物体系及范围

在《中华人民共和国文物保护法》中，"文物"被分为"不可移动文物"和"可移动文物"两大体系，根据文物价值的大小，又有等级之分。

《中华人民共和国文物保护法》明确规定，在中华人民共和国境内，下列文物受国家保护：

（1）具有历史、艺术、科学价值的古文化遗址、古墓葬、古建筑、石窟寺和石刻、壁画；

（2）与重大历史事件、革命运动或者著名人物有关的以及具有重要纪念意义、教育意义或者史料价值的近代现代重要史迹、实物、代表性建筑；

（3）历史上各时代珍贵的艺术品、工艺美术品；

（4）历史上各时代重要的文献资料以及具有历史、艺术、科学价值的手稿和图书资料等；

（5）反映历史上各时代、各民族社会制度、社会生产、社会生活的代表性实物。

具有科学价值的古脊椎动物化石和古人类化石同文物一样受国家保护。

以上是在我国境内受国家保护的文物范围。

在国际上，不同时期、不同国家对文物也都有不同的规定。

1954年5月在海牙召开的40多个国家会议签订的《战时保护文物公约》指出，文物是一个民族文化遗产中极重要的动产与不动产，动产指一般可移动的器物，不动产指名胜古迹。

1964年联合国教科文组织发布的《防止文物非法输出输入及转移所有权》建议书中也指出"所谓文物，为一国的重要的动产与不动产。"

联合国教育、科学及文化组织大会第17届会议于1972年11月16日在巴黎通过的，

1975年12月17日正式生效的《保护世界文化和自然遗产公约》，对"文化和自然遗产"定义做出明确规定。公约规定文化遗产为"从历史、艺术和科学观点来看具有突出的普遍价值的建筑物、碑雕和碑画，具有考古性质成分或结构、铭文、窟洞以及联合体"；"从历史、艺术和科学角度看在建筑式样、分布均匀或环境风景结合方面具有突出的普遍价值的单立或连接的建筑群"；"从历史、审美、人种学或人类学角度看具有突出的普遍价值的人类工程或自然与人联合工程及考古地址等地方"。公约规定自然遗产为"从审美和科学角度看具有突出的普遍价值的由物质和生物结构或这类结构组成的自然面貌"；"从科学或保护角度看具有突出的普遍价值的地质和自然地理结构以及明确划为受威胁的动物和植物生境区"；"从科学、保护或自然美角度看具有突出的普遍价值的天然名胜或明确的自然区域"。中国1985年签署加入《保护世界文化和自然遗产公约》，至2019年7月，共有55项文化和自然等遗产被联合国教科文组织批准列入《世界遗产名录》，位居世界第一。

1950年10月15日布鲁塞尔《国际海关协定》附件中将文物分为六大类：

（1）完全人工的壁画、油画、水彩画；

（2）雕刻、石刻、塑像；

（3）邮票、印花及其类似物；

（4）与历史、人物、植物、考古学有关的自然标本；

（5）影印版、铜版、原版图书等；

（6）一百年以上的古物。

1978年，联合国教科文组织在巴黎通过的《关于保护可移动文化财产的建议》中，列举了可移动文化财产包括下列各类中的物品：

（1）于陆地和水下所进行考古勘探和发掘的收获；

（2）古物，如工具、陶器、铭文、钱币、印章、珍宝、武器及墓葬遗物，包括木乃伊；

（3）历史纪念物肢解的块片；

（4）具有人类学和人种学意义的资料；

（5）有关历史，包括科学与技术历史和军事及社会历史、有关人民及国家领导人、思想家、科学家及艺术家生活及有关国家重大事件的物品；

（6）具有艺术意义的物品，如用手工于任何载体和以任何材料做成的绘画与绘图（不包括工业设计图及用手工装饰的工业产品），作为原始创造力媒体的原版、招贴、照片；用任何材料组集或拼集的艺术品原件，任何材料的雕塑艺术品和雕刻品，玻璃、陶瓷、金属、木材等质地的实用艺术品；

（7）具有特殊意义的手稿和古版本书、古籍抄本、书籍、文件或出版物；

（8）具有集币章（徽章和钱币）和集邮意义的物品；

（9）档案，包括文字记录、地图及其他制图材料、照片、摄影电影胶片、录音及机读记录；

（10）家具、挂毡、地毡、服饰及乐器物品；

（11）动物、植物及地质的标本。

1995年6月24日在罗马制订《国际统一私法协会关于被盗或者非法出口文物的公约》，第一章第二条阐明公约中的文物"系指因宗教或者世俗的原因，具有考古、史前史、历史、文学、艺术或者科学方面重要性，并属于本公约附件所列分类之一的物品。"

公约附件共列举十一项：

（1）动物群落、植物群落、矿物和解剖以及具有古生物学意义的物品的稀有收集品和标本；

（2）有关历史，包括科学、技术、军事及社会史、有关国家领袖、思想家、科学家、艺术家之生平以及有关国家重大事件的财产；

（3）考古发掘（包括正常的和秘密的）或考古发掘的成果；

（4）业已肢解的艺术或者历史古迹或考古遗址之构成部分；

（5）一百年以前的古物，如铭文、钱币和印章；

（6）具有人种学意义的文物；

（7）有艺术价值的财产：①全部是手工完成的图画、绘画和绘图，不论其装帧框座如何，也不论所用的是何种材料（不包括工业设计图及手工装饰的工业产品）；②用任何材料制成的雕塑艺术和雕刻的原件；③版画、印片和平版画的原件；④用任何材料组集或拼集的艺术品原件；

（8）稀有手稿和古版书籍，有特殊意义的（历史、艺术、科学、文学等）古书、文件和出版物，不论是单本的或整套的；

（9）邮票、印花税票及类似的票证，不论是单张的或成套的；

（10）档案，包括有声、照相和电影档案；

（11）一百年以前的家具物品和古乐器。

在捷克斯洛伐克，1958年有关法令规定：举凡有关社会、艺术、科学及其他劳动作品与人生、建筑与历史演变有关者，称为文物。

在苏联，1976年10月29日颁布的《历史文物保护和利用法》明确指出：历史文物是指那些与人民生活中的历史事件有关的，与社会和国家的发展有关的建筑物、纪念地和纪念物，以及具有历史、科学、艺术或其他的物质和精神创造的产品。该法规定历史文物包括：历史遗迹——与人民生活中最重大的历史事件有关，与社会和国家的发展有关，与革命运动、伟大十月社会主义革命、国内战争和伟大卫国战争、社会主义建设和共产主义建设有关，与国际团结的加强有关，与科学和技术以及各族人民的文化生活的发展有关，与杰出的政治活动家、国务活动家、军事活动家、人民英雄、科学家、文学和艺术家的生活有关的建筑物、构筑物、纪念地和纪念物；有考古价值的遗迹——古城遗址、古墓葬、古代居民区的残迹、堡垒、生产场所、沟渠、道路、古迹场、石刻、岩画、古物、古代居民点的历史文化层；城市建设和建筑艺术遗迹——建筑的格局和总体，有历史意义的中心区、街坊区、广场、街道、城市和其他居民点内古老规划和建筑的残迹，民用、工业、军事建筑物，具有宗教色彩、民族风格的建筑物，以及与上述建筑物有关的、宏伟的、用艺术方法造型的、实用装饰性的花园公园艺术品，自然景观；艺术遗迹——宏伟的、用艺术方法造型的、实用装饰性的和其他各种艺术品；文献性的遗留物——国家权力机关和国家管理机关的文件，其他手抄文件和出版文件，电影照相文献，录音，以及古代的和其他手稿、档案，民间（口头）创作的记录和乐谱，罕见的印刷刊物。其他具有历史、科学、艺术或别的文化价值的实物，也可以列为历史文物。

以上各国对文物范围的划定有以下四个特点：

（1）不论是什么时期，哪一个国家，文物大体上都包括与国家和民族发展有关的历史古迹和古物；

（2）从动态讲，都包括可移动的和不可移动的文物；

（3）从类别上讲，包括文化的、自然的、文化与自然相结合的遗产；

（4）文物都作为国家财产而存在，有关文物的规定都保持一项广泛的定义，目的是保存下大范围的东西。

（二）自然标本

自然标本包括两类：一类是经过整理而保持原形的动物、植物、矿物等的实物样品，供观摩研究之用。如自然博物馆的东北虎标本。另一类是经过自然界的作用，保存于地层中的古生物遗体、遗物和它们的生活遗迹，即古生物学的主要研究对象，包括古脊椎动物化石和古人类化石，如北京自然博物馆（今国家自然博物馆）的恐龙化石等。

自然标本从质地以及有利于保管、保护的角度来看，可分为无机成分的和有机成分的自然标本。无机成分的自然标本包括岩石标本和矿物标本、土壤标本、古生物与古人类化石标本；有机成分的自然标本包括植物学标本、动物学标本等，它们的性质、形状、形体大小变化很大，如动物有羽毛型的、针毛型的，形体大的如象、鲸类，小的如无脊椎动物昆虫标本，大小相差极大。

自然标本中动、植物标本在制作方法上分为生态型的剥制标本、假剥制标本，还有浸制标本。

（三）实物资料（科技成果）

一些专业性博物馆或专门性博物馆中收藏的现代产品或作品，是现代社会中的典型产品，从历史发展和文明延续的观点来看，它们会成为未来社会时代的文物；但就目前而言，它们既不同于我们所说的文物，又有别于自然标本，因此，我们把它们称之为实物资料（科技成果）。

随着博物馆事业的不断发展，我国博物馆的类型越来越丰富，目前，已出现了许多专业性博物馆或称专门性博物馆，如煤炭博物馆、茶叶博物馆、鞋业博物馆、工艺美术博物馆等，以及专业性极强的科技类博物馆，如航空博物馆、桥梁博物馆、音像博物馆等。这些博物馆中的收藏品，大都属现代的产品或作品，但按照历史的观点和文明延续的观点，现代作品中的典型产品也是将来时代中重要的"历史遗留下来的在文化发展史上有价值的东西"，即将来会成为未来社会时代的文物，而这些博物馆中的收藏品既不同于我们现在所说的文物，又有别于自然标本，因此，我们把它称之为实物资料（科技成果），它们同样也是人类社会生产、生活所创造和保存的物质财富，同样应是博物馆藏品的一个种类。

（四）非实物记录和非物质文化遗产

1. 非实物记录

博物馆藏品中反映和记录客观真实存在和发生的现象与过程的文字、图像、音响和数码记录等资料[①]，记录这些资料的载体（媒体）本身不具有文物价值，但记录的内容具有文物价值。因此这些记录资料被称为非实物记录。

例如"VCD视盘《百年盛典》"1840号入藏当时的中国革命博物馆（现为中国国家博物馆）。该视盘记录了香港回归百年风雨历程以及在举世瞩目的1997年6月30日晚上，中英两国政府在香港举行庄严隆重的香港政权交接仪式等相关内容。

2. 非物质文化遗产

在联合国教科文组织通过的《保护非物质文化遗产公约》[②]第一章总则第2条中，"非物质文化遗产"指被各社区群体，有时为个人视为其文化遗产组成部分的各种社会实践、观念表述、表现形式、知识、技能及相关的工具、实物、手工艺品和文化场所。这种非物质文化遗产世代相传，在各社区和群体适应周围环境以及与自然和历史的互动中，被不断地再创造，为这些社区和群体提供持续的认同感，从而增强对文化多样性和人类创造力的尊重。

---

① 甄朔南、沈永华主编：《现代博物馆学基础知识问答》，中国自然科学博物馆协会，2000年12月出版（编印），第26页。

② 联合国教科文组织：《保护非物质文化遗产公约》，联合国教育、科学及文化组织第32届会议正式通过，巴黎，2003年10月17日。

按照这一定义,"非物质文化遗产"包括以下方面:

(1)口头传统和表现形式,包括作为非物质文化遗产媒介的语言;

(2)表演艺术;

(3)社会实践、礼仪、节庆活动;

(4)有关自然界和宇宙的知识和实践;

(5)传统手工艺。

根据中国非物质文化遗产相关文件精神,非物质文化遗产指"各族人民世代相承的、与群众生活密切相关的各种传统文化表现形式(如民俗活动、表演艺术、传统知识和技能,以及与之相关的器具、实物、手工制品等)和文化空间"[①]。

非物质文化遗产可分为两类:

(1)传统的文化表现形式,如民俗活动、表演艺术、传统知识和技能等;

(2)文化空间,即定期举行传统文化活动或集中展现传统文化表现形式的场所,兼具空间性和时间性。

非物质文化遗产的范围包括:

(1)口头传统,包括作为文化载体的语言;

(2)传统表演艺术;

(3)民俗活动、礼仪、节庆;

(4)有关自然界和宇宙的民间传统知识和实践;

(5)传统手工艺技能;

(6)与上述表现形式相关的文化空间。

2011年,我国颁布了《中华人民共和国非物质文化遗产法》[②],其中所称非物质文化遗产,是指各族人民世代相传并视为其文化遗产组成部分的各种传统文化表现形式,以及与传统文化表现形式相关的实物和场所。包括:

(1)传统口头文学以及作为其载体的语言;

(2)传统美术、书法、音乐、舞蹈、戏剧、曲艺和杂技;

(3)传统技艺、医药和历法;

(4)传统礼仪、节庆等民俗;

(5)传统体育和游艺;

(6)其他非物质文化遗产。

---

① 国务院办公厅:《关于加强我国非物质文化遗产保护工作的意见》附件,国务院办公厅2005年3月26日。

② 《中华人民共和国非物质文化遗产法》由中华人民共和国第十一届全国人民代表大会常务委员会第十九次会议于2011年2月25日通过公布,自2011年6月1日起施行。来自人民网,网址:http://ip.people.com.cn/n1/2019/0704/c136672-31214011.html。

属于非物质文化遗产组成部分的实物和场所,凡属文物的,适用《中华人民共和国文物保护法》的有关规定。

2001年5月18日,中国昆曲被作为表演艺术而列入联合国教科文组织公布的第一批《人类口头和非物质遗产代表作》名录。

2003年11月7日,中国古琴艺术被作为传统音乐而列入联合国教科文组织公布的第二批《人类口头和非物质遗产代表作》名录。

2005年11月25日,中国新疆维吾尔木卡姆艺术被作为表演艺术而列入联合国教科文组织公布的第三批《人类口头和非物质遗产代表作》名录。

2005年12月22日,国务院发布《国务院关于加强文化遗产保护工作的通知》,要求进一步加强文化遗产保护工作。其中一项重要举措就是决定从2006年起,将每年六月的第二个星期六定为中国的"文化遗产日"。

2006年6月10日是中国的第一个"文化遗产日"。"中国非物质文化遗产"从此有了标志。2017年中国的文化遗产日正式更名为"文化和自然遗产日"。

中国非物质文化遗产标志的外部图形为圆形,象征着"循环,永不消失";内部图形为方形,与外圆对应,天圆地方,表达"非物质文化遗产存在空间有极大的广阔性";图形中心造型为古陶最早出现的纹样之一的鱼纹,隐含"文"字。"文"指非物质文化遗产,而鱼生于水,寓意"中国非物质文化遗产源远流长,世代相传";图形中心,抽象的双手上下共护于"文"字,意取"团结、和谐、细心呵护和保护非物质文化遗产、守护精神家园"的寓意(见图1-1)。

图1-1 中国非物质文化遗产标志图

截至2019年7月,我国现已拥有世界非物质文化遗产43项,是世界范围内拥有非物质文化遗产最多的国家。

自从2005年国务院第一次提出要进行非物质文化遗产保护开始,我国的非遗事业已经走过了15年的时间。在这15年里,我国建立起了从县市级、地市级到省级、再到国家级的四级非物质文化遗产保护名录;国务院也分别在2006年、2008年、2011年和2014年公布了四批国家级非物质文化遗产代表名录,共包含1372个国家级非物质文化遗产项目。2018年5月8日,文化和旅游部确定并公布了第五批国家级非物质文化遗产代表性项目代表性传承人名单,共1082人。中国已有43个项目跻身世界级"非遗"名录,项目总数位居世界第一。但因为中国历史悠久、幅员辽阔、民族众多,"非遗"项目分布广泛,仍有很多"非遗"项目已经或者濒临失传,需要我们进一步进行有效的保护和传承。

2007年，国际博物馆协会在维也纳召开的全体大会再次通过了对博物馆定义的修订——"博物馆是一个为社会及其发展服务的、向公众开放的非营利性常设机构，为教育、研究、欣赏的目的征集、保护、研究、传播并展出人类及人类环境的物质及非物质遗产"。

这个博物馆新定义，为我们提出了博物馆藏品的新领域——非物质文化遗产。

以上我们介绍的文物、自然标本、实物资料（科技成果）、非实物记录和非物质文化遗产就构成了博物馆的藏品。

从整体来讲，收藏是有条件的，有标准的，这是博物馆的共性；从各个博物馆来说，又要根据本馆的性质、特点来确定收藏范围，有些文物、自然标本及实物资料（科技成果）等可以成为某个博物馆的藏品，而不是凡博物馆都必须收藏的，这就是各个博物馆的个性。

第二节 藏品管理

博物馆对藏品负有科学管理、科学保护、整理研究、公开展出和提供使用（对社会主要是提供藏品资料、研究成果）的责任。

博物馆的藏品管理可分为"管"和"理"两部分，因为藏品是人类历史文化和自然界的宝贵遗存，是国家和民族的科学文化财产，要有严格的规章制度，妥善保管；因为藏品保管，是长期的、永久性的，不同于一般财产的保管，一定要有科学的保护技术和措施。藏品管理具有一定的工作流程。

一、藏品管理的意义和作用

（一）藏品管理的含义

藏品管理是博物馆工作中一项经常性的重要工作，主要包括对藏品的保藏、保养、保护和整理、研究。藏品管理从字面上讲有"管"和"理"两方面的含义。其中，"管"就是指博物馆对藏品所进行的保管和保护，以便于长期保存、保藏；"理"就是指博物馆对藏品所进行的整理和研究，以便于提供利用和发挥作用。

1. "管"的含义

对藏品的"管"，有两方面内容，一是藏品作为国家和民族文化财产的保藏；二是为使藏品永久存在而进行的藏品保护。

博物馆保管的藏品，是人类历史文化和自然界的宝贵遗存，是人类文化不断发展和自然界不断变迁的物证，是我国悠久历史留给我们的宝贵文化财产和大自然馈赠给我们的宝贵财富，它们中有的很有价值，可以用经济价值来衡量；更有一些是无价之宝，其价值无法用金钱来衡量，它们都是不可再生产的，一旦有损毁，就会造成不可弥补的损失。因此，我们对藏品要进行安全妥善的保管，对保管的每一件藏品都要进行详细的登记建账，必须建立健全的制度，严格出入库手续，加强库房的安全保卫工作。做到制度健全，账目清楚，保管妥善。

博物馆藏品保管，其特点是长期的、永久的，它的出库是短期的，不同于其他部门所保管的物资，出库以后就是保管这批物资的终止。藏品种类非常复杂，它们又都是不可再生产的，在保管过程中，要求尽可能地保持其原有性状，只有这样才能保存其历史、艺术、科学价值，所以藏品保管不同于一般财产的保管，仅有一定的规章制度是不够的，一定要有科学的保护技术和措施，要防止藏品的自然损害，保护藏品的自然属性，尽量减少它自身的改变，改善藏品保存环境，进行合理的修复和必要的复制，使藏品尤其是文物类藏品尽可能地长久保存下去，这也就是对藏品要进行科学的保护。

2. "理"的含义

对藏品的整理和研究也有两个方面，一方面是对"外"的，即为馆内其他部门和馆外的社会各界人士利用藏品提供方便条件；另一方面是对"内"的，即为使"管"的工作能做得更好，更科学而做的工作。

藏品是博物馆举办陈列展览以进行社会文化教育的重要手段，又是进行各方面科学研究的第一手资料。要使藏品发挥这方面的作用，就必须进行科学的整理和基础性的研究工作。例如，鉴定文物藏品的真伪，判定年代、产地、作者，检测其各方面自然属性，可以为利用者和研究者提供很大的方便。又如，进行详细的分类、编目、合理的排架，可以使利用者和研究者很快地查询到所需的藏品，提用也很迅速便利。再如，有计划地出版馆藏藏品的目录或图录，公布各种资料和研究成果，可以使社会公众更方便地了解藏品情况，使更多的人能从藏品中受益。所以1986年文化部颁布的《博物馆藏品管理办法》中对保管工作必须做到的要求，除了"制度健全、账目清楚、保管妥善"之外，还提出"鉴定确切、编目详明、查用方便"这些基本要求。当然整理和研究并不限于这三点，还可以做得更多，是没有止境的。

整理研究还有一个方面，是为了更好地保藏和保护藏品而进行的。比如说，什么质地的藏品用什么方式保藏效果较好，这就是很大的研究课题。又如，哪类藏品使用率高，哪种藏品使用率低，如何排架，可使取用方便又减少损坏机会，这也是一种研究课题。这些问题"理"好了，"管"也就更有效了。

3. 藏品管理的具体含义

藏品管理是博物馆业务活动的重要组成部分，是博物馆实现其收藏机构职能的重要基础工作，是博物馆对藏品进行保管、保护、整理、研究等一系列工作的总称，其目的是藏品的永久保存，并为提供利用创造方便条件。

（二）藏品管理的重要性

1. 藏品受国家宪法和法律的保护，同时，藏品管理又是履行宪法和法律职责的工作

《中华人民共和国宪法》[2018年3月修正]第二十二条规定："国家保护名胜古迹，珍贵文物和其他重要历史文化遗产。"《中华人民共和国文物保护法》[1][2017年11月4日修正]总则第二条和第五条也都有明确规定，其中第二条提出了在中华人民共和国境内，受国家保护的文物范围；第五条提出了文物的权属"中华人民共和国境内地下、内水和领海中遗存的一切文物，属于国家所有"。还专设一章，"第四章 馆藏文物"。《博物馆藏品管理办法》[2][文化部，1986年]总则第三条明确提出，"博物馆对藏品负有科学管理、科学保护、公开展出和提供使用（对社会主要是提供藏品资料、研究成果）的责任。"《博物馆管理办法》[3][文化部令第35号，2005年]（2006年1月1日起施行）专设一章，"第三章，藏品管理"。《博物馆条例》[4][中华人民共和国国务院令第659号，2015年]（国务院2015年2月9日公布，2015年3月20日起施行）"第三章 博物馆管理"，第二十四条："博物馆应当加强对藏品的安全管理，定期对保障藏品安全的设备、设施进行检查、维护，保证其正常运行。对珍贵藏品和易损藏品应当设立专库或者专用设备保存，并由专人负责保管。"由此说明，博物馆负有对藏品进行保藏、保护、整理、研究和提供利用的使命。管理好藏品，有利于进行科学研究，有利于进行爱国主义教育，不仅具有积极的现实意义，而且具有长久的历史意义。

---

[1] 《中华人民共和国文物保护法》（2017年修正），载北京市文物局 中国文物信息咨询中心主编：《可移动文物保护与利用工作手册》，学苑出版社，2017年11月版，第2—14页。

[2] 《博物馆藏品管理办法》，载中国国家文物局、中国博物馆协会编：《博物馆法规文件选编》，科学出版社，2010年10月版，第38—43页。

[3] 《博物馆管理办法》，载中国国家文物局、中国博物馆协会编：《博物馆法规文件选编》，科学出版社，2010年10月版，第32—37页。

[4] 《博物馆条例》，载北京市文物局 中国文物信息咨询中心主编：《可移动文物保护与利用工作手册》，学苑出版社，2017年11月版，第78—82页。

2. 藏品管理是博物馆的基础工作

首先，藏品是博物馆业务活动的基础。

博物馆是从收藏文物、标本等而产生的，如果没有藏品便不能称之为博物馆。例如，展览馆也举办各种展览活动，但它没有藏品，只有展品，展览是临时的、短暂的、流动性的，它的展品最终并不为展览馆所收藏，所以这种展览馆不能称之为博物馆，这就是博物馆与展览馆两者的主要区别之一。《博物馆条例》[国务院，2015年]在附则第四十五条中特别提出"本条例所称博物馆不包括以普及科学技术为目的的科普场馆"。由此可以说藏品是博物馆赖以生存的重要基础。藏品性质是决定博物馆性质、特点、类别的主要因素。例如自然博物馆、艺术博物馆、历史博物馆等，其性质、特点、类别及其名称都是由其藏品的性质而定的。藏品质量的高低和数量的多少是衡量该馆社会利用价值及遗产实力的一个主要条件。例如，博物馆规模的大小，决定的因素比较重要的一个方面就是藏品的质量与数量。大家都知道，故宫博物院、中国国家博物馆、南京博物院、上海博物馆等，是全国公认的大馆，其主要原因就是因为它们馆藏藏品丰富、质量高。总之，博物馆业务活动的特殊性就在于它是靠藏品这种实物来向人民群众进行形象生动的宣传教育，满足人民对文化及文化遗产的了解和对历史艺术欣赏的需要；靠藏品这种实物资料，为科学研究服务或为生产建设直接服务；靠藏品这种独特手段，从事中外文化交流，促进各国人民的友好和了解。因此，藏品是博物馆存在的基础，也是博物馆各项业务活动的重要基础。

其次，藏品管理工作与其他业务工作关系极为密切，是其他各项工作的基础。

（1）与搜集工作的关系

藏品管理与藏品搜集两者是一种相互的关系，博物馆首先是一个收藏机构，收藏是由搜集和藏品管理两方面协同进行的。搜集带来藏品，藏品管理保证藏品的价值。没有好的藏品管理工作，会使搜集来的文物、标本等物件降低原有的历史价值、科学价值、艺术价值。如因保管的失误，使其中的藏品造成毁亡、丢失，就会使搜集工作完全成为徒劳之举。相反地，如果管理工作做得好，可以为搜集工作提出线索和有益的参考意见，以便更有计划地系统地进行藏品搜集，填补馆藏空白。

（2）与陈列工作的关系

陈列是博物馆向人民群众进行宣传教育的主要手段，是衡量博物馆工作质量的重要标志之一。陈列是以藏品为基础的。只有藏品管理工作做得好，对藏品有系统地研究和整理，藏品情况一目了然，才能为陈列提供精彩的展品，并根据不同的要求进行高质量的陈列设计。否则，陈列就会成为无源之水，无本之木。

（3）与科学研究的关系

博物馆的藏品是研究有关学科的第一手材料。藏品管理工作本身也包含科学研究，而藏品管理工作又是为馆内外其他人员利用藏品进行科学研究提供良好条件的。

如果管理工作做得不好，例如，库房藏品没有编目，排架混乱，难以找到所需的藏品；缺乏保护手段，使藏品变形、变质、变色或残损；与藏品相关的原始记录、标签或有关档案资料遗失或弄混，都会使科学研究工作遇到困难或根本无法进行，有时还会使科学研究造成失误。相反地，如果管理工作做得好，就可以给科学研究提供经过鉴别、真实可靠、初步整理过、很方便利用的第一手资料。

由此可见，藏品管理是博物馆各项业务活动的基础工作，我们应该充分重视博物馆中的藏品管理工作，做好藏品管理工作。

（三）藏品管理的目的

藏品管理的目的一般有两个：一是保护藏品的安全，防止丢失及损坏；二是研究其内涵，为社会上的广为利用提供方便条件，充分发挥藏品的作用。藏品管理的这两个目的，是由藏品的双重属性所决定的。

1. 藏品的双重属性

博物馆的藏品尤其是文物藏品可以说有双重属性。

第一重属性我们可以称之为自然属性，它是每件文物固有的物理性质和化学性质，如形状、大小、重量、质料等，假如是一件新石器时代的石刀，那么它是什么岩石制成的、硬度是多少，上面留下什么样的制造的痕迹或使用痕迹，刃部的角度、刃线的弧度等，都是属于这类属性。如果是一件古瓷器，则烧结度、吸水率、透明度、胎和釉的化学成分等也都是这类属性。这就是藏品的自然属性。

第二重属性是藏品的社会属性。它是文物作为人类文化产物而具有的属性，即通过这种实物可以了解，制造或使用（有时包括毁坏、丢弃）这些东西的人们有什么样的行为、思想、技术、风俗、制度、组织等。这不仅使我们得以了解历史、给历史以质感，而且对现代生活的各方面均有借鉴意义，这正是社会对文物之所以重视的根本原因。所以，我们把文物的这方面属性，姑且称之为社会属性。

文物的种种社会属性都是依存于一定的自然属性，或者说，是由其一定的自然属性体现出来的。自然属性一旦改变，社会属性也将消失。

我们常常说：文物作为历史的见证物是不能再生产的物品。这实际就是说，每一件文物作为一定特定的诸自然属性的综合体是无法再复制的。文物的复制品都只能在某些自然属性方面达到乱真的地步，而不能达到所有自然属性都一致。例如，仿制一件青铜器，其铜锡合金的比例，就不能与真品完全一致，而只能达到一定相似的程度；再如，瓷器的胎釉的化学成分、烧结度等，是很难做到一致的。

还要强调的一点是，当代文物的社会属性，有相当一部分可以通过调查、采访记录下来（当然，这些记录仍需和文物本身的自然属性相印证方能被确认）。古代文物的社会属性，虽也有靠文献记载的考证而可以了解的，但很大一部分是需要通过对其自然属性的不断深入地认识而推断出来。因此文物原有的自然属性，是我们不断丰富对其社会属性的认识，提高文物社会价值的根本所在。

2. 藏品管理的目的

前文我们曾提到藏品管理的目的有两个：其一，保护藏品的自然属性，使藏品的自然属性尽可能不改变或少改变；其二，使社会上能更为方便地了解和利用藏品的社会属性；这是从文物藏品的特性来讲藏品管理的理想化目的。但是在实际上这两方面的目的是有矛盾的，反映在博物馆实际工作中有两种对立的观点。

一种是单纯强调"藏"。理由是：藏品，尤其是文物类藏品是不可再生产的珍贵文化遗产，博物馆作为收藏机构的首要任务是保存这些珍品传之万代。所以藏品入库就不再让人利用。这样，大批藏品不能发挥社会作用，博物馆的库房成了只进不出的仓库，博物馆的藏品保管工作人员无异于仓库保管员。博物馆作为宣传教育机构、科学研究机构的性质也落空了。

另一种是片面强调"用"，认为保藏只是手段，使用才是根本目的。但是，藏品，尤其是文物类藏品有许多是很"娇嫩"的，过分强调使用，不考虑加强保护，很容易使藏品受到损毁，"用"也就会失去了前提，而文化遗产的损毁是无法弥补的历史过失。

目前，在我国博物馆界的主要问题，是在缺乏科学保护的条件下，片面强调"用"，这是应该警惕的。

无论是只强调"藏"，还是只强调"用"，都是不对的。在这里，我们可以借用文物工作方针，"保护为主，抢救第一，合理利用，加强管理"和非物质文化遗产工作方针"保护为主，抢救第一，合理利用，传承发展"作为博物馆藏品管理工作原则来解决"藏"与"用"之间的矛盾。其中，保护为主，是方针的核心；抢救第一，是做好文物工作的基础，要把抢救工作放在文物保护的首要位置；合理利用，就是在确保文物安全和永久保护的前提下，正确发挥文物在经济和社会发展中的重要价值；加强管理和传承发展，是做好文物和非物质文化遗产保护工作的关键。因为"用"和"藏"这两个目的确实是有具体矛盾的，所以在管理藏品时就必须做到保护为主，合理利用，尽量处理好矛盾。如果确实难以兼顾，为了长久地保藏而使将来子孙后代能"用"，牺牲目前的"用"，是完全必要的。这是因为将来人类的认识能力和手段一定比今天的要进步，我们如能将文物不加损毁地保存到将来，他们将能从中得到更多的人类历史活动的信息。例如唐代女皇武则天与唐高宗的合葬墓，在陕西乾县，称为乾陵，我们目前就没有进行发掘，而只是把周围的陪葬墓（永泰公主、懿德太子及章怀太子墓）进行了发掘，主要是因为许多文物在墓中可以保存完好，而一旦出土，由于目前科学技术水平有限，无法完好地保存保护，很可能会遭到损毁。

我们学习博物馆藏品管理学和将来我们从事实际藏品管理工作时，我们应该经常反复考虑以下三个根本问题：

（1）怎样才能延长藏品的寿命，使其自然属性长久不变？

（2）怎样才能为博物馆内其他部门和社会上的各界人士利用藏品创造更多的方便条件和提供更高质量的服务？

（3）如何处理"藏"和"用"之间的具体矛盾。

这就是我们学习这门课程和搞好这项工作的根本方向。

（四）藏品管理的作用

（1）藏品管理部门肩负着为国家和民族保藏珍贵文物、重要历史文化和自然遗产的使命，藏品管理是体现博物馆收藏机构职能的重要基础工作。

（2）藏品管理是对博物馆搜集到的藏品，要进行科学管理、科学保护，尽量延长藏品的寿命，使其自然属性长久不变。

（3）藏品管理还要对藏品进行整理研究，以便为博物馆内其他部门和社会上的各界人士利用藏品创造更多的方便条件和提供更高质量的服务，更加充分地发挥藏品的社会属性。

二、藏品管理的起源及其发展简史

关于博物馆藏品管理的起源及其历史发展概况，可以划分为以下三个阶段：一是古代的萌芽阶段；二是近代的雏形阶段；三是现代的发展阶段。

（一）古代的萌芽阶段

对于藏品的管理，起源于对古物的收藏。在我国古代很早就有皇室和私人收藏所，有关文物的考释、编目、著述也早有问世，作为藏品管理的萌芽，源远流长。

1. 宋代以前

从商周以来，历代的古物都藏于内府，并有专官保藏国家典策、庙堂重器。据文献记载，老子就是守藏室之吏。我国古代历朝宫廷都有古物的正式集藏之所。《周礼》中记载："玉府掌王之金玉玩好兵器，凡良货贿之藏"；"天府掌祖庙之受藏"，"凡国之玉镇大宝器藏焉"。汉代建立"天禄""石渠""兰台"，实际是皇家的三大图书文物馆。古代武库也是储藏文物的地方。萧何治未央宫，"立东阙、北阙、前殿、武库、太仓"。《晋书·张华传》记载，元康五年（295年）十月，武库失火，"累代之宝及汉高斩蛇剑、王莽头、孔子屐等尽焚焉"。汉代还在未央宫建了麒麟阁，收藏书和器物；宣帝时，曾把霍光等十一个功臣的像画在麒麟阁中；东汉明帝雅好丹青，别开画室，收藏古画，董卓之乱后，许多东西失落了。魏晋南北朝时期，战争纷纭，大批古物遭到破坏。梁元帝萧绎搜集了许多文物，藏于天府。当他败没江陵，尽将文物绕身焚毁。隋代，聚集了魏晋以来的许多书法、古籍和名画，隋文帝在东都洛阳观文殿后面修建二台：东为妙楷台，藏古迹；西为宝迹台，藏古画。唐代，唐太宗注重文典，改修文馆为弘文馆，聚书20余万卷，置学士，掌校正图籍，置校书郎，掌校理典籍，刊正错谬。贞观十七年，唐太宗把20多个开国功臣的像画在凌烟阁，他自己作赞，让褚遂良来写题词，阎立本画像；凌烟阁中因此保藏了古画。文物的研究在汉代已引起重视。汉代的文字学家许慎就利用古器物上的铭文做过大量文字演变的研究，其成果反映在他所著的《说文解字》上。晋代的荀勖根据铜斛、古钱、建武铜尺进行过度量衡的校定，并据太康年间汲郡古冢出土的竹简进行古籍的考订。

总之，我国古代很早就开始收藏古物，这是文物管理的萌芽，只是在宋以前，对古物的管理，还只限于收集、保藏方面，对古物的研究、利用则很少。

2. 宋元时期

到了宋代，人们对于古物的认识观念在发展，不只限于收藏、赏玩，而是开始了对文物的考释、鉴定、著录等研究工作。宋代，收集古物与鉴赏之风非常盛行，皇室收藏益丰，曾建稽古阁、博古阁、尚古阁，"以储石玉、印玺、诸鼎彝礼器、法书、图画"。私人也竞相收藏，出现了欧阳修、赵明诚等著名私人收藏家。这一时期对古物的保管，已不只限于收藏，开始了对古物的分类、考释、编目、著录等研究工作，出版了《考古图》《宣和博古图》《集古录》《金石录》等文物著述。

北宋学者吕大临，在宫廷中专职保管文物，对文物进行鉴定研究，写出了《考古图》专著，此书收商周至汉代铜器211件，玉器13件。此书将器物按时代排队，同时代的按形制分类，每物绘图，再摹铭文，并附释文和实测文物的有关数据，记有出土地点、收藏者及考证、鉴定的意见。这种著录在文物鉴定、研究史上是一种创举，为后世的文物研究开了先河。

王黼编撰《宣和博古图》，亦称《博古图录》，著录当时皇室所藏商至唐代的铜器839件，集中了宋代所藏青铜器的精华。全书分为20类，绘其形制，记其名目，录其款识，品其总说，记录大小、容量、重量等，此书在器物分类和定名上有突出成绩。我们今天所用的很多铜器的名称，都是此书考订的。

欧阳修《集古录》（即《集古录跋尾》），把碑刻的碑文用拓片加以著录，每个拓片之后加上题跋，把碑文的来源和内容进行简短的考证，对书法的优劣加以评论。赵明诚《金石录》是仿欧阳修《集古录》体例，对商周彝器及汉唐石刻进行铭文传拓，著有目录和辨证。

赵希鹄《洞天清录》是一部以文物鉴赏为主要内容的杂著。全书分古琴辨、古砚辨、古钟鼎彝器辨、怪石辨、砚屏辨、笔格辨、水滴辨、古翰墨真迹辨、古今石刻辨、古画辨等十门进行论述。其中，对铜器和字画的辨伪做了详细记述。对铜器的鉴定已较全面，包括锈色、气味、声音、铭文、款识等项目。例如，书中记载"铜器入土千年，纯青如铺翠……铜器坠水千年则纯绿色而莹如玉……破处并不见铜色……""古铜声彻而清，新铜声洪而浊"。对于字画的鉴定已从纸张、墨迹等多方面入手。例如，"古画色黑或淡墨，则积尘所成，有一种古香可爱，若伪作者多作黄色，而鲜明不尘暗，此可辨也"。

宋代《宣和书谱》《宣和画谱》等书，对书、画分类已较详细。书谱记录宣和内府所藏法书墨迹，分历代诸帝王书，以及篆、隶、正、行、草、八分、制诰等八门。画谱分道释、人物、宫室、番族、龙鱼、山水、畜兽、花鸟、墨竹、蔬果十门，记录宋徽宗宫廷所藏历代画家230余人的作品，共6300余件。

南宋洪遵撰《泉志》，是研究中国历代钱币的著作。全书收录五代以前中外历代各类钱币300余种，分为正用品、伪品、不知年代品、天品、刀布品、外国品、奇品、神品、厌胜品等九类，全书两万余字，引正史和古代钱币资料90余种。全书文字要而不繁，著录程序谨严，保存了中国古代钱币的重要资料，是我国钱币学的一部经典著作，对后世影响较大。

元代朱德润撰《集古玉图》，此书分上下两卷，共收录古玉器31件，每器绘图，注明尺寸，考订包括形制、收藏者姓名、器物断代等。此书录有元代文物收藏家所藏古玉，并有"集古斋""磁器刘家"等文物店铺收藏的古玉。是当时唯一一部介绍古代玉器的图录，是我国现存最早的著录玉器的专著。

可以看出，从宋代开始，对文物的鉴定辨伪研究及分类研究，已达到相当高的水平，各类专著相继问世，为我国近现代博物馆对藏品进行管理、研究，提供了丰富的史料。

3. 明代

到了明代，在鉴定方面，保护技术方面又有进一步发展。

明洪武二年（1369年）明太祖在南京鸡鸣山南建功臣庙，陈列文武功臣的画像或塑像，《太常寺志》称之为"功臣庙画廊"。这是"画廊"在中国史籍中最早的记载。明洪武年间出版的曹昭的《格古要论》将文物分为古铜器、古画、古墨迹、古碑法帖、古琴、古砚、珍宝、金钱、古窑器、古漆器、锦绮、异木、异石等13门，从文物概述、作伪方法及真伪辨识，到文物欣赏价值、保存方法等均有论述。是我国第一部全面的文物鉴定专著。明中叶王佐对墨迹、石刻等部分多所增补，章次也有变更，易名《新增格古要论》，全书十三卷，鉴定项目达440多个。继《格古要论》之后，高濂作《遵生八笺》杂著。其中《燕闲清赏》篇是文物鉴定的专论。内容很丰富，范围广泛，主要包括《叙古鉴赏》《新旧铜器辨正》《刻玉章法》《论官哥窑器》《论定窑》《论诸品窑器》《论历代碑帖》《论帖真伪纸墨迹辨证》《论古玉器》《论剔红倭漆器雕刻镶嵌器皿》《画家鉴赏真伪杂说》等，在铜器、书画的鉴定中，很多地方对《格古要论》做了纠正和补充。明代顾从德编撰《集古印谱》，完成于明代隆庆时期（1572年），这套印谱一共六册，内容包括作者本人的收藏及他人所藏的印章，其中收录的玉印150余枚，铜印1600枚。顾从德的这套印谱开创了原印钤盖拓谱的先河，刊行后在金石界引起了很大震动。《集古印谱》出版后的第三年，也就是明万历三年（1575年），这套印谱再次增补，玉印增加到220余枚，铜印增加到3200余枚。顾从德的《集古印谱》在体例编排、用笺规格、译文考证等方面都极其细致，为以后的印谱形制奠定了基础。这是目前所能见到的最早的印谱。

明代，在保护技术、保存方法方面，也积累了成功的经验，使得古代文物虽经千百年的历史，仍能完好地保存下来。如五代至宋代的名画家董源、马远、赵佶等人的作品，流传到今天，已有千年的历史，正是因为有了一定的保护技术和保存方法，才使我们今天得以见到原真品。

4. 清代

清代对文物的鉴定、分类、编目、著录等研究已达到很高水平，出现一大批鉴赏家，如阮元、钱大昕、孙诒让、端方等；同时还出版了大型的著录，如乾隆年间的《西清古鉴》《西清续鉴》《宁寿鉴古》等。

《西清古鉴》著录清宫所藏古代铜器1529件，皆摹绘其形制、款识，而附《钱录》著录历代货币。《西清续鉴》著录古代铜器1885件，《宁寿鉴古》著录彝器600件，镜鉴101件。这三本书均绘出器物原形，摹出铭文，记出尺寸，重量，并加以考证。

另有《石渠宝笈》，清代乾隆、嘉庆年间的大型著录文献，共有三编，由乾隆皇帝命令大臣编纂，初编成书于乾隆十年（1745年），共四十四卷；二编成书于乾隆五十八年（1793年），共四十册；三编成书于嘉庆二十一年（1816年），共二十八函。《石渠宝笈》自清乾隆八年开始编撰，经过初编、续编和三编，直到完成，耗时74年。收录藏品计有数万件之多，其中著录的清廷内府所藏历代书画藏品，分书册、画册、书画合册、书卷、画卷、书画合卷、书轴、画轴、书画合轴九类；每类又分为上下两等，真而精的为上等，记述详细；不佳或存有问题的为次等，记述甚简；再据其收藏之处，如乾清宫、养心殿、三希堂、重华宫、御书房、学诗堂、画禅堂、长春书屋、随安堂、攸芋斋、翠云馆、漱芳斋、静怡轩、三友斋等，各自成编。作为我国书画著录史上集大成者的旷古巨著，书中所著录的作品汇集了清皇室收藏最鼎盛时期的所有作品，而负责编撰的人员均为当时的书画大家或权威书画研究专家。全书修编定稿后，即指定专人以精整的小楷缮写成朱丝栏抄本两套，分函加以保存。一套现存北京的故宫博物院，一套现存台北故宫博物院。

清代，文物分类非常发达，不再是笼统地分为金、石等类，而是开始变得更加详细、具体和具有科学性。例如，冯云鹏、冯云鹓，对器物的分类更进一步，在《金索》中分钟鼎、戈戟、量度、杂器、泉刀、玺印、镜鉴等七类，在《石索》中分碑碣、瓦砖二类。

综上所述，从宋代开始，直到明清，对文物藏品的管理，已经跨过了单纯收藏的界限，不仅开始了对文物的著录、分类、鉴定等研究工作，还积累了文物保护技术和保存方法，这就迈出了对文物藏品进行管理的重要一步。古人对文物的研究、鉴赏及诸多的文物著录为我们近现代对文物藏品的研究奠定了丰富的实物资料及史料基础，是很难得的宝贵经验。

（二）近代的雏形阶段

近代，是藏品管理初具雏形阶段。

由于历代收藏家的精心收藏，使得祖国的历史文物能流传下来，进入博物馆，奠定了近代博物馆及其藏品管理的发展基础。

1868年法国神父韩伯禄在上海徐家汇建立震旦博物院，这是我国近代历史上最早的博物馆（但这是由外国人建的，并且不对外公开开放）。震旦博物院的建立，对我国近代史上创建自己的博物馆具有一定的促进作用。1905年，实业家张謇创建了我国近代史上第一个博物馆——南通博物苑（院）。随着近代博物馆的建立，博物馆藏品管理也在不断发展。

我国近代博物馆的创始人张謇在创建南通博物苑时，就已提出自己的博物馆工作及藏品管理的理论观点。张謇认为，博物馆是重要的社会教育机构，是学校教育的重要助手。收藏文物的目的在于"留存往迹，启发后来"。文物搜集的途径，一是"国家尽出其历代内府所藏，以公于国人"；二是鼓励"收藏故家出其所珍，与众共守"。文物搜集范围，他主张"纵之千载，远之外国"，古今中外都要广事收罗，"外而欧、美、澳、阿。内而荐绅父老，或购或乞，期备百一"。藏品收藏室要"室中宜多窗，通光而远湿。庋阁之架，毋过高，毋过隘，取便陈列，且易拂扫"。对于文物要妥善保存，按藏品性质分历史、自然、美术三部分，"分别部居，不相杂厕"。每件物品都要"条举件系，立表编号"，并做好藏品的编目、著录工作。张謇亲自为本苑藏品考证源流，鉴定真伪，评论价值，并请专家参与此事。这对后来建立的博物馆在文物登记、鉴定、编目工作上提供了很好的借鉴。藏品库房要"严管钥，禁非常及其他种种之有妨碍者，均当专定章程期限遵守"，管理人员的分工要有专人"专掌图表册籍报告之事，其管理章程当别事"。

张謇对博物馆的藏品收藏库房条件、管理办法以及管理人员的设置等方面进行了论述，这是我国近代意义上的藏品管理理论。

到了1925年，故宫博物院宣告成立，以原清宫所收藏的历代艺术珍品，及其遗留的历史文物为藏品，开展了陈列、保管工作。从1925年到1932年，在七年时间里，对文物开展了点验接收、建立库房、建立藏品账目、制定各项规章制度，以及部分文物的修复、审查鉴定等项工作，使得故宫博物院的藏品保管工作初具规模，从而奠定了我国博物馆藏品管理工作的基础并使其有了雏形。

（三）现代的发展阶段

中华人民共和国成立后，随着经济建设的不断发展，文化教育事业也在不断建设完善之中。党中央和国务院对文博事业给予了高度重视和热情支持，中华人民共和国成立后，先后颁发了一系列有关博物馆工作及文物藏品管理方面的条例、法规，使得博物馆事业有了很大的发展，藏品管理水平有了很大的提高，博物馆藏品管理的理论与实践工作也得到了探讨、研究和不断发展。

这个阶段划分五个时期：

1. 中华人民共和国成立后17年（1949～1966年）的初步发展

中华人民共和国成立初期，随着博物馆的改造与整顿，藏品保管工作也取得了一定成就。在几年内，各地博物馆清理了原有藏品200多万件，基本上克服了此前藏品管理的混乱状态，一般都初步建立了保管制度，有了专人负责，专库皮藏，藏品安全得到改善。1956年4月21日，全国博物馆工作会议在北京召开。会议明确指出博物馆基本性质是"科学研究机关""文化教育机关""物质文化和精神文化遗存以及自然标本的收藏所"。这次会议对博物馆的建设及藏品管理工作的开展具有重大的指导作用，推动了博物馆事业的向前发展。到1957年，全国藏品总数达350多万件，比1952年增长1.35倍。

从中华人民共和国成立到20世纪60年代，博物馆的发展取得了一定的成绩。到1964年，全国文化系统博物馆已发展到228所。如北京的三大馆：中国历史博物馆、中国革命博物馆、中国人民革命军事博物馆，就是在50年代末60年代初建成的，被称为北京十大建筑之一。随着博物馆的建立和发展，关于藏品管理的理论研究也取得了一定的进展。

1962年，文化部文物局制定了《关于博物馆和文物工作的几点意见（草稿）》（即《十一条》）[①]，对当时的博物馆及文物藏品保护管理工作提出了指导原则。

---

① 国家文物事业管理局编：《新中国文物法规选编》，文物出版社，1987年10月版，第67—71页。

《十一条》指出，藏品是博物馆一切业务活动的基础，要大力加强保管工作，对馆藏文物标本要彻底清理、分类分级、科学记录，坚决消灭文物保管中的无底无数，真伪混杂的现象和损毁丢失事故，建立严格的保管制度和奖惩办法。

为了切实提高保管工作水平，1963年11月，文化部文物局召开了全国博物馆保管干部读书会。1964年还拟定了《博物馆藏品保管暂行办法》（草案），并于3月颁布下来。这是1949年后我国第一次由国家文化部门颁发的关于博物馆藏品保管的条文法规。这个"草案"首次提出博物馆藏品管理的范畴，不仅要确保藏品安全，对藏品进行科学管理，还要向全社会提供使用，充分发挥藏品的作用，这在当时不仅对指导博物馆藏品管理工作有积极的重要意义，同时，也把藏品管理的理论向前发展了一步。"草案"的颁发，有助于博物馆藏品管理工作水平的提高，促进了博物馆藏品管理工作的开展。

2. "文革"的严重破坏（1966~1976年）

"文革"使博物馆事业及藏品管理工作遭到极大破坏，造成博物馆及藏品管理工作的停滞。在这十年中，许多博物馆被取消或关闭，博物馆的珍贵藏品被诬为"四旧"。一些重要历史遗迹和古代建筑遭到破坏，散存于民间的大量私人珍藏的文物遭到洗劫，给博物馆事业及藏品管理工作造成了无法弥补的损失。

3. 藏品管理工作的全面恢复和发展（1976年10月至20世纪80年代末）

1976年我国进入了新的历史时期。博物馆事业及藏品管理工作从此走上了全面恢复和发展的道路。1977年10月，在苏州召开了博物馆保管工作座谈会，制定了《博物馆藏品保管试行办法》[①]和《博物馆一级藏品鉴选标准》[②]，并于1978年1月由国家文物事业管理局颁发下来。"保管试行办法"对藏品管理做了进一步的阐述，强调对藏品要进行科学的保护，要积极开展藏品保护的科学技术研究，延缓和防止藏品的自然老化和自然界对藏品的危害；要确保藏品的安全；对藏品进行整理研究并要提供使用。这个"试行办法"和"鉴选标准"的颁发，使当时的博物馆藏品管理工作有章可循，是全面恢复藏品管理工作的重要依据。

这一时期，国家文物事业管理局还相继颁发了《省、市、自治区博物馆工作条

[①] 国家文物事业管理局编：《新中国文物法规选编》，文物出版社，1987年10月版，第111—116页。

[②] 国家文物事业管理局编：《新中国文物法规选编》，文物出版社，1987年10月版，第116—118页。

例》①《文物工作人员守则》②和《关于拍摄文物的几项暂行规定》③，文化部、公安部制定了《博物馆安全保卫工作规定》④，这些法规对藏品管理工作从不同角度、不同程度做出了具体规定，使得广大博物馆工作者对藏品管理工作都有了一定的了解和认识，这也说明国家对博物馆事业及藏品管理工作的极大重视与支持，以及广大文博工作者对博物馆及藏品管理工作的不断探讨和研究，同时，也充分体现出藏品管理工作的重要性。

为了加强文物保护，中华人民共和国成立后国务院先后两次公布了全国重点文物保护单位名单和历史文化名城名单，并于1982年11月19日颁发了《中华人民共和国文物保护法》①（以下简称"《文物保护法》"）。明确指出在我国境内受国家保护的文物范围，并且强调各博物馆及文物收藏单位对所收藏的文物"必须区分文物等级，设置藏品档案，建立严格的管理制度"。这是中华人民共和国成立后的第一个关于文物保护的法规。《文物保护法》公布实施后，全国各省、市、自治区都大力开展了宣传文物保护法，执行文物保护法的工作，一些省份还制定了本省的文物保护管理办法或条例，如湖北省《文物保护管理实施办法》、贵州省《文物保护管理办法》、湖南省《文物保护条例》等。除此之外，全国文博系统各单位，根据"保管试行办法"的精神及其他法规内容，结合本馆的实际情况，开展了一系列研究工作，制定出适合本馆的各项规章制度，并开展了一系列对藏品进行管理的工作实践，使得各博物馆藏品管理工作不仅有章可循，而且还得到稳步发展。如南京博物院制定的《藏品修复规定》《陈列、展览提取藏品的规定》，故宫博物院制定的《文物安全保护工作制度》《文物分类大纲》，中国历史博物馆制定的《基本藏品保管分类方案》，以及《上海博物馆定名条例》《天津历史博物馆定名方法》等。这些规章制度既体现了"保管试行办法"的精神，同时又指导了各博物馆的实际工作。全国各博物馆的藏品管理工作水平有了较大提高。如上海博物馆，在贯彻执行《博物馆藏品保管试行办法》过程中，结合本馆的实际，通过整顿改革，调整了文物保管工作体制，加强了文物征集、编目、保护和管理，提高了工作质量和效率。

---

① 国家文物事业管理局编：《新中国文物法规选编》，文物出版社，1987年10月版，第126—130页。

② 国家文物事业管理局编：《新中国文物法规选编》，文物出版社，1987年10月版，第176—177页。

③ 国家文物事业管理局编：《新中国文物法规选编》，文物出版社，1987年10月版，第178—179页。

④ 国家文物事业管理局编：《新中国文物法规选编》，文物出版社，1987年10月版，第260—266页。

⑤ 国家文物事业管理局编：《新中国文物法规选编》，文物出版社，1987年10月版，第212—219页。

为了进一步推动博物馆藏品管理工作的科学化，逐步健全各项规章制度，文化部文物局于1985年11月14日至20日在福州召开全国博物馆藏品保管工作座谈会。座谈会总结交流了近几年藏品管理的经验，并在原《博物馆藏品保管试行办法》的基础上，讨论和拟定了《博物馆藏品保管条例》。同时就《一级藏品鉴选标准》和《藏品分类办法》进行了研究和探讨。1986年6月19日，由国家文化部颁发了《博物馆藏品管理办法》[1]（以下简称"《管理办法》"）。其理论贡献主要是，《管理办法》把藏品管理范畴进行了更广泛地扩展，提出了一个比较合理的理论观点，即"博物馆对藏品负有科学管理、科学保护、整理研究、公开展出和提供使用（对社会主要是提供藏品资料、研究成果）的责任"。《管理办法》还对保管工作提出了具体要求："制度健全、账目清楚、鉴定确切、编目详明、保管妥善、查用方便"。并对藏品的库房条件及库房管理工作做出具体、合理的规定。同时还形成了一个比较合理的藏品管理工作体系，即博物馆及保管部门对藏品要进行接收、鉴定（选）、定级、编目、入库、保管（库房管理）、提用、注销、统计、建档、保护（包括修复、复制）等一系列管理、研究和保护工作。

《博物馆藏品管理办法》从藏品的库房管理、到保管工作程序、到藏品的公开展出和提供使用以及对藏品的科学保护等角度出发，对藏品管理进行探讨，提出了比较系统的藏品管理理论，标志着我国对文物藏品管理的研究工作取得了巨大的进展。

根据《管理办法》的精神而拟定的《博物馆藏品分类办法》对博物馆藏品的分类问题进行了探讨和研究，并做出了较为具体的规定，明确指出：藏品分类办法"采用以质地为主，兼顾职能、性质三者相结合的原则，以构成文物的最基本的物理特性，它的职能或用途，以及形成文物的特定的技艺为依据进行分类"[2]。即采用双层次分类法，根据各类博物馆藏品的来源、内容和性质，以传世文物、考古发掘文物、少数民族文物、外国文物、革命文物五大部分作为第一层次，以藏品的质地、职能、性质分大类作为第二层次。这是目前我国唯一的一个关于藏品分类的办法。当然在实际工作中，各个博物馆根据本馆藏品的情况及管理工作的设施等条件，都形成了适合本馆实际的分类办法。

与《管理办法》密切相关的，在《博物馆一级藏品鉴选标准》的基础上，1987年2月3日，文化部颁发的《文物藏品定级标准》以及"一级文物定级标准举例"[3]，是

---

[1] 文化部1986年6月19日发布，载国家文物事业管理局编：《新中国文物法规选编》，文物出版社，1987年10月版，第293—301页。又见于中国国家文物局、中国博物馆协会编：《博物馆法规文件选编》，科学出版社，2010年10月版，第38—43页。

[2] 《博物馆藏品分类办法》（讨论稿），载文化部文物局教育处、南开大学历史系编：《博物馆学参考资料》，河北省青县印刷厂印刷，1986年10月版，第119页。

[3] 文化部1987年2月3日发布，载国家文物事业管理局编：《新中国文物法规选编》，文物出版社，1987年10月版，第318—324页。

中华人民共和国成立以来，国家文化部门正式颁发的第一个系统而又全面的文物藏品定级标准。这个定级标准的颁布实施，对改变全国各地文物藏品定级中的混乱状况，对加强珍贵文物的重点保护管理，乃至全部藏品的科学管理工作，都具有十分重大意义，这也是博物馆藏品管理理论不断发展的一个成果。

在理论研究取得进展的同时，藏品管理的实践工作也取得了一定成就。自1978年党的十一届三中全会以来，全国各博物馆的管理水平普遍有了提高。全国近800万件藏品中，博物馆所藏达600多万件，为1949年的3倍。藏品的保管设备和保护技术也有了很大的改善。各博物馆加强了对藏品保护工作的重视，设置了藏品的消毒设备、修复室、复制室、书画装裱室，标本制作室；在一些博物馆里已设有实验室，如上海博物馆、南京博物院、中国历史博物馆（现中国国家博物馆）等，以此来加强对文物藏品保护技术的研究和实验工作。各博物馆开展了对藏品管理工作的研究，取得了一定进展。尤其是对藏品的鉴定、分类、编目、保护等方面，不断地深入研究，在我国一些大博物馆都设立了自己的藏品编目部（组）。

此外，现代科学技术已广泛地应用到博物馆藏品管理工作中。仅以藏品编目为例，编目是藏品管理的一项重要工作，目前在经济条件允许的博物馆，已开始使用计算机（电脑）技术来对藏品进行编目，存储信息。如中国人民革命军事博物馆、上海博物馆、南京博物院等。使用电子计算机贮存容量大，自动化程度高，检索速度快，综合性强，连续化等优点突出，是我国藏品管理的科学化途径。电脑技术在编目工作中的使用，使得我国藏品管理开始步入科学化的轨道中，表明我国藏品管理工作水平在不断提高。

在文物鉴定方面，为了加强文物鉴定工作，1985年5月，文化部国家文物鉴定委员会成立，由启功任主任。该委员会性质是国家文物行政管理部门为文物保护管理工作而设置的文物鉴定咨询机构，由国家文物局聘请文物、博物馆及相关行业著名专家学者组成。其主要职责是：根据国家文物管理工作需要，负责对馆藏和社会流散文物的鉴定，对文物的价值和等级进行鉴定和评价，为文物收集、保护、管理和执行有关文物保护法规提供依据。国家文物鉴定委员会的成立，对于加强我国的文物鉴定工作，对加强文物的科学管理和科学研究，进而对文物藏品进行保护管理，都具有十分重要的意义。早在国家文物鉴定委员会成立前，中国古书画鉴定组就已开始了古书画鉴定工作。从1983年11月至1990年5月，历时8年，中国古书画鉴定组足迹遍布全国25个省、市、自治区，对208个收藏古书画的单位的61000多件古代书画，逐一进行鉴定，分出真伪、品级，这是我国文物鉴定史上的空前壮举。

为了加强全国的藏品管理，1987年10月，中国博物馆学会保管专业委员会在四川成都召开成立大会，并举办了第一届学术讨论会。在保管专业委员会章程中明确指出，学会性质是中国博物馆学会下属的研究藏品（标本）保护、管理的群众性学术团体，学会的任务是开展藏品保护、管理的研究，促进博物馆保管（学）工作的科学化、标准化，推动博物馆事业的发展。学会还拟定了三年工作规划。与会代表提交了31篇学术文章，并充分交流、探讨了有关博物馆藏品管理工作的一系列问题。保管专业委员会的成立，标志着我国博物馆藏品管理工作走上新的发展道路。

但是，我们还应该看到，在藏品管理中，还存在着许多问题，例如，在文物藏品的科学管理和整理研究方面，有的博物馆重视不够，使得馆藏文物底数不清，等级不分，存在着管理混乱的现象；在整理研究方面，有的博物馆对藏品的建档和登记账册的工作做得不够及时，造成藏品无案可查，存在着缺乏整理研究的问题；再如，在提供利用方面，也没有很好地开展此项工作，使得藏品的提供利用还处于起始阶段，也还是只限于陈列展览和专家、学者的科研工作方面，对社会上的广为利用工作做得还很不够，还很保守。这主要是由于我们目前的科技不够发达，文物保护技术水平有限，在对藏品的科学保护工作还没达到一定水平的情况下不敢广泛地提供利用；但另一方面，也暴露出管理工作存在的问题，那就是有些管理人员思想保守，不愿提供利用，这不仅影响了社会对藏品的利用，同时更严重的是影响了藏品充分发挥其社会作用。

鉴于藏品管理工作还存在着上述诸多不足，1989年5月15日国家文物局印发了《关于馆藏文物清库、登记、建档工作的意见》（以下简称《意见》），并从此开始在全国范围内展开了全面的藏品整顿工作。这个《意见》明确指出，藏品总登记账，是国家科学、文化财产账，也是国家依法保护文物藏品的重要依据。因此，《意见》要求各级博物馆必须组织专门人力，对馆藏文物进行一次全面的清仓查库登记工作，要做到藏品总登记账、藏品登记卡与藏品编号三者核实相符。藏品排列有序、安全整洁。与此同时，《意见》还强调要加强藏品建档工作，以便进一步加强藏品的科学研究，更好地发挥藏品的作用，要使藏品建档工作逐步做到系统化、规范化，并且不断补充完善。国家文物局还统一规定了藏品总登记账、登记卡的格式及目录，下发到各博物馆，对藏品进行登记。这个《意见》是当时正在开展的藏品整顿工作的指导方针和具体要求，它将指导着藏品清库、登记、建档、整顿的工作，使藏品管理工作制度化、规范化、科学化。

《意见》下发后，全国各地各级博物馆行动起来，积极开展藏品整顿工作，取得了初步成就。五年来，各博物馆都相继建立了藏品总登记账，编制藏品登记卡，建立了一级藏品档案。目前，这项工作还在进行着。

4. 20世纪末的新成就（1990~2000年）

进入20世纪90年代后，随着改革开放的进一步深入，全国文物博物馆系统的工作者，在党中央、国务院的正确领导下，艰苦创业，努力工作，全面加强了文物藏品管理工作，取得了社会公认的显著成绩。

实践方面，文物保护维修成果丰硕。最近几年，中央和地方各级人民政府不断增加对文物保护的投入。1992年以来，中央直拨文物保护经费总计近四亿元，抢救维修了616个项目，并对各地地市级以上文物博物馆单位新建、改建的218个文物库房给予了经费补助。全国重点文物保护单位濒临危险的状况有了很大的改善，一大批古建筑、石窟寺、革命纪念建筑物得到妥善维修保护。

安全防范工作成绩显著。几年来，全国各地文物主管部门和文物单位，都以"安全第一"的强烈意识，和公安部门紧密配合千方百计狠抓安全防范工作，馆藏文物被盗案件自1989年以来连年大幅度下降，1995年全国文物博物馆单位仅发生馆藏文物被盗案件21起，其中盗窃未遂案件7起，破案2起，追缴文物49件。1996年上半年发案率继续呈现下降趋势，说明安全防范工作逐年加强。

研究方面，文物管理的理论研究和法制建设取得重大进展。据不完全统计，仅1990年至1992年近三年来，文物保护科学技术研究方面就有21项研究成果获得国家文物局颁发的文物科技进步奖，一批重要的科研成果直接应用于文物的保护、修复、维修，产生了良好的效益。法建设取得重大进展。1991年6月，全国人大常委会颁布了《关于惩治盗掘古文化遗址古墓葬犯罪的补充规定》[①]和《关于修改〈中华人民共和国文物保护法〉第三十条第三十一条的决定》；国务院1992年又批准颁布了《中华人民共和国文物保护法实施细则》[②]。这几个重要的法律法规文件凝结着文物管理工作的实践经验和文物工作者的心血，体现了党和国家对文物保护事业的高度重视，是继1982年《文物保护法》颁布以来文物法制建设工作取得的最重要的成果，对我国文物事业的建设和发展将产生深远的影响。尤其是《文物保护法实施细则》，弥补了当时本法某些规定不够明确具体的不足，使多年来执法过程中遇到的问题都得到妥当的解决。同时《文物保护法》已经列入了国家普法教育的第二个五年规划。当前全国已有二十多个省、市颁布了文物保护的地方法规，国家文物局也相继出台了一批与《文物保护法》及其实施细则相配套的文物法规、规章和政策性规定，进一步健全和完善了我国的文物法规体系。1997年3月30日，国务院发出《关于加强和改善文物工作的通知》[③]，指出文物工作"继续坚持'保护为主，抢救第一'的方针，贯彻'有效保护，合理利用，加强管理'的原则"，正确处理好文物保护与经济建设的关系、文物事业发展中社会效益和经济效益的关系，建立与社会主义市场经济体制相适应的文物保护体制。我国的文物保护管理工作正沿着法制的轨道健康发展。

1997年3月7日，国务院作出决定加入《国际统一私法协会关于被盗或者非法出口

---

① 第七届全国人民代表大会常务委员会第20次会议1991年6月29日通过，中华人民共和国主席令第四十八号发布。

② 1992年4月30日国务院批准，1992年5月5日国家文物局发布实施。已被2003年5月18日中华人民共和国国务院令第377号发布的《中华人民共和国文物保护法实施条例》代替。

③ 北京市文物局编：《新编文物工作实用手册》，经济管理出版社，2012年7月版，第185—188页。

文物的公约》①，同时做出三点重要声明："（一）中国加入本公约绝不意味着承认发生在本公约生效以前的任何从中国盗走和非法出口文物的行为是合法的。中国保留收回本公约生效前被盗和非法出口的文物的权利；（二）根据公约第三条第五款的规定，中国关于返还被盗文物的申请受75年的时效限制，并保留奖励根据法律规定延长时效限制的权利；（三）根据公约第八条向中国提出的对文物返还或者归还的请求，可以直接向中国法院提出或者通过中国文物行政主管机关转交中国法院。加入书由外交部部长签署，具体手续由外交部办理。"同年5月7日，中华人民共和国代表将由时任外交部部长钱其琛签署的"加入书"递交给了公约保存国意大利政府。加入国际公约，不仅丰富了中国文物保护法律法规体系内容，也促进了中国文物保护法律法规进一步完善与国际接轨。

馆藏文物的管理水平得到进一步提高，博物馆藏品的保护、利用和管理得到加强。全国各文物博物馆单位注重藏品搜集工作，馆藏藏品数量大幅度增加，截止到1999年底，全国文物系统博物馆藏品达9506191件，是1989年2408614件的3.95倍，其中一级品比1989年增加10325件。藏品整顿工作成果显著，自1989年国家文物局印发《关于馆藏文物清库、登记、建档工作的意见》以来，全国各级文物部门对馆藏文物管理工作给予了应有的重视，各文博单位在清仓查库、摸清家底的基础上，抓紧开展了文物藏品登账、编目、鉴定、建档工作，基本扭转了以往藏品底数不清，价值难分，查用不便的被动局面，全国范围的藏品整顿工作进展顺利，并取得了较为理想的成绩。

国家文物局自1992年起，组织开展了全国馆藏一级文物的鉴定确认工作。鉴定专家组对全国除台湾和香港、澳门特别行政区以外的31个省、自治区、直辖市博物馆、纪念馆、文管所等文物收藏单位的一级文物藏品展开了巡回鉴定和确认工作，共对1417个单位的一级文物25775件（不含书画）进行鉴定确认，并完成了231个文博单位21823件一级文物的登记、备案工作，馆藏一级文物鉴定确认工作取得显著成果。这项工作，对于全面促进和提高馆藏珍贵文物的管理水平，具有极为重大的现实意义和长远的历史意义。以此为契机，推动博物馆藏品保护管理工作向科学化、现代化迈进。

中国博物馆学会保管专业委员会在学术研究方面取得了显著成果。自1990年至1999年，保管专业委员会主办召开10次学术研讨会，对"藏品定名""藏品统计""藏品登记与建档""藏品计件""藏品柜架与藏品之关系""藏品包装运输与文物保护之关系""在改革开放新形势下，如何进一步做好藏品保管工作""藏品日常管理与保护之关系""藏品管理人员的业务素质""藏品利用中的管理与保护"等问题进行了深入探讨与研究，既有理论问题的争鸣，又有实践经验的总结，既交流了经验，又通报了各自存在的问题，使大家互为借鉴。这些学术研讨会，分析、探讨和研究了博物馆藏品保管工作面临的一些重要问题，一些长期以来存在争议而未能很好

---

① 1995年6月24日，在罗马签订。公约全文参见《中国文物报》1997年4月27日。

地解决的问题，取得了一定的成果。1993年1月由国家文物局（保管专业委员会）主编的《博物馆藏品保管工作手册》①正式出版，标志着藏品管理的理论研究取得新的成果，进入了一个新阶段。

5. 新世纪的新发展（2001年以来）

进入新世纪以来，随着改革开放进入到新时期，党的十六大确定了全面建设小康社会的奋斗目标，党的十八届三中全会做出《中共中央关于全面深化改革若干重大问题的决定》，提出了全面深化改革的战略思想和战略目标，中国进入全面深化改革的新时代。博物馆作为建设社会主义先进文化的中坚力量，越来越受到党中央和国务院的高度重视，博物馆事业和藏品管理工作得到空前发展。文物博物馆事业的依法管理得到有效加强。

（1）一系列法规、管理办法、标准规范等文件相继颁布实施

从2002年开始，《中华人民共和国文物保护法》几经修订，2003年国务院颁布《中华人民共和国文物保护法实施条例》②《公共文化体育设施条例》③，使馆藏文物保护和博物馆管理、开放更加科学、规范，更加符合社会主义市场经济新形势。2005年文化部颁发《博物馆管理办法》④，结束了长期以来没有统一的博物馆管理部门规章的历史。该《办法》对藏品管理、展示与服务均提出了系统的专业要求。2017年11月4日和2017年10月23日，全国人民代表大会分别对《中华人民共和国文物保护法》和《中华人民共和国文物保护法实施条例》进行了再次修正，确保了法律的与时俱进和适应新时代的新要求。

自2001年起，文化部、国家文物局、公安部等部门先后颁布了修订后的《文物藏品定级标准》和《一级文物定级标准举例》⑤；《博物馆藏品信息指标体系规范（试行）》和《博物馆藏品二维影像技术规范（试行）》⑥；《近现代文物征集参考范围》

---

① 国家文物局编：《博物馆藏品保管工作手册》，群众出版社，1993年1月版。
② 2003年5月13日国务院第8次常务会议通过，自2003年7月1日起施行。载中国国家文物局、中国博物馆协会编：《博物馆法规文件选编》，科学出版社，2010年10月版，第17—26页。
③ 2003年6月26日国务院发布，自2003年8月1日起施行。载中国国家文物局、中国博物馆协会编：《博物馆法规文件选编》，科学出版社，2010年10月版，第27—31页。
④ 文化部2005年12月22日发布，自2006年1月1日起施行。载中国国家文物局、中国博物馆协会编：《博物馆法规文件选编》，科学出版社，2010年10月版，第32—37页。
⑤ 文化部2001年4月9日发布。载北京市文物局编：《新编文物工作实用手册》，经济管理出版社，2012年7月版，第315—320页。
⑥ 国家文物局2001年12月22日发布。载国家文物局第一次全国可移动文物普查工作办公室编：《第一次全国可移动文物普查工作手册（修订版）》，文物出版社，2014年1月第2版，第311—335页。

和《近现代一级文物藏品定级标准（试行）》①；《文物出境展览管理规定》②，《文物系统博物馆风险等级和安全防护级别的规定》③，《古人类化石和古脊椎动物化石保护管理办法》④，《文物出境审核标准》⑤，《文物进出境审核管理办法》⑥，《文物认定管理暂行办法》⑦等一系列有利于加强藏品管理方面的行业标准、管理办法和相关规定。2005年，国务院印发了《关于加强文化遗产保护的通知》⑧，提出要高度重视博物馆的建设，提高馆藏文物保护和展示水平。2008年国家文物局等十部委联合发布《关于加强革命文物工作的若干意见》⑨，提出要充分认识加强革命文物工作的重要性和紧迫性，并就加强革命文物的保护、利用和管理工作，提出了指导思想、基本原则、总体目标和基本要求。《意见》对于做好革命文物资源的登记、建档，提升革命文物的展示服务水平具有非常重要的指导作用。

这一时期，藏品保护基础工作得到进一步夯实。2002年全国文物工作会议和2003年全国馆藏文物保护工作座谈会，对馆藏文物保护、利用和管理工作进行了系统的梳理，部署以馆藏一级文物建档备案为突破口，加强文物资源调查建档工作，同时大幅度改善文物保存条件、推进科技保护和现代化管理，确保藏品安全。2011年文化部发布《关于进一步加强古籍保护工作的通知》⑩，对在"十二五"期间加强古籍保护相关

---

① 国家文物局2003年5月13日发布。载北京市文物局编：《新编文物工作实用手册》，经济管理出版社，2012年7月版，第324—331页。

② 国家文物局2005年5月27日发布。载中国国家文物局 中国博物馆协会编：《博物馆法规文件选编》，科学出版社，2010年10月版，第47—51页。

③ 国家文物局2003年3月25日发布。载北京市文物局编：《新编文物工作实用手册》，经济管理出版社，2012年7月版，第403—409页。

④ 文化部2006年8月7日公布。载北京市文物局编：《新编文物工作实用手册》，经济管理出版社，2012年7月版，第93—94页。

⑤ 2007年4月3日经国家文物局第4次局务会议审议通过，自2007年6月5日起施行。载北京市文物局 中国文物信息咨询中心主编：《可移动文物保护与利用工作手册》，学苑出版社，2017年11月版，第516—521页。

⑥ 文化部令第42号，2007年7月13日公布。载北京市文物局编：《新编文物工作实用手册》，经济管理出版社，2012年7月版，第98—100页。

⑦ 文化部令第46号，2009年8月10日公布。载北京市文物局编：《新编文物工作实用手册》，经济管理出版社，2012年7月版，第101—102页。

⑧ 国务院2005年12月22日发布。载北京市文物局编：《新编文物工作实用手册》，经济管理出版社，2012年7月版，第122—125页。

⑨ 国家文物局、中宣部、发展改革委、教育部、民政部、财政部、住房城乡建设部、文化部、国家旅游局、共青团中央2008年3月20日发布。载北京市文物局编：《新编文物工作实用手册》，经济管理出版社，2012年7月版，第142—144页。

⑩ 文化部2011年3月8日发布。载北京市文物局编：《新编文物工作实用手册》，经济管理出版社，2012年7月版，第321—323页。

工作进行部署并提出相关要求,有力地加强了古籍藏品的保护。

这一时期,《馆藏文物出入库规范》(WW/T0018—2008)[①]、《馆藏文物展览点交规范》(WW/T0019—2008)[②]、《文物藏品档案规范》(WW/T0020—2008)[③]、《文物运输包装规范》[④]、《馆藏文物登录规范》(WW/T0017—2013)[⑤]、《馆藏文物包装材料 无酸纸质材料》(WW/T0077—2017)[⑥]等一系列文物保护行业规范相继颁布实施,这些都有力地推动了藏品保护、安全、利用和管理及博物馆建设的专业化、规范化和科学化。特别是2015年国务院颁布的《博物馆条例》[⑦],明确提出博物馆应当加强藏品安全管理,博物馆应当建立藏品账目和档案,博物馆可以通过合法方式取得藏品;并且首次明确规定,博物馆不得取得来源不明或者来源不合法的藏品。《博物馆条例》是博物馆的基本法规,在博物馆藏品管理和保护方面,其内容覆盖了从收藏保存到登记著录、科学保护等诸多专门工作领域,并提出了规范性要求,对于加强博物馆和藏品管理具有重大法律意义和规范作用。

(2)第一次全国可移动文物普查

2011年,国家文物局已制订了国有可移动文物普查试点工作方案,公开遴选确定在陕西省、北京市朝阳区和中国人民解放军(及武警部队)开展省级、地市级和系统普查试点。同时,国有可移动文物普查标准与规范(试行)、信息采集软件等已编制完成,并已经在试点中使用。后来青岛市文物局主动提出参加试点。试点时间原定为2011年7月至2012年7月。

---

① 国家文物局2009年2月16日发布。来自国家文物局官网,网址:http://www.sach.gov.cn,2017年10月30日访问。

② 国家文物局2009年2月16日发布。来自国家文物局官网,网址:http://www.sach.gov.cn,2017年10月30日访问。

③ 国家文物局2009年2月16日发布。载国家文物局第一次全国可移动文物普查工作办公室编:《第一次全国可移动文物普查工作手册(修订版)》,文物出版社,2014年1月第2版,第342—385页。

④ 中华人民共和国国家质量监督检验检疫总局、中国国家标准化管理委员会2009年5月4日发布,2009年12月1日起实施。载中国国家文物局、中国博物馆协会编:《博物馆法规文件选编》,科学出版社,2010年10月版,第97—105页。

⑤ 国家文物局2013年8月5日发布,8月15日起施行。载国家文物局第一次全国可移动文物普查工作办公室编:《第一次全国可移动文物普查工作手册(修订版)》,文物出版社,2014年1月第2版,第386—422页。

⑥ 国家文物局2017年7月24日发布,2017年12月1日起施行。来自国家文物局官网:http://www.sach.gov.cn

⑦ 《博物馆条例》2015年2月9日国务院令公布,自3月20日起施行。载《中国文物报》2015年3月3日。

2012年10月1日《国务院关于开展第一次全国可移动文物普查的通知》[①]印发。国务院正式启动第一次全国可移动文物普查工作，这是中华人民共和国成立后，首次针对可移动文物开展的普查，是继第三次全国文物普查后文化遗产领域又一重大国情国力调查，也是贯彻落实党的十八大提出的"建设优秀传统文化体系，增强文化整体实力，努力建设社会主义文化强国"的重要举措。

2013年4月18日，国务院第一次全国可移动文物普查领导小组召开第一次全国可移动文物普查电视电话会议，对普查工作进行全面部署。

第一次可移动文物普查涉及相关系统包括国资（国有资产）系统、文化系统、民政系统、教育系统、档案系统等国有资产单位系统。

普查目标为一个全面掌握、一个总体评价、三个建立完善、一个建立实现：通过普查，全面掌握我国现存国有可移动文物的数量分布、保存状况、保管权属和使用管理等情况；总体评价可移动文物保护现状，为科学制定保护政策和规划提供依据；建立、完善可移动文物认定体系；建立、完善可移动文物档案和可移动文物名录；建立、完善基于现代信息技术的可移动文物信息管理平台，为标准化、动态化管理创造基础条件；建立可移动文物信息的知识产权保护制度，实现文物信息资源的整合与合理利用。普查不改变文物权属现状。

普查的文物包括1949年（含）以前，历史上各时代珍贵的艺术品、工艺美术品；历史上各时代重要文献资料以及具有历史、艺术、科学价值的手稿和图书资料等；反映历史上各时代、各民族社会制度、社会生产、社会生活的代表性实物。由博物馆、纪念馆收藏登记的1949年后的藏品。列入国家文物局公布的1949年后已故著名书画家作品限制出境鉴定标准范围的作品。具有科学价值的古脊椎动物化石和古人类化石。

普查登录的主要内容是文物名称、类别、级别、年代、质地、外形尺寸、质量、完残程度、保存状态、包含数量、来源方式、入藏时间、藏品编号、收藏单位名称等14项基本指标项，文物的基本情况、来源信息、考古发掘信息、流传经历、著录信息、鉴定信息、保管信息、损坏记录、修复记录、移动记录、展出信息等11类附录信息，照片影像资料以及收藏单位主要情况。

为了更好地做好第一次全国可移动文物普查工作，国家文物局第一次全国可移动文物普查工作办公室还编制出版了《第一次全国可移动文物普查工作手册（修订版）》[②]，对可移动文物普查的概念、时间、范围、内容及组织管理，文物认定与登

---

① 国务院（国发〔2012〕54号）发布，载国家文物局第一次全国可移动文物普查工作办公室编：《第一次全国可移动文物普查工作手册（修订版）》，文物出版社，2014年1月第2版，第176—178页。

② 国家文物局第一次全国可移动文物普查工作办公室编：《第一次全国可移动文物普查工作手册（修订版）》，文物出版社，2014年1月第2版。

录，普查平台业务流程，信息采集，任务与成果形式等，进行了较为详细的说明与阐释，为普查工作的顺利开展提供了较为科学、全面和实际操作性的业务指导。

第一次全国可移动文物普查，统计的全国国有可移动文物共计108154907件（套），这个数据是这次普查汇总的全国可移动文物的总数字。截至2016年10月31日，按照普查统一标准登录文物完整信息的为26610907件（套），实际数量64073178件。新发现新认定文物7084149件（套）。普查结果显示，我国国有可移动文物呈现出资源总量庞大、收藏体系多元、收藏主体集中、文物类型丰富、文物数量快速增长等特点。

（3）藏品管理的理论研究取得新进展

进入21世纪，博物馆藏品管理的理论研究得到进一步加强，取得了一系列新进展和新成果。主要表现在以下几个方面。

与博物馆藏品管理有关的中国博物馆学会（现为协会）专业委员会相继成立。其一是博物馆数字化专业委员会。2003年11月28~30日，中国博物馆学会数字化专业委员会成立大会暨首届学术研讨会在北京前门建国饭店召开。博物馆数字化专业委员会是博物馆数字化工作者的民间学术团体。该专委会的宗旨是团结和动员博物馆工作者及一切热心博物馆事业的社会力量，倡导创新、求实、协作的精神，努力推动博物馆的数字化建设。博物馆数字化专业委员会主要开展以下工作：组织研究博物馆数字化的发展战略与标准规范，为博物馆数字化建设提供咨询服务，为政府的规划与决策提出建议；开展博物馆数字化的理论与工程实践的研究、探讨和交流；评测、介绍与推广博物馆数字化科研成果、产品与技术；组织学术研究，开展国内外交流，编辑、出版博物馆数字化学术论著与资料，促进学科发展；承担文物行政部门和文物、博物馆单位委托的有关数字化工作的任务；开展对会员和博物馆工作者的继续教育和培训工作，普及博物馆数字化基本知识，表彰、奖励在博物馆数字化工作中取得优秀成绩的会员和博物馆工作者。其二是藏品保护专业委员会。2007年7月28~29日，受中国博物馆学会委托，由中国国家博物馆牵头，联合中国文物研究所、故宫博物院等文博单位在北京召开了中国博物馆学会藏品保护专业委员会成立大会暨第一届学术研讨会[1]。藏品保护专业委员会是由全国从事和热心支持博物馆藏品保护的文物保护科技管理与研究人员组成的非营利性质的社会团体组织，是文物科技保护人员交流的桥梁和纽带。专委会宗旨是在遵守国家法律、法规、社会道德、职业道德的基础上，以实事求是的科学态度，团结全国文物保护科技工作者，为提高我国文物科技保护的整体水平，促进与世界文物科技保护同行的交流合作，共同保护人类文化遗产而奋斗[2]。其三是博

---

[1] 潘路：《中国博物馆学会藏品保护专业委员会成立》，《文物保护与考古科学》2007年第3期。
[2] 藏品保护专业委员会_中国博物馆协会，来自中国博物馆协会官方网站，网址：http://www.chinamuseum.org.cn/a/fenzhijigou/gezhuanyeweiyuanhuijianjie/2014/0915/5519.html。

物馆安全专业委员会。博物馆安全专业委员会2008年11月在河南博物院成立，共有174个团体会员单位（截至2018年），是由中国博物馆协会团体会员、博物馆以及与博物馆安全相关的、热心博物馆事业的法人单位组成的，以加强和促进博物馆之间以及博物馆与博物馆安全相关行业之间的紧密联系，促进相互交流，加强优势互补，提高博物馆的安全管理和技术防范水平，增强博物馆安全防护能力为主要目的的公益性群众团体。中国博协安全专业委员会的宗旨是以马列主义、毛泽东思想、邓小平理论、三个代表重要思想、科学发展观、习近平新时代中国特色社会主义思想为指导，不忘初心、牢记使命，遵守国家法律法规，坚持民主办会，团结博物馆界同行以及相关博物馆安全行业人士，以奉献、创新、协作的精神，加强合作与交流；积极开展与博物馆安全相关的管理理论和专业技术方面的研究与经验交流活动，不断提升博物馆安全管理水平，为博物馆事业繁荣发展提供安全保障[①]。其四是登记著录专业委员会，成立于2010年7月，主要由具有法人资格、从事文物登记著录业务的企事业单位、社会团体及相关专业人员组成。专委会的职责是发挥纽带、桥梁、协调功能，为文物行政部门和本会会员服务，推动博物馆登记著录活动的科学发展，促进文物保护、管理和利用工作。专委会的业务范围包括：①贯彻国家法律法规，加强行业自律与自身建设，维护会员的合法权益，为博物馆登记著录事业创造良好的发展环境；②调研、收集、整理博物馆登记著录领域的相关资料，为政府决策提供依据，为会员提供各项服务；③研订博物馆藏品登记著录的发展规划和相关标准规范，推动登记著录新技术的研发和应用；④开展理论研究，编辑出版相关书籍、刊物；组织培训、交流、研讨等活动，提升登记著录专业人员队伍素质；⑤建立全国博物馆藏品登记著录信息管理系统，及时发布行业发展信息；⑥评选、表彰、奖励为藏品登记著录工作做出突出贡献的会员；⑦积极稳妥地发展会员，加强宣传，扩大本会影响；⑧加强与国内相关组织的交流合作；加强与国际博物馆及相关组织的交流联系，积极参与国际藏品登录著录标准研订和业务合作。

　　藏品保管专业委员会继续学术研讨活动，先后又主办了8届学术研讨会，分别就博物馆藏品管理的方方面面展开主题研讨，其中包括"计算机在博物馆藏品保管工作中的应用""博物馆保管工作的影响因素与对策""藏品管理与保护"等主题，不仅对学术研究具有提高和促进的作用，同时对实际工作也具有一定的指导作用。截止到2018年底，保管专业委员会共举办学术会议22届；2019年10月举办第23届学术会议，研讨的主题是"可移动文物保管工作回顾与展望"。新世纪之初，为了便于博物馆藏品保管工作者更好地借鉴保管工作中所积累的丰富经验，国家文物局博物馆司和中国

---

① 博物馆安全专业委员会_中国博物馆协会，来自中国博物馆协会官方网站，网址：http://www.chinamuseum.org.cn/a/fenzhijigou/gezhuanyeweiyuanhuijianjie/2014/0915/5527.html。

博物馆学会保管专业委员会共同整理编辑出版了《博物馆藏品保管文集》①。《博物馆藏品保管文集》从藏品保管工作的地位和作用、藏品登记、藏品分类、藏品定名、藏品建档、藏品计件、藏品统计、藏品的日常管理、藏品的修复与保护、藏品库的建筑与设备、藏品包装与运输、藏品在利用中的管理与保护、藏品保管者的素质、新形势下藏品的保护与管理等十四个方面选取了194篇近百万字论文。可以说，博物馆藏品保管专业委员会的这些学术活动，促进了藏品管理领域的科学研究，在博物馆藏品管理工作的规范化、科学化、现代化的进程中发挥了重要作用，对全国文物藏品管理工作的标准化、规范化起到积极的推动作用。保管专业委员会于2004年改选产生了第三届委员会②。

这一时期，中国国家文物局、中国博物馆协会编辑出版了《博物馆法规文件选编》③，从中国博物馆法律法规、地方性法规和国际公约三个角度选取了博物馆相关法律法规文件。该书是第一次将中国国内有关博物馆的法规文件进行汇总选编并正式出版，既是中国博物馆发展建设成果的一次集中展示，也是让世界了解中国博物馆发展的一个窗口。同时，书中还收录了相关的国际公约以及部分国际的博物馆法规，有利于增进中国与国际博物馆界的相互学习和交流。

北京博物馆学会编辑出版了《博物馆藏品保管工作指引》（2012）④。该《指引》对自20世纪90年代以来中国博物馆20余年的发展中，出现的新情况、新问题给予了高度关注，分别从藏品保管工作概述、藏品保管工作基本程序、藏品库房、藏品保护与修复、藏品数字化管理五个方面展开阐述，全面总结了藏品管理的实操经验，对指导和规范博物馆藏品保管工作的实践，具有很好的参考价值和积极的促进作用。

北京市文物局和中国文物信息咨询中心共同编纂出版了一部《可移动文物保护与利用工作手册》⑤。该书从可移动文物管理实际出发，分综合、博物馆管理、可移动文物管理、可移动文物利用、可移动文物相关行政审批及备案事项、附录等六部分，收录了截至2017年7月（其中收录的《中华人民共和国文物保护法》和《中华人民共和国文物保护法实施条例》为2017年11月修正），国务院、全国人民代表大会，北京市政府及北京市文物行政主管部门等颁发的有关可移动文物保护、管理、利用的法律、法

---

① 国家文物局、中国博物馆学会保管专业委员会编：《博物馆藏品保管文集》，中华书局，2001年6月版。
② 由于长期没有换届，不符合民政部门关于社团管理相关要求，以及其他一些原因，保管专业委员会于2020年9月18日中国博物馆协会第七届理事会上被宣布撤销。
③ 中国国家文物局、中国博物馆协会编：《博物馆法规文件选编》，科学出版社，2010年10月版。
④ 北京博物馆学会编：《博物馆藏品保管工作指引》，中国书籍出版社，2012年11月版。
⑤ 北京市文物局 中国文物信息咨询中心主编：《可移动文物保护与利用工作手册》，学苑出版社，2017年11月版。

规、行政规章及相关规范性文件，可以为博物馆和其他可移动文物收藏单位，在可移动文物保护、管理和利用活动中提供法律和政策指导。

我们认为，藏品管理的理论研究及实际工作是一个不断实践、不断总结、不断完善的探索过程。因此，我们相信，随着现代社会科学技术的不断进步发展，随着国民经济的持续发展，随着藏品管理学研究的深入进行，博物馆事业和藏品管理工作及其水平也将得到不断地发展和提高。

三、藏品管理的工作内容和要求

关于藏品管理工作的内容，早在1986年文化部颁布的《博物馆藏品管理办法》已明确指出，博物馆对藏品负有科学管理、科学保护、整理研究、公开展出和提供使用（对社会主要是提供藏品资料、研究成果）的责任。这实际上就是提出了藏品管理工作的内容。

藏品管理的内容应该包括为了实现藏品妥善保藏和充分利用而作的一系列工作，也就是应该包括对藏品所进行的科学管理、科学保护、系统整理和科学研究。这样，一方面可以尽可能延长藏品的寿命，使其自然属性长久不变；另一方面还可以为博物馆馆内其他部门和社会各界利用藏品创造更多的方便条件和提供更高质量的服务。

因此，藏品管理工作的内容应该包括从藏品搜集到藏品保护的全部工作。其中，藏品搜集是藏品管理的前奏序曲，它为藏品管理提供工作对象；藏品保护是藏品管理的伴侣，它从始至终都在为藏品管理的工作对象保驾护航。

而关于博物馆的藏品管理，自20世纪80年代恢复博物馆学的研究以来，一般都认为是有一定的工作程序的，如1983年12月由文化部文物局教育处编印的《文物博物馆专业基础课纲要》第六章"保管工作"中，提出藏品管理的一般程序是：接收、鉴定、分类、登记、编目、建档、入库、提用、统计、注销等[1]；1985年12月出版的《中国博物馆学概论》（第五章"保管工作"）提出藏品管理包括用科学的方法管理库房和对藏品进行科学的鉴选、分类、登记、鉴定、分级、编目、建档等项工作；库房的管理中又包括藏品排架、提用、注销和统计[2]。1993年1月出版的《博物馆藏品保管工作手册》提出，藏品管理的一般工作程序是：接收、鉴选、登记、编目、入库、保管、提用、统计和注销等[3]。《中国博物馆学基础》在1990年4月出版第1版时提出，藏品的科学管理必须按照一定的步骤和方法进行。这些步骤主要是：登记、鉴定、分

---

[1] 文化部文物局教育处：《文物博物馆专业基础课纲要》，1983年12月印，第30页。
[2] 文化部文物局主编：《中国博物馆学概论》，文物出版社，1985年12月版，第82、90—94页。
[3] 国家文物局编著：《博物馆藏品保管工作手册》，群众出版社，1993年3月版，第8页。

级、分类、入库排架、编目、统计、建档、检查和清点[①]。2001年12月出版的《中国博物馆学基础》修订本则提出，藏品的科学管理必须按照一定的步骤和方法进行。这些步骤除鉴定、定名和定级外，主要是：登记、分类、入库排架、编目、统计、建档、检查和清点[②]。2012年11月出版的《博物馆藏品保管工作指引》在第二章"藏品保管工作基本程序"中提出，多年以来，博物馆业务人员在藏品保管工作的实践中不断摸索，不断总结，不断完善，逐步形成了非常系统、非常严谨又相互关联、相互制约的工作程序，使藏品搜集、接收和鉴选、藏品登记、藏品定级、分类、编目与建档、藏品的注销与统计，藏品的安全利用成为系统的工作链条[③]。

　　以上便是关于藏品管理的工作程序的一些主要观点。这些观点都说明博物馆藏品管理工作是有一定的工作程序和工作步骤的。但是我们发现在实际工作中，藏品管理有时是无法严格按照这些程序来进行的，例如，鉴定工作大都排在入库工作前，但由于鉴定往往无法随时进行，并且，鉴定工作实质上又是一项需要经常、反复不断地进行的研究性工作，是不可能在一次性程序中全部完成的，入库后还需深入地鉴定，不断地重新认识。博物馆保管部门的现实情况也是如此，大部分博物馆的藏品都是先入库，然后再进行登账、鉴定等工作；再如藏品档案的建立即建档工作，相对而言，有两种情况，其一是属于目前国家文物行政管理部门要求的《藏品档案册》的建立，这是可以划归入到藏品编目工作中同时进行的；但是全部档案的建立则是无法在一次性程序中完成，而是需要长期地坚持积累、充实、提高，才能做好的工作。再如，藏品搜集工作，是为博物馆藏品管理提供工作对象的重要工作，是藏品管理的前奏序曲，也是无法列入藏品管理工作程序之中的。新近出现的"登录"一词，应该是藏品登记和录入工作的结合体，一般情况下，多是先完成藏品登记工作，待藏品入库后，再进一步去完成录入工作，藏品登录也不是一次性完成的工作。因此，我们认为不能简单地使用"藏品管理工作程序"来表述藏品管理工作全部任务，我们认为应使用"藏品管理的工作内容或范畴"这一提法来概括藏品管理所必须完成的工作任务。并且应该把藏品管理工作内容分为工作程序和工作项目两个方面，其中工作程序包括：接收、鉴选、登记、定名、定级、分类、入库（排架）、库管（保养）、提用（出库）、核对、注销、统计、备案等，这些是藏品管理的基本工作，是应该按顺序依次完成的，并且也是可以或基本可以在一次性程序中完成的。工作项目则有：搜集、鉴定、编目、录入、建档、保护（修复、复制）等，这几项是藏品管理中需要经常地进行的、

---

① 王宏钧主编：《中国博物馆学基础》，上海古籍出版社，1990年4月版，第188页。
② 王宏钧主编：《中国博物馆学基础（修订本）》，上海古籍出版社，2001年12月版，第157页。
③ 北京博物馆学会编：《博物馆藏品保管工作指引》，中国书籍出版社，2012年11月版，第23页。

具有一定研究性或实验性质的工作，都不是一次性即可完成的，因此，应把它们从管理工作程序中分出来，作为工作项目，独立进行。

早在20世纪90年代，就已有一些博物馆开始尝试把藏品管理分为基本程序和项目。如上海博物馆，已把编目与库房管理相对独立[①]，不仅促进了保管部与专业部门之间的协作配合，而且还提高了文物藏品编目工作的水平以及其他业务的工作效率。

下面我们就来进一步具体地了解一下，在现代博物馆的藏品管理工作中，究竟有哪些具体的工作程序、工作项目以及要求，以便使我们对藏品管理的认识更加具体化。

（一）藏品管理的工作程序

根据《博物馆藏品管理办法》相关规定，同时结合目前博物馆藏品管理实际工作情况，藏品管理的一般程序是：接收、鉴选、登记、定名、定级、分类、入库（排架）、库管（保养）、提用（出库）、核对、注销、统计、备案等13项。

下面我们用表格来说明其程序及其基本要求（见图1-2）。

该图中左侧的各种凭证是各项程序的工作依据，而账、表等则是该项工作的成果；右侧所列内容则是各项程序的工作内容及其所要达到的基本要求。

（二）藏品管理的工作项目

在上述13项程序之外，还有6个工作项目：搜集、鉴定、编目、录入、建档、保护（修复、复制）等。

1. 搜集

搜集是保证博物馆藏品数量增加和质量提高的工作，它的主要任务就是广泛开展工作，通过各种途径为博物馆积累藏品，是藏品管理的前奏序曲。

2. 鉴定

鉴定工作可以在登记前做，也可以在入库后进行。鉴定工作是一项细致而复杂的科学研究工作，它的主要任务是将藏品经过深入地研究，确定真伪、年代，并对藏品分类、定名、定级，做出科学的概述和全面的评价，鉴定过程中要有鉴定记录。

---

① 马承源：《上海博物馆工作汇报提纲》，《中国博物馆》1991年第3期。

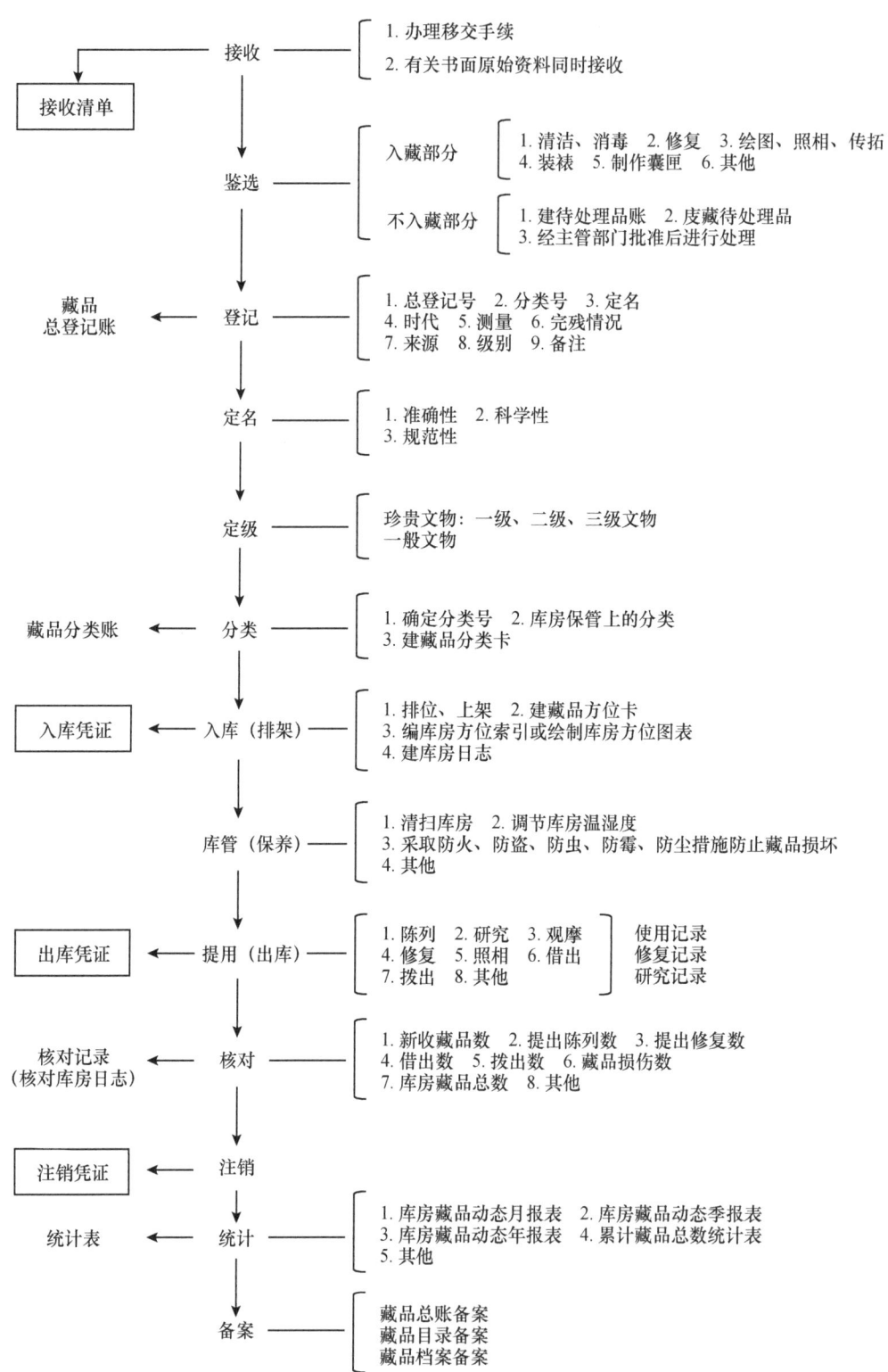

图1-2 藏品管理工作程序示意图

3. 编目

编目可以在入库前进行，也可以在入库后进行，编目工作也要对藏品进行科学研究，编制出编目卡片，为陈列展览及提供利用服务。

4. 录入

藏品录入，是博物馆事业高度发展的一个表现，就是把藏品相关信息录入到藏品计算机管理系统中，实现藏品信息计算机系统管理，也就是通常所说的藏品信息数字化。录入可以在藏品入库前完成藏品登记之际进行，也可以在入库后进行，录入工作要求对藏品信息进行系统采集，信息准确，以便更好地为陈列展览及提供利用服务。

5. 建档

藏品建档工作包括藏品档案册的建立和全部资料的整理归档工作。建档工作从藏品入库前就已开始了，入库前的原始记录是藏品最基础的档案。入库时及入库后的各项有关材料：包括接收清单，出、入库凭证，注销凭证和藏品动态月报表、季报表、年报表，各种使用记录等，都要存入档案，妥善保管。随着研究工作的不断进行，一些有关藏品的研究成果、论文、专著等资料也要不断地充实到档案中。

6. 保护

藏品保护开始于藏品的搜集，在搜集过程中就需要对搜集到的藏品采取简易的保护措施，以便确保藏品不受损伤。而从藏品被接收过来、经过鉴选确定入藏起，保护工作则应全面开展起来，要有各种保护安全、防止自然损坏和人为破坏等方面的措施，减缓藏品的自然老化，使藏品保持原貌。同时为了藏品的永久保存，还需要经常性地对藏品进行修复，对珍贵藏品需要进行复制。

（三）藏品管理工作的基本要求

1986年文化部颁布的《博物馆藏品管理办法》提出藏品管理工作的最基本要求是：制度健全、账目清楚、鉴定确切、编目详明、保管妥善、查用方便。而从藏品管理本身的含义出发，并根据我国藏品管理工作的实际情况，我们认为应该再增加两项要求：科学保护和加强研究。因此，藏品管理工作的最基本要求是：制度健全、账目清楚、鉴定确切、编目详明、保管妥善、查用方便、科学保护和加强研究。

1. 制度健全

制度是工作秩序的体现和保证。保存国家和民族宝贵科学文化财产的博物馆的管理制度必须健全而又严密，以便使各项工作都有章可循，以岗位责任制为核心，做到手续清楚，职责分明，确保藏品的安全和工作质量。制度又是要求全体成员共同遵守的，按一定程序办事的规程。博物馆藏品管理制度，不仅是要求保管人员要严格遵守，而且也是要求全馆有关业务人员共同遵守的准则。因为，一件藏品从其产权确定为博物馆所有之后，还要经过搜集人员、管理工作中各程序的有关人员经手，以及照相、拓印、修复、装裱、复制、标本制作、陈列展出、科学研究等各个环节。对所有经手的业务人员、藏品所经过的各工作场所的条件，以及搬运过程中的注意事项和必要的手续等，都要有明确的规定。也就是说，制度不仅仅是对工作人员的纪律要求，还要有对藏品所处的环境条件的相应规定（限定）。

博物馆藏品管理的规章制度归纳起来大体包括两方面的内容，一是属于为了藏品安全保护所规定的，如库房管理制度、保卫工作制度、保管员工作守则、陈列室安全检查制度、一级品管理提用规定，以及文物藏品修复、复制、装裱等规定；另一类制度是属于为了科学管理所规定的，如藏品分类大纲、编目工作细则、藏品定名条例、藏品定级标准、藏品调拨注销规定以及藏品档案、账簿凭证的保管规定等。

2. 账目清楚

藏品管理的账目有很多，都需要登记清楚。其中，登记总账是藏品管理必不可少的一道程序，凡确定了产权并经过初步鉴选，认为有收藏价值的，就应该按规定办理入藏手续，并及时登入总账。这样，就不仅可以使博物馆库房藏品做到有底有数，更重要的是履行了财产登记手续。

登记总账要求字迹清晰，不得任意涂改。此外，最重要的是总账各栏内容的登记要准确无误，要根据国家文物局规定的栏目内容逐项认真填写，这样才能做到账目清楚。总账要有专人负责登记和保管，管账的人不得同时兼管藏品。

3. 鉴定确切

鉴定确切是保证藏品质量的关键一环。一般情况下，博物馆在接收及入藏同时就对入馆的文物、标本等进行初步鉴定选择，看其是否具有收藏价值，以防鱼目混珠，把无用的东西一起收藏起来。如果初步鉴定这一道关把握不住，就会进来一些没有价值的东西，日积月累就会耗用库房设备，浪费人力、财力，给管理工作造成包袱。同时，鉴定工作做不好，尤其是初步鉴定不确切，还会使有价值的文物、标本等从博物馆中流失掉，造成国家和民族宝贵科学文化财产的损失。因此，鉴定确切对博物馆来讲是至关重要的工作。确切鉴定就是对藏品的进一步深入研究的过程，其内容包括藏品尤其是文物类藏品的真伪辨别、年代断定，以便明确其历史价值、艺术价值和科学价值；自然标本则要分别鉴定出科、属、种，以及科学的定名。

4. 编目详明

编目工作是使藏品充分发挥作用的前提。如果对藏品没有开展编目工作或藏品编目不够详明，那么这样的藏品就会像一盘散沙，一旦需要利用时就会像大海捞针一样困难，可见藏品编目工作开展得如何会直接影响到藏品的提供利用。

进行藏品的编目工作，首先要有一套经过鉴定后制作出的藏品基本卡片，这是编目工作的基础。其次是分析研究本馆藏品的性质，对馆藏文物、标本等进行分类。最后是根据博物馆的陈列展览和为社会各有关方面提供利用的实际需要，制订出编目办法和编目细则，以便达到编目详明而又有科学条理的要求。

5. 保管妥善

对藏品的妥善保管是国家赋予博物馆及博物馆工作人员的一项重要职责。而藏品保管又是博物馆一项经常性的重要业务工作。要做到保管妥善，首先保管人员对博物馆藏品尤其是文物藏品要有敬畏之心，要刻苦钻研业务，忠于职守，廉洁奉公。其次，对藏品所处的场所（库房、陈列室）要采取相应的安全保卫及保护措施。第三，对藏品进行科学管理，按科学方法分类上架，妥善皮藏。对藏品要进行定级，一级品要重点保管和保护。最后，要建立健全各类藏品的保护管理制度和安全操作规程，并且严格遵守这些制度和规程。

6. 查用方便

查用方便包含两层意义，一是要便于对藏品的安全检查，二是便于藏品的检索提取。藏品要分类、分库保管，藏品分类上架后，要编制藏品的方位卡，并把方位卡上的方位编号回注到有关的账、卡上。同时，还要编制藏品索引卡和库藏卡，以便于保管人员提取藏品，以及有关人员检索藏品时使用。

7. 科学保护

博物馆藏品是国家和民族宝贵的科学文化财产，必须妥善保管，永久保存。科学保护是使藏品延长寿命、永久存在下去的必要措施。

8. 加强研究

加强研究是充分发挥藏品作用的重要前提。博物馆在保藏藏品的同时，还要发挥藏品的作用。变"藏"为"用"的最好方法，就是加强藏品研究。只有加大研究力度，提高研究水平，更好地挖掘藏品的内涵，才能更大限度地发挥藏品的作用。

第三节　藏品管理学的学科理论

我国博物馆学的研究，自20世纪80年代初成立中国博物馆学会以来，已取得重大进展，博物馆学的体系也已日趋完整。1987年中国博物馆学会保管专业委员会成立，使博物馆藏品管理学的研究开展得极为广泛，截至2019年10月，已召开了23届学术研讨会，涉及藏品管理的方方面面，既总结了藏品管理的实践经验，又对相关理论问题进行了讨论，促进了藏品保管领域的科学研究。可以认为中国博物馆协会（学会）保管专业委员会的成立及历届学术研讨会的成功召开，标志着博物馆藏品管理学作为博物馆学的一个新兴分支学科，已为博物馆学界及社会所承认，并且已成为我国博物馆学理论研究的重要组成部分。因此，建立博物馆藏品管理学并完善其学科理论体系，则具有十分重要的学术意义。

一、藏品管理学的定义

藏品管理学和当前在科学领域里出现的其他许多新学科一样，是一门社会科学和自然科学相结合，自然科学渗透到社会科学的综合性学科。藏品管理学是博物馆学的重要组成部分，是博物馆学的一个分支学科，它的工作对象是经过鉴选而作为国家和民族文化财产的博物馆藏品，它是研究博物馆藏品管理工作的理论、规律和方法的学科。

藏品管理学是在博物馆学范围内使用的一个专有名词，也是在博物馆学研究中出现的特定学科。目前无论是《辞海》，还是大百科全书中，都还没有关于它的解释和定义。而在我国博物馆的实际工作中，多年来一直习惯于使用"保管"这一名词，并且在博物馆设立的就是"保管部"，来负责藏品的管理工作。在以往的学术论文和著作中也往往使用"保管"一词，如由文化部文物局主编，文物出版社于1985年12月出版的《中国博物馆学概论》，就专设一章（第五章）称"保管工作"，并认为保管工作的职责是"对博物馆的藏品，必须加以妥善保护，使之长久地流传给子孙后代"[①]；并且在此以前的国家有关藏品管理的条文法规都使用"保管"一词，如1978年颁发的《博物馆藏品保管试行办法》[②]。即使是在1986年6月19日颁发的《博物馆藏品管理办法》中，仍在使用"保管"一词，如在总则第四条规定："藏品保管是博物馆一项

---

① 文化部文物局主编：《中国博物馆学概论》，文物出版社，1985年12月版，第80页。
② 《博物馆藏品保管试行办法》，国家文物事业管理局，1978年1月20日颁发。载国家文物事业管理局编：《新中国文物法规选编》，文物出版社，1987年10月版，第111—116页。

经常性重要业务工作。"那么,在这里我们为什么使用"藏品管理学"一词,我们认为,其一,"保管"一词它只是一种具体工作的范畴,如在各行各业的仓库物资保管中,都可以使用"保管"一词,而不能成为博物馆藏品管理的专用名词;并且在博物馆工作中,由于长期使用在实行博物馆的"藏品收藏机构"职能的保管这一工作中,一提起保管,往往会使人想到这只是一个具体的工作,很难让人联想到一门学科。其二,"保管"一词如果专指博物馆藏品保管工作,那么它的内涵是有限的,它不如"管理"一词的含义广泛。"管理"给人一种宏观整体的感觉,"藏品管理"既可以指日常的保管工作,又包括整理研究工作,从博物馆藏品的保藏和保护、整理和研究讲,完全可以成为博物馆藏品管理学的特定名词。其三,使用"藏品管理学"一词,是从宏观角度来考虑,就类似于图书馆中对图书管理学的称谓一样,图书馆的图书整理研究和图书保存工作成为一门学科,叫图书管理学,而不是称"图书保管学"。关于博物馆藏品的保存、整理研究和保护工作等一系列藏品管理的内容,在某种意义上与图书馆图书管理工作相类似,我们称之为"藏品管理学"而不称"保管学"。在这里我们是把一项具体工作上升到理论高度来认识和总结,所以我们把研究有关藏品管理的理论、规律和方法的学科称为"藏品管理学",并且把它界定为博物馆藏品管理方面的特有名词和博物馆藏品管理研究的特定学科[①]。这是一个从具体工作到理论范畴的变化,是从微观到宏观地认识问题的过程,是把实际工作经验总结、提炼成理论体系的必然结果。

如何科学地定义,我们正在逐步探索,这里暂且这样定义,以便于大家共同探讨:藏品管理学,是在现代博物馆藏品管理实践过程中产生出来的一门新兴学科,是社会科学和自然科学相结合,自然科学渗透到社会科学的综合性学科,是博物馆学的重要组成部分,是研究博物馆藏品管理工作的理论、规律和方法的学科。

二、藏品管理学的研究内容

藏品管理学是研究博物馆藏品管理工作的理论、规律和方法的学科。藏品管理学的研究内容是由它的研究对象决定的。它的研究对象就是经过鉴选而作为国家和民族文化财产的博物馆的藏品,而博物馆藏品的范围之广,种类之多,性质之复杂,决定了藏品管理学的研究范围是非常广泛的,其研究内容也是丰富多彩的。

首先,藏品管理学要研究各种类型文物收藏机构和博物馆中藏品管理机构的设置及其职能。博物馆藏品类型不同,决定了博物馆的性质、类型,而不同类型的文物收藏机构和博物馆中的藏品管理机构及其职能也是不一样的,藏品管理学要研究如何设

---

① 吕军、栾兆鹏:《关于建立藏品管理学理论体系的思考》,《中国博物馆》1997年第3期。

立合理有效的组织机构，充分发挥其职能作用。

其次，藏品管理学要研究藏品管理工作人员的构成及其培养。藏品管理工作本身既涉及社会科学又涉及自然科学，工作人员构成对工作本身至关重要，合理的人员构成可以使工作开展得更好，反之则会给工作带来巨大损失。而工作人员素质水平也是工作好坏与否的关键因素，如何培训工作人员，增强他们的工作能力，进而提高工作质量和水平，则尤为重要。所以藏品管理学既要研究管理人员的构成，又要研究管理人员的培养问题。

再次，藏品管理学要研究藏品管理工作的程序及程序之间的相互关系。藏品管理工作是一项持续性、连续性很强的工作，它要求要有科学合理的工作程序和项目，达到管理工作的制度化、规范化。

复次，藏品管理学还要研究藏品管理工作与博物馆其他各项工作之间的关系。藏品管理是博物馆中各项业务活动的基础，同时其他业务工作的开展对藏品管理也起到一定的促进作用。因此，藏品管理学把研究藏品管理工作与博物馆的其他各项工作之间的相互关系也作为自己的研究内容，可以更好地使各项工作协调进行，达到良好的工作效益。

最后，藏品管理学还要研究现代科学技术和方法在藏品管理中的运用问题。在科学技术飞速发展的当今世界，随着现代科技的进步和发展，会有许多高新科技成果适合应用到博物馆的藏品管理中来。如目前电子计算机已在藏品编目工作中普遍应用等。因此，藏品管理学就理所当然地要研究现代科技在博物馆藏品管理中的应用，以便实现博物馆藏品管理的科学化、现代化。

具体来讲，藏品管理学是在现代博物馆藏品管理实践过程中产生出来的，研究如何做好藏品管理每项工作，即研究要做好每项工作应具备的知识水平，研究管理工作的程序及各程序之间的内在联系，探讨藏品管理的客观规律，设计更合理、更科学的工作程序，研究做好整个藏品管理工作的必要条件。

三、博物馆藏品管理学与其他相关学科的关系

博物馆藏品管理学尽管是一门新兴学科，但它不是一个孤立的科学领域。它与许多门学科有着多方面的密切联系，这也是藏品管理学的一个特点。并且藏品管理学本身就是社会科学和自然科学相结合，自然科学渗透到社会科学的综合性学科。因此，它与许多学科有着广泛而密切的联系。

1. 与博物馆学

藏品管理学是博物馆学的一个分支学科，是博物馆学无法替代的一门学科。

博物馆学是研究博物馆的性质、特征、社会功能、实现方法、组织管理和博物馆事业发展及其规律的科学，它有两个主要研究内容：一是博物馆藏品、陈列、观众以及各项工作之间的关系，博物馆事业建设各个方面以及各级各类博物馆之间的关系等；二是博物馆和社会公众，以及社会经济、政治、文化教育、科学技术发展的关系。藏品管理是博物馆的一项重要的基础性业务工作，藏品管理工作既是博物馆学的主要研究内容之一，又是藏品管理学的基本研究内容，因此可以说，藏品管理学是博物馆学的一个分支学科。要做好藏品管理工作，就必须研究博物馆的社会功能、博物馆藏品管理工作与其他各项工作之间的关系等。这是藏品管理学与博物馆学两者都要研究的内容；同时，藏品管理学对于藏品管理的研究要比博物馆学更加具体细致深入，它是博物馆学无法替代的一门学科。

2. 与历史学

藏品管理学与历史学两者有一部分相同的研究内容，即文物藏品，藏品管理学为历史学研究提供实物资料，有助于史学研究更加科学、深入；藏品管理学还可以借鉴史学研究成果。

历史学是研究和阐述人类社会发展的具体过程及其规律性的科学，其主要任务是按照时代顺序，运用具体历史事实，阐明并揭示从原始公社制经过奴隶制、封建制、资本主义进到社会主义并向共产主义过渡的历史发展规律。历史科学研究一方面可以从历史的记载和编纂中获得进展，而另一方面则可以从博物馆里收藏的文物藏品中获得结果。文物是具有一定历史、艺术、科学价值的由人类文化产生的实物，这些实物可以反映出人类的物质文化和精神文化，也就是说，从不同领域和不同侧面反映出不同时期人们改造世界并改造自身的活动状况，文物作为人类历史见证物，是历史长河中人类信息的载体。文物藏品是历史研究中除文字记载以外的最重要的实物资料，是直观的形象的历史。藏品管理工作的对象就是这样的载有人类信息资料的文物。而我们研究藏品，就要了解藏品所属的历史时期及历史背景，社会生产和社会经济状况，这正是历史学的研究范畴。藏品管理学完全可以借鉴史学研究成果，并能对史学的研究提供实物资料，有利于使史学研究具有准确性和可靠性。藏品管理学与历史学应当互相借鉴、互相促进，两者的关系会更为密切。

3. 与考古学

藏品管理学与考古学两者有完全相同的那部分研究对象，即出土文物；藏品管理学需要借助于考古学的研究方法，即器物类型学和地层学来研究文物藏品；藏品管理学对出土文物的研究结果往往会影响或作用于考古学研究的结论。

考古学是根据实物史料研究人类社会历史的学科。实物史料就是各种遗迹和遗物，考古工作者通过对实物史料的研究，阐明古代的社会经济状况和物质文化面貌，进而探讨社会历史发展的规律。博物馆内的藏品就是考古学研究对象——实物史料之一的遗物。藏品管理学与考古学的研究对象有完全相同的部分——即博物馆藏品中通过考古发掘出土的文物藏品。虽然两者的研究方法和研究目的不同，但由于研究对象相同，其结果必然会产生相同的作用，即为历史研究提供实物史料及研究成果。另外，考古学的研究方法——器物类型学和地层学，也是藏品管理学中藏品研究的方法和手段。器物类型学是考古学的一种研究方法，它是将同一门类的遗物，根据其形态特征，分成类型，研究其发展序列和相互关系。地层学是考古学中关于古遗址文化层形成规律及发掘方法的理论。根据地层学中地层堆积由早到晚渐次堆积原理，可以弄清与这些堆积相关联的遗物的相对早晚关系。而藏品管理学中有关藏品研究的主要内容之一方面就是研究文物藏品的种类和类型，以及对藏品的断代研究。藏品研究的这一任务的完成往往要借助于考古学的研究方法——类型学和地层学，尤其是地层学对藏品的断代有着不容置疑的作用。因此，考古学的研究方法即类型学和地层学也常常成为藏品管理学研究藏品的手段和方法。

4. 与分类学

博物馆藏品的分类研究，可以借鉴或完全按国际通用的分类法进行；藏品分类是大分类学体系中的一小部分组成内容。

分类学是研究生物分类的理论和实践的学问。生物分类则是将自然界的生物纳入根据生物进化路线建立的系统中的方法。如动植物界从大到小分为门、纲、目、科、属、种六个序列。其中种是分类中的最小单位，关系密切的种可分归同一属。藏品管理学中的藏品分类研究，可以充分借鉴生物分类学的理论，结合各种类型，尤其是社会历史类博物馆的性质、职能、特点等基本属性来研究藏品分类理论、原则和方法，制定出结构严密、层次分明，科学合理的藏品分类方法，并划分出藏品类别。而自然博物馆的藏品分类则完全按照国际上通用的动植物分类法来进行。因此说，藏品管理学与分类学的关系是极为密切的，系统而深入地研究分类学，对于藏品管理学的研究会有许多裨益。

5. 与目录学

藏品管理学可以吸收借鉴目录学的研究成果，提高藏品的编目水平。

目录学是研究图书目录工作规律的科学，是描述书籍的技术或科学，是关于整理各种图书，概括其内容和学术源流，确定类别，编制目录的学问，也是研究目录形成和发展一般规律的学科。卷帙浩繁的图书文献，只有通过编制目录的工作，进行鉴别、著作、介绍和评论，才能将有关文献的信息提示并传递给读者。这一程序与藏品管理学的藏品编目研究工作，在一定意义上是相同的。藏品编目工作，是通过对各类藏品的鉴定研究，对藏品进行分类并编制目录、卡片，为观众和社会上各界人士利用藏品提供方便条件。目录学的职能是为读者和学者提供有用的情报，如向学者提供与其研究有关的资料情报等；藏品管理学研究藏品编目工作的目的，也是向藏品的利用者提供有关藏品具体情况的资料。因此，藏品管理学应不断吸取目录学的有关研究成果，以便使藏品编目工作更加系统化和科学化。

6. 与档案学

藏品档案的建立与管理，均需要借鉴档案学的相关知识。

档案学是以档案和档案工作为研究对象的学科。主要研究档案的产生、形成和发展，以及档案的科学管理和提供利用等工作的规律、原理和方法。博物馆藏品管理学需要借鉴档案学的理论和方法，来搜集产生、形成建立和发展完善藏品档案，完成藏品建档工作，并加强藏品档案的管理与使用。因此，藏品管理学与档案学的关系也是越来越密切。

7. 与信息学

信息学在博物馆中的地位越来越重要，藏品管理学与信息学的关系也越来越密切。

信息学是研究信息的产生、获取、存储、传输、处理和使用的科学。信息学是信息科学的基础理论，信息科学是研究信息现象及其规律的科学。中心问题是阐明信息的本质，探讨信息在人类的认识和实践过程中发挥作用的基本规律，即通过外部世界的信息来认识世界，通过主体的控制信息来改造世界。信息学是一门新兴学科。主要是指利用计算机及其程序设计来分析问题、解决问题的学问。信息学的主要内容包括信息加工学、信息资源管理学、信息安全学、信息传播学及计算机科学等。藏品管理学中对藏品信息的获取、存储、传输、处理和使用等，都需要借鉴信息学的理论与方法，因此，藏品管理学与信息学的关系极为密切。

8. 与其他相关学科

除了以上相关学科之外，藏品管理学与物理学、化学、微生物学、光学、电子学、环境保护学、计算机科学、计算机图形学、建筑学等自然科学都有一定关系。特别是有些自然科学的学科对于认识和解决藏品保存、鉴定和保护中的某些技术问题有着重要的作用。随着科学技术的飞速发展，先进的科学技术被日益广泛地引进到博物馆藏品管理的各项工作中来，更使藏品管理学与自然科学的关系日趋紧密。

由此可知，藏品管理学不是孤立的封闭领域，而是整个学科体系中的一个组成部分。它与其他学科相联系，并使社会科学与自然科学相互结合起来。它需要借鉴其他学科的研究方法，不断吸收其他学科的知识和成果，并在某些方面又给予其他学科以启示，同时向其他学科提出新的研究课题。藏品管理学与其他学科相互依存、相互作用、互为补充的关系，为丰富和发展藏品管理学创造了有利条件。

四、藏品管理学的学科特点

藏品管理学作为一门新兴学科,在其产生、形成和发展过程中,逐步形成了自己学科特点。

(1)藏品管理学是博物馆学的一个分支学科,它是博物馆学无法替代的一门学科。

藏品管理学与博物馆学有一个共同的研究内容,就是两者都研究博物馆藏品及藏品的管理,博物馆学对藏品的研究侧重于藏品管理与博物馆其他各项工作之关系,而藏品管理学则把研究藏品及藏品管理作为自己的基本研究内容,因而对藏品及藏品管理的研究要比博物馆学的研究更具体细致,更广泛深入,它是博物馆学无法替代的一门学科。

(2)藏品管理学和当前在科学领域里出现的其他许多新学科一样,是一门社会科学和自然科学相结合,自然科学渗透到社会科学的综合性学科。它并不是一个孤立的科学领域,它与许多门学科有着多方面的密切联系,这是藏品管理学的另一个特点。

首先,它与人文社会科学中的博物馆学、历史学、考古学、分类学、目录学、档案学、信息学等许多学科有着广泛而密切的联系,它需要借鉴这些学科的研究方法,不断吸收这些学科的知识和成果,并在某些方面给予其他学科以启示,同时向其他学科提出新的研究课题。

其次,藏品管理学与自然科学中的物理学、化学、微生物学、光学、电子学、环境保护学、计算机科学、计算机图形学,建筑学等,都有着一定的关系。特别是某些自然科学学科对认识和解决藏品保存、鉴定和保护中的某些技术问题起着重要作用。藏品管理学与其他学科的相互依存、相互作用、互为补充的关系,为丰富和发展藏品管理学创造了有利条件。

(3)藏品管理学具有客观性。

博物馆藏品管理的各项步骤或措施,如接收、鉴选、登记、分类、鉴定、保护、库房保管、提供利用等工作,在每个博物馆都是周而复始地进行的,这些工作在客观上都有一定的规律性,而藏品管理学的任务就是研究和揭示藏品管理诸项活动的客观规律,因而藏品管理学这一学科又具有客观性。

(4)藏品管理学作为一门综合性的学科,具有很强的实践性。

它要研究有关藏品科学管理的原则与方法、藏品管理工作诸环节之间的关系;同时,它的研究成果,要应用到实际工作中,并在工作中接受实践的检验,因此可以说,藏品管理学是一门应用性很强的基础学科。

(5)藏品管理学还具有很强的专业性。

随着现代文物博物馆事业的不断发展,博物馆藏品概念及藏品范围在不断扩大,从传统的可在库房中收藏保存的可移动文物、标本等发展到遗址、墓地等可露天管理的不可移动文物，以及科技成果；从物质文化的遗产发展到非实物记录和非物质文化遗产。藏品管理工作中正广泛地运用着社会的和自然的、理论的和技术的专业知识，因此，藏品管理学还具有很强的专业性。

五、藏品管理学理论体系的完善

任何一门学科的建设，都有一个逐步完善的过程，藏品管理学作为一门新兴的学科，其学科建设同样需要有一个发展完善的过程。完善藏品管理学学科理论体系应从以下几方面进行：

（1）进一步明确藏品管理学研究的目的、范围、任务；
（2）确定藏品管理学研究的方法及方向；
（3）阐述藏品管理学的一般理论及本学科的基本概况；
（4）研究藏品管理学史的演进、起源、发展的历史与规律，以及当代的趋向；
（5）研究藏品管理的法规、制度建设；
（6）研究藏品管理机构设置改革的有关问题；
（7）探讨藏品管理人才培养的原则、方法与方式；
（8）确立藏品资源共享原则、方法；
（9）研究藏品科学管理网络体系的建立。

藏品管理学学科的建立及其理论体系的发展完善，有利于藏品管理理论研究的深入开展；有利于探讨藏品管理的客观规律，设计更合理、更科学的工作程序；有利于指导藏品管理的实际工作科学地进行，从而将更加有利于国家和民族科学文化财产的永久保存。

第二章 藏品搜集

藏品搜集是博物馆为其增加馆藏的重要手段。藏品是博物馆各项业务活动的基础。藏品质量和数量制约着博物馆的发展，而藏品质量的提高和数量的增加，则要依赖于藏品搜集工作。藏品搜集是一项科学性很强的工作，并且有其自身的工作规律，必须建立在科学研究的基础之上，按照搜集工作的规律来办事。这就要求博物馆工作者理解并掌握搜集工作的途径和方法，明确搜集工作的基本要求，很好地把握搜集工作的范围和政策，不断提高征集工作的质量，以便取得更好的工作成效。

第一节 藏品搜集的意义和作用

藏品搜集是博物馆的重要工作之一，没有搜集，博物馆就会失去藏品的来源，只有通过搜集工作，博物馆才能积累和充实本馆工作的物质基础。开展藏品搜集可以不断丰富博物馆的馆藏，从而有利于保存国家和民族的文化财产，在当今社会具有极大的现实意义，藏品搜集是当前一项紧迫任务。

一、搜集工作的定义

我国是一个历史悠久而又具有革命传统的国家，地上、地下、水下的文物极为丰富。我国又是一个幅员辽阔和资源丰富的大国，蕴藏着大量珍贵的自然资源。我国还是一个国民经济建设和现代科学技术不断快速发展的国家，几乎每天都有大量的各类现代产品和作品被生产、创作出来，将成为各专门性博物馆所要保存的实物资料。博物馆通过各种途径将这些文物、标本和实物资料等搜集起来，使祖国的自然和文化遗产得到保存，妥善地加以保护，并对其进行研究和利用，对于当代人民和子孙后代，对于中国和世界文明的发展，都具有积极的、重大的意义。完成这一具有重大意义的使命，正是要依赖经常不断的藏品搜集工作。

藏品搜集是博物馆根据本馆的性质、特点和任务需要，通过各种途径，有目的地不断积累补充文物、标本和实物资料等物件的一项基本业务工作。从根本上说，搜集工作也是博物馆的一项科学性极强的研究工作。

藏品搜集的目的,一是为珍藏、保存祖国和民族的自然和文化遗产,从而妥善地保护自然和文化遗产,并使其传之子孙后代;二是为陈列展览提供展品,以便陈列更加生动、形象,更加具有说服力;三是为各种科学研究提供实物资料,以便使科学研究建立在广泛的科学的基础之上。

二、搜集工作的意义

第一,搜集是博物馆的重要工作之一。藏品是国家和民族宝贵的科学、文化遗产,是博物馆各项业务活动的物质基础,是博物馆能否存在的关键。藏品的取得靠搜集。开展藏品搜集工作,不断充实馆藏,是博物馆的一项经常性工作。没有搜集工作,博物馆就失去了藏品的来源。只有通过搜集工作,博物馆才能积累和充实本馆工作的物质基础。因而,搜集藏品在博物馆工作中占有极为重要的地位,是博物馆工作的重要任务之一。

第二,搜集藏品是博物馆的重要职责。博物馆是文物、标本和实物资料等的收藏机构。在1974年国际博协会议通过的《国际博物馆学会会章》中郑重指出,"博物馆是一个不追求营利的,为社会和社会发展服务的,公开的永久性机构",具有"对人类和人类环境见证物进行研究、采集、保存、传播"的职能。《英国大百科全书》在"博物馆"一文中明确写道:"博物馆是现代社会为了尽可能防止那些具有文化价值的实物变质与损失而建立起来的机构。"我国早在20世纪50年代就曾强调指出,博物馆是"物质文化和精神文化遗产以及自然的收藏所"。1979年国家文物事业管理局颁布的《省、市、自治区博物馆工作条例》中重申,我国博物馆"是文物和标本的主要收藏机构"。2005年文化部颁布的《博物馆管理办法》总则指出,博物馆是收藏、保护、研究、展示人类活动和自然环境的见证物……向公众开放的非营利性社会服务机构。2015年文化部发布的《博物馆条例》总则也明确指出,博物馆是以教育、研究和欣赏为目的,收藏、保护并向公众展示人类活动和自然环境见证物,经登记机关依法登记的非营利组织。这里有关博物馆职能的规定,是博物馆在世界范围内,经过长期的社会实践与历史验证,才被认识和确定下来的,这一明确规定,确立了藏品搜集工作在博物馆工作中的重要地位。博物馆应根据本馆的性质和任务搜集藏品,开展藏品搜集工作,正是发挥其"文物和标本的收藏机构"职能作用的保证。

第三,搜集藏品是博物馆建设和发展的基础。藏品体现着博物馆的本质特征。博物馆本身乃是文物标本和实物资料等的收藏机构。没有一定数量和质量的藏品就不是真正的博物馆。离开藏品的积累去谈博物馆的建立和发展,只能是一句空话。

第四,搜集藏品是博物馆工作的基础。藏品制约着博物馆的一切业务活动,它是博物馆各项业务活动的物质基础。一般公认，博物馆有三大职能：一是收藏文物、标本和实物资料等；二是研究文物、标本和实物资料等；三是利用文物、标本和实物资料等向公众传播知识，进行教育，提供社会服务，最终取得社会效益。在这几方面当中藏品居基础地位。它不仅是博物馆的研究对象，也是博物馆陈列及其他社会利用的存在条件，而且博物馆的三大任务，都不能离开藏品而存在，围绕藏品开展工作成为博物馆的最大特征。博物馆的陈列展览，是在一定的思想指导下的藏品的科学或艺术的组合，博物馆的科学研究是对藏品内涵及价值的研究；博物馆的出版物是藏品研究的结晶；博物馆的社会教育工作成效如何，无不受藏品多少、质量高低的制约。

第五，藏品搜集是实现博物馆价值的保证。藏品是博物馆的潜在活力。博物馆藏品是物质的，是人类社会与生活环境的历史物证，是人们能够直感和领悟社会与自然现象、本质的可靠依据。藏品的数量、质量及其研究利用程度，是衡量一所博物馆发展规模、科学价值、工作水平及社会威望的主要标志。世界上任何一个有名望的受到社会敬重和仰慕的博物馆，主要并不在于它有高大华丽的建筑、齐全精美的设备，而在于它有通过长期努力所积累起来的丰富而珍贵的收藏。抓住了藏品积累，便是抓住了博物馆工作的根基。藏品能否源源不断地增进，是衡量一座博物馆工作如何的重要标准，与博物馆价值紧密相关。博物馆既要藏品数量，更要藏品质量，同时还要扩大藏品的收藏领域，依其办馆性质构成藏品体系。一座博物馆的进步与否，某种意义上取决于藏品能否不断丰富与提升，博物馆只有依其办馆性质、目的，不断增加高质量的藏品，才有发展，才能实现博物馆应有的价值。

第六，开展藏品搜集在当今社会有极大的现实意义。藏品搜集是当前一项紧迫任务。中华人民共和国成立以来，我国博物馆的搜集工作取得了巨大的成绩。目前，全国国有可移动文物108154907件/套，其中全国各个系统、各种类型博物馆的文物藏品，总数已达40000000件/套。这是全国人民的宝贵财富，也是我们社会主义祖国和中华民族的骄傲。搜集工作取得的这些成就，为我国社会主义博物馆事业的发展，奠定了雄厚的物质基础。但是我们不应居功自傲停步不前，尤其是在我国社会主义现代化建设的今天，做好博物馆的藏品搜集工作，更有着特别紧迫的现实意义。我们不能有丝毫的放松思想。改革开放以来，随着各项建设的迅猛发展，有不少深山、荒漠、水域不断地被开发利用，许多历史上遗留下来的东西，如不及时搜集，时机一失，便难以寻觅。现在随手可得的民主革命和社会主义革命与建设时期的历史文物、革命文物、民族民俗文物，也将随着社会的发展，科学技术的进步和人们生活习惯的改变而日益减少。如果现在不抓紧时间搜集和保护，势必造成永远无法弥补的损失。所以，我们博物馆工作者应该把抢救文物、标本和实物资料等物件，加强搜集工作，当作一项刻不容缓的紧迫任务。

三、搜集工作的作用

（1）开展搜集工作，可以不断丰富博物馆的馆藏，从而有利于保存国家和民族的自然和文化财产，有利于对文物、标本等进行保护，也有利于抢救文物、标本等。

（2）搜集工作为博物馆的各项业务提供服务。搜集的藏品，不仅为陈列展览提供丰富的实物资料，而且为博物馆的研究工作，尤其是对藏品的研究提供宝贵材料。博物馆的陈列和科学研究，只有在搜集到足够数量和较高质量的文物、标本和实物资料等的基础上才能开展；同时，陈列内容的充实、更新和陈列质量的提高，以及博物馆科学研究水平的提高，也必须由搜集工作为其不断地提供更多更好的文物、标本和实物资料等藏品。及时经常地开展搜集工作，才能保证陈列和科学工作的顺利开展，才能保证博物馆的宣传教育作用有效地发挥出来。

（3）搜集工作为社会各有关部门的科学研究提供资料。博物馆收藏的各种文物、标本和实物资料等，是社会科学和自然科学开展研究工作的第一手资料，是最可靠的实物例证。它以其特有的真实性、直观性、形象性而有别于其他形式的资料，成为进行科学研究的重要资料。某些重要文物、标本的发现，往往可以填补科学领域里的空白，解决科学研究工作中悬而未决的疑难问题或者纠正某些错误的结论。

第二节 藏品搜集的基本要求

藏品搜集工作是一项科学性很强的工作，并且有其自身的工作规律，必须建立在科学研究的基础之上，按照搜集工作的规律来办事。这就要求博物馆工作者理解并掌握搜集工作的规律，明确搜集工作的基本要求，不断提高搜集工作的质量，以便取得较好的工作成效。

一、要有明确的目的性

博物馆藏品搜集工作的目的是丰富、充实馆藏，收藏有学术价值的历史文化遗产和有科学价值的自然标本以及重要的实物资料（科技成果），并且为科学研究提供材料。开展藏品搜集工作必须明确这一目的。

第一，要明确博物馆藏品是自然历史和社会历史遗物中具有典型性和代表性的物品。开展搜集工作，必须进行认真的研究和选择。否则，搜集过滥，不仅无用，反而会造成浪费，并给博物馆的保管工作带来困难。

第二，要从各博物馆的性质、特点和需要出发。不同类型的博物馆，其性质、特点和需要各有不同，所收藏的藏品也有所不同，因而也就有不同的搜集范围和对象。所以各博物馆应明确本馆的性质、特点和需要，搜集符合本馆工作需要的文物、标本或实物资料等物件。

第三，要从保护国家和民族的科学文化财产出发。博物馆搜集藏品主要是为了本馆的需要，但在搜集过程中，如果遇到不属于本馆搜集范围，但又是极有价值的文物标本等物件，也应该考虑到兄弟博物馆和社会有关部门的需要，向有关博物馆及时通报信息，或者在有可能的条件下先搜集回来，然后再做妥善处理，以避免这些珍贵的文物标本等物件湮没损失。在搜集活动中，对于一时难以辨认清楚的东西也不应轻易放过，可以先搜集回来，经仔细鉴定研究后再决定取舍，以防有价值的文物标本等物件流失。

第四，从本馆陈列工作的需要出发。藏品是博物馆陈列的基础。博物馆在建立基本陈列或专题展览时，都离不开文物、标本等藏品，并且往往需要补充新的文物标本等物件，以修改和充实陈列展览内容，提高陈列展览水平。所以开展搜集工作，就要从本馆的陈列需要出发，以使陈列工作达到新的高度。

二、设立必要的工作机构，并保证一定财力

为了有效地开展搜集工作，博物馆必须设立必要的搜集工作机构。比较大型的博物馆可以设立专门的搜集工作部门；中小型博物馆也可以在有关部门内设立搜集工作小组或配备专职搜集工作人员，从事经常性的藏品搜集工作。同时在财务方面，考虑到搜集工作的实际情况，给予一定的支持，列出搜集工作的开支款项。随着国家经济的高度发展和综合国力的不断提升，党和政府对博物馆藏品搜集工作不断加大支持力度，国家文物局每年都会拨付一定的经费，专款专用，用于博物馆藏品搜集工作。

三、制定科学的搜集计划

博物馆开展藏品搜集工作，必须在调查研究的基础上，根据本馆的性质、特点、陈列展览和科学研究的实际需要，根据本馆收藏藏品的数量、质量，根据搜集线索与本馆的人力、财力情况，制定科学的搜集计划，以便有目的、有准备、有步骤地进行搜集工作。

1. 明确搜集范围

不同类型的博物馆，根据自己的特点和具体任务来确定搜集范围。就搜集的内容而言，不同类型的博物馆搜集藏品的内容是不同的，可以根据实际情况来制定计划。例如，一般历史类博物馆搜集各种历史文物，革命史类博物馆搜集各个革命时期有关的物证。就搜集的地区而言，陈列宣传内容具有全国意义的博物馆，如中国国家博物馆、中国人民革命军事博物馆等，需要在全国范围内进行搜集；各地方的博物馆则应着重搜集本地区范围内的文物标本等物件。这样明确搜集范围，既可使一切有价值的文物、标本等物件都能得到妥善保护，发挥它应有的作用，又可使各个博物馆根据其具体工作任务的需要，在一定范围内开展搜集工作，从而避免人力、物力和财力的浪费。

2. 制定计划前必须进行大量仔细的调查研究

在制定搜集工作计划前，必须进行缜密的调查研究：通过阅读有关文献、报刊资料，查看藏品档案，了解本馆藏品的数量、质量、内容、种类，陈列和科学研究所缺少的材料；各地，特别是本地区考古发掘；文物市场的新发现；也可以通过实地调查、口头访问、开座谈会等形式来了解有关单位和个人的文物收藏情况，以便做到心中有数，使搜集计划中搜集对象明确，重点突出，线索可靠，便于合理安排、开展搜集工作。

3. 博物馆除了制定长期搜集计划、年度搜集计划开展经常性的搜集工作外，还要根据藏品情况、陈列展览和研究需要，有计划地开展专题搜集，以补充匮缺的藏品

制定专题搜集计划，首先要确定专题和选择搜集点，即应该明确专题搜集的任务、目的、范围、重点，并对搜集地区及有关线索进行调查、分析、对比，选择那些有典型性、代表性，材料丰富，线索可靠的地区作搜集点。并且要在阅读有关资料，找有关人员座谈、访问，在全面掌握执行本次任务的有关内容和情况基础上，制定出科学合理实用的专题搜集计划和搜集大纲，从而使专题搜集取得较好的效果。

四、搜集成套完整的实物资料，逐步建立完整的藏品体系

开展搜集工作，就应该逐步建立与本馆性质相适应的完整的藏品体系。搜集的重点就应放在本馆藏品中的空白和薄弱环节，尽可能地填补缺门，以保证藏品的系统性、完整性。这样，在搜集活动中，必须重视搜集工作的科学性和搜集对象的完整性，必须把那些有着内在联系的可以全面、系统地说明某一方面问题的成组材料搜集

起来。例如,在搜集一个地区的民族文物时,不仅要搜集有关民族的风俗习惯方面的材料,还应该搜集反映当地社会性质、生产发展等方面的实物和资料,同时还要考虑到历史阶段的连续性。在搜集工作中除了搜集文物外,还要注意搜集与该件文物有关的其他材料。例如,在搜集重大历史事件、历史名人、革命烈士等方面的实物时,为了资料的完整性,同时为了陈列展览和科学研究的需要,还应该搜集那些间接的、侧面的能反映这些事物的传说、回忆录、民歌、民谣、照片等材料。同时,搜集中还要注重藏品质量。就一个博物馆而言,藏品丰富与否,主要不在于藏品数量的增加,而应着重藏品质量的提高。只有在搜集中既重视文物、标本等的成组、完整性,又注重其质量,才能逐步建立起完整的藏品体系,达到搜集工作的目标。

五、做好革命文物、民族民俗文物和与非物质文化遗产相关物件的抢救性搜集

随着社会主义建设的飞速发展,新旧事物的交替也非常迅速,近、现代的革命文物、民族民俗文物和与非物质文化遗产相关物件,亟须抢救性搜集。革命文物一般是指自1840年鸦片战争以来反映近现代革命和建设历史的文物文献资料。民族民俗文物是指有关我国各民族,特别是少数民族的民间生产、生活、娱乐、风俗、习惯和信仰等方面的实物资料。由于革命文物的年代较近,相当部分反映群众运动的文物还散存于民间,有的在社会生活中还发挥着作用。例如,解放战争时期群众支援前线用的小车,有的至今还在使用,人们并不了解这些小车的文物价值。也没有引起一些地方和相关部门的足够重视。同样,民族民俗文物也主要是流散在社会上的近、现代的实物资料,人们都能经常地见到它,用到它,所以就不太容易为人们所注意,许多几年前常见的东西,因为随着时代物品的更新,有的在今天已很难见到,甚至已无处可觅。例如,新晃侗族自治县,在20世纪五六十年代,身穿侗族服装的人到处可见,然而到了八十年代,除个别的边远山寨外,在大街上就很难见到这种装束。尤其是随着改革开放的深入,民族传统文化更是面临失传的危险。一方面,随着民族地区经济的快速发展,相当一部分当代生产、使用的各民族生产生活中有代表性的实物和习俗在逐步消失湮灭。如一些典型的有代表性建筑物或村寨逐步被改造成现代建筑或村寨,许多具有历史、艺术和科学价值的近现代少数民族建筑物濒临毁坏;许多数年前、数十年前一些民族尚在使用的生产工具、生活用品、服饰等正在逐渐被淘汰、遗弃和迅速消失;一些风俗习惯逐渐消失;一些生产、工艺技术逐渐失传。另一方面,国家经济、社会、文化的迅速发展,民众生活方式以及价值观也发生了变化,特别是在外来文化的冲击下,包括民族文物在内的文化遗产赖以生存和发展的土壤和环境受到影响,逐渐削弱乃至在部分地区的消失,给民族文化传统带来巨大的挑战。如有历史、文化和

科学价值的村寨、村落遭受不同程度的破坏；传统工艺如铜鼓的铸造技术、手工织锦技术等，面临后继无人的局面；依靠口头和行为传承的各种技艺、习俗、礼仪等文化遗产正在不断消失；民间不少为人们所喜闻乐见的戏曲、歌舞、故事、歌谣、谜语、技艺、民俗演艺、传统竞技、传统体育等非物质文化的民族特色逐渐丧失甚至消亡，甚至由于传承人的自然逝去或迁徙而濒于消失；一些有历史和文化价值的珍贵实物和资料遭到损毁，或因走私而流失。许多具有艺术价值和鲜明民族特色的工艺品大量消失或流失严重。有些外国人怀着极大的兴趣进入民族地区大量收购、录像携带出境，造成了民族民俗代表性实物资料的大量流失，给我们的抢救保护增加了不少困难，也造成不良的政治影响。

在这种形势下，我们如果不及时地组织力量进行专门搜集和抢救这些面临绝迹的文物，若干年后，将会使这些实物资料自行消失，给历史留下一段空白。因此，对近、现代的革命文物、民族民俗文物，应积极主动、不失时机地做好抢救性搜集工作。

同样，随着经济全球化趋势的加强和现代化进程的加快，我国的文化生态也在发生着巨大的变化，当下引人关注的"非物质文化遗产"受到越来越大的冲击。非物质文化遗产涉及面相当广泛，与其相关的物件多散存于民间，且长时间没有引起足够的重视，许多传统技艺濒临消亡，大量有历史、文化价值的珍贵实物与资料遭到毁弃或流失境外。尤其是在非物质文化遗产相对丰富的少数民族聚居地区，由于人们生活环境和条件的变迁，民族或区域文化特色消失加快，代表这些民族或区域文化特色的相关物件也随之不断消亡。在诸如"剪纸之乡""刺绣之乡"中，民间传承人越来越少，传统的剪纸、刺绣被取代，年轻人对于传统的记忆越来越模糊。长此下去，那些与"非物质文化遗产"相关的物件，势必也将随着社会的发展、科学技术的进步和人们生活习惯的改变而日益减少，逐渐淡出人们的生活。非物质文化遗产相关物件的抢救性搜集也成为迫在眉睫亟须做好的重要工作。

六、严格做好科学的原始记录

科学的原始记录是决定搜集品是否具有科学价值的关键，在搜集工作中具有头等重要的意义。因为对搜集而来的文物标本等物件及其他各项资料而言，原始记录是至关重要的。如果没有原始记录或原始记录不符合科学要求，文物标本等物件及其他各项资料，将因没有科学根据而降低或丧失收藏、陈列展览和科学研究的价值。因此，我们要对搜集时的原始记录给予充分重视，在搜集过程中，必须严格按规定，细致地、完整地做好科学的原始记录。具体的要求是：

第一，在搜集调查时，最好由当事人写出书面资料，或当场将有关人员反映的关于文物的资料，准确详细地记录下来，不得事后追记，以免记忆不准，发生错记、漏记或记录散乱等现象。

第二，记录实事求是，要经过核实，不能道听途说，更不能主观编造，妄加臆断，不能任意取舍。

第三，要尽可能将在搜集过程中，当事人或搜集人员对搜集品的初步鉴定意见及对文物价值的认识记录下来。

第四，注意记录下与搜集品有关的人物、事件和情节的材料。

第五，用不褪色的墨水书写，字迹要工整清楚，规范化。条理要分明，词句要通顺。

第六，较为重要的文物、标本等，应该附上照片、拓片或绘图。

第七，在开展搜集工作中，还要坚持写搜集日记，记下每件文物、标本等物件的搜集过程和原始记录中一时难以解决，但又需要进一步查清的问题，以备继续调查和分析、研究之用。

七、及时做好整理、运输和移交工作

对搜集到的文物标本等物件及其他各项资料，要及时做好整理工作。对搜集品要进行清洁、消毒并采取临时性的保护措施，还要进行初步定名、分类、编号、登记造册，以防搜集品遭到损坏、混乱、散失。

对搜集品的运输，要做到安全、迅速、确保绝对安全。运输时的包装要按有关规定，做科学合理的特殊处理，确保运输途中搜集品不变形不受损。

搜集品必须及时移交有关部门。移交，是搜集工作的结尾。这就是按登记清册，将各种搜集品和有关资料移送保管部门，一一点交清楚，办理交接手续。从保管部门角度讲，移交也是保管部门对搜集品的接收。搜集工作所取得的文物标本等物件及有关资料，都是国家和民族的财产，搜集人员必须全部移交，不得任意拖延，更不能隐瞒或占为己有。没入库的文物、标本等物件，任何人都不能提用。财务部门要定期核对收购文物账目，进行财务监督。

第三节　藏品搜集的途径和方法

藏品搜集途径主要包括社会搜集、民族学调查搜集、考古发掘和自然标本采集等四个方面。其中还有许多行之有效的具体方式方法。

一、社会搜集

社会搜集是指博物馆对流散在社会上的各种文物标本等物件的搜集。主要有以下几种具体方式方法：

1. 专题征集

根据某一专题，有目的有计划地进行的文物标本等物件的搜集工作，这是博物馆搜集工作中经常性的、行之有效的工作方法，往往是为了取得陈列展览、科学研究所缺少的某些方面的材料和有计划地补充所匮缺的藏品而开展的工作。这种专题征集，具有目标明确具体，工作主动深入，力量集中等特点，因而常常能够较快地取得适合需要的材料，收到明显的效果。它也是博物馆积累藏品的主要手段之一。例如，原中国革命博物馆（现中国国家博物馆的一部分）1997年举办"中国留法勤工俭学运动展览"之际，在确定了这一展览的主题后，组织一些相关人员赶赴法国去征集有关资料及物品，这就是属于专题征集的方式。

开展专题征集，首先要确定征集的专题，选定征集对象，制定征集计划和方案。专题必须明确具体，征集目标要集中，重点要突出，征集范围不宜过宽，否则，注意力分散，不易取得预期的效果。

征集私人收藏的文物标本等物件时，要保证收藏者自愿，还要给原收藏者以书面证明和适当的奖励，以此来鼓励广大私人收藏者主动踊跃地为博物馆提供文物标本等物件或有关线索。

2. 收购

收购，是博物馆利用经济手段积累藏品的工作，即由博物馆付给那些传世文物或标本等物件的拥有者以一定的经济代价，而将其收藏的文物标本等物件购归博物馆所有。2015年国务院颁布的《博物馆条例》明确指出，博物馆可以通过购买、接受捐赠、依法交换等法律、行政法规规定的方式取得藏品。由此可知，收购是国家保护文物标本等物件，积累博物馆藏品必不可少的一种手段，是受法律保护的藏品搜集的具体方式之一。收购工作的原则是：

第一，收购文物、标本等物件必须是本人自愿出售的，决不能强买强卖。这是关系到是否侵犯群众合法拥有权的问题，是涉及党的收购政策的大事。收购文物，应积极地、主动地对文物收藏者多做宣传工作，对收藏文物者，还要经常主动地取得联系。

第二，我国地下、水下埋藏的一切文物和受国家法令保护的珍贵的动植物，都属于国家所有，不准买卖，不得作价收购。发现个人持有出土文物，应向持有者说明有关的政策、法令，并争取有关部门配合，予以征收。对主动上交者，则应给予相应的精神或物质的奖励。

第三，收购文物、标本等物件必须秉公作价，尤其是收藏者在急需用钱而出售珍藏多年的文物时，决不能乘人之危故意杀价。坚持收购价格公道，这是关系到群众切身利益的问题，既是涉及价格政策，又是团结收藏者，建立友好关系的重要因素。

第四，收购的文物、标本等物件必须符合博物馆藏品的收藏标准。搜集标准一定要严格掌握，不可利用职务之便，假公济私，胡乱收购亲朋好友出售的既不符合藏品收藏标准又不符合本馆性质特点的东西。

第五，在收购文物标本等物件时，要由原收藏者详细说明其流传经过和有关故事情节，并做好客观、详细的记录，作为藏品档案，妥善保管。

第六，一旦决定收购某件文物标本等物件，必须认真填写好藏品收购单，注明文物、标本等物件的名称、质地、件数、时代、完残程度，出售人姓名、身份证号码和联系方式等，以及收购时间、金额、经手人姓名等。收购单一式四份，分别作藏品档案和财务收据保存，和出售者留存的证明存放在一起。

3. 接受捐赠或捐献

即博物馆接受机关团体或个人捐赠文物标本等物件。这是博物馆藏品搜集的又一重要途径。一般来讲，私人捐赠者多因对文物有特殊爱好，或是出于对祖国文化遗产的热爱而收藏，或因学术研究和其他方面的需要而收藏，或是继承了先人的遗产，或因捐赠品与收藏者有某种特殊关系而收藏。这类捐赠品在收藏过程中大都经过鉴选，都具有较高的价值。收藏者出于对祖国文化遗产的珍视，对伟大祖国的热爱，而把自己珍藏的文物标本等物件捐赠给博物馆。他们的高尚行为，应当受到社会的尊敬。2015年国务院颁布的《博物馆条例》明确提出，博物馆接受捐赠的，应当遵守有关法律、行政法规的规定。博物馆在接收捐赠时，要注意以下几个方面：

第一，对于捐赠品，博物馆首先要进行认真、确切的鉴定。只有符合博物馆藏品标准的捐赠品才应接受。否则，要耐心地向捐赠者婉言拒绝。

第二，对接受的捐赠品，要详细清点造册，办好完备的接收手续，并填写捐赠证书，交付捐赠者。要请捐赠者详细讲明捐赠品的来源、流传经过、收藏过程或有关故事情节，做好记录，作为藏品档案材料，妥善保存。

第三，对捐赠者，给予适当的奖励。可根据具体情况进行。博物馆还应常和他们保持联系，以便更好地开展搜集工作。

第四，捐赠的文物、标本等物件，经接收登记入库后，即成为国家和民族的财产，归国家所有，并受国家法律保护。

4. 调拨

调拨，是上级主管部门按各馆的性质与需要，有计划地拨给有关文物和标本等物件；或是馆际之间，一方无条件地支援另一方，拨给对方有关藏品。调拨不同于交换，是无代价的单方面的拨出或收进。例如，新成立的博物馆，藏品来源中一个很重要的部分就是依靠调拨。文化部在其颁发的《博物馆藏品管理办法》中明文规定："为保证藏品安全，进行科学研究或充分发挥藏品的作用，文化部文物局可以调拨或借用全国文物系统所属各博物馆的藏品；省、自治区、直辖市文物行政管理部门可以调拨或借用本行政区域内文物系统所属各博物馆的藏品，其中一级藏品的调拨、交换，须经文化部文物局批准。"因此，对调拨的文物，应按国家有关规定，办理完备的合法手续。

5. 交换

交换是指博物馆与博物馆之间的藏品相互交换，也称馆际交换。是以本馆重复品较多，或与本馆性质、任务不相适应，而又为对方博物馆所需要的那些藏品，换取适合本馆需要的藏品。这种馆际交换，体现了博物馆之间互通有无、以余补缺、相互支援的协作精神，有利于充分发挥馆藏文物标本等物件的作用，有利于博物馆事业的发展。2015年国务院颁布的《博物馆条例》明确指出，博物馆可以通过购买、接受捐赠、依法交换等法律、行政法规规定的方式取得藏品。由此可知，馆际交换是博物馆积累藏品必不可少的一种手段，是受法律保护的藏品搜集的具体方式之一。馆际交换中，双方交换的藏品，由双方共同签字盖章后，连同上级主管部门的批复文件由双方各自收存归档。

6. 接收移交（拨交）

接收移交是指博物馆接收科学考察队、考古工作队、文物商店、海关、银行、废旧物资回收公司、冶炼厂、造纸厂等有关单位拨交的文物、标本等物件，也称拨交。其目的是使这些珍贵的文物标本等物件受到妥善地保护、保存和利用，以满足博物馆各项业务活动的需要，丰富博物馆各项业务活动的内容。这种拨交，一般都是单方面的拨出或收进，不包括相互交换的意义。对于拨交的文物标本等物件，拨交一方和接收一方应共同清点造册，按国家有关规定办理手续，博物馆在接收移交过程中，应把握好以下几方面情况：

（1）与文物有关的单位，有保护和抢救国家珍贵文物的义务，拨交文物不是为了取得经济上的利益，因此国家规定只能收取成本费和手续费。如文物商店的主要任务，是通过商业手段来收集和保护流散在社会上的传世文物，把其中具有收藏价值的珍贵文物提供给博物馆以充实馆藏。它是文物管理事业的一部分，不是一般的商业部门。因此在文物商店收购品中，凡符合博物馆一、二、三级藏品标准的文物，应全部拨交给博物馆。对文物商店拨交的文物，可采取有价拨交，给予一定的经济补偿。

（2）博物馆应经常主动地和那些与文物有关的单位联系，并在业务技术上予以配合。如协助银行、废旧物资回收部门、金属冶炼厂和造纸厂等单位鉴选文物，培训鉴选人员。博物馆对拣选出来的青铜器和纸币等，均应按国家有关金银杂铜统一调拨价结算，补偿给提供单位。

（3）博物馆对于不适合本馆需要，积压较多的藏品，应主动提出外拨的请求，以支援其他博物馆和有关科研机构、大专院校等。这种文物、标本等物件的拨交，均应按照规定报请上级主管部门批准，并办好手续。

7. 借用

借用是指博物馆为了举办陈列展览等业务工作的需要，采取与其他有关文博单位或个人协商，向其他有关文博单位或个人有限期地借用藏品在本馆中加以使用的方式。借用，不改变藏品的所有权，只改变藏品的使用地点，它可以提升借入馆藏品的品质。

二、民族学调查搜集

民族学调查是搜集民族文物的主要途径。深入民族地区，实地调查搜集是其主要的工作方法。民族文物，其含义是指在人类社会发展过程中，特别是在社会生产、生活等人类活动的遗存物中与各个民族有关的实物、遗址及文献资料等。从广义上讲，应包括历史上各个时代的各民族的文化遗物。它们是说明民族历史发展变化的实物例证，是人类社会物质财富和精神财富的重要组成部分。汉族的文物也是民族文物，但是，今天我们所谓的民族文物，通常是指我国近、现代除汉族以外的各少数民族的文物。因此，民族学调查搜集工作，主要也是为了丰富馆藏，保存祖国和民族优秀的文化遗产，开展社会的宣传教育，为科学研究提供资料。

开展民族学调查搜集，基本上是在少数民族地区进行。接触的对象，基本上都是少数民族群众。而每一个民族都有着自己的民族意识，都有着自己传统的风俗习惯和生活方式。因此，在民族学调查搜集工作中，讲究工作方法是一个十分重要的问题。

第一，要做周密详尽的调查。民族文物的搜集必须和民族社会调查结合起来进行。民族文物的存在，在一个民族地区来说，主要是流散在民间，因此，只有在民族社会调查研究的基础上，才能揭示民族文物的内涵，认识其历史价值、艺术价值和科学价值。

第二，民族文物的搜集，还要特别重视文物的真伪鉴别。在当今社会，民族融合是普遍现象。一个地区，特别是在民族组成较繁杂的地区，同一件物品往往为几个民族所争持。在本民族内，由于地区的不同，同一件物品往往有着多种意义的解释和说明。因此就需要对民族文物进行真伪鉴别。详细收集挖掘物品的产生依据、历史沿革、主要用途和流传情况等方面的资料，一定要占有详尽材料，并做出符合科学的说明，不能主观臆断。

第三，民族文物的搜集工作，是政策性很强的学术活动。因此必须严格执行党的民族政策，尊重各民族的风俗习惯，尽量争取各族人民的配合和支持。

三、考古发掘

考古发掘是用科学的方法发掘埋藏在地下或水下的文物，并用科学方法来研究古代人类活动留下的遗存，以揭示古代历史的真实面貌。我国地下埋藏的文物非常丰富，因此，考古发掘是文物搜集的广阔渠道。有目的、有针对性地组织考古发掘，不仅是博物馆搜集藏品的重要途径之一，是博物馆藏品的重要来源之一，还可以为博物馆的陈列展览、科学研究和社会利用提供科学依据。

考古发掘工作，分这样两种情况：一种是文物机构、考古研究机构和高等学校等单位，为了科学研究或教学的需要，或者配合大型基本建设项目需要，主动地、有计划地发掘。这种考古发掘工作，必须履行报批手续，任何单位或个人都不得私自发掘；另一种是在基本建设工程或者农业生产中，发现了古代遗址或古墓葬急需进行抢救性发掘或清理，可由当地文物主管部门组织力量进行发掘和清理。

考古发掘是一项科学性很强的工作，考古人员必须经过田野考古的专业训练，具备考古专门知识，并能熟练地掌握科学的发掘方法和考古发掘的程序。

考古发掘工作一般分四个步骤进行：

第一，进行田野考古调查。这是进行考古发掘工作的第一个步骤。考古调查主要指地面踏查，一般分为区域普查和专题调查。主要是通过实地勘察，访问群众，查阅地方志及有关历史文献等，来确定发掘区域和发掘对象。

第二，田野发掘工作。这是考古发掘最重要的过程，必须严格按照科学的田野发掘方法进行：①按不同性征来划分不同堆积的界限；②自上而下，由晚及早地进行发掘；③按单位归放遗物；④按照实际情况做好拍照、绘图及文字记录工作。

第三，出土器物的整理研究。对发掘出土的文物要及时进行整理。整理工作主要包括器物清洁、复原器物，尤其是陶器复原；运用地层学、类型学的方法考察全部资料，由早及晚考察器物，主要是陶器的变化，分型定式；对器物的年代、用途等问题进行研究并提出初步意见。

第四，编写报告。编写考古发掘报告是考古发掘的最后一项工作。考古报告内容一般包括遗址（墓地）的自然地理环境、历史沿革、既往工作历史；发掘工作经过情况；文化堆积（墓葬布局）与分期；遗迹与遗物；作者认识；有关专业技术报告等。编写考古发掘报告，要注意做到文字、插图、表格、图版必须吻合，确保全部资料准确无误。

第五，考古发掘中出土的文物，除根据需要交给科学研究部门研究以外，应由当地文物行政主管部门指定的单位保管，任何单位或个人不得侵占。为了补充陈列展览、科学研究和文物收藏所需的材料，博物馆应主动地、有计划地进行考古发掘。必要时也可通过省、自治区、直辖市文物行政管理部门报经有关主管部门批准，调用本行政区域内的出土文物。

四、自然标本采集

自然标本是各专门性自然史类博物馆和地志综合性博物馆开展各项业务活动的物质基础。采集岩石、土壤、矿物、动物、植物等自然标本是这些博物馆经常性的主要工作之一。各种自然标本的取得，除了向有关研究单位、标本培植场、地质勘探队等单位搜集外，主要的是依靠本馆和配合各种有关的科学考察队去野外采集。采集自然标本，是一项细致的工作。矿物、植物、动物等不同性质的标本，有不同的采集方法；即使是同一性质的标本，采集的方法也不尽相同。因此，采集人员必须学习并掌握有关采集的知识和技能，只有这样才能做好采集标本的工作。

博物馆在采集自然标本工作中必须注意根据本馆的实际需要，有目的、有计划地进行，必须携带完备的标本采集工具。采集的标本要力求完整，没有损坏，并要及时进行保护性加工处理，以免标本腐烂、变质、变形或受到其他损坏。采集标本时，必须随时做好完整的原始记录，以保证标本的科学价值。

第四节　藏品搜集的范围和政策

不同类型的博物馆，因其性质、特点、任务的不同，所收藏的藏品也不尽相同，因而也就有了不同的搜集范围。而开展藏品搜集工作应该有相应依据的标准和原则，这就是藏品搜集的政策。

一、藏品搜集的范围

藏品搜集的范围，主要应根据博物馆的性质、特点来确定。一般来讲，藏品搜集范围主要包括历史上各个时期的珍贵艺术品；近代、现代、当代文物；体现地域文明的各时期的民俗文物；填补馆藏品中属于薄弱空白的、配套展览的缺项文物；科学技术、信息产业、医疗、文化、农业、手工业、商业、制造业的生产工具、生产成品、商品，以及有关生产、生活的形象资料；各个历史时期具有代表地区性并由此影响全国的政治、文化、经济、军事、科技等方面内容的文字及实物资料；全国的重要历史人物、著名的思想家、科学家、哲学家、艺术家、文化名人、爱国人士、民主人士、优秀工人、农民及各个行业的先进人物的遗物、作品、有关文献。具体而言，历史类博物馆应搜集各类出土的和社会流散的历史文物及古文献资料；革命史类博物馆应搜集近现代特别是鸦片战争以来各个革命时期的文物和文献资料，包括回忆录、日记、传记、照片、新闻纪录片、录音、录像等；纪念类博物馆应搜集有关历史事件和历史人物及与纪念性遗址、遗迹有关的文物和文献资料；艺术类博物馆应搜集符合本馆特点，适合本馆需要的各种艺术作品及与作者生平事迹有关的实物及文献资料；自然史类博物馆应搜集符合本馆特点的矿物、土壤、古生物和动物、植物等标本和化石；科技类博物馆应搜集有关科学技术发明创造的珍品和能体现科学技术发展的科技成果实物和文献资料等。民族民俗类博物馆应搜集有关近现代少数民族社会历史、政治、经济、文化以及生产、生活、宗教习俗等方面的实物和文献资料，包括民族志、照片、录音、录像等；地志综合性博物馆搜集范围较广，包括地方历史的、革命的、自然的以及社会主义建设时期的各种有关文物、标本等物件和文献资料；园囿性博物馆应搜集与园囿建筑物有关或与复原、辅助陈列有关的文物、文献资料和各种动物、植物标本；其他专门类博物馆应搜集符合本馆性质、特点和任务需要的各种有关的实物和文献资料以及照片、录音、录像等。

例如，原中国历史博物馆，根据本馆方针、任务，确定下列几个范围，作为自己的征集重点。

（1）反映政治、经济变革和重大历史事件的有关文物、文献资料；

（2）直接或间接表现阶级斗争的材料；

（3）具有代表性的农业、手工业生产工具、生产成品以及有关生产活动的形象材料；

（4）历代思想家、政治家、军事家、科学家、文学家、艺术家，以及对社会发展有卓越贡献的人物的作品、遗物及有关文献；

（5）具有时代特征和典型性的艺术品；

（6）反映我国各兄弟民族社会发展的生产工具、生活用具、科学技术、文化艺

术、历史人物等方面的文物、文献;

(7)反映历代各民族人民的生活方式、宗教信仰等方面的典型文物、文献;

(8)反映我国与世界各国关系的文物、文献。

2003年,中国历史博物馆和中国革命博物馆合并组建成为中国国家博物馆。中国国家博物馆,作为代表国家征集、收藏、保管、展示、阐释反映中华优秀传统文化、革命文化和社会主义先进文化代表性物证的最高机构,设立了"国史文物抢救工程"和"藏品征集项目",面向社会长期开展征集活动。为进一步充实馆藏,丰富藏品类型形态,珍藏民族集体记忆,保存国家文化基因,为举办重大陈列展览奠定坚实文物基础,促进中外文明交流互鉴,经研究,中国国家博物馆决定面向全社会公开征集藏品。在《中国国家博物馆关于征集文物藏品的公告》[①]中,明确提出征集范围:

(一)古代文物藏品

1. 反映中国古代政治、经济、军事、文化、科技、生态环境变迁和重大事件的重要物证。

2. 重要历史人物,包括政治家、军事家、思想家、科学家、文化名人、宗教人物等重要文物及作品。

3. 古代各个历史时期的珍贵艺术品。

4. 反映古代社会经济变革和科技发展的重要物证。

5. 反映古代中外文化交流的珍贵物证。

(二)近现当代文物藏品

1. 反映中国近现当代影响社会经济发展进程的重大事件、重要会议、重要人物的物证。

2. 反映中国近现当代政治、经济、社会、文化、生态文明以及军事、科技、教育、卫生、体育、宗教等方面发展的重要物证。

3. 反映中国近现当代各民族地区的社会发展、生活习俗、文化艺术和宗教信仰等方面的重要物证。

4. 反映祖国大陆与港、澳、台关系及海外侨胞创业发展的重要物证。

5. 反映中国对外交流、中外民间友好往来的重要物证。

(三)域外文物藏品

1. 流失海外的中国文物。

2. 反映世界各地区古代文明发展的重要物证。

3. 反映近代工业文明兴起、发展、演进的重要物证。

---

① 《中国国家博物馆关于征集文物藏品的公告》中国国家博物馆2018年6月1日发布,来自中国国家博物馆官方网站,网址:http://www.chnmuseum.cn/zj/zjgg/201812/t20181225_36715.shtml。

4. 反映不同类型、不同层次国际组织发展演变的重要物证。

5. 反映世界不同文明交流互鉴、共同发展的重要物证。

（四）非正式出版物

1. 反映建国以来各大系统、部委、机关、企事业单位事业发展进程的非正式出版物。

2. 反映中国各地区、各民族社会发展、文化传承、风土人情等方面的非正式出版物。

3. 反映中国各行业协会、学会、基金会等机构发展状况的非正式出版物。

4. 反映中国非物质文化遗产保存、整理与传承现状的非正式出版物。

自党的十九大以来，中国国家博物馆加大反映革命文化、当代先进文化代表性物证的征集力度，面向社会公开征集文物藏品，每年平均征集古代文物50件（套）左右，近现代文物、实物和艺术品1000余件（套）。

二、藏品搜集的政策

藏品搜集政策，是指为完成藏品搜集任务而制定的可以依据的标准或原则。国家应该制定藏品搜集政策。搜集政策应包括搜集对象和范围、搜集条件标准、搜集方式方法等内容，还要规定搜集主体的资格，即实施搜集工作的单位、个人的资格。开展藏品搜集，就要制定并依据一定的搜集政策。中华人民共和国成立后，有关藏品搜集政策，主要是以一系列文物政策法规形式发布出来的。早在1950年，中央人民政府政务院就发布了征集革命文物的政务院令《为征集革命文物》[①]，这是为当时刚刚成立的中央革命博物馆（即今天中国国家博物馆的一部分，原中国革命博物馆前身）开展藏品搜集工作而制定的搜集政策，明确规定了搜集范围，提出了搜集要求和搜集方式。为了加强社会主义建设时期文物的保护、研究和展示、宣传工作，国家文物局早在1999年就发布了《关于加强我国社会主义时期文物征集保护工作的通知》[②]。新时期，国家更加高度重视近现代文物的保护、研究和展示、宣传工作，为此，国家文物局2003年发布《近现代文物征集参考范围》[③]，提出了近现代文物征集范围。2007年国

---

① 《中央人民政府政务院令〈为征集革命文物〉》，中央人民政府政务院，1950年6月16日发布。载国家文物事业管理局编：《新中国文物法规选编》，文物出版社，1987年10月版，第8、9页。

② 《国家文物局关于加强我国社会主义时期文物征集保护工作的通知》（文物博发〔1999〕008号），国家文物局，1999年2月12日。

③ 《关于印发〈近现代文物征集参考范围〉和〈近现代一级文物藏品定级标准（试行）〉的通知》（文物博发〔2003〕38号），国家文物局，2003年5月13日。

家文物局公布《文物出境审核标准》①，规定以1949年为主要标准线，凡在1949年以前（含1949年）生产、制作的具有一定历史、艺术、科学价值的文物，原则上禁止出境，表明我国搜集藏品的时间年限有了新的标准。

2019年年底新型冠状病毒性肺炎疫情暴发，这是中华人民共和国成立以来在我国发生的传播速度最快、感染范围最广、防控难度最大的一次重大突发公共卫生事件。疫情发生后，党中央高度重视，迅速作出部署，全力组织防控工作，截止到2020年3月，疫情防控形势发生积极向好变化，防控工作取得阶段性重要成果。为加强当代物证保存，为明天记录今天，国家文物局发出了关于新冠肺炎疫情防控代表性见证物征集和保存工作的通知②。通知提出四点要求："一、高度重视，加强征集工作领导。二、突出重点，明确征集工作范围。三、加强管理，健全征集工作机制。四、确保安全，加强防范措施。"与此同时，国内许多博物馆都发出了征集抗击新冠肺炎疫情见证物和相关实物资料的征集公告③。首先是江西省博物馆，在2020年2月18日率先发起向社会征集抗击疫情见证物④。随后，上海、天津、陕西、浙江、四川、云南、广西等多地博物馆以及北京、山东、河南、安徽、江苏、黑龙江、山西、广东、吉林等各级博物馆都公开征集与抗击疫情有关的各种物证。征集令中都明确了征集范围、征集方式等相关政策。

本书仅以中国国家博物馆的征集令为例，收录全文如下：

中国国家博物馆关于征集抗击新冠肺炎疫情相关实物资料的公告

2020-03-11　　中国国家博物馆

2020年1月初以来，在以习近平同志为核心的党中央坚强领导和统一指挥下，全国人民万众一心，共同战"疫"，留下了众多感人而难忘的瞬间。为了铭记这段全民抗"疫"的历史事件，见证抗"疫"艰辛历程，传递抗"疫"正能量，经研究，中国国家博物馆决定面向社会公开征集抗"疫"过程中形成的具有收藏、研究、展示、纪念价值的代表性实物和资料，并公告如下：

---

① 《文物出境审核标准》，2007年4月3日经国家文物局第4次局务会议审议通过，自2007年6月5日起生效。

② 《国家文物局关于新冠肺炎疫情防控代表性见证物征集和保存工作的通知》，文物博函〔2020〕354号。来自国家文物局官方网站，网址：http://www.ncha.gov.cn/art/2020/3/31/art_2237_43728.html。

③ 《传递"抗疫"正能量，全国多家博物馆向社会发起征集令》，弘博网2020年2月24日，网址：http://www.hongbowang.net/news/yj/2020-02-24/。

④ 《征集令|江西省博物馆面向社会征集2020抗击新冠肺炎疫情见证物》，来自江西省博物馆官网，网址：http://www.jxmuseum.cn/News/Details/866fdaab-0d9c-46b0-8249-2ae59f988857。

一、征集内容

1. 中央和地方各级政府关于防控疫情所发布的公告、海报、通知、公函及相关请示、批复、会议纪要等文字资料；

2. 全国各地在抗击疫情过程中使用的相关物资、装备等实物，如医用工具、医疗设备、物资运输装备、宣传设备等；

3. 反映全国人民广泛参与抗击疫情感人事迹的实物资料，如一线医务工作者个人照片、录音视频、抗疫日记、请战书、火线入党申请书、往来书信、荣誉证书、奖章、锦旗、捐赠证明等；

4. 反映各地民众积极奉献爱心、全力配合防疫工作的实物资料，如社区街道出入证、工作证、通行证、献血证、执勤日志、宣传条幅、海报、传单、自救及救人工具、防疫用品等；

5. 与防疫抗疫相关的各类美术作品、影视作品、文学作品等；

6. 其他具有重要收藏、研究、展示、纪念价值的实物和资料。

二、征集方式

1. 严格按照《中华人民共和国文物保护法》《中华人民共和国文物保护法实施条例》《博物馆条例》等法律法规进行。

2. 以移交、捐赠、征购三种方式为主。

3. 经过鉴选决定收藏后，我馆将为捐赠单位、个人颁发证书，或以其他适当形式予以铭记、奖励。

三、征集说明

1. 疫情期间，请拟捐赠者先将实物资料图片及文字说明发送公众号"国家收藏"捐赠系统，我馆将及时组织专家进行鉴选，确定收藏的，我们将联系捐赠者协商确定运输方式。

2. 疫情平复后，相关实物征集将纳入我馆常态化工作继续开展，欢迎各界人士通过国家博物馆官方网站提供征集线索。

3. 本征集公告长期有效。

四、联系方式

联系人：成小林（13671298133）

孙丽梅（13164215096）

赵锋（18600097152）

何志文（13671010769）

邮箱：zhengji@chnmuseum.cn

联系电话：010-65119567、65119600、65119257

地址：北京市东城区东长安街16号国家博物馆，100006

国博官网捐赠平台：http://donate.chnmuseum.cn/static/

微信公众号"国家收藏"捐赠系统：

感谢社会各界的关注和支持！

第五节　新时期藏品搜集的新变化

藏品搜集对于博物馆增加藏品数量和提高藏品质量至关重要，对博物馆的生存与发展具有极为重要的意义。自中华人民共和国成立以来，党和政府始终高度重视博物馆藏品搜集工作，各级各类博物馆也积极开展藏品搜集。如前文所述，在长期的实践中，我国博物馆藏品搜集途径逐渐形成了社会搜集、民族学调查搜集、考古发掘和自然标本采集四种主要途径，其中社会搜集又包括专题征集、收购、接受捐赠、调拨、馆际交换、接收移交（拨交）等六种具体方式[①]。但是到了20世纪80年代末期，这种传统的行之有效的藏品搜集途径开始面临挑战，并发生了一定的变化。

在20世纪80年代末期以前的计划经济体制下，上述这些博物馆藏品搜集方式确保了博物馆各项业务活动所需要的藏品源源不断地补充到博物馆里来，推动了我国博物馆事业的发展。然而，自20世纪90年代初以来，尤其是社会主义市场经济体制确立后，博物馆藏品的来源变得困难重重，文物搜集工作举步维艰，许多为陈列展览所亟须的重要文物，已很难充实到博物馆中来，并且这种状况长期存在，呈现出愈演愈烈之态势。那些曾行之有效的博物馆藏品搜集方式，渐趋陷入空前的困境。藏品搜集遭遇到严峻的挑战，藏品搜集途径面临重大改变。

一、藏品搜集面临的挑战

对于博物馆藏品来源出现的一些困难和藏品搜集面临的挑战，20世纪90年代以来，一些专家学者相继发表论著给予关注[②]。专家学者们分析了藏品搜集困境产生的原

---

① 吕军编著：《藏品管理学》，吉林大学出版社，1996年10月版，第65—72页。
② 李耀申：《对我国博物馆藏品来源问题的思考》，《中国博物馆》1992年第3期；陈国安：《博物馆藏品来源危机及其对策》，《中国博物馆》1998年第3期；方成军：《藏品征集面临的挑战及其对策》，《中国博物馆》1999年第4期。

因和具体困境表现，同时也纷纷提出了解决困难的对策建议。

综合专家学者们的观点，博物馆藏品的来源困难重重，藏品搜集陷入危机并不可避免地迎来挑战，成为一个非常现实的问题。主要表现在以下几个方面。

1. 极少主动开展专题征集，又无力收购

主要是由于一些博物馆对藏品搜集的重要性缺乏足够的认识，对藏品搜集极少给予重视，再加上资金不足，博物馆极少主动开展专题征集。对那些耗资较大的收购机会也只能是望而却步，无力收购。而收购方面的问题，在21世纪又产生了新情况，主要是出现两极分化。一方面，低价位的收购几乎不见，高额竞拍实在困难，收购不起。另一方面，由于可征集的文物明显减少，大型博物馆的文物征集经费经常性地面临着花不出去的状况，有钱花不出去也花不完，没有可收购的价格合理的文物；而中小型博物馆还是经费严重不足，没有钱买不起文物。各级财政很少设立支持博物馆业务活动的专项经费，经费短缺一向都是困扰中小型博物馆开展业务活动的主要因素之一。藏品征集经费远远不能满足工作需要。

2. 捐赠陷入误区

在20世纪80年代以来，由于种种原因，接受个人捐赠也出现了新问题。一方面，经过40余年的时间，社会上像中华人民共和国成立之初那样藏品极为丰富的收藏大家已不多见；另一方面，随着市场经济的发展，人们的价值观念也发生了巨大的变化，致使有的人对向博物馆进行捐赠也产生了误解，在向博物馆捐赠其个人收藏品时，提出一些"附加"条件，使得博物馆无法接受此类"捐赠"。甚至出现过老人捐赠后，其子女前来索回的情况。也有名为捐赠实际却索取高额回报，甚至出现以假充真的"捐赠索报"事件。当然社会对于捐赠也存在着多方顾虑，如捐赠程序、保管是否妥善，甚至出现官司等。这样，一些本该由博物馆收藏的文物，又都重新流散于社会，更加增大了博物馆藏品社会搜集的困难。

3. 调拨与馆际交换名存实亡

20世纪70年代末80年代初改革开放之初，受社会各种思潮影响，人们的价值观发生了很大变化。在文博界的普遍反映之一的就是在对待文物藏品的态度上，形成了对文物藏品的一种封闭意识和垄断思想。文物藏品仅供内部研究，不让外人接触，尽管国务院《关于加强和改善文物工作的通知》[1]明确要求，"搞好收藏单位之间的藏品调剂和交换"，但是不可避免的是，文物藏品的调拨与馆际交换名存实亡。

---

① 《关于加强和改善文物工作的通知》，国务院1997年3月30日发布（国发［1997］13号）。载北京市文物局编：《新编文物工作实用手册》，经济管理出版社，2012年7月版，第187页。

4. 移交困难重重

20世纪80年代以来，一方面，由于社会上文物意识普遍增强了，社会各有关单位，如银行、冶炼厂、造纸厂、废旧物资回收公司等，很难再像从前那样能收到具有收藏价值的文物了。另一方面，公安、海关、工商等执法部门在打击文物犯罪活动时，虽然也还会收缴到大批具有较高价值的文物，但是个别单位受经济利益驱使，在收缴文物的移交过程中，完全不顾《文物保护法》相关规定："人民法院、人民检察院、公安机关、海关和工商管理部门依法没收的文物应当登记造册，妥善保管，结案后无偿移交文物行政部门，由文物行政部门指定的国有文物收藏单位收藏"[①]，致使移交出现了一些新的问题，如索要奖金、办案费，或者拖延移交时间，或者据为己有甚至倒卖掉等，严重影响到博物馆对这部分文物的收藏。

5. 文物商店几乎很少再向博物馆提供藏品

早在1981年国家文物局转发的《文物商店工作条例》[②]总则中就明确规定，文物商店的主要任务是通过商业手段，收集流散在社会上的文物，使之得到保护，为博物馆（院）和有关科研部门提供藏品和资料，并把完成这一任务作为检验文物商店工作成绩的重要尺度。同时，将一般不需要由国家收藏的文物投放市场，满足国内文物爱好者需要，或为国家创造较高的外汇收入（第一条）。文物商店收购的文物，凡符合收藏标准的，应优先提供给博物馆（院）（第四条）。从20世纪60年代到90年代初期，文物商店在收购文物和向博物馆提供藏品方面，也确实发挥了一定的积极作用。但是，自90年代以来，受市场经济大潮的冲击，加之受文物商店的企业化管理体制影响，多种因素导致文物商店不再积极主动地向博物馆提供有收藏价值的文物了，而是更多地关注文物市场。这样，本该由博物馆收藏的文物，也难再进入到博物馆了。

6. 考古发掘出土文物几乎不再进入博物馆

20世纪80年代初期之前，博物馆都有自己的考古部门，考古发掘出土文物是博物馆最大宗的文物藏品来源。80年代中后期开始，除了上海、江苏、江西、海南、西藏等少数地区之外，各省级博物馆的文物考古部门纷纷从博物馆中分离出来，成立了独立的考古单位——文物考古研究所，博物馆不再自己开展考古发掘工作；而考古发掘单位也渐渐地不再愿意向博物馆提供考古发掘出土文物。尽管1997年国务院《关于加

---

① 《中华人民共和国文物保护法》第七章第七十九条。
② 《文物商店工作条例》，国家文物事业管理局转发，1981年7月17日。载国家文物事业管理局编：《新中国文物法规选编》，文物出版社，1987年10月版，第183—186页。

强和改善文物工作的通知》①中明确规定，考古发掘单位的发掘项目结束后，要在3年内完成资料整理和发掘报告的编写工作。发掘出土的文物，除少量经国家或省、自治区、直辖市文物行政管理部门批准可作为标本留存外，要及时移交指定的博物馆。但是，时至今日，这些规定并没有被很好地贯彻执行。博物馆再难得到考古发掘出土文物（当然，新建的考古遗址类博物馆不在此列）。

7. 文物流向呈现多样化趋势

改革开放以来，国家经济建设快速发展，人民生活富裕了，在民间形成了收藏热潮。目前，全国有数千万之众的收藏爱好者；收藏热又带来了文物买卖的热潮，不法商贩受利益驱使，则开始倒买倒卖文物、盗掘古墓、盗窃馆藏，甚至文物走私等文物犯罪呈现上扬的势头，据统计在国外218个博物馆中，共有163万件中国文物，当然这有很多是历史遗留下来的，不过从中可以看到文物流失的严峻形势；大规模城乡基本建设过程中，基建工程出土的一些文物也都流入社会或者是流入文物市场；再加上拍卖公司的纷纷成立，博物馆受经费所限，无力在拍卖会上购买文物。这样，民间收藏、文物犯罪、文物拍卖、基建中出土文物的流失等，使得文物流向呈现多样化趋势，博物馆藏品征集面临严峻的形势。

综上所述，博物馆藏品来源陷入困境，面临着严峻的挑战。

二、应对挑战的对策

面对藏品搜集如此严峻的形势，博物馆该怎么办？专家学者们也纷纷给出了相应建议②。综合各位专家学者的建议，可以从以下几个方面来加强工作，摆脱困境。

（1）要转变观念，改变以往那种只重视文物保护单位维修，而轻视馆藏文物征集养护的习惯倾向，对博物馆的藏品搜集给予更多的重视和支持。一方面，各级财政和文博管理部门，要把可移动文物的搜集及保护管理放在应有的位置，给予足够的重视，在经费方面给予大力支持；另一方面，各博物馆也要认真对待藏品搜集工作，在机构设置、人员配备、经费投入等方面，给予一定的支持，将藏品搜集工作放在应有的重要位置上，真正重视起来。

（2）加强法规建设，依法办事，进一步规范文物市场。目前，国内还缺少一部

---

① 《关于加强和改善文物工作的通知》，国务院1997年3月30日发布（国发［1997］13号）。载北京市文物局编：《新编文物工作实用手册》，经济管理出版社，2012年7月版，第185—188页。

② 李耀申：《对我国博物馆藏品来源问题的思考》，《中国博物馆》1992年第3期；陈国安：《博物馆藏品来源危机及其对策》，《中国博物馆》1998年第3期；方成军：《藏品征集面临的挑战及其对策》，《中国博物馆》1999年第4期。

专门的藏品搜集方面的法律法规，尽管《中华人民共和国文物保护法》及其《实施条例》《博物馆管理办法》《博物馆条例》均已颁布实施，但是还应该在这些法律法规基础上，制定一部藏品搜集法，来规范博物馆藏品搜集工作。同时，还要强调依法办事，对于危害藏品搜集的文物犯罪活动予以坚决打击，并且要进一步规范文物市场，为藏品搜集工作创造良好的社会环境。

（3）改革文物管理体制，建立健全行之有效的规章制度，理顺博物馆、考古所、文物商店之间的关系，切实疏通文物藏品的调拨、移交和馆际交换渠道。从博物馆、考古所和文物商店的关系来看，可以考虑把考古所和文物商店重新并入博物馆，这样既解决了博物馆需要藏品又没有考古发掘权的问题，也解决了考古所和文物商店向博物馆移交、提供藏品所存在的利益矛盾。目前，已有一部分省市区在这方面就是这样处理的。例如上海、江苏、江西等省（直辖市）就一直保留了自己的考古部门，而湖北省、内蒙古自治区等则是把考古所与博物馆重新合并。此外还应该制订和颁布一个专门的馆藏文物管理及利用办法，明确规定各级各类文物收藏单位的藏品管理权限和任务，以及与之相适应的责任和义务，并以行政手段强制其严格执行，以便于更好地解决各单位在藏品方面存在的利益矛盾，从而切实解决藏品来源相关问题。

（4）突破藏品概念，拓宽征集渠道，同时改进征集工作作风。随着文物博物馆事业的发展，文物藏品的概念和藏品的范围也在不断变化和扩大，早在1972年11月16日，联合国教科文组织大会通过的《保护世界文化和自然遗产公约》[①]，已经提出"自然遗产"的概念；1995年6月24日在罗马制定的《国际统一私法协会关于被盗或者非法出口文物的公约》[②]中，把"一百年前的古物"明确列为文物；2003年10月17日联合国教科文组织通过的《保护非物质文化遗产公约》[③]，明确了"人类口头和非物质文化遗产"，"非物质遗产"正式成为世界遗产的一个类型。此后，2007年，国际博物馆协会在维也纳召开的全体大会，再次通过了对博物馆定义的修订："博物馆是一个为社会及其发展服务的、向公众开放的非营利性常设机构，为教育、研究、欣赏的目的征

---

① 《保护世界文化和自然遗产公约》，联合国教育、科学及文化组织大会第十七届会议于1972年11月16日在巴黎通过。载国家文物局博物馆司编：《博物馆工作手册》，华龄出版社，2007年5月版，第674—682页。

② 《国际统一私法协会关于被盗或者非法出口文物的公约》，1995年6月24日订于罗马。载《中国博物馆通讯》1997年第8期。

③ 《保护非物质文化遗产公约》，联合国教育、科学及文化组织第32届会议正式通过，巴黎，2003年10月17日。载王文章主编：《非物质文化遗产概论》，文化艺术出版社，2006年10月版，第443—460页。

集、保护、研究、传播并展出人类及人类环境的物质及非物质遗产"[1]，明确把"非物质遗产"纳入博物馆工作范畴。这些都为我们扩大了博物馆藏品的范围。在把视野放宽放远的同时，还需要我们不断改进工作作风，主动开展工作。以往多是在家坐等，现在应该采取积极主动的工作方式，主动出行，积极搜寻、多方收集线索。也可以在博物馆陈列展览的现场开展文物征集活动。

（5）立足现实，发挥优势，改善经营管理，增加经济收入，为文物征集工作提供必要的财力保障。博物馆要想从根本上缓解经费紧张的问题，除了积极争取国家和地方各级财政的支持外，最为行之有效的办法还是立足现实，充分挖掘自身潜力，发挥藏品优势，改善经营管理，广开财源，扩大创收，为藏品搜集工作的开展注入活力。

（6）搞好自身工作，扩大社会影响，争取更多的文物收藏家和各界人士向博物馆捐赠文物。接受社会捐赠，一向是博物馆最为经济实惠的一种藏品搜集方式。尽管目前捐赠文物出现了很多变数，但是社会上一些有识之士还是愿意把自己的收藏捐赠给博物馆的。比较典型的一个实例就是"清雍正粉彩蝠桃纹橄榄瓶"的故事。2002年5月，香港苏富比春季拍卖会上，该瓶成交价为3700万港币，加上佣金共计4150万港币（约合540万美元）。买主是时任全国政协常委、香港中华总商会副会长张永珍博士。经过多方考察选择后，她决定将此瓶捐赠给上海博物馆，2004年2月14日，在上海博物馆举行了捐赠仪式[2]，清雍正粉彩蝠桃纹橄榄瓶正式入藏上海博物馆[3]。这个故事告诉我们，只要我们做好自身的工作，不断扩大博物馆的影响，博物馆还是可以接受到来自社会各界的捐赠的。

三、藏品搜集面临的转变

不难看出，前述这些对策对于改善目前藏品搜集所面临的困境无疑都将或多或少地起到相应的作用。尽管如此，仍有一点是不容否认的：这些对策只能改善藏品搜集的处境或暂时摆脱藏品来源所面临的危机，却最终改变不了藏品搜集途径所面临的转变[4]。

新时期，藏品搜集途径终归是要面临一些转变的，这些转变主要表现在以下几方面：

---

[1] 《国际博物馆协会章程》，国际博物馆协会2007年8月24日在维也纳［奥地利］通过。载中国国家文物局、中国博物馆协会编：《博物馆法规文件选编》，科学出版社，2010年10月版，第431—444页。

[2] 马哲非：《张永珍4150万粉彩瓶捐赠上博》，《文物天地》2004年第3期。

[3] 张东：《上海博物馆新藏"清雍正景德镇窑粉彩蝠桃纹橄榄瓶"》，《中国博物馆》2004年第4期。

[4] 吕军：《新时期藏品搜集途径的转变》，《博物馆研究》2002年第2期。

（1）以往无偿的调拨和移交将逐渐消亡，代之而来的将是有价拨交。

（2）以往无偿的馆际交换将不复存在，一种新型的馆际之间的"有偿转让"将会成为博物馆藏品社会搜集的一种新的方式。

（3）以往的低价收购将会越来越少，随之而来的将是在拍卖会上高价竞拍所得。

（4）考古发掘出土文物恐怕很难再进入博物馆，作为博物馆藏品社会搜集主要途径的考古发掘，将会退出博物馆藏品搜集途径。对大多数已有的博物馆而言，这是一个不争的事实。但创建新的遗址类博物馆则例外（不在此列）。

（5）面向社会和文物市场去征集似乎将要成为博物馆增加藏品的主要出路。

四、藏品来源的新方式

随着藏品搜集途径的改变，藏品来源方式也出现了一些新变化。

（一）取得文物的方式

目前，取得文物的方式主要包括购买、接受捐赠、依法交换，法律、行政法规规定的其他方式，行政部门指定保管或调拨。关于这一点，国家相关法律法规都做出了明确规定。

（1）《中华人民共和国文物保护法》（2017年11月4日修正）

第四章"馆藏文物"第37条，规定："文物收藏单位可以通过下列方式取得文物：（一）购买；（二）接受捐赠；（三）依法交换；（四）法律、行政法规规定的其他方式。国有文物收藏单位还可以通过文物行政部门指定保管或者调拨方式取得文物"。

（2）《博物馆条例》（2015年3月20日施行）

第三章"博物馆管理"第二十一条：

"博物馆可以通过购买、接受捐赠、依法交换等法律、行政法规规定的方式取得藏品，不得取得来源不明或者来源不合法的藏品"。

（二）有偿取得文物

有偿取得文物，也已经被写进了国家相关法律法规中。

（1）《中华人民共和国文物保护法》（2017年11月4日修正）

第四章"馆藏文物"第四十三条，规定：

"依法调拨、交换、借用国有馆藏文物，取得文物的文物收藏单位可以对提供文物的文物收藏单位给予合理补偿，具体管理办法由国务院文物行政部门制定"。

（2）《博物馆管理办法》（2005年发布，2006年1月1日起施行）

第三章"藏品管理"第二十一条：

"依法调拨、交换、借用国有博物馆藏品，取得藏品的博物馆可以对提供藏品的博物馆给予实物、技术、培训或资金方面的合理补偿"。

【附】近现代文物征集参考范围[①]

中华人民共和国成立以来，特别是改革开放以来，近现代文物特别是革命文物征集、保护工作取得了令人瞩目的成绩。各地博物馆、纪念馆运用近现代文物向人民群众和青少年进行爱国主义、革命传统教育，普及科学文化知识，特别是传播近代以来中国人民为民族独立和解放而艰苦拼搏的历史知识，在社会主义政治文明、精神文明和物质文明建设中发挥了重要作用。但从全国总的情况看，反映我国近现代社会发展变化的文物征集面较窄，收藏较少，反映社会主义革命和建设的文物收藏更少。这不仅难以全面反映1840年以来波澜壮阔、艰难曲折的中国近现代历史，也导致许多博物馆、纪念馆的陈列展览缺乏珍贵文物的支撑，吸引力和感染力受到局限。随着现代科学技术和经济建设的快速发展，社会生产、生活和物质条件迅猛改善，近现代历史上各类具有重要价值的实物资料加速消亡，抢救保护工作日趋紧迫，刻不容缓。

为加强近现代文物的征集工作，特提出以下征集范围：

一、反映中国近现代社会历史变革及有关社会历史发展的文物。

1. 近代中国（1840年—1919年"五四运动"爆发之前）重大事件、重要人物、著名烈士和爱国志士的有关文物。

2. 现代中国（1919年"五四运动"爆发—1949年9月30日）重大事件、重要人物、著名英烈和爱国志士的有关文物。

3. 当代中国（1949年10月1日中华人民共和国成立以来）重大事件、重要人物、著名烈士、著名英雄模范的有关文物。

重点征集：

——中国共产党成立以来重大历史事件、重要领袖人物、著名革命烈士的有关文物。

——近代以来中国各党派、团体的重大事件、重要人物和著名爱国侨领、社会知名人士的有关文物。

[①] 《近现代文物征集参考范围》（文物博发［2003］38号）国家文物局，2003年5月13日发布。

——近代以来中国著名的思想家、政治家、革命家、军事家、科学家、发明家、教育家、文学家、艺术家、企业家等和其他社会名流的有关文物。

——国际共产主义运动中的重大事件、重要人物，以及为中国革命和建设做出重大贡献的国际友人的有关文物。

二、反映中国近现代政治、经济、军事、科技、教育、文化、卫生、体育、宗教等方面发展的文物。

1. 有关政权建设、政治制度、政策法令等的文物。

2. 有关经济建设、经济制度、经济政策、生产技术、生产工具、重要产品等的文物。重点征集工业、农业、商业、财税、交通、海关、邮电、能源、金融（货币）等领域的代表性文物。

3. 有关国防建设、军队建制、武器装备等的文物。

4. 有关科技体制、科技设备、科技发明、科技成果等的文物。

5. 有关教育制度、教育发展、重大活动和重要成果等的文物。

6. 有关文化（含艺术、新闻出版等）事业发展、重大活动和重要成果等的文物。

7. 有关卫生、体育事业发展、重大活动和重要成果等的文物。

8. 有关宗教工作、宗教组织、宗教政策等的文物。

三、反映中国近现代各民族的社会发展及民族关系、民族团结、民族自治、维护祖国统一等方面的文物。

四、反映中国近现代各民族的生产活动、生活习俗、文化艺术和宗教信仰等方面的文物。

1. 各民族有代表性的生产工具、生活用品和有关宗教信仰的典型物品。

2. 各民族有代表性的年画、剪纸、风筝、皮影，雕刻、漆器、壁画、蜡染，服饰、头饰、刺绣、地毯等民间艺术品、工艺品。

五、反映近代以来中国人民反抗剥削压迫的重大事件和重要人物的文物。

六、反映近代以来中国人民抵御外侮、反抗侵略的重大事件和重要人物的文物。

七、反映近代以来中外关系、友好往来和政治、经济、军事、科技、文化、艺术、卫生、体育、宗教等方面相互交流的文物。

1. 中国参与创建联合国和参与联合国活动，以及参与其他国际组织、各种国际会议的有关文物。

2. 中国与世界各国建立外交关系的有关文物。

3. 中国对外交往、与其他国家合作交流的有关文物。

4. 中国参与各类国际竞赛、评比活动并获奖的有关文物。

5. 中国政府、政党及其领导人与外国政府、政党及其领导人友好交往，中国民间团体、知名人士与国际友好团体、友好人士交往的有关文物。

第三章 藏品接收和鉴选

通过搜集工作而得来的文物、标本、实物资料等物件，只有经过接收这一程序才能进入到博物馆，并有可能成为博物馆的藏品。对这些文物、标本、实物资料等物件进行鉴定和选择，最终决定是否收藏，则是鉴选的工作内容。

对于确定为藏品的文物标本实物资料等物件要进行清洁消毒和必要的技术处理后，方能入藏。对于不准备入藏的资料，也要进行妥善处理。

第一节 藏品接收

接收是藏品管理程序之一，经过这一程序后，藏品则由保管部门正式管理。接收是博物馆保管部门进行藏品管理工作的开始，对来源不同的文物、标本、实物资料等物件有着不同的接收要求。

一、藏品接收的定义

接收，是博物馆藏品保管部门进行藏品管理工作的开头，也就是搜集工作的结尾。对搜集部门来说，称为移交。

接收，是一道正式的手续，即由保管部门的工作人员按入馆凭证或清册对文物、标本、实物资料等物件进行核收。经过这道手续的文物、标本、实物资料等物件，已属保管部门管理。作为国家和民族的科学文化财产，若有损坏丢失，将由接管者负法律责任。所以接收工作必须严肃认真。

二、藏品接收的要求

要做好接收工作，在工作态度上要有严肃认真的态度，严格按照工作程序，认真仔细地进行接收工作。除此之外，在工作方法上要有严密科学的接收程序，并应注意

以下具体各点:

（1）分清来源，区别处理。文物和标本、实物资料等物件的来源有多种，如发掘、采集、收购、拨交、捐赠等。来源不同的文物、标本、实物资料等物件，科学价值、历史价值是不同的，将来在藏品登记时也需要分别注明，所以在接收时一定要区分清楚，不可弄混。而且不同来源的文物、标本、实物资料等物件，在接收时有不同的具体要求，将来保管时也有不同的方式，所以，分清来源是科学管理的前提。

（2）按书面凭证逐件清点验收。由于藏品管理具有财产管理的性质，所以不论何种来源的文物、标本、实物资料等物件，都应该以书面的原始凭证为依据，逐件点收，并逐件逐项填写清册。如果搜集人员在移交前没有书面原始凭证，则应由搜集人员和保管人员共同清点，逐件填写清单或清册（见表3-1），共同签字，作为入馆凭证。各种书面原始凭证及验收清单、清册均应妥善装订，长期保存。

表3-1 接收清单

类别

登记号	原号	名称	数量	年代	特征及现状	来源	附件及有关资料	备注

点交人：　　　　　　　　　接收人：　　　　　　　　　年　月　日

（3）与文物、标本、实物资料等各种物件有关的各种原始记录，要同时接收过来。由于藏品管理又是科学资料的管理，而文物、标本、实物资料等物件的科学价值的高低是和各种与之有关的原始记录相联系的，所以接收时一定不能只注重文物、标本、实物资料等物件本身，而忽略了搜集工作中取得的有关原始记录。成功的经验告诉我们，原始记录对藏品价值而言是至关重要的。有经验的、负责任的保管人员，在接收时要强调和搜集人员当面交接，这样可以查询没有原始记录或原始记录不详的文物、标本、实物资料等物件的具体来源和相关情况，而保存下来更多的科学资料。

由此可见，接收工作做得好，是给全部科学管理打下一个好的基础。否则，管理工作会因"先天不足"而遇到种种困难。

三、不同来源搜集品的具体接收

博物馆搜集工作的途径很多，下面就几种主要来源分别简要加以说明。

1. 考古发掘

科学的考古发掘得到的文物和标本（此处的标本是指不是完整器物的资料、样本等），由于有明确的地层关系和共存关系，有很高的科学价值。一个遗址的发掘品往往可以全部移交给博物馆。入馆原始凭证应该是发掘者在发掘和整理时填写的"出土器物登记表或登记册"（这是为田野考古工作编制的）（见表3-2）。应同时接收的原始记录包括探方记录、墓葬登记表、灰坑登记表、发掘工作日记等文字记录，出土器物卡片，以及各种照片、各种实测图等。

表3-2　出土器物（标本）编号登记表[①]

年度：　　　　遗址名称：　　　　探方号：　　　　第　页/共　页

出土单位	编号	名称	质地	坐标	记录者	日期	备注

2. 考古调查

考古调查往往只能得到存在于或暴露于地表的文物标本，但可以明确存在的地点。在调查中向当地群众能征集到很重要的文物，并可以调查了解其出土的时间、地点和具体情况。入馆原始凭证应该是"采集文物登记表"或"登记册"（见表3-3）。原始记录应包括遗址调查表、遗址照片、地图等，重要的征集文物应附有单独的调查记录。

---

① 据《田野考古工作规程》绘制，国家文物局：《田野考古工作规程》，文物出版社，2009年4月版。

表3-3　采集文物登记表

第　批　　　　　　　　　　　　　　　　　　　　　　　　　　　　　　年　月　日

编号	名称	数量	年代	现状	质地	采集地点	采集经过	备注

采集人：　　　　　　　　　　　　　　　　　　　　　　　　　接收人：

3. 专题征集

专题征集一般由专业人员有目的、有计划地进行，辅以座谈、访问等调查方法，往往还辅以摄影、录音、录像等手段。因此搜集的文物有颇高价值。入馆原始凭证应该是搜集人员填写的征集文物清单或清册（见表3-4）。原始记录应包括搜集人员写的调查记录、被调查者写的书面材料、证明书等，还有照片、音像资料等。

表3-4　征集文物清单

第　批　　　　　　　　　　　　　　　　　　　　　　　　　　　　　　年　月　日

名称			
编号		回批号	
年代		质地	照片
来源		现状	
征集经过			
流传经过和有关资料记录			
备注			

经手人：　　　　　　　　　　　　　　　　　　　　　　　　　接收人：

4. 交换

交换是藏品收藏单位之间（如博物馆之间、博物馆与考古研究所之间等）互通有无，相互支援。双方交换的藏品，需造具清册，由上级行政主管部门批准。由双方共同签字盖章，连同上级行政主管部门的批准文件，一并由双方各自收存归档。因此，对方送来的交换藏品清册（见表3-5）就是入馆的原始凭证。有关的原始记录应包括这些文物在原博物馆入藏时所附带的原始记录以及入藏后的鉴定记录、使用记录和其他档案资料。

表3-5　交换藏品清册

类别：　　　　　　　　　　　　　　　　　　　　　　　　　　　　　年　月　日

编号	原号	名称	数量	年代	来源	去向	批准文号	备注

经手人：　　　　　　　　接收人：　　　　　　　　　　　　　　　　第　　页

5. 移交（或称拨交）

移交是单方面的移送和收进。移交的物件本身来源很复杂，有的是来自科学单位，如文物队、地质队，有的是企业，如冶炼厂、造纸厂，还有来自银行、海关、公安等部门。如果移交一方没有正式的移交清单，接收一方需要自行清点造册（见表3-6），作为入馆凭证。而对于接收的文物、标本、实物资料等物件，需要主动向移交的一方调查和了解其来源的有关情况，写出原始记录。这不仅可能增加文物的科学价值，还能发现搜集文物的新线索。

表3-6　拨交清单

类别：　　　　　　　　　　　　　　　　　　　　　　　　　　　　　　　第　批

编号	原号	名称	数量	现状	来源	拨交单位	备注

经手人：　　　　　　　　接收人：　　　　　　　　　　　　　　年　月　日

6. 调拨

调拨由上级文物行政主管部门根据工作需要，结合博物馆性质特点，有计划地拨给有关文物和标本等物件，这种调拨一般是无代价的单方面的拨出。对调拨物件的接收，需要填写调拨文物清单（册）（见表3-7），同时接收的还应包括调拨物件在原收藏单位的原始材料、入藏后的鉴定记录、档案资料等。

表3-7 调拨文物清单（册）

年　月　日　　　　　　　　　　　　　　　　　　　　　　　　　　　　第　批

编号	原号	名称	数量	现状	质地	调拨单位	备注

经手人：　　　　　　　　　　　接收人：　　　　　　　　　　　　第　页

7. 购买

购买的文物，情况很复杂。购买时应填写文物收购单（见表3-8），一式四份，其中第一联为本收购单的存根，第二联为财务收据，第三联作为入馆原始凭证，第四联作为出售文物凭证。收购时应请出售文物者尽可能详细地说明该文物的流传经过和有关故事等，作为原始记录。

表3-8 博物馆收购文物凭单

收字第　本第　号　　　　　　　　　　　　　　　　　　　　　　　　年　月　日

名称	数量	现状	价格	出售人	附件	说明

第一联存根

财务负责人：　　　批准收购人：　　　　经办人：　　　　　接收人：

8. 拍卖所得（竞拍所得）

在拍卖会上通过竞拍取得的文物，在接收的时候，需要以拍卖证明和文物清单为依据进行，入馆的原始凭证就应该是拍卖证明和文物清单，同时接收的其他原始资料有与文物有关的相关情况材料，包括拍卖公司在拍卖会之前出版的拍品图录、拍品的流传经过、鉴定记录材料等。

9. 捐赠

捐赠的文物，一般可由捐赠者和博物馆工作人员共同清点造册（见表3-9），一份作为捐赠书的附件交付捐赠者留存，另一份作为入馆原始凭证。如文物没有原始记录，需请捐赠者介绍有关情况，做出记录。

表3-9　捐赠文物清单

单位：　　　　　　　　　　　　　　　　　　　　　　　　　　　　年　月　日

编号	名称	数量	现状	质地	捐赠人	流传经过	备注

经手人：　　　　　　　　　　　接收人：　　　　　　　　　　　　第　　页

第一联　入馆凭证

10. 民族学调查搜集

民族学调查搜集由博物馆专业人员到民族地区开展，在把搜集到的藏品移交保管部门时，应有调查搜集人员填写的搜集藏品清单（见表3-10），作为入馆凭证。原始记录包括调查搜集藏品记录表、调查搜集工作日记、搜集到的藏品原来收藏流传情况说明材料、搜集过程中的鉴定意见记录材料、照片和音像资料等。

表3-10　民族学调查搜集文物清单

第　批　　　　　　　　　　　　　　　　　　　　　　　　　　　年　月　日

编号	名称（标准/方言/其他）	使用者	制作者	描述	搜集地点	所属民族	备注

调查搜集人：　　　　　　　　　　　　　接收人：

11. 自然标本采集

自然标本的采集由专业人员在田野进行，移交保管部门时，应有采集者填写的采集标本清单（见表3-11），作为入馆凭证。原始记录包括标本记录表、采集日记、采集地图、照片和音像资料等。

表3-11 采集标本清单

第　批　　　　　　　　　　　　　　　　　　　　　　　　　　　　　　　　年　月　日

编号	学名（中文名）	标本描述	采集地点	时代层位	备注

采集人：　　　　　　　　　　　　　　　　　　　　　接收人：

北京市文物局编制了《文物征集移交单》示例[①]，可供参考（见表3-12）。

表3-12 《文物征集移交单》示例

文物征集移交单（编号：　　　）

年　月　日

文物来源								
文物名称	质地	年代	数量	尺寸、重量	完残情况		单价	备注
征集文物金额总计	大写：				小写：			
审批人		征集人	接收人	主任：		收款人		
				总账：				
				保管员：				

注：1. 从拍卖公司或文物商店征集来的文物，请将出售单位开具的清单附于此单后。
2. 从私人手中价购的文物，请将出售人姓名、身份证号码填写在来源处。
3. 社会捐献文物，请将捐献人姓名、身份证号码填写在来源处，并将捐献人出具的个人财产移交书附于此单后。
4. 文物部门或公安部门移交的文物，请将对方移交单附于此单后。
5. 此单由文物征集部门填写，一式两份，一份随文物交保管部，一份由征集部门留档。
6. 文物移交时由保管部拍摄照片交总账组存盘。

四、原始登记清册的规格和要求

原始登记清册，即我们通常所说的"入馆凭证"，是指对搜集来的文物、标本、实物资料等物件，在经保管部门接收之后，还尚未进行鉴选工作，没有决定是否作为

[①] 北京市文物局 中国文物信息咨询中心主编：《可移动文物保护与利用工作手册》，学苑出版社，2017年11月版，第488页。

藏品入藏前，必须进行登记工作所形成的登记清册。

无论通过何种途径搜集而来的文物、标本、实物资料等物件，都必须登记原始登记清册（见表3-13）。

表3-13 博物馆藏品原始登记清册

第 批　　　　　　　　　　　　　　　　　　　　　　　　　　　　　　　　　　年　月　日

登记号	原号	名称	数量	年代	现状	来源	简要说明	经办人	回批账号	备注

馆长　　　　　　部门主任　　　　　　登记人　　　　　　接收人　　　　　　第　页

原始登记清册填写内容主要有批号、入馆时间、登记号、原号、名称、数量、年代、现状、来源、简要说明、经办人、回批账号及备注等。目前在国家对清册规格尚无统一规定前，各馆可自行绘制表格印制。

原始登记清册填写要求：

（1）批号和登记号，即指成批入馆文物、标本、实物资料等物件的批次；批次以一年为限；每批从1至无穷号依次编入登记清册。

（2）时间填写，以入馆时间为准。

（3）原号，指入馆前的文物原编号。

（4）名称，以登记本清册时所参考的入馆时各种单据、凭证上的名称为准。如在今后的鉴选和编目过程中需要重新定名时，可在清册备注栏中加以注明。

（5）现状，以入馆时的完残情况为准，一定要注明准确的残损部位、残损程度。

（6）来源，要填写搜集途径。尽量写清楚与搜集有关的单位或个人。

（7）简要说明，主要填写对文物、标本、实物资料等物件的描述，即文物、标本、实物资料等物件的特征、内容、作者、铭记题跋等的记述以及与文物、标本、实物资料等物件有关的其他一些情况说明。

（8）经办人，指主要搜集人，这对今后的清点、编目和提用时了解情况都有很大好处。

（9）回批账号，是指入馆文物、标本、实物资料等物件落实去处后，入藏品要将总登记账号和分类账号回填在登记清册上，非入藏品转资料账的账号也回注在此栏内，以便入馆的每件文物、标本、实物资料等物件都有去处，有着落，做到账物相符，有利于今后的查阅。

（10）原始登记清册，填写完毕，经过馆长、保管部主任、经办人、登记人、接收人等逐一核对签字后，要交有关人员收存。一般不能随意借阅，更不能任意涂改。

第二节　藏品鉴选

博物馆对其收藏的藏品要做到"物有所保、保有所值"。这就需要对接收过来的藏品进行鉴选，以便选择有价值的物件加以收藏，确保藏品质量。

一、鉴选的意义

藏品鉴选就是博物馆对入馆的文物、标本、实物资料等物件进行鉴定和选择。在这里，鉴定主要是对入馆的文物、标本、实物资料等物件的外形和内涵鉴别真伪，断定年代和确认其价值的工作；选择则是依据鉴定意见，去伪存真，以便分别处理。

博物馆的保管工作，主要是收藏和保管好文物、标本、实物资料等物件。但是，一个馆的人力和库房设备等条件都是有限的，不可能也没有必要将所有进馆的物品都收藏起来。因此，必须从中认真地鉴选文物、标本、实物资料等物件，确定是否入藏。然后将符合入藏条件的，尽快办理登记手续，及时入库，妥善保管。不符合入藏条件的，应另行保存，再做处理。这样对入馆物品分别处理得当，对于今后藏品的收藏、保护、管理、提用、科研等工作具有极大的裨益。既可以保证藏品的质量，又可以减少保管工作中许多无效劳动。否则，便会造成玉石不分，鱼目混珠，库房堆积，人力分散，致使一些文物由于保管不善而遭到自然的损害或人为的损伤。

二、鉴选的原则要求

鉴选的选藏是其最终目的。为此，第一原则是要分清真伪，用辩证唯物主义和历史唯物主义科学、客观的观点和方法，对文物、标本和实物资料等物件进行鉴定、分析和评价，去伪存真，去粗取精，科学评定其历史价值、艺术价值和科学价值。第二原则是在鉴选过程中，对文物、标本和实物资料等物件要作全面、系统、综合的分析研究，鉴定必须准确，选择应该慎重。对确有价值的遗存物不可随意丢弃和毁坏，要有高度的责任感，认真对待并做好鉴选工作。第三原则是必须按照国家颁布的统一的文物藏品定级标准严格筛选。不够一定级别的不应勉强。非藏品一定要剔出，另行处理，不准登记入库。第四原则是各博物馆应根据本馆的性质、特点和任务来选取符合本馆性质、任务、收藏范围和保管条件的藏品。尽量避免不符合本馆入藏标准的文物、标本和实物资料等物件被选择入藏，以防为今后的保管工作带来麻烦和困难。第五原则是有条件的博物馆在初步鉴选后，还应该认真复选一次，以防出现差错和遗漏。

三、鉴选工作的步骤方法

开展鉴选工作，可由各馆馆长、馆内各方面有关专家和保管部门负责同志以及有丰富经验的业务人员成立鉴定委员会或鉴选小组，责成专人负责，集思广益，对文物、标本和实物资料等进行认真地鉴别选藏，确定是否入藏。首先应将入馆文物、标本和实物资料等按藏品入藏部分和不入藏部分粗分归类，即区分藏品和非藏品。非藏品要区分出来，装箱封存，另行处理。藏品则可编号入账。同时，由馆内鉴选小组负责人签署意见，备案。对于重要的和珍贵的藏品更应慎重对待。其次应由鉴定委员会或鉴选小组提出初步鉴选意见，上报各级有关主管部门审定，对可能确定为一级藏品的入库鉴定应该由国家文物鉴定委员会有关方面鉴定委员出具鉴定意见，存档并报国家文物局备案，以便统计。再次，是进一步将馆藏文物进行一次全面的清点。该成套的，要配起来。因为各类文物，有个体，也有群体；即使是个体，也有个"穿鞋戴帽"的问题。例如，明清瓷器中，有一种茶具叫盖碗，顾名思义，它是由碗和盖构成一体的，若不通过清点，很可能把茶碗、碗盖各编一个号入账，这就"头帽分家"了，并且本应是一件，误分为两件了。又如，古字画中，有种四条屏，理应是四件一套的。若不通过清点和配套，有可能把它当作四个条幅分别编成四个不同的号入账，这就"肢解"了。诸如此类失误，会给今后工作带来很多麻烦。最后，在鉴选藏品过程中，如出现分歧意见，应如实将各种看法全部记录在案。对争议较大的文物等，一部分重要物品可暂定入藏，但从缓定级；对较为一般的文物标本实物资料等物件也可以在临时库房中存放，暂缓入库，以便进一步研究决定。对经过鉴选的文物标本实物资料等物件，要登记藏品鉴定表（见表3-14），确定为入藏的文物标本等在入库时，连同其"藏品鉴定表"一同入藏，可作为入馆的原始记录资料，要妥善保管，以备存档。

表3-14 博物馆藏品鉴定表

年　月　日

名称			
年代		质地	
来源		入馆日期	
鉴定意见			鉴定人签字：
有关资料			
备注			

记录者：

四、鉴选工作的技术性处理及注意事项

藏品鉴选过程中，鉴定只是一种手段，选藏才是其最终目的。因此，在鉴选时要注意以下事项：

（1）对重复品的鉴选。在有些博物馆中存在着多组或重复件较多的文物标本等，尽管其具有入藏价值，可全部入藏，但一般不全部入账。如古代钱币，许多单位都有大量重复品，甚至无法用枚记数，而用重量来计算，如果将其全部登入藏品总账就毫无必要，而只能择其品相好，数量较少的部分收藏入账。对于价值十分高的珍贵文物可全部入库；对重要文物，可多选部分重复品；对价值较为一般的文物等重复品可减少入账数量。大体以能满足展览、借出、提用的限度为准。对不准备入账的其他重复品文物等，可登入重复品账进行保管。

（2）对集品的鉴选。集品是指构成一个组合的，或者出土于同一遗迹单位（灰坑、遗址、墓葬等）的，或因成套存放的一组（套）器物物件。文物藏品中的集品，情况较特殊，出土于同一遗址、墓葬，或因成套存放（如瓷器、木器、漆器，或一套丛书、一种期刊等），尤其是一些重要遗址、墓葬中的出土品，个别品件质量较差，但为保持出土品的原状，使其完整，以得全貌，在鉴选时就应适当放宽一些尺度，尽量全部选择入藏作集品处理。

（3）对残件的鉴选。在鉴选中，对有残损的文物、标本和实物资料等物件，除了价值较高或有特殊意义的，以及孤品可将残件适量入库外，一般应少要或不要残缺较为严重的文物标本等入藏。对选择入藏的价值较高的有残损的文物标本等，应经修复完整后再予入藏。

（4）对有争议的物件处理方式。对一些尚有争议，暂时无法定论且价值一般的文物，应慎重酌定，不妨将其暂时存放于临时库房中。而不宜草率处理、盲目清除或匆忙入库。

（5）对特殊类型文物的鉴选。对专业性博物馆中一些特殊类型的文物，需要留存较多的有关实物资料。如民族学、民俗学、科技史等专业博物馆中的民族学、民俗学、科技史资料等，也可针对实际情况放宽尺度（这里主要是指一般价值的物品），将其定为入藏品。

（6）对音像资料的鉴选。随着科技水平的提高，音像资料作为一种新材料已经进入博物馆，并会越来越多地在博物馆事业发展上发挥积极作用。例如，古代、现代科技博物馆中，不但收藏工具和机器，而且收藏如何使用这些工具、机器的技能和知识，已成为历史资料的古科技工艺的演示方法等一些十分珍贵的现场录音、录像资料。这些音像资料已不再仅仅是一般的资料品，而应视其为藏品的一种了，其所涉及的其实就是"非实物记录"类藏品，在鉴选时，应与相关科技文物标本等实物同等对待，选择一同入藏。

第三节　入藏品的清洁消毒和技术处理

保管部门接收过来的文物标本实物资料等，经过鉴选确定为博物馆藏品，准备入藏的文物标本实物资料等必须经过清洁消毒和技术处理后，才能入藏。

一、清洁消毒

通过各种不同途径搜集来的文物、标本和实物资料等物件，有的长期流散在民间，也有的才经发掘出土，重见天日。在这些入藏品上存有各种污垢，附着许多微生物和大量虫卵；考古出土的金属品，由于长期埋于地下，锈损严重；木制品、织绣品，有的则已经朽烂了，严重的甚至还会影响文物内部结构，使之发生变化。如果不对这些文物、标本和实物资料等物件进行清洁消毒处理，不但它们自身会继续损坏，而且会影响到库内原有藏品的安全。因此，对确定为藏品的文物、标本和实物资料等物件，在入藏前进行清洁消毒处理，是十分必要的和重要的一项工作。

为做好这一工作，在有条件的博物馆和文物收藏单位应设置一间专用的藏品清洁消毒室，规模小的单位可用临时性库房，并设置消毒箱等清洁消毒处理的必要设备，以便对文物、标本和实物资料等物件进行清洁消毒处理。以下仅以文物类藏品为例，加以说明。

（一）清洁处理

文物的清洁处理，主要是除去文物表面上的污垢物，如土斑、锈斑、油污、水渍、汗渍等。由于文物种类繁多，质地各异，在清洁处理时所采用的方式也有所不同。清洁处理一般有以下几种方法：

（1）水洗：一般对质地坚实，不怕水浸的文物表面上的污垢可以用清水洗涤。洗涤时切忌用木或金属硬物，如刀、铲等强行除去器物上的固着物，以免损伤器物。经过水洗的器物要放置在阴凉处晾干，待水分蒸发干净，方可入库。

（2）干洗：织品类文物如有污渍，又恐水洗可能褪色，则可用干洗法，用软布蘸有效去污渍油渍物质擦洗，如用汽油去油迹。

（3）干擦：一些出土物品，为保护原器经长年地气侵蚀而出现的自然色泽，不宜用水和药物漂洗。对这类器物可先用软毛刷除去表面的尘土，再用消毒过的带湿的干布，轻轻擦去文物上残留的尘埃。

（4）风晾：对于不宜水洗或干擦的纸质物品和部分织物，应选择温湿度适宜的环境，将文物展开，经过微风吹拂，将文物表面的湿气和尘埃除去，在室外环境下进行风晾时应注意天气变化，要避免较强风力，同时还要避免在柳树扬花季节进行风晾，以防止花粉玷污文物。

（5）机械除尘：对形体较大，笨重且不规则的器物，如家具、地毯、挂毯、镂空体物品等的除尘，则可采用吸尘器等机械除尘，会收到较好的效果。

（二）消毒处理

目前消毒处理方式很多。经济条件较好的单位可采用大型蒸熏设备进行蒸熏消毒。中小型博物馆设备不完善，资金也不足，因此可采用一些简便可行，又较为经济的措施。

在藏品消毒室或临时库房内，设置几个密封性能较好的玻璃柜，然后将文物及装有福尔马林的杯子一起放入柜内密封，虫菌在逐渐挥发的福尔马林毒气中会被杀死。也可选择密封胶袋，内装文物和一定剂量的环氧乙烷，使其挥发，除灭虫菌。在处理后应于流通空气中将毒气放净，再取出文物，以免人体受害。在临时库房内，用敌敌畏等杀虫剂喷洒于房内，然后将门窗关严，也可起到一定的杀虫作用。

自然标本中的动物、植物标本较难处理和保存。当标本入馆经过加工制作后，尤其需要进行消毒处理。对于干制标本，为防止标本质变，在制作完成后，于盒内放置药剂密封，以杀灭虫菌。对已经生虫的标本适量滴加二硫化碳等化学药物杀虫。对压制标本则应防止微生物在适宜环境中活动，一般在用高温覆膜固定处理后，用除氧剂封袋，以防止生物标本变质。浸制标本则主要靠配置不同药液，将标本饱水浸泡，并将瓶、管等盛装容器密封放置。

二、入藏前的技术处理

入藏前的技术处理是指对经过鉴选确定为博物馆藏品的文物、标本和实物资料等物件，进行了清洁消毒后，还需要对已经残破的器物加以修复，对书画作品加以修裱；同时对确定入藏的文物等进行照相、绘图、传拓及囊匣制作，对入藏的自然标本等进行加工制作，以便长期保存。这些工作就是我们所说的入藏前的技术处理。

（一）修复

藏品的修复工作主要包括两方面的内容：一是清除文物和标本上的一些附着物；

一是修补文物和标本的残缺部分。其目的是恢复藏品本来的面貌,防止附着的有害物质继续危害藏品,是文物标本入藏前最基本的技术处理。其修复原则是:要重视历史的真实,不能凭主观想象改动原物的面貌,并且,首先要了解、确定文物的制作原材料,以便使复原部分与其原有部分材料相同,基本相仿;其次修复前要做好原物外观现状的文字、绘图、照相记录工作,然后要制定出修复方案,上报有关主管部门,经批准后才能开始修复工作。

藏品的质地复杂,残损情况各异,具体的修复方法也就各有不同。其中考古发掘中最常见的最大量的是陶瓷器的修补和黏合。首先对残碎陶瓷器进行清洁处理,然后进行黏合。对有残缺部位的器物,一般多用石膏、硅橡胶等材料按其原形补配,而后再用颜料随色,使补配部分的色彩与原物保持一致。

青铜器的修复,主要是除锈、防止铜锈的发展,以及修补破残,恢复完整。其具体方法如下:先用机械去锈,即借助工具剔除器物表面较厚的锈层。还可用电化还原法除锈,用锌粉做还原金属,用10%氢氧化钠作电解质溶液,将锌粉与电解质溶液调成糊状,敷于铜器锈蚀部位上,反应结束后擦去。如果效果不理想,可重复操作几次,然后用蒸馏水冲洗。此法对被锈覆盖的铭文及纹饰的显示效果较好。然后用氧化银封闭控锈。即将氧化银用酒精调成糊状,填在锈蚀部位,在铜锈除去后,还须用铜器缓蚀剂苯骈三氮唑保护,防止继续生锈。青铜器的粘补,使用高分子胶黏剂,效果很好。

(二)修裱

修裱是文物修复的一种,主要是指对古书画的修复。修裱古书画,主要是揭去古书画原有的旧托衬,除去失掉黏性的胶粘剂,修补画面残破,清除画面污迹,恢复其本来的面貌。

修裱古书画,包括洗、揭、补、全四道工序。

(1)洗:是指洗净画面上的霉斑、油污、烟熏、水渍和脏物。清洗时切忌急于求成,必须注意彩色、墨色不能随水冲走。

(2)揭:是指揭去画背朽碎的复背纸和托衬。揭时必须耐心细致,是揭尽全部还是只揭局部要视书画背面情况而定,以不损画面又能保持重裱后的均匀平伏为准。

(3)补:是指用与画面纸绢色泽、经纬相同的原纸、原绢补上画面残缺或蛀孔、裂缝等。接口要求均匀,经纬纤维条纹要求与原画纸绢衔接一致,补后看不出修补痕迹。

(4)全:是指将画面缺笔及伤残处,用相同的笔墨、手法接上和补全,还其画心的原来面貌,使其看不出有伤疤痕迹。接笔和补笔,是一项艺术性极高的工作,须有高深的艺术修养,能琢磨透原画风貌者才能胜任。一般都请名画家承担,并且要求事先要将接全作品绘出草稿，报经有关主管部门和领导审批后才能动笔。如果对接笔无根据或无把握，则宁可暂缺不全，也不要轻易动笔。

（三）绘图

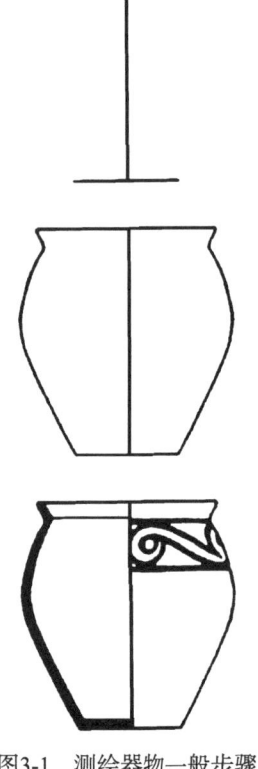

图3-1 测绘器物一般步骤

对文物的绘图是为以后的藏品登记、编目、建档等做准备的一项基础工作。它可以以图形透视方法使人们了解器物内壁和内部容量及构造。这一点是照相和传拓工作所不能解决的。同时对于暂时无条件对全部藏品进行摄影照相的博物馆来说，开展古器物绘图工作是最为节省又简便易行的一项工作。文物绘图分为传统的手工绘制和现代的电子计算机绘图两种。

手工绘制：器物绘图应掌握透视原理，最好具有一定的素描基础。对于对称形器物，在绘图时，右半部绘器物外表纹饰和各部位形状；左半部绘制器物内壁剖视图。对于非对称形器物则通体绘外部纹饰、器形，对无法测量部分，一般采用虚线描绘其内壁构造。一般的测绘步骤是：第一步，先测量口径、底径、通高，画出器物框架；第二步，然后选择测点，绘出总体轮廓；第三步，再测出口沿、器壁、器底的厚度，画出剖面；最后画出细部花纹（见图3-1）[①]。

绘制器物纹饰细部难度较大，需要素描技术，要求部位要准确，条理要清晰，不紊乱，在绘制器物展开图时，要把尺寸计算精确，衔接部分不着痕迹，使通体线条流畅（见图3-2）[②]。

绘制出的器物图，一定要标明比例尺。

电子计算机绘图：随着电子计算机技术的高度发达，目前很多单位都已采用电子计算机绘图软件来进行器物绘图工作。电子计算机绘图（即电脑绘图）是将数字摄影技术和计算机绘图软件结合起来的一种现代化的绘图方法。最常见的普遍使用的绘图软件主要是Adobe Photoshop软件。

（四）照相

拍摄文物，首先要熟悉文物，要了解文物的重要性、典型性和特殊性，才能在照

[①] 引自冯恩学主编：《田野考古学》，吉林大学出版社，2008年1月第1版，第221页。
[②] 引自吉林大学历史系考古专业、河北省文物管理处编：《工农考古基础知识》，文物出版社，1978年3月第1版，第67页。

图3-2 器物花纹展开图

片上科学地反映文物的科学价值和艺术价值。其次要充分利用艺术手段来表现每件文物的艺术性,以便达到突出文物和说明文物的目的。

在拍摄文物时,光的掌握和运用是拍摄文物的关键。摄影取光以自然光最好,但文物摄影条件太受局限,所以大多以灯光拍摄。用灯光拍摄时应注意光照时间、光源与器物的距离和灯光热度等,要尽量缩短拍摄时间,以防文物受损。

拍摄文物时选择不同的拍照角度来表现文物的典型特征。这也是个十分重要的问题。一般情况下,文物应拍摄其正面全景照,即采用正面拍摄。三足器物应两足在前,一足在后;有耳器物,其耳应在两侧;有柄、流等的器物应侧照,以得全貌。总之,应使器物端正。当然为反映器物其他部位,也可同时从各种角度拍摄多幅。为反映器物铭文、纹饰等特征,也可拍摄局部照。可以根据实际情况具体选择。

自然标本的拍摄,其角度的选择较为灵活,可正拍、侧拍、俯拍,但应以能反映标本全貌为原则。

国家文物局2001年12月22日发布《博物馆藏品二维影像技术规范(试行)》[①],对博物馆藏品影像信息采集相关技术规范作出了明确规定,可作为博物馆开展藏品影像拍摄的技术参考。

---

① 《国家文物局关于发布〈博物馆藏品信息指标体系规范(试行)〉和〈博物馆藏品二维影像技术规范〉(试行)》,文物博发[2001]81号,2001年12月22日。载国家文物局第一次全国可移动文物普查工作办公室编:《第一次全国可移动文物普查工作手册(修订版)》,文物出版社,2014年1月第2版,第311—341页。

（五）传拓

传拓是指用宣纸贴在器物的表面，用墨捶打，使凸起部分变黑，来记录器物的文字和纹饰的一种方法。一般多用于甲骨文字，铜器铭文、纹饰，碑刻、墓志铭、古钱币、画像石、画像砖等，可以弥补摄影、绘图的不足，来充分反映这些文物上的文字和纹饰特征，是广泛使用的记录文字、纹饰的一种方法。

传拓的基本方法是：先把要拓的花纹或文字尽可能剔刷清楚，用大小合适的宣纸盖上，把纸轻轻润湿，然后在湿纸上蒙上一层软性吸水的纸保护纸面，用毛刷轻轻敲捶，使宣纸贴附在该物表面上，随着它的花纹文字而起伏凹凸，再除去蒙上的那层纸，等湿纸稍干后，用扑子蘸适量的墨，敷匀在扑子面上，向纸上轻轻扑打，就会形成黑白分明的拓本。

润湿宣纸，最好使用白芨水，它能使薄纸更好地贴附于被拓物的表面。扑子的大小，可根据所拓对象的大小而定。着墨时，不宜过急、过多，以免污染原物。

国家文物局2011年发布《文物复制拓印管理办法》[①]，对拓印管理做出明确规定，应在工作中严格执行。

（六）囊匣的制作

制作囊匣是对珍贵文物和一些质地较脆弱，易于污损和折损的文物所采取的保护性技术处理工作。

囊匣制作应以形状适宜、收取方便、安放牢靠为原则。

形状适宜主要指认真研究器物形状，制作囊匣既要考虑到器物得当地放置于匣中，同时又要照顾匣的外观。可以说，制作优良的囊匣既会起到保护文物的作用，同时其本身也是一种装潢讲究的艺术品。

收取方便是指内囊的制作，其形状、大小要与器物相吻合，便于器物的放置提取。具体要求：放置形状较小且规矩器物的内囊，只在放置器物部分挖空做软垫，匣上其他部分和四周均为硬囊，挖空部分应较原器尺寸稍大，下置托带，以便于放置和提取。对不规则和有足有耳、器盖等部件器物，一般用软囊，以保护器物。

安放牢靠是指在匣内放置器物后，应固定把牢，器物在匣内上下左右不颠动不摇摆。同时器物在匣内摆放端正，不倾斜，以免压挤器身，造成折断变形等损失。

在做囊时最好使用脱脂棉，以防虫蛀，也可在棉条中加入防虫药物，絮棉和打棉

---

① 《文物复制拓印管理办法》，文物政发［2011］1号，来自国家文物局官方网站，网址：http://www.ncha.gov.cn/art/2011/1/28/art_2302_42857.html。

条时则应注意要均匀、平整，不要过于松软。

对书画类的文物，一般根据书画作品装裱的卷、轴、尺寸制作大小适宜的书画套匣，用以保护书画类文物。在选择材料时要用质料较柔软的布质，以免损伤画轴、画卷。

第四节　不入藏的资料的处理

在保管部门对接收过来的文物标本实物资料等进行了鉴选之后，势必会有一些不符合博物馆藏品的入藏标准或不符合本馆性质、特点和任务需要的资料被确定为不入藏品。对这部分被确定为不入藏品的资料，博物馆需要认真对待，妥善处理。

一、建立待处理品账

在鉴选时，被确定为不入藏的资料或标本等，我们一般称为待处理品，即为博物馆不予收藏而等待处理者。对待处理品的处理不能草率行事，必须建立一部待处理品账，把所有待处理品编号，登记入待处理品账上，以便日后进一步妥善处理。待处理品账的内容一般包括：登记号、入馆日期、名称、来源、经办人、鉴选意见、处理意见、备注等栏目。

二、庋藏待处理品

对经过登记入待处理品账中的待处理品也要适当地分类上架庋藏。有条件的博物馆可先设一个待处理品库房，临时收藏这些待处理品；条件有限的博物馆可设一个临时房间收藏这些待处理品。

三、经主管部门批准后再进行处理

对待处理品的处理，一定要认真、小心谨慎。应组织专家学者反复鉴定，在多次鉴定意见一致情况下，博物馆应向有关文物主管部门提出申请处理意见，经主管部门审定批准后，方可进行处理。对其中不够博物馆藏品条件，但却有一定欣赏价值的资料可处理给文物商店，由文物商店再做进一步处理。

待处理品的处理可根据其实际情况区别对待。

第四章 藏品鉴定、定级和定名

博物馆收藏藏品的目的，一是为了永久保存，并使之传至万代；二是为了充分利用，以便更好地发挥藏品的作用。而利用藏品的一个前提条件就是必须确保藏品的真实性，这就需要鉴定藏品，区分真伪，评定价值。

为使藏品永久保存，必须划分级别，分清主次，实行分级管理，这就必须进行藏品定级。为使定级工作规范化，必须严格执行定级标准。而为了充分发挥藏品的作用，必须给藏品一个科学准确的定名。藏品定级和藏品定名早已成为藏品鉴定的重要内容之一。

第一节 藏品鉴定

藏品鉴定意义重大，其实质是藏品的科学研究工作。因为多种原因，博物馆对各种来源的文物藏品都需要进行鉴定，即使是考古发掘出土文物也同样需要鉴定。藏品的鉴定方法包括传统经验型和现代科技型两大类。要想做好藏品的鉴定工作，需要加强学习和注重积累。

一、藏品鉴定的意义

藏品的鉴定，指的是一个研究过程，即通过全面、系统、深入地研究，对博物馆所搜集来的和所保存的各类藏品的真伪、时代、质地、制作过程、流传经过和它所在历史、艺术、科学上的意义、价值等做出科学而又正确的评价。由此可知，藏品鉴定工作是一项细致而又复杂的科学研究工作。

那么，为什么藏品存在着鉴定问题呢？在此，我们以文物类藏品为例，来加以阐述。文物类藏品之所以需要鉴定，这主要是由于在我国，文物作伪由来已久。据文献记载，早在春秋时期就出现了文物作伪的事。"齐伐鲁，索馋鼎，鲁以其雁（赝）往，齐人曰：雁也。鲁人曰：真也。"（《韩非子·说林下》）。雁，赝也，雁鼎，即伪造之鼎。所以直到今天，人们还把伪品称作"赝品""赝器"。这就是青铜器作伪史的肇端。宋代以后，尤其到了晚清、民国时期，作伪文物，即所谓假古董，更是层出不穷。因此，在现代博物馆中，无论是在刚刚搜集而来的文物，还是已入藏的藏品中，考古发掘品和野外采集的自然标本，一般都有较详细的发掘报告或考察记录等材料，其真实性比较可靠；而许多传世品和革命文物，由于种种原因，情况往往不够清楚，这就需要我们对这些藏品进行科学的鉴定。尤其是在人类历史上，人们出于各种目的，对古代文物制作了大量仿制品或伪品。因此，在众多的传世品中，往往夹杂着不少弄虚作假、改头换面的赝品，如果不进行认真的鉴定，就会使藏品真伪不分，影响藏品质量。所以，藏品鉴定是一项重要工作，鉴定对于古代文物，尤其是传世的古代文物具有重要意义。

藏品鉴定工作做得好，可以为藏品搜集和入藏提供证据。博物馆丰富馆藏的搜集工作开展得如何，直接影响着博物馆藏品的数量和质量。而搜集工作的顺利进行，又依靠搜集计划的制定。在制定搜集计划时，首先就需要利用文物藏品鉴定知识，来了解本馆某类文物藏品的延续时代、形制内容、流传经过及对本馆陈列、科研的作用和价值等。这样制定出来的计划，才能有纲有目，才能使搜集工作做到有的放矢，按需搜集。同时，在搜集文物过程中，也需要进行鉴定工作，要经过研究判定文物的真伪、时代、质地、制作过程、流传经过，文物对研究历史、艺术、科学的意义和价值，从而明确其是否符合搜集计划所规定的内容，做出取舍选择。这样，某件文物是不是符合搜集计划的要求，是不是可以作为搜集对象，都取决于对其鉴定的结果。因此可以说，鉴定结果是搜集文物的主要依据。搜集来的文物入馆后，还须经过鉴定选择，才能移交保管部门入库收藏。由于搜集工作受各种条件的限制，因此搜集过程中的鉴定工作可能会存在一些偏差，搜集来的有些文物不一定完全符合本馆的收藏标准，所以对入馆的文物还要进行鉴定选择。通过对文物的进一步研究，选择那些对历史、艺术、科学研究意义大、价值高，又符合本馆收藏标准的文物入藏。通过这种鉴定，保证了入藏文物的质量，同时又减少了因不符合本馆收藏条件的文物过多而造成的库房过分拥挤现象，有利于加强藏品库房的科学保护和管理，使现有的人力、物力和财力充分发挥效益。文物鉴定工作犹如一道"关口"，文物能否成为藏品，取决于这一"关口"的鉴定把关结果。

鉴定是藏品的研究工作，并且是藏品研究的首要内容。藏品鉴定的任务就是要将博物馆搜集来的和所保存的藏品特别是文物类藏品经过深入细致的研究，做出科学的概述和全面的评价，它的意义在于它能揭示文物藏品的内涵及其价值，使文物在人类生活中发挥积极作用。鉴定的最终目的是保证藏品的科学性，为国家和民族保护真实的科学文化财富，同时也为博物馆藏品的公开展出、研究利用等提供可靠保证，并提供藏品的价值、名称、时代、级别等鉴定成果。所以，不难看出，鉴定就是对藏品的研究，是藏品研究的首要内容。

鉴定又是藏品全部科学管理的前提和基础。藏品的全部科学管理工作包括接收、鉴选、登记、分类、入库、库管、提用、核对、注销、统计、鉴定、定级、编目、建档、保护等，这些工作的开展全部都是围绕藏品而进行的。为了对每件藏品做出恰如其分的评价，使保管工作真正建立在科学基础上，就要对入藏的文物藏品进行一次深入细致的研究，对藏品的意义和价值作一次全面的鉴定。这次鉴定工作为藏品的定级、分类、编目、建档和保护等各项工作建立了科学基础，鉴定结果是开展各项工作的前提条件，同时又为各项工作提供了科学依据。文物鉴定是藏品保管的基础工作。首先，藏品入库要进行登记，而博物馆藏品总登记账是国家和民族文化财产账，受国家法律的保护，它要求登记的项目准确无误，总登记账中的藏品名称、时代等项目则属鉴定的范畴。所以，文物藏品鉴定的正确与否直接关系着藏品总登记账的质量。其次，藏品分类的主要依据多是藏品的质地、藏品的时代和藏品的职能、性质与用途，无论是哪种方法都离不开藏品的科学鉴定，都要以藏品鉴定结果为依据。如果鉴定不确切，不能正确反映藏品的本来面目，藏品分类也就不可能准确，分类的目的也就无法达到。

而博物馆藏品的编目工作更是离不开藏品的鉴定工作。编目卡片上关于藏品情况的各项内容，如藏品名称、时代、质地、铭记题跋、流传经历、鉴定意见等都需要根据文物鉴定的结果来填写。另外，藏品编目卡的分类编排，也都是在文物鉴定基础上进行的。鉴定工作为编目工作的顺利开展创造了前提条件。同样，藏品定级更离不开文物鉴定。藏品定级的依据，是藏品本身的真实性以及藏品在历史、艺术和科学等方面的价值和意义，而这些都需要通过对藏品的科学鉴定来确定。因此，藏品定级的基础是文物鉴定工作。鉴定工作为明确保护重点提供依据。藏品鉴定工作的开展也为藏品档案资料的积累提供了丰富材料。文物保护工作实际上同样离不开文物鉴定工作。如果没有文物鉴定工作，文物的科学保护也就无法进行，如藏品在库房的保管，是依据文物的质地来调整库房的温湿度等保管条件的，这就需要根据对文物质地的科学鉴定，来明确这种文物的特性及所需要的保管条件，以便为藏品提供一个适宜的保藏环境。进行文物修复，也是要根据对文物质地的鉴定，根据对文物的形制、内容的鉴定，来确定修复工作选择何种方法，采用何种质料，并确定修复后文物的基本形态。总之，由以上内容可知文物鉴定是博物馆全部科学管理的基础工作。因此，鉴定工作做得好，就可以为博物馆藏品的科学管理奠定良好的基础。

此外，鉴定工作做得好，不仅可以为博物馆的陈列展览提供可靠的典型展品，还可以为我们研究人类的物质文化史和社会发展史，并为国内国际有关学科的研究，提供科学的实物资料。

因此，我们要高度重视藏品鉴定工作，只有将藏品鉴定工作做好了，才能有高质量的藏品，才能有科学合理的保管工作，才能使博物馆的陈列工作和有关的科学研究工作，建立在真正的科学基础之上。

二、藏品鉴定的内容和要求

文物藏品的鉴定主要可以从以下几个方面来进行：其一是关于文物藏品真伪的鉴定，一般称辨伪；其二是关于文物藏品年代的确定，又称断代；其三是关于文物藏品价值的评定，也称评价；其四是关于文物藏品级别的评定，一般也称定级；其五是关于文物藏品名称的确定，一般又称定名。其中，藏品定级和藏品定名是新近被逐渐纳入到藏品鉴定之中，成为藏品鉴定的主要内容。为此，我们将分别专设一节加以讲述。

首先，鉴定文物藏品的首要内容是辨别文物的真伪。在我国，文物作伪由来已久，尤其是自宋代以来，仿制、伪造文物之风更是日盛一日，甚至近代一些作伪已达到以假乱真，真假难辨的程度。这就需要博物馆鉴定人员根据器物外形和内涵，从质地、铭文、造型、纹饰、工艺技术、作品风格等方面认真加以综合分析，以便做出准确的判断。目前，随着科技水平的提高，我们已可以利用先进仪器和手段对某些文物的真伪年代做出更为科学的测定和鉴定，因此，采用科学仪器测试和传统经验判断相结合的方法，是文物鉴定工作的发展方向。当然，文物辨伪还存在着区分历史上的仿品、伪品和作假之间的关系问题，不可一概而论。仿品有一个质量优劣、时代早晚的问题，要具体情况具体分析。例如目前存在较多的宋代工匠仿制的三代铜器，制作相当精美，纹饰生动，加以镶嵌、错金等工艺，体现那一时期（宋代）的铜器制作水平，同时也有很高的观赏和研究价值。这样的器物虽是仿品，却不同于伪品，同样具有收藏的价值，在鉴定中要给予适当的对待，可以选其精美佳品作为入馆的藏品加以收藏。更加明显的例子，如王羲之真迹罕见，各代摹本都非常的珍贵，故宫博物院藏唐神龙本《兰亭序》、原天津艺术博物馆藏《寒切贴》等，虽是摹本，却都被我们视为国宝，收藏于博物馆中。这说明在鉴别文物真伪时，一定要认真对待历史上的仿品，根据具体情况分别对待。在鉴定中遇到的粗制滥造的赝品，如书画类中，至今流传的大量河南片、苏州片，制作水平低劣；另外民国时期大量造伪的瓷器伪品，质量大多低劣，对这样的伪造文物，在鉴定中要严格把关，在判别情况后，加以清理，不予收藏。

其次，文物鉴定要断定藏品年代。藏品断代就是要判定藏品产生的年代。在藏品断代中也有许多问题需要注意。一般情况下，对于明确出土地点和层位的出土文物，可依照考古发掘报告确定其年代，但要注意晚期墓葬会出早期的东西，如有些明、清墓葬的随葬品中会有不少前代文物，断代中要逐一研究加以判明。而断代中较为复杂的要数各博物馆中收藏的、在博物馆藏品中占很大比例的传世品。这些器物多没有明确的断代依据可查，因此只能按照出土文物中的典型器和各代早已判定无误的标准器加以比较。而有些器物本身并不典型，其断代较为困难，这就需要凭借有经验的专家详查考定。这种情况在古代文物的断代中最为常见。因此，有时对无法确准的器物时代，可以采取一种估算方法，即约算一个较大的时间范畴，或确准一个历史时期，如商周时期、秦汉时期、隋唐时期等。一般情况下，对史前时期文物的断代，需要鉴别出其所属的考古学文化；对历史时期文物的断代，需要确定其所属的具体历史时期；对近、现代文物的断代，因年代相去不远，所以判定时一般能比较准确，因此这一时期文物的年代一般应确定准确年代，可用公元纪年。

最后，文物鉴定的内容还要评定文物藏品价值。藏品价值的评定问题，也是十分复杂和细致的工作。我们应该从藏品的历史价值、艺术价值、科学价值和经济价值等诸多方面加以认真全面地分析。评定藏品价值，也是揭示藏品内涵价值的一个逐步深入的过程，主要是通过对藏品外形的分析、研究，从对其质地、铭文、造型、纹饰、制作工艺等的研究中，探讨这件藏品所反映的历史、艺术、科学价值，以及它所揭示的生产制造这件藏品的那个时代的社会政治、经济、文化、艺术等，从而在对藏品的评价过程中，使我们了解制作这件藏品的那个时代的社会历史、生产力水平以及社会意识形态等诸方面的情况。藏品价值的评定，有利于更好地发挥藏品的作用，使藏品充分地为我们的现代社会服务。

文物藏品的定级和定名，也是藏品鉴定的重要内容，将在后两节分别介绍。

综上所述，藏品鉴定本身是一种研究工作，它的特点是具体、细致和严密，因此，开展鉴定工作要求必须做到以下几点：

第一，要运用辩证唯物主义和历史唯物主义的观点和方法，对藏品的真实性和科学性做出正确的鉴别，确定文物藏品的真伪，定出文物藏品的科学名称。

第二，对藏品要做综合研究，确定藏品产生的年代、地区、作者和来源。自然标本要确定它在自然界中所处的时空位置和它所处的环境。鉴定要力求准确。

第三，对藏品本身进行深入分析，将其所反映出来的社会现象和自然现象等，做出科学的记述。

第四，要正确地揭示藏品最本质的东西，评定它在历史上、艺术上和科学上的意义和价值。

三、藏品鉴定的方法及其组织形式

文物藏品的鉴定方法，大体上可以分为传统经验型和现代科技型两大类型。综合起来，具体可以分成以下几个方法和形式。

第一，传统的直观考察方法，即凭借长期所积累的经验，采取的传统直观方法对文物藏品进行鉴定。一般情况下，博物馆可以组织本馆内有经验的专家和学者建立藏品鉴定委员会或鉴定小组，依靠他们集思广益，充分发挥作用，开展对本馆文物藏品的鉴定工作。还可以邀请社会上有经验、有名望的专家、学者定期到博物馆来协助博物馆开展鉴定工作。国家设有国家文物鉴定委员会,1985年5月国家文物鉴定委员会成立,专门负责对馆藏和流散文物进行鉴定,评定文物价值,为文物收集、保护、管理和执行有关保护法规提供依据。国家文物局2005年公布了"国家文物鉴定委员会2005年委员名单"[①]。为健全国家文物鉴定委员会,充分发挥文物鉴定专家在文化遗产保护工作中的作用,国家文物局2006年制定并发布了《国家文物鉴定委员会管理办法》[②]。国家文物鉴定委员会经常组织各方面鉴定专家到全国各地去鉴定文物,取得了不少鉴定成果。

第二,考证方法。文物鉴定还可以通过考证方法进行。考证又分为微观和宏观两种方式。可以采用实物排比法,或者借鉴考古学的器物类型学方法,将已有定论的,已有确切年代、产地、作者、铭记、题跋等的文物藏品,即已知的标准器,与需要鉴定的器物进行对比和研究,从而对所鉴定的器物做出结论,得到鉴定结果。宏观上,可以依据古代文献记载,多方考证;还可以充分利用社会上各方面的知识和研究成果,通过查阅有关的历史文献、图册和报刊资料等,对藏品进行深入的研究,从而达到鉴定的目的,并取得较为科学合理的结论。

第三,调查方法。采用调查方法对文物藏品进行鉴定,主要是通过深入实地地进行考察和调查访问,来了解文物藏品出处的环境、有关藏品的背景情况和流传经过等情况,并对文物作出鉴定结论。采用调查方法,需要注意的有两点:一个是要尽量及时地开始调查,并对所得结果进行验证;一个是应该到文物来源地去进行实地调查,确保调查结果真实可靠。

第四,现代科技方法,即运用现代技术设备的科学检验方法来鉴定文物藏品。文物鉴定还可以充分利用现代自然科学技术方法和仪器。随着现代科技的不断发展,越来越多的新的科学技术逐步应用到文物鉴定工作中。在文物的年代测定、文物的形态结构观察和文物组成成分检测鉴定、文物的真伪鉴定等方面,都已经采用了现代科学技术手段。如用放射性碳素测定年代,用古地磁方法检定人类化石的年代,用热释光检测陶瓷的年代,树木年轮断代等测定文物年代;用光谱质谱等分析、比较文物的化学成分;用电子显微镜和金相显微镜检定文物的质地、结构;用X射线探伤的方法检定金属文物的完残和修复情况;用红外线照相显示反差极小的画面、印痕和墨迹,等等。这些现代化的科学技术的应用,将有助于不断提高我国文物鉴定的水平,因此要充分利用现代科学技术。同时,需要把现代科技方法与传统的鉴定方法有机结合起来,尤其是不宜过分单纯依赖科学仪器测试的方法。例如在古陶瓷的鉴定中,就需要把传统的直观的考察、凭借长期经验的方法与现代科学检测方法结合起来,才能达到

---

① 参见《文物天地》2005年第9期,第14页。
② 《国家文物鉴定委员会管理办法》(文物博发[2006]2号),国家文物局,2006年1月12日。载国家文物局博物馆司编:《博物馆工作手册》,华龄出版社,2007年5月版,第137—139页。

鉴定文物藏品的最佳结果。

第五，记录备案。在鉴定中，对观察注意到的问题，对有争议的问题，不能运用行政命令的办法解决，而是应该把有疑问的地方记录整理存入档案中，对不同意见要全部记录，以备以后查阅。因为目前我国的文物鉴定，较多的还是由专家、学者所进行的宏观世界考察，靠人的主观感知的成分较大，而这毕竟不是非常客观和科学的，难免不出差错，所以对鉴定中的不同意见要全部记录下来，以备今后查考和解决。

第六，了解文物仿制及作伪的手段和方法。文物鉴定还可以从了解文物仿制及作伪的手段和方法入手，来解决文物鉴定中的鉴定真、仿和真、伪的问题。当然，这就需要认识真品，同时了解作为手段。

四、做好鉴定工作必须做到的几点要求

清代学者赵汝珍在其《古董辨疑》中曾明确阐述了要做好古董辨疑必须具备的条件，他指出要想进行古董辨疑，必须"具有古董整个领域内之常识，再辅之以广博之经验、特殊之阅历、深邃之研讨及超人之智力，方能胜任"。

文物藏品的鉴定与古董辨疑极为相似，所不同的是它比古董辨疑所要求的更严，范围更为广泛，要求鉴定人员的经验及知识面更为丰富，因此我们说要想做好文物藏品的鉴定工作，就必须做到以下几点要求：

（1）加强学习。一方面，认真学习马克思主义基础原理知识，来指导我们的思想、方法。另一方面，还要了解并掌握文物的背景知识，因此要学习历史知识、研究中国各历史时期的政治、经济、文化、艺术、科技、民族、中外关系等，以便掌握时代特点和发展规律。

（2）注重知识的积累。也就是要注重阅读中、外博物馆图录，考古出土文物图录及报纸杂志有关文物研究著录的文章、报道，随时记录；掌握社会学术前沿动态、研究成果，扩大知识面；经常参观有关文物的展览，多看、多观察，多搜集资料。

（3）虚心学习，不耻下问。要虚心向鉴定专家、老技工、老艺人和其他有经验的同志学习，多听，多问，多看，不放过任何学习机会，不断地积累鉴定知识、方法、经验。

（4）从熟悉掌握馆藏文物做起。要熟悉掌握馆藏文物，经常查阅文献资料，反复研究，不断加深对各类藏品的认识。

（5）从现在开始，精通一门文物知识。这一点很重要，毕竟人的能力、精力是有限的。因此，应该及早选定自己的目标，集中精力去了解一类文物的产生与发展过程，深入研究文物特征和变化的规律。

（6）学习一定的自然科学知识和技术，用科学知识和科学技术方法来鉴定文物。

第二节 藏品定级

藏品定级是科学管理的前提，其实质也是藏品鉴定的主要内容之一。文物藏品分为不可移动文物（文物保护单位）和可移动文物（馆藏文物）两类，定级也从这两个角度分别进行。定级需要依据相应的标准来进行，要有认真负责的态度，工作要精细，要遵守工作程序。

一、藏品定级的意义

藏品定级就是划分藏品的级别，以便于藏品分级管理，重点保管，这是藏品分级管理的基础工作。博物馆的藏品，须长久地保存下去，它又是日积月累地不断增加。如何以有限的人力、物力，保管好这些藏品，是一个非常重要的课题。只有将所收藏的藏品划分级别，分清主次，区别对待，对珍贵藏品重点保管，才能更好地做好藏品的管理工作。藏品分级管理，是博物馆藏品管理中的一个重要原则。对此，《博物馆藏品管理办法》第二条规定"藏品必须区分等级，一般分一、二、三级。其中，一级藏品必须重点保管"。《中华人民共和国文物保护法》（2017年修正）第四章"馆藏文物"第三十六条明确规定："博物馆、图书馆和其他文物收藏单位对收藏的文物，必须区分文物等级，设置藏品档案，建立严格的管理制度，并报主管的文物行政部门备案。"在第一章"总则"第三条中指出："古文化遗址、古墓葬、古建筑、石窟寺、石刻、壁画、近代现代重要史迹和代表性建筑等不可移动文物，根据它们的历史、艺术、科学价值，可以分别确定为全国重点文物保护单位，省级文物保护单位，市、县级文物保护单位。""历史上各时代重要实物、艺术品、文献、手稿、图书资料、代表性实物等可移动文物，分为珍贵文物和一般文物；珍贵文物分为一级文物、二级文物、三级文物。"藏品定级工作，是藏品科学管理的前提和基础。藏品是博物馆的物质基础，要做到科学管理，就必须根据藏品的价值高低，划分级别。定级工作完成后，就可以对藏品实施分级管理。不同级别藏品的管理要求各不相同，如对一级品的保管和使用，要采取专库、专柜、专人保管，一级品在馆内提取使用，需经本馆馆长批准；借出馆外使用或调拨交换都要呈报国务院文物行政部门批准；一级品的出国展览，需由国家文物行政管理部门上报国务院审批或受国务院委托审批。因此，藏品定级有利于重点藏品的重点保护与管理。

文物藏品定级其实质上已成为博物馆文物藏品鉴定工作的一项内容。文物藏品级别的划分，其依据是文物藏品在历史、艺术、科学等方面所具有的价值和意义，而文物的价值和意义，则需要通过对文物进行科学的鉴定来确定，可以说定级工作又是文物鉴定的内容之一或一个方面，因此，定级工作是非常重要的，一定要认真对待，不可以随意行事，要有科学的态度和方法，做好文物的定级工作。

二、定级的要求

文物藏品级别的划分，是一项思想性极强而又十分细致的科学研究工作，因此定级要求不能只凭个人的好恶来决定，也不能一味迷信过去的文物评价，更不能以"唯古是宝""唯少为贵"的古董商的观点来划分文物藏品的级别；必须以辩证唯物主义和历史唯物主义的观点、方法，贯彻"古为今用""百家争鸣"的方针，在科学鉴定的基础上，来做好文物藏品级别的划分工作。否则，文物就不能起到服务于社会、服务于公众教育、服务于中国特色社会主义新时代建设的作用。

我国文物划分为可移动文物和不可移动文物（即文物保护单位）两大体系，所以文物级别的划分也就从可移动文物和不可移动的文物保护单位两个方面分别进行。

三、文物的级别

一般情况下，我们所谈的文物定级多是指馆藏文物（文物藏品）的定级。馆藏文物的级别，一般划分为珍贵文物和一般文物。其中，珍贵文物又划分为一、二、三级。一级文物是指具有特别重要的代表性文物，是最珍贵的，也就是国宝性的，须上报国家文物行政管理部门，属中央掌握，由各收藏的博物馆负责保管。一般不作长期的公开展出，多是用复制品代替原件展出，而原件只在条件（气候条件、安全条件）适合的情况下，在一定期间内展出。二级文物具有重要的历史、艺术、科学价值，是贵重文物，经常为陈列、研究提用，是博物馆的基本藏品，是陈列中的主要展品。三级文物，是指具有比较重要价值的文物，是博物馆馆藏文物中的大宗，也是陈列展览中的主要展品。一般文物是指具有一定价值的文物，这类文物数量较多，或历史价值、艺术价值一般，其中一部分也为陈列、研究所提用，但大多数是不大提用的。此外，文物藏品数量很多、质量很好的博物馆中，又有将一、二级文物再各划分为甲、乙两类的。一如《文物保护法》第三条所提出的"历史上各时代重要实物、艺术品、文献、手稿、图书资料、代表性实物等可移动文物，分为珍贵文物和一般文物；珍贵文物分为一级文物、二级文物、三级文物"。

文物保护单位的级别一般也划分为三级，即国家级的全国重点文物保护单位，省、自治区、直辖市级文物保护单位和县、自治县、市级文物保护单位。正如《文物保护法》总则第三条所说，"古文化遗址、古墓葬、古建筑、石窟寺、石刻、壁画、近代现代重要史迹和代表性建筑等不可移动文物，根据它们的历史、艺术、科学价值，可以分别确定为全国重点文物保护单位，省级文物保护单位，市、县级文物保护单位"。

四、文物藏品定级标准及其举例

文物藏品的定级工作，要有一个原则标准，以便于在定级工作中参照执行。为此，国家文物事业管理局（今国家文物局）于1978年1月颁布了《博物馆一级藏品鉴选标准（试行）》[1]，1987年作了重新修改、完善，由文化部正式颁发了《文物藏品定级标准》[2]，规定了一、二、三级文物定级的标准。同时还印发了《一级文物定级标准举例》供参考。并在此基础上，2001年4月5日，由文化部重新发布了修订后的《文物藏品定级标准》[3]和附录《一级文物定级标准举例》，于2001年4月9日起施行。修订后的《文物藏品定级标准》规定：文物藏品分为珍贵文物和一般文物。珍贵文物分为一、二、三级。具有特别重要历史、艺术、科学价值的代表性文物为一级文物；具有重要历史、艺术、科学价值的为二级文物；具有比较重要历史、艺术、科学价值的文物为三级文物；具有一定历史、艺术、科学价值的文物为一般文物。

【附】文物藏品定级标准

一级文物

（一）反映中国各个历史时期的生产关系及其经济制度、政治制度，以及有关社会历史发展的特别重要的代表性文物；

（二）反映历代生产力的发展、生产技术的进步和科学发明创造的特别重要的代表性文物；

（三）反映各民族社会历史发展和促进民族团结、维护祖国统一的特别重要的代表性文物；

---

[1] 《国家文物局关于颁发〈博物馆藏品保管试行办法〉和〈博物馆一级藏品鉴选标准〉的通知》，国家文物事业管理局1978年1月20日。载国家文物事业管理局编：《新中国文物法规选编》，文物出版社，1987年10月版，第111—118页。

[2] 《文物藏品定级标准》，文化部1987年2月3日发布。载北京市文物事业管理局编：《文物工作手册》，北京燕山出版社，1990年9月版，第326—331页。

[3] 《文物藏品定级标准》，中华人民共和国文化部令第19号，2001年4月9日。载国家文物局博物馆司编：《博物馆工作手册》，华龄出版社2007年5月版，第201—205页。

（四）反映历代劳动人民反抗剥削、压迫和著名起义领袖的特别重要的代表性文物；

（五）反映历代中外关系和在政治、经济、军事、科技、教育、文化、艺术、宗教、卫生、体育等方面相互交流的特别重要的代表性文物；

（六）反映中华民族抗御外侮，反抗侵略的历史事件和重要历史人物的特别重要的代表性文物；

（七）反映历代著名的思想家、政治家、军事家、科学家、发明家、教育家、文学家、艺术家等特别重要的代表性文物，著名工匠的特别重要的代表性作品；

（八）反映各民族生活习俗、文化艺术、工艺美术、宗教信仰的具有特别重要价值的代表性文物；

（九）中国古旧图书中具有特别重要价值的代表性的善本；

（十）反映有关国际共产主义运动中的重大事件和杰出领袖人物的革命实践活动，以及为中国革命做出重大贡献的国际主义战士的特别重要的代表性文物；

（十一）与中国近代（1840~1949年）历史上的重大事件、重要人物、著名烈士、著名英雄模范有关的特别重要的代表性文物；

（十二）与中华人民共和国成立以来的重大历史事件、重大建设成就、重要领袖人物、著名烈士、著名英雄模范有关的特别重要的代表性文物；

（十三）与中国共产党和近代其他各党派、团体的重大事件，重要人物、爱国侨胞及其他社会知名人士有关的特别重要的代表性文物；

（十四）其他具有特别重要历史、艺术、科学价值的代表性文物。

二级文物

（一）反映中国各个历史时期的生产力和生产关系及其经济制度、政治制度，以及有关社会历史发展的具有重要价值的文物；

（二）反映一个地区、一个民族或某一个时代的具有重要价值的文物；

（三）反映某一历史人物、历史事件或对研究某一历史问题有重要价值的文物；

（四）反映某种考古学文化类型和文化特征，能说明某一历史问题的成组文物；

（五）历史、艺术、科学价值一般，但材质贵重的文物；

（六）反映各地区、各民族的重要民俗文物；

（七）历代著名艺术家或著名工匠的重要作品；

（八）古旧图书中有具有重要价值的善本；

（九）反映中国近代（1840~1949年）历史上的重大事件、重要人物、著名烈士、著名英雄模范的具有重要价值的文物；

（十）反映中华人民共和国成立以来的重大历史事件、重大建设成就、重要领袖人物、著名烈士、著名英雄模范的具有重要价值的文物；

（十一）反映中国共产党和近代其他各党派、团体的重大事件，重要人物、爱国侨胞及其他社会知名人士的具有重要价值的文物；

（十二）其他具有重要历史、艺术、科学价值的文物。

三级文物

（一）反映中国各个历史时期的生产力和生产关系及其经济制度、政治制度，以及有关社会历史发展的比较重要的文物；

（二）反映一个地区、一个民族或某一时代的具有比较重要价值的文物；

（三）反映某一历史事件或人物，对研究某一历史问题有比较重要价值的文物；

（四）反映某种考古学文化类型和文化特征的具有比较重要价值的文物；

（五）具有比较重要价值的民族、民俗文物；

（六）某一历史时期艺术水平和工艺水平较高，但有损伤的作品；

（七）古旧图书中具有比较重要价值的善本；

（八）反映中国近代（1840~1949年）历史上的重大事件、重要人物、著名烈士、著名英雄模范的具有比较重要价值的文物；

（九）反映中华人民共和国成立以来的重大历史事件、重大建设成就、重要领袖人物、著名烈士、著名英雄模范的具有比较重要价值的文物；

（十）反映中国共产党和近代其他各党派、团体的重大事件，重要人物、爱国侨胞及其他社会知名人士的具有比较重要价值的文物；

（十一）其他具有比较重要的历史、艺术、科学价值的文物。

一般文物

（一）反映中国各个历史时期的生产力和生产关系及其经济制度、政治制度，以及有关社会历史发展的具有一定价值的文物；

（二）具有一定价值的民族、民俗文物；

（三）反映某一历史事件、历史人物，具有一定价值的文物；

（四）具有一定价值的古旧图书、资料等；

（五）具有一定价值的历代生产、生活用具等；

（六）具有一定价值的历代艺术品、工艺品等；

（七）其他具有一定历史、艺术、科学价值的文物。

【附录】一级文物定级标准举例

一、玉、石器　时代确切，质地优良，在艺术上和工艺上有特色和有特别重要价值的；有确切出土地点，有刻文、铭记、款识或其他重要特征，可作为断代标准的；有明显地方特点，能代表考古学一种文化类型、一个地区或作坊杰出成就的；能反映某一时代风格和艺术水平的有关民族关系和中外关系的代表作。

二、陶器　代表考古学某一文化类型，其造型和纹饰具有特别重要价值的；有确切出土地点可作为断代标准的；三彩作品中造型优美、色彩艳丽、具有特别重要价值的；紫砂器中，器形完美，出于古代与近代名家之手的代表性作品。

三、瓷器　时代确切，在艺术上或工艺上有特别重要价值的；在纪年或确切出土地点可作为断代标准的；造型、纹饰、釉色等能反映时代风格和浓郁民族色彩的；有文献记载的名瓷、历代官窑及民窑的代表作。

四、铜器　造型、纹饰精美，能代表某个时期工艺铸造技术水平的；有确切出土地点可作为断代标准的；铭文反映重大历史事件、重要历史人物的或书法艺术水平高的；在工艺发展史上具有特别重要价值的。

五、铁器　在中国冶铸、锻造史上，占有特别重要地位的钢铁制品；有明确出土地点和特别重要价值的铁质文物；有铭文或错金银、镶嵌等精湛工艺的古代器具；历代名人所用，或与重大历史事件有直接联系的铁制历史遗物。

六、金银器　工艺水平高超，造型或纹饰十分精美，具有特别重要价值的；年代、地点确切或有名款，可作断代标准的金银制品。

七、漆器　代表某一历史时期典型工艺品种和特点的；造型、纹饰、雕工工艺水平高超的；著名工匠的代表作。

八、雕塑　造型优美、时代确切，或有题记款识，具有鲜明时代特点和艺术风格的金属、玉、石、木、泥和陶瓷、髹漆、牙骨等各种质地的、具有特别重要价值的雕塑作品。

九、石刻砖瓦　时代较早，有代表性的石刻；刻有年款或物主铭记可作为断代标准的造像碑；能直接反映社会生产、生活，神态生动、造型优美的石雕；技法精巧、内容丰富的画像石；有重大史料价值或艺术价值的碑碣墓志；文字或纹饰精美，历史、艺术价值特别重要的砖瓦。

十、书法绘画　元代以前比较完整的书画；唐以前首尾齐全有年款的写本；宋以前经卷中有作者或纪年且书法水平较高的；宋、元时代有名款或虽无名款而艺术水平较高的；具有特别重要价值的历代名人手迹；明清以来特别重要艺术流派或著名书画家的精品。

十一、古砚 时代确切，质地良好、遗存稀少的；造型与纹饰具有鲜明时代特征，工艺水平很高的端、歙等四大名砚；有确切出土地点，或流传有绪，制作精美，保存完好，可作断代标准的；历代重要历史人物使用过的或题铭价值很高的；历代著名工匠的代表作。

十二、甲骨 所记内容具有特别重要的史料价值，龟甲、兽骨比较完整的；所刻文字精美或具有特点，能起断代作用的。

十三、玺印符牌 具有特别重要价值的官私玺、印、封泥和符牌；明、清篆刻中主要流派或主要代表人物的代表作。

十四、钱币 在中国钱币发展史上占有特别重要地位、具有特别重要价值的历代钱币、钱范和钞版。

十五、牙骨角器 时代确切，在雕刻艺术史上具有特别重要价值的；反映民族工艺特点和工艺发展史的；各个时期著名工匠或艺术家代表作，以及历史久远的象牙制品。

十六、竹木雕 时代确切，具有特别重要价值，在竹木雕工艺史上有独特风格，可作为断代标准的；制作精巧、工艺水平极高的；著名工匠或艺术家的代表作。

十七、家具 元代以前（含元代）的木质家具及精巧冥器；明清家具中以黄花梨、紫檀、鸡翅木、铁梨、乌木等珍贵木材制作、造型优美、保存完好、工艺精良的；明清时期制作精良的髹饰家具；明清及近现代名人使用的或具有重大历史价值的家具。

十八、珐琅 时代确切，具有鲜明特点，造型、纹饰、釉色、工艺水平很高的珐琅制品。

十九、织绣 时代、产地准确的；能代表一个历史时期工艺水平的具有特别重要价值的不同织绣品种的典型实物；色彩艳丽，纹饰精美，具有典型时代特征的；著名织绣工艺家的代表作。

二十、古籍善本 元以前的碑帖、写本、印本；明清两代著名学者、藏书家撰写或整理校订的、在某一学科领域有重要价值的稿本、抄本；在图书内容、版刻水平、纸张、印刷、装帧等方面有特色的明清印本（包括刻本、活字本、有精美版画的印本、彩色套印本）、抄本；有明清时期著名学者、藏书家批校题跋，且批校题跋内容具有重要学术资料价值的印本、抄本。

二十一、碑帖拓本 元代以前的碑帖拓本；明代整张拓片和罕见的拓本；初拓精本；原物重要且已佚失，拓本流传极少的清代或近代拓本；明清时期精拓套帖；清代及清代以前有历代名家重要题跋的拓本。

二十二、武器 在武器发展史上，能代表一个历史阶段军械水平的；在重要战役或重要事件中使用的;历代著名人物使用的、具有特别重要价值的武器。

二十三、邮品　反映清代、民国、解放区邮政历史的、存量稀少的;中华人民共和国成立以来具有特别重要价值的邮票和邮品。

二十四、文件、宣传品　反映重大历史事件,内容重要,具有特别重要意义的正式文件或文件原稿;传单、标语、宣传画、号外、捷报;证章、奖章、纪念章等。

二十五、档案文书　从某一侧面反映社会生产关系、经济制度、政治制度和土地、人口、疆域变迁以及重大历史事件、重要历史人物事迹的历代诏谕、文告、题本、奏折、诰命、舆图、人丁黄册、田亩钱粮簿册、红白契约、文据、书札等官方档案和民间文书中,具有特别重要价值的。

二十六、名人遗物　已故中国共产党著名领袖人物、各民主党派著名领导人、著名爱国侨领、著名社会活动家的具有特别重要价值的手稿、信札、题词、题字等以及具有特别重要意义的用品。

注：二、三级文物定级标准举例可依据一级文物定级标准举例类推。

为进一步加强近现代文物征集、保护基础工作,2003年5月,国家文物局印发《近现代一级文物藏品定级标准(试行)》[①],明确了近现代一级文物的定级标准,有利于加强近现代文物的保护和管理,同时也明确并规范了近现代一级文物藏品的定级工作。

2006年8月,文化部发布《古籍定级标准》[②],规定了古籍定级标准为:古籍分为善本和普本两部分。将具有珍贵价值的善本划分为一、二、三级;将具有一般价值的普本定为四级。一、二、三级之下,划分等次;四级之下,不分等次。这一标准的发布实施,有利于加强全国各级各类图书馆、博物馆等单位所收藏的古籍藏品的保护、整理和利用工作。

---

① 《国家文物局关于印发〈近现代文物征集参考范围〉和〈近现代一级文物藏品定级标准(试行)的通知〉》,文物博发[2003]38号,国家文物局2003年5月13日。载国家文物局第一次全国可移动文物普查工作办公室编:《第一次全国可移动文物普查工作手册(修订版)》,文物出版社,2014年1月第2版,第290—298页。

② 《古籍定级标准》,文化部2006年8月5日发布。载国家文物局第一次全国可移动文物普查工作办公室编:《第一次全国可移动文物普查工作手册(修订版)》,文物出版社,2014年1月第2版,第304—310页。

五、文物保护单位的级别划分

凡属古文化遗址、古墓葬、古建筑、石窟寺、石刻、壁画、近代现代重要史迹和代表性建筑等不可移动文物，根据它们的历史、艺术、科学价值，可以分别确定为国家级的"全国重点文物保护单位"，省级文物保护单位，市、县级文物保护单位。

市级和县级文物保护单位，分别由设区的市、自治州和县级人民政府核定公布，并报省、自治区、直辖市人民政府备案。

省级文物保护单位，由省、自治区、直辖市人民政府核定公布，并报国务院备案。

国务院文物行政部门在省级、市、县级文物保护单位中，选择具有重大历史、艺术、科学价值的确定为全国重点文物保护单位，或者直接确定为全国重点文物保护单位，报国务院核定公布。

尚未核定公布为文物保护单位的不可移动文物，由县级人民政府文物行政部门予以登记并公布。

保存文物特别丰富并且具有重大历史价值或者革命纪念意义的城市，由国务院核定公布为历史文化名城。

保存文物特别丰富并且具有重大历史价值或者革命纪念意义的城镇、街道、村庄，由省、自治区、直辖市人民政府核定公布为历史文化街区、村镇，并报国务院备案。

历史文化名城和历史文化街区、村镇所在地的县级以上地方人民政府应当组织编制专门的历史文化名城和历史文化街区、村镇保护规划，并纳入城市总体规划。

1961年至今，中华人民共和国国务院曾先后八次分八批核定并公布了国家级全国重点文物保护单位名单：第一批是1961年3月4日公布的，共计180处；第二批是1982年2月23日公布的，共计62处；第三批是1988年1月13日公布的，共计258处；第四批是1996年11月20日公布的，共计250处；第五批是2001年6月25日公布的，共计518处，另有与现有全国重点文物保护单位合并的项目共计23处；第六批是2006年5月25日公布的，共计1080处，另有与现有全国重点文物保护单位合并的项目共计106处；第七批是2013年3月5日公布的，共计1943处，另有与现有全国重点文物保护单位合并的项目共计47处；2014年4月25日公布增补1处为第七批全国重点文物保护单位；第八批是2019年10月7日核定公布的，共计762处，另有50处与现有全国重点文物保护单位合并。

保存文物特别丰富并且具有重大历史价值或者革命纪念意义的城市，由国务院核定公布为历史文化名城。国家历史文化名城名单目前为止，也先后三次共分三批公布：第一批是1982年2月8日公布的，共24座；第二批是1986年4月24日公布的，共38座；第三批是1994年1月4日公布的，共37座。三批合计99座。此后2001年开始单独批复增补，截至2020年12月7日，共增补了37座，总计136座。

保存文物特别丰富并且具有重大历史价值或者革命纪念意义的城镇、街道、村庄，由省、自治区、直辖市人民政府核定公布为历史文化街区、村镇，并报国务院备案。中国历史文化街区，目前仅公布了一批，即2015年4月3日由中华人民共和国住房和城乡建设部和国家文物局共同公布的第一批中国历史文化街区30处。

中国历史文化名镇名村，由住房和城乡建设部和国家文物局从2003年起共同组织评选，先后公布了六批，其中，名镇共计252处，名村共计276处。

六、藏品定级工作中的注意事项

藏品定级既是藏品鉴定研究的重要内容，又是藏品分级管理的基础。因此，在定级工作中，还需要注意以下一些事项，以便定级工作顺利开展。

第一，文物藏品的定级标准虽有明文规定，但在具体定级工作中，定级标准一般不易掌握，所以一定要以认真负责的工作态度来进行定级工作，要注意做到统筹兼顾。

第二，定级中要注意到各个时期、各民族、各地区和各方面，切忌片面性，同时要努力做到防宽、防差误、防偏爱，并要注意精选。

第三，要注意严格遵守定级工作的程序：博物馆内确定了文物藏品级别后，要上报上级文化（文物）行政主管部门审批；上报程序：博物馆上报所在省的省文化和旅游厅；省文化和旅游厅上报国家文物局，一级一级逐级上报。

第四，国家设有国家文物鉴定委员会，以及各方面专家鉴定小组，一级品的级别划定后，要由专家鉴定核定，并最终确定。

第五，文物藏品的级别不是一成不变的。但一级品的级别确定后，不要轻易变动；如果有变动，要向上级行政主管部门提出报告，经批准后才能变动。文物级别的升级、降级都要提出报告，经上级行政主管部门批准。

第三节 藏品定名

藏品名称是认识藏品的一种标识，藏品定名其实质是对藏品的鉴定研究工作，因此藏品定名工作十分重要。藏品定名要坚持一定的原则，并要遵循一定的规则，不同类别的藏品，其定名方法各有不同。

一、藏品定名的重要性

所谓的藏品定名，简单讲就是给藏品取个名称，以便与其他藏品相区别。但藏品定名并不是随便起个名字的事情。定名是对藏品进行全面的鉴定研究与分析，并将分析结果按照一定规律，用最简练词句进行标识的过程。定名是在对藏品进行初步的科学研究基础上进行的一项工作，定名工作本身就是对藏品的一种鉴定研究。

那么为什么藏品存在着定名的问题呢？这主要是因为文物标本实物资料等物件在进入博物馆成为博物馆的藏品之际，关于这些藏品的名称一般存在着这样两种情况：一是该藏品原先就有名字，但这个名称不够科学，不能准确、恰当地反映出藏品的特点。例如，有这样一件器物，其基本形状为"直口，圆唇，长颈较丰，颈下部有一圆饼状檐，丰肩，鼓腹，下腹内收，圈足"（见图4-1）。被称为"吉字瓶"[①]，这个定名就不是很恰当。这种器物还有带座或连座的（见图4-2）[②]，基本上都呈"上下窄、中间宽（凸出）"的形状，与"吉"字没有什么关系，而且"吉字瓶"从字面上也很难令读者去想象这个器物的具体形状。其实，这个器物应定名为"净瓶"。净瓶，造型为"管状细长流，颈中部凸出如圆盘，长圆腹，圈足，肩部上翘短流或无流"（见图4-3）[③]。再如有件器物，其基本形制为："敛口，平沿，折腹，平底，矮假圈足。口沿饰一弯曲兽头柄，兽头昂首内向"（见图4-4），被定名为"青釉划花兽把匜"[④]，明显不合适。匜，盥洗用具，有陶瓷质和青铜器。青铜匜的形状，其"腹部横截面多近于椭圆形，腹身似瓢，前有较尖的流，后多有鋬，早期多有足"[⑤]（见图4-5）[⑥]。陶瓷匜，有泥质陶和瓷制品。"瓷质匜，基本器形为浅圆钵形器身，平底或圈足，亦有仿青铜器装有三足的；口沿一侧有较宽的流，有的瓷匜在流下部有一圆环形小系"（见图4-6）[⑦]。无论是青铜匜还是陶瓷匜，其使用方法都是在盥洗时浇水洗手。前面提到的这件"兽把匜"应该无法用来浇水洗手，从匜的形制和使用方式来看，其不宜定名为匜，可定名为"兽把罐"。二是这件藏品根本就没有具体名称，而只有通称，过于简单，不能真实地反映藏品最本质的内涵特征。例如考古发掘出土的文物，在出土时是没有具体名称的，只能是据其器形或质地，而称为陶壶、陶瓶、陶罐或玉器、青铜鼎、石斧、石刀等，这些都只是文物的通称。这样的名称太简单，太笼统，也就等于没有名称一样，所以这样的文物在进入博物馆之际，需要进行定名工作。革命文物也是如此。如"驳壳枪"也只是通称，过于简单，不如"朱德南昌起义自用驳壳枪"更能反映其历史性及内涵特征。鉴于以上原因，博物馆藏品定名就成为一项必不可少的工作。

---

① 张柏主编：《中国出土瓷器全集》第9卷，科学出版社，2008年3月版，第228页。
② 景竹友：《三台出土宋代窖藏》，《四川文物》1990年第4期。
③ 冯先铭主编：《中国古陶瓷图典》，文物出版社，1998年1月版，第137页。
④ 张柏主编：《中国出土瓷器全集》第9卷，科学出版社，2008年3月版，第21页。
⑤ 朱凤瀚：《古代中国青铜器》，南开大学出版社，1995年6月版，第134页。
⑥ 引自朱凤瀚：《古代中国青铜器》，南开大学出版社，1995年6月版，图版一五：7。
⑦ 冯先铭主编：《中国古陶瓷图典》，文物出版社，1998年1月版，第168页。

图4-1 所谓"吉字瓶"　　　　图4-2 带座瓶　　　　图4-3 净瓶

 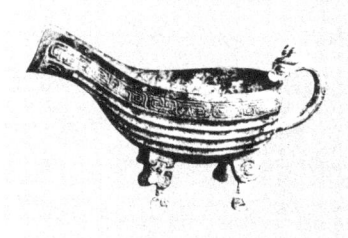 

图4-4 所谓"兽把匜"　　　　图4-5 四足铜匜　　　　图4-6 瓷匜

藏品定名是提供藏品和认识藏品的重要标志，也是藏品科学管理的重要前提。藏品名称是登记藏品账册的重要项目，它在博物馆陈列展览、科学研究、编目制卡以及使用计算机管理等各项工作中都是不可缺少的一项。并且只有先给藏品定名，才能进行分类、登记、编目、建档、入库、排架、统计、注销、研究和提用等一系列管理工作。可以说，藏品定名的正确与否，直接关系着各项管理工作的质量与提取使用的方便。所以，藏品定名工作十分重要，一定要认真做好这项工作，要对藏品进行全面研究考察，争取定出一个较准确、科学和规范的名称来，以便为科学管理藏品，并为其他各项业务活动奠定良好的基础。

二、藏品定名的原则

由于藏品定名不仅具有重要性，同时藏品名称又是对藏品进行研究的一个成果，如果没有一个原则，定名不统一，就会造成管理上的混乱，影响业务工作的开展。因此对定名工作必须认真研究，并且要制定一个比较可行的藏品定名原则，以便使定名工作规范化。经过认真研究，我们认为藏品定名总的原则要求可以归纳为以下三点：

1. 准确性

对一件藏品的定名，一定要力求准确、简明、具体、不笼统，但也不能太啰嗦，要能充分反映藏品的概貌、特征及主要内容，即直接表述出藏品的外在形式和最本质的内涵特征，使名称与藏品相吻合，一见其名，如见其物。因为藏品的名称不仅要直接和间接地反映出藏品本身的中心含义，而且还要向人们通报该藏品的存在及其特征，以期服务于社会服务于公众。所以藏品的定名不能过于简单、笼统，要以能揭示藏品的主要内容和特征为原则，即要达到我们通常所说的见其名如见其物的程度。在此，以文物类藏品为例：

①宋耀州窑黑釉酱斑撇口深壁小碗；
②元磁州窑"金榜题名"白釉褐彩罐；
③明成化官窑青花碗；
④明隆庆吹箫引凤青花高足碗。

这四个例子就体现了对文物类藏品定名要准确、简明、具体的原则。再者③④两例同样都是碗，且都是明代的青花碗，如果笼统地给它们定名为"明青花碗"，就失去了文物所具有的特色，没能反映出文物的特征。所以定名要具体，不能太笼统，但也不能太啰嗦。因为藏品管理工作是一项非常烦琐的工作，一件文物藏品从接收入馆到入库保管到提用，中间经过无数道手续，其中有大量的属于重复性工作。因此，为了管理上的方便，定名又要简明扼要，抓住重点，不可过于啰嗦。如碗一般都是圆的，定名时就没有必要称×××高足圆碗。当然，如果是呈特殊形状，则可以写明，如"莲花瓣""折腰碗"等。

2. 科学性

藏品定名要能够反映该藏品的基本面貌和基本特征，一定要通过科学鉴定和科学研究。藏品定名是对藏品本身所进行的科学研究工作，因此，要有一定的科学性，对文物类藏品的定名要科学、客观，不能主观臆断。历史文物的名称，尤其是其通称，一般都有统一的科学规定，因此定名中，不能主观地、随意地没有根据地下定言，一定要符合科学，遵循一定的科学规定。例如，颜色有多种，红色是其中一种，而红色本身又有许多种类，如桃红、粉红、玫瑰红等，如何称谓，就要有科学根据。再如，织绣品中的绫、锦、绢、缂丝、文绮等的称谓，都要以其科学规定为依据来定名。又如壶，战国时的壶有圆形、方形、扁形和瓠形等多种形状。而圆形壶到汉代则称锺，方形壶到汉代则称钫，因此给汉代圆形壶和方形壶定名时，就要分别定名为汉锺和汉钫，这样才符合科学以及历史沿继性的要求，也即体现出定名要具有科学性的原则。

3. 规范性

所谓的规范性，就是藏品定名要符合一定的标准。由于文物藏品种类多，差异大，定名工作的规范化便显得十分重要。器物的名称，往往因地区的不同，称呼也就不同，例如桌子，南方的方言称"台子"，北方则称桌子，定名时就该按全国统一的普通话的标准语来定，则应称"桌子"。再如"螺丝改子"是地方俗称，定名时应改为标准名称"螺丝刀"或"改锥"。由此可见定名要遵循一定的标准。而藏品名称在博物馆的展览、宣传、教育、科研、藏品管理等各项业务工作中都要涉及，由此藏品名称具有明显的重要性。因此，定名的规范性就十分必要。

三、定名应遵循的规则

藏品定名要遵循一定的规则。一件藏品的名称，都由哪些文字构成，如何排列这些文字，需要制定出相应的规则供大家共同遵守。如果全国没有一个统一的规则可循，而藏品定名工作又必须进行，这样就会形成各馆各依本馆藏品的情况自行制订定名办法或条例的局面，造成彼此之间不统一，甚至差别较大，这对于藏品的科学化、标准化管理，对于计算机（电脑）等先进技术的推广运用，就会带来一定的障碍，甚至会延缓计算机（电脑）网络化的进程。因此制订一个统一的、规范的藏品定名法则是完全必要的，也是势在必行的。为此，国家文化部文物局早在1986年颁发的《博物馆藏品管理办法》中就明确规定了博物馆藏品定名的规则：

自然标本按照国际通用的有关动物、植物、矿物和岩石的命名法规定名。

历史文物定名一般应有三个组成部分，即年代、款识或作者；特征、纹饰或颜色；器形或用途。

由上述规则可知，历史文物定名有三个大的组成部分：第一，年代、款识或作者；第二，特征、纹饰或颜色；第三，器形或用途。每一组成部分中又包括有几个小的要素。实际定名的实践表明，历史文物定名时这三个大的组成部分是必不可少的，但对构成这三个大的组成部分的每一组成部分中的每一小要素并不要求必须都包括在名称中，可根据具体情况选择其主要的一、二点来定名（见表4-1）。

表4-1　定名要素示例

年代、款识或作者	特征、纹饰或颜色	器形或用途
商	夔纹	璜
唐	海马葡萄纹	镜
唐	三彩陶拉马	俑
唐　韩滉	五牛图	卷
宋　沈子蕃款	缂丝　梅鹊	图轴
明　李贽	给梅国祯	手札
明　成化款	青花　花鸟	碗
明　万历款	雕漆　花鸟	盘

这里还要特别说明一点，对反面材料以及具有污蔑性的名称，在重新定名时应加以改正。例如，所谓"几何纹獞锦"是对少数民族壮族的一种蔑称，就应按现在的名称将"獞"改为"壮"字。再如，原中国历史博物馆（今中国国家博物馆）馆藏一件清代文献，曾定名为"招抚刘二虎、郝摇旗诏谕"，刘、郝都是明末农民起义军领袖李自成的属下，在李自成失败后，率余部抗清；清政府企图用诱骗分化等手段消灭这支队伍，显然用"招抚"一词是不恰当的，应改为"诱降刘二虎、郝摇旗诏谕"。还有如改"招抚郑成功部下诏谕"为"诱降郑成功部下诏谕"等。

国家文物局于2013年8月5日发布了修订后的《馆藏文物登录规范（WW/T 0017-2013）》[①]，其中对馆藏文物的定名有所说明。该规范在"附录E：馆藏文物定名说明"中，提出馆藏文物定名应科学、准确、规范。定名要素包括年代、特征、器物的通称三个方面。

四、馆藏文物定名的具体方法

馆藏文物定名的方法，在此分为"几类主要文物藏品定名方法"和"其他各类文物藏品定名方法"两部分，分别加以介绍。

（一）几类主要文物藏品定名方法

根据《博物馆藏品管理办法》中历史文物定名规则，同时参考《馆藏文物登录规

---

① 《馆藏文物登录规范（WW/T 0017-2013）》，载国家文物局第一次全国可移动文物普查工作办公室编：《第一次全国可移动文物普查工作手册（修订版）》，文物出版社，2014年1月第2版，第386—420页。

范（WW/T 0017-2013）》中馆藏文物定名说明，这里具体介绍几类文物藏品定名的方法，供参考。

1. 铜器定名

铜器定名一般以"年代、铭文、花纹、形式（或特征）、器形"这种顺序来定名（见表4-2）。

表4-2　铜器定名举例

年代	铭文	花纹	形式或特征	器形
（商）	后/司母戊	（饕餮纹）	方	鼎
汉	大吉	双鱼	三足	洗

关于铜器定名的几点说明：

（1）有铭文的器物在定名时可以铭文为主，花纹可简略。例如，司母戊（后母戊）方鼎，既有铭文又有纹饰（饕餮纹），定名时以铭文为主，饕餮纹省略。铭文中写明作器者名的器物，一般以作器者名名之，如"虢季子白盘"，虢季子白就是作器者名；铭文中没有写明作器者名的器物，定名时可以选铭文中重要的语词来命名，例如"司母戊鼎"就是"祭祀母戊"的意思。

（2）无铭文的器物定名时可以纹饰为主来命名。如"春秋莲鹤方壶""战国宴乐渔猎攻战纹壶"。

（3）也可以器物的"出土处"来定名。如"偃师二里头铜爵"，这是商代初期的铜器，1973~1975年在河南出土和采集的，因在偃师二里头发现而得名。再如"曾侯乙编钟"，1978年湖北随县战国曾侯乙墓出土，因出土于曾侯乙墓而得名。

（4）特殊形状的器物，定名时应予以表明。如铜鼎、铜镜等，一般都为圆形，所以名称中不必加"圆"字，若为其他特殊形状，则应写明，如"兽面纹铜方鼎""亚字形铜镜"等。

（5）对于铜器中重要的文物名称，要尊重历史著作和传统习惯，即使感觉不够完善，也尽量不去更动。如"司母戊方鼎"就不如"司母戊大铜方鼎"更确切，更完善。但考虑到社会上已经习惯这个名称，而且许多著录中也是这样使用的，也就不必再更动了。

2. 瓷器定名

瓷器一般以"年代+款识、窑别、胎釉彩、饰纹、器形"为顺序定名（见表4-3）。

表4-3 瓷器定名举例

年代+款识	窑别	胎釉彩	饰纹	器形
宋	磁州窑	三彩		枕
宋	哥窑			印盒
宋		影青		观音像
明	景德镇窑	薄胎	暗花	碗
明宣德	官窑	黄釉青花	云龙纹	瓶
明嘉靖款		青花	云龙纹	大盘
明万历	龙泉窑	黄釉	网纹	三足洗
清嘉庆款		珊瑚红地	刻花白竹	碗
清道光慎德堂		粉彩	镂空	转心瓶

下面就瓷器定名做几点说明：

（1）关于年代+款识：瓷器藏品的年代和款识，要依据我国瓷器历史发展的具体状况来确定。我国是世界上发明瓷器最早的国家。早在商代，我国就已烧造出原始瓷器[①]。因此，我国瓷器藏品的年代从商代开始，直至明清乃至民国。元代以前（包括元代在内）瓷器的年代均写历史年代的具体名称，如东汉、三国（魏、蜀、吴）、西晋、东晋、隋、唐、五代、宋、辽、金、元等；明、清两代，在具体朝代明确的情况下则还要在明、清之后写明具体皇帝的帝王年号，如明洪武、明永乐、明宣德、明成化、明弘治、明正德、明嘉靖、明隆庆、明万历，清顺治、清康熙、清雍正、清乾隆、清嘉庆、清道光、清咸丰、清同治、清光绪、清宣统等。如果瓷器藏品本身有帝王年号款识的，则要在其年号后面加写"款"字，如"明成化款青花花鸟碗""清光绪款粉彩夔凤纹碗"；无款识而已断定具体朝代的则不加"款"字，如"明万历五彩葵花式盒""清顺治五彩雉鸡牡丹图花觚"；如果年号款是仿款，则应在所仿的年号款前加写"仿"字，如"清雍正仿明成化款青花缠枝花卉纹碗"。

（2）关于窑别：窑别也就是瓷窑的系列名称，一般指不同的窑口。我国陶瓷史上到唐代开始形成著名瓷窑，因此，对唐五代、宋辽金元的瓷器定名一定要写明窑别。如越窑、邢窑、定窑、钧窑、汝窑、磁州窑、耀州窑、龙泉窑、建阳窑、吉州窑等。而到明清时，景德镇窑成为全国制瓷中心，反映在瓷器名称上，则可以不用再注明景德镇窑了。当然，景德镇以外的瓷窑产品还是需要注明窑口的，如德化窑。

（3）关于胎釉彩：胎釉彩即瓷器的胎体和釉彩特征。瓷器的胎体，如果是属于常见的一般性的胎体定名时不必注明；如果是特别粗糙的胎体可写"缸胎"，胎体特别薄的可注明"薄胎"。瓷器釉彩特征包括釉彩的颜色和釉彩的品种。瓷器的釉色是

---

① 中国硅酸盐学会主编：《中国陶瓷史》，文物出版社，1982年9月第1版，2004年10月第四次印刷，第78页。

单字色釉的，名称中加写"釉"字，如"宋黑釉彩斑碗""青釉刻花瓷碗"；双字色釉或三字色釉的，可视具体情况而定，一般可不加写"釉"字，如"宣德款霁红瓷盘""清康熙款豇豆红太白尊"。特殊情况为清晰、明确、通顺起见，也可以加写"釉"字，如"清康熙茄皮紫釉暗花龙纹尊""清道光豆青釉暗花碗"。但白釉是单字色釉，情况却比较复杂，有下面几种情况：其一，白釉青花器，在名称中一般不注明"白釉"，而是直接称青花×××，如"明宣德青花花鸟碗"。其二，对于磁州窑系的白釉黑彩、白釉酱花、赭彩器等，有时在名称中要注明"白釉"两字，如"元磁州窑白釉黑彩男面观音坐像""金磁州窑白釉赭彩四系罐"等。瓷器彩的品种主要有青花、釉里红、粉彩、五彩、三彩、斗彩、釉上彩、釉下彩、珐琅彩、金彩、黑彩、墨彩、古铜彩等。

（4）饰纹：瓷器定名中的"饰纹"是指瓷器的装饰手法和纹饰纹样。瓷器的装饰手法主要有划花、刻花、印花、剔花、镂雕（空）、暗花、剪纸贴花、堆贴花饰，珍珠地划花、锦地开光和绘画等，定名时可视情况而定。瓷器的纹饰纹样则是多种多样的，早期有比较简单的弦纹、水波纹、网纹等，后来发展为复杂的几何纹、动物纹、植物纹、人物纹等。还有写实风格的绘画，包括山水、花鸟、人物故事等。定名时，要根据具体情况来确定。

（5）器形：指瓷器的具体器别形制而言。瓷器的器形大体上可分两大类：一类是属仿古品，即仿古代铜器器形烧制的，这类仿古品定名时，其器形可沿用铜器的器名，如花觚、尊、鼎、炉等，如"宋龙泉窑鬲式炉""唐白釉双螭尊""清顺治青花八仙祝寿图花觚"。另一类则是瓷器本身所有的自己的专用器名，不同时代各有不同的特点，如梅瓶、鸡冠壶、凤尾尊、将军罐、太白尊等。器形如果是一般状态的，则不必注明其形状，如碗、盘等一般都是圆形的，就不必在名称中加写"圆"字，而称"圆碗""圆盘"；但如果器形呈特殊状态，则应该写明，如"折腰碗""花口碗""葵瓣碗""方瓶""瓜棱壶"等，例如"宋影青花口折腹碗""清乾隆珍珠地粉彩开光六棱瓶"。瓷器的大或小是相对而言的，一般在名称中不加写"大"或"小"字，但如果是器形特别大或特小者，则要在名称中加以注明，例如"明龙泉窑刻花大盘"（口径为39.8厘米）、"明青花缠枝莲纹大碗"（口径为41厘米）、"明嘉靖款青花云龙纹大盘"（口径为56厘米）、"明弘治款青花龙纹小碗"（高5.1、口径10.2、足径4.1厘米）等。

3. 书画定名

书画定名一般包括"年代、作者、品名（内容）、类别（形制）"等几方面（见表4-4）。

表4-4 书画定名举例

年代	作者	品名（内容）	类别（形制）
唐	孙位	高逸图	卷
宋	赵构	真草千字文	卷
宋	赵佶	听琴图	卷
元	黄公望	溪山雨意图	卷
元	倪瓒	雨后空林图	轴
明	孙龙	芙蓉游鹅图	轴
明	董其昌	夜邨图	轴
清	吴昌硕	葡萄图	轴
清	王时敏	落木寒泉图	轴

关于书画定名的几点说明：

（1）年代：一般以作者活动时间为主；跨朝代的，有年代款的就按年代款来定时代，无年代款的则可以根据作者主要活动年代来定时代。如倪瓒（1304~1374年）定为元代画家；八大山人（1626~1705年）定为清代画家，是因为"八大山人"是其59岁以后的号，即1685年他才号称"八大山人"，所以他的作品署名为"八大山人"的时代则定为清代；再如王翚（1632~1717年）定为清代的画家。

（2）作者：书画藏品的作者，一般系指作者的姓和名，而不用字、号、室名或斋名。如唐寅，姓唐名寅，字伯虎，号六如居士，若是他的作品，作者即写唐寅，而不写唐伯虎，也不写六如居士，如"明唐寅饮中八仙图卷"。如系特殊情况则另当别论，如石涛，本姓朱，名若极，自称苦瓜和尚，号大涤子、靖江后人等。所画山水、人物、花果、兰竹、梅花等，无不精妙，尤为擅长山水画。其作品定名时，作者名均用石涛，石涛是他的字。如"清石涛墨竹图卷""清石涛黄山图册""清石涛山林乐事图轴"等。

有款识的定名时可直接写明；无款而又不能确定作者的，时代可知的则可写"宋人""明人""清人"，如"明人仕女图卷"；如系临摹的，名称中加"临"字；如是仿摹的，名称中加"仿"字，如"清王原祁仿大痴富春山图轴"。书画作品是二人合作的，写二人名，如"王翚恽寿平松鹤图轴"；三人或三人以上多人合作的，则写明主要作者或前两人名字，然后加写"等合作"，如"清袁耀奚冈等合作楼阁山水图册"。

（3）品名（内容）：有作者自题画名的，一般使用其原名，如清代宫廷画家蒋廷锡的一幅作品，有题跋"御园瑞蔬图赞"，因此直接定名为"清蒋廷锡御园瑞蔬图轴"。有自题诗句的，则可采用诗的头两句中的头两个字或根据诗句择其主要含义来定名，如"明沈周慈乌乔木图卷"，取自"慈乌所栖地，乔木孝义家"的诗句。又如

"清石涛巢湖图",因其作品中有自题诗四首,其一为:"百八巢湖百八愁,游人至此不轻游。无边山色排青影,一派涛声卷白头。且踏浮云登凤阁,慢寻浊酒问仙舟。人生去住皆由定,始信神将好客留。"定名时既考虑到有作者自题诗句,且根据作品本身所绘内容和题诗含义,定名为"清石涛巢湖图"。有著名名胜、图景的,一般可以直接以名胜本身的名称来定名,如"西湖图"。绘画作品中故事情节能说明的,就用其故事情节来定名,如"唐周昉挥扇仕女图""戏婴图""簪花仕女图""听琴图"等;人物情景不好定名的,可直接写"人物图",如隋展子虔"长安车马人物图"。花鸟、山水在无法确定具体名字时,可直接统称"花鸟图""山水图"。

(4)类别(形制):是指书画作品的装裱形式。一般有轴、卷、屏条、横批、册页、中堂、条幅、对联、扇面等。

①轴:经过装裱呈纵向,一般地悬挂起来者,称轴或图轴、画轴。

②卷:是不悬挂的,放在案边,随时打开来看的。也即书画横幅之长者,不适合悬挂,只可舒卷者,称卷或图卷、画卷。

③屏条:一般有字有画,几幅同宽等高的字画,并列悬挂者,叫屏条。

④横披:是一张横长幅的字画。

⑤册页(册):分页装裱成册的书画,也就是把书画分成页数装裱成册子,每一页就叫册页,合起来就叫册。其形式类似现代的画集、画册,便于放在案头逐页翻阅观赏,合起来即能收藏,很是方便。作品如系册页,可写明,如"宋贤书翰册""扬州八怪画册"等。

⑥中堂:也称堂幅,因画幅较宽大,适宜挂在堂屋中间,故称"中堂"。

⑦条幅:窄于堂幅之直幅谓之"条幅",特别是窄长的条幅,有形如琴者又名"琴条"。

⑧对联:又称楹联,俗称"对子"。两条的字数一样多,上下文辞相呼应。

⑨扇面:就是书画家在扇面上写的字或画的画,故称之为"扇面"。

⑩斗方:一、二尺见方的诗幅或书画页。

(二)其他各类文物藏品定名方法

这里把《馆藏文物登录规范(WW/T 0017-2013)》中"馆藏文物定名"的相关内容,作为其他各类文物藏品定名的方法加以介绍,供参考(见表4-5)。

表4-5 各类馆藏文物定名方法及示例[①]

序号	类别	子类别	定名方法	定名示例
1	玉石器、宝石		"年代"+"文化"（新石器时代需加确切文化）+"特征"+"材质"+"器形"	新石器时代良渚文化兽面纹玉琮 西汉透雕双龙纽谷纹白玉璧
2	陶器		"年代"+"文化"（新石器时代需加确切文化）+"特征"+"质地"+"器形"	新石器时代仰韶文化人面鱼纹彩陶盆 唐三彩花卉纹枕
3	瓷器		"年代"（有年款的写明）+"窑口"（如已知确切窑口）+"特征"+"质地"+"器形"	宋磁州窑白釉黑彩人物故事长方瓷枕 明成化斗彩高足瓷杯
4	铜器		"年代"+"特征"（含工艺）+"质地"+"器形"	西周中期窃曲纹铜鼎
5	金银器		"年代"+"特征"+"质地"+"器形"	宋镂空双龙金香囊
6	铁器、其他金属器		"年代"+"特征"+"质地"+"器形"	清光绪铁错银如意 西汉茎尾铜柄铁剑
7	漆器		"年代"+"作者"（如确知作者名）+"特征"（含工艺）+"质地"+"器形"	元张成造剔红栀子花漆盘
8	雕塑、造像		"年代"+"特征"（包括工艺）+"质地"+"器形"	南朝彩绘灰陶持盾武士俑 元至元二年景德镇窑青花观音像 明永乐款铜鎏金释迦牟尼佛坐像
9	石器、石刻、砖瓦		"年代"+"主要内容"+"质地"+"器形"	北宋太平兴国八年吕蒙正重修孔庙碑 西汉"长乐未央"铭文瓦当
10	书法、绘画		"年代"+"作者"+"书体"+"主要内容"+"器形" "年代"+"作者"+"主要内容"+"器形"	明文征明真草千字文卷 五代顾闳中韩熙载夜宴图卷
11	文具		"年代"+"作者"（如确知作者名）+"特征"（含工艺）+"质地"+"器形"	西汉兔毫毛笔 明程君房制玉杵玄霜墨 清御制淳化轩刻画宣纸 西晋青瓷蛙盂纽盖三足砚

[①] 选自《馆藏文物登录规范（WW/T 0017-2013）》，载国家文物局第一次全国可移动文物普查工作办公室编：《第一次全国可移动文物普查工作手册（修订版）》，文物出版社，2014年1月第2版，第411—414页。

续表

序号	类别	子类别	定名方法	定名示例
12	甲骨		"年代"+"文字内容"（或标题）+"质地"+"器形"	商武丁时期龟腹甲获麋二雉十七卜辞
13	玺印符牌		"年代"+"印文"+"特征"+"质地"+"器形"	金"行军万户之印"铜印
14	钱币		"年代"+"钱名"（面值）+"质地"+"器形"	战国赵榆次平首尖足布币 清咸丰元宝阔缘背宝巩当千铜钱 明一贯"大明通行宝钞"纸币 新莽大泉五十青铜钱母范 金贞祐三年拾贯文交钞铜版
15	牙骨角器		"年代"+"作者"（如确知作者名）+"特征"（含工艺）+"质地"+"器形"	明透雕蟠龙花卉犀角杯 清"行有恒堂"款牙雕葫芦瓶
16	竹木雕		"年代"+"作者"（如确知作者名）+"特征"（含工艺）+"质地"+"器形"	明竹雕"小松"款松鼠纹盒
17	家具		"年代"+"作者"（如确知作者名）+"特征"（含工艺）+"质地"+"器形"	清雕云蝠纹红木卷头案
18	珐琅器		"年代"+"作者"（如确知作者名）+"特征"（含工艺）+"质地"+"器形"	明万历御用监造铜胎掐丝珐琅栀子花纹三足蜡台
19	织绣		"年代"+"特征"（主要是纹饰内容）+"工艺"+"质地"+"器形"	汉晋延年益寿长葆子孙锦 辽缂金水波地荷花摩羯纹棉帽
20	古籍善本		"年代"+"主要内容"+"器形"	唐敦煌回鹘文写经 西夏文刻本《顶尊相胜总持功德依经集》
21	碑帖拓本		"年代"+"作者"+"主要内容"+"器形"	宋拓东汉西岳华山庙碑拓片
22	武器		"年代"+"物主"（事件）+"特征"+"质地"+"器形"（用途）	1927年朱德在南昌起义时使用的驳壳枪
23	邮品		"年代"+"发行单位"+"主要内容"+"器形"	1894年纪1初版慈禧寿辰纪念邮票
24	文件、宣传品		"年代"+"主要内容"+"质地"+"器形"	1955年授予×××的一级独立勋章 1951年孤胆英雄唐凤喜的立功喜报

续表

序号	类别	子类别	定名方法	定名示例
25	档案文书		"年代"+"主要内容"+"质地"+"器形"（用途）	清宣统《钦安殿佛像供器档》 清雍正三年宛平县王承恩卖地白契
26	名人遗物		"年代"+"主要内容"+"质地"+"器形"（用途）	1935年方志敏《可爱的中国》手稿
27	玻璃器		"年代"+"作者"（如确知作者名）+"特征"（含工艺）+"质地"+"器形"	清乾隆白套红玻璃缠枝花卉纹渣斗
28	乐器、法器		"年代"+"作者"（如确知作者名）+"特征"（含工艺）+"质地"+"器形"	清乾隆款刻七佛纹嵌金口镶石海螺
29	皮革		"年代"+"特征"+"工艺"+"质地"+"器形"	1984年中国女子排球队获奥运会冠军签名排球
30	音像制品		"年代"+"主要内容"+"质地"+"器形"（用途）	1949年中华人民共和国开国大典记录胶片
31	票据		"年代"+"发行单位"+"主要内容"+"器形"	1929年北平城南游艺场入门券
32	交通、运输工具		"年代"+"特征"+"属性"+"器形"（用途）	近代湘西地区四人抬花轿 1952年成渝铁路第一列火车
33	度量衡器		"年代"+"特征"+"质地"+"器形"	秦二十六年八斤铜权
34	标本、化石	古脊椎动物化石	"地质年代"+"动物名称"+"身体部位"+"化石"	第四纪更新世中期肿骨鹿头骨化石
34	标本、化石	古人类化石	"考古学年代"+"古猿、古人类名称"+"身体部位"+"化石"	旧石器时代元谋猿人头左侧门齿化石
35	其他	生活用具	"年代"+"特征"+"质地"+"器形"（用途）	近代晋中地区木制脸盆架
35	其他	生产用具	"年代"+"特征"+"质地"+"器形"（用途）	1872年江南机器制造总局造船工具

【附】藏品鉴定、定级相关标准规范目录

标准编号	标准名称	发布部门	实施日期
WH/T20-2006	古籍定级标准	中华人民共和国文化部	2006-09-01
WH/T22-2006	古籍特藏破损定级标准	中华人民共和国文化部	2006-09-01

续表

标准编号	标准名称	发布部门	实施日期
GB/T 33290.1-2016	文物出境审核规范 第1部分：总则	中华人民共和国国家质量监督检验检疫总局、中国国家标准化管理委员会	2017-07-01
GB/T 33290.2-2016	文物出境审核规范 第2部分：度量衡	中华人民共和国国家质量监督检验检疫总局、中国国家标准化管理委员会	2017-07-01
GB/T 33290.3-2016	文物出境审核规范 第3部分：法器	中华人民共和国国家质量监督检验检疫总局、中国国家标准化管理委员会	2017-07-01
GB/T 33290.4-2016	文物出境审核规范 第4部分：仪器	中华人民共和国国家质量监督检验检疫总局、中国国家标准化管理委员会	2017-07-01
GB/T 33290.5-2016	文物出境审核规范 第5部分：仪仗	中华人民共和国国家质量监督检验检疫总局、中国国家标准化管理委员会	2017-07-01
GB/T 33290.6-2016	文物出境审核规范 第6部分：家具	中华人民共和国国家质量监督检验检疫总局、中国国家标准化管理委员会	2017-07-01
GB/T 33290.7-2016	文物出境审核规范 第7部分：织绣	中华人民共和国国家质量监督检验检疫总局、中国国家标准化管理委员会	2017-07-01
GB/T 33290.8-2016	文物出境审核规范 第8部分：陶瓷	中华人民共和国国家质量监督检验检疫总局、中国国家标准化管理委员会	2017-07-01
GB/T 33290.9-2016	文物出境审核规范 第9部分：生产工具	中华人民共和国国家质量监督检验检疫总局、中国国家标准化管理委员会	2017-07-01
GB/T 33290.10-2016	文物出境审核规范 第10部分：金属器	中华人民共和国国家质量监督检验检疫总局、中国国家标准化管理委员会	2017-07-01
GB/T 33290.11-2016	文物出境审核规范 第11部分：明器	中华人民共和国国家质量监督检验检疫总局、中国国家标准化管理委员会	2017-07-01
GB/T 33290.12-2016	文物出境审核规范 第12部分：钟表	中华人民共和国国家质量监督检验检疫总局、中国国家标准化管理委员会	2017-07-01
GB/T 33290.13-2016	文物出境审核规范 第13部分：兵器	中华人民共和国国家质量监督检验检疫总局、中国国家标准化管理委员会	2017-07-01
GB/T 33290.14-2016	文物出境审核规范 第14部分：漆器	中华人民共和国国家质量监督检验检疫总局、中国国家标准化管理委员会	2017-07-01
GB/T 33290.15-2016	文物出境审核规范 第15部分：乐器	中华人民共和国国家质量监督检验检疫总局、中国国家标准化管理委员会	2017-07-01
GB/T 33290.16-2016	文物出境审核规范 第16部分：笔墨纸砚	中华人民共和国国家质量监督检验检疫总局、中国国家标准化管理委员会	2017-07-01
GB/T 33290.17-2016	文物出境审核规范 第17部分：烟壶和扇子	中华人民共和国国家质量监督检验检疫总局、中国国家标准化管理委员会	2017-07-01

第五章 藏品登记

藏品登记是藏品管理工作中的一项重要程序，登记工作也是认识藏品的一个过程。国家对博物馆藏品进行管理和保护必须有所依据，这种依据就是通过藏品登记而完成的藏品总登记账。藏品登记就是建立藏品总登记账和藏品相关辅助账册及藏品登记卡片的工作。藏品登记要严格遵守一定的原则要求，以便为藏品的科学有效管理和深入研究与合理利用奠定良好的工作基础。

第一节 藏品登记的重要性及要求

登记是博物馆对入馆的藏品以登记账册、卡片等形式进行的准确记载。这种记载既是藏品管理和藏品研究的原始资料，也是博物馆依法保护国家和民族科学文化财产完整与安全的必备依据。因而登记工作具有重要意义。

一、藏品登记的意义

藏品登记，就是博物馆对入藏的文物、标本和实物资料等物件进行逐件、逐项记录的工作，是藏品管理工作中的一项重要程序，即履行登记的手续。博物馆对入馆的藏品必须按照国家文物局关于博物馆藏品管理的要求，以登记账册、卡片等形式进行准确的记载。这种记载既是藏品管理和藏品研究的原始资料，也是博物馆依法保护国家和民族科学文化财产完整与安全的必备依据。藏品登记为对藏品的科学有效管理和对藏品的深入研究与合理利用奠定工作基础。

藏品登记工作，主要包括登记藏品总登记账，建立藏品登记的辅助账册和藏品登记卡片等项内容。其中，藏品总登记账是国家和民族科学文化财产账，是国家和民族科学文化财产的法定文献依据，是对藏品实行法律上和行政上管理的必要手段，是国家依法管理、保护藏品的法律依据，每一个博物馆都必须建立本馆的藏品总登记账。藏品登记的辅助账册主要包括文物资料等出入馆登记账、藏品分类账、复件文物登记账、参考品账、注销藏品登记账；借出、借入或寄存藏品账、复制品登记账等。这些账册中的大部分账册登记的是那些未登入藏品总登记账的大量重复品、参考品和作为展品使用的复制品、代用品、模型等，它们同样需要建账立册，妥善保管。当然，各博物馆可根据本馆的实际情况来选择辅助账册的种类。建立藏品登记卡片也是藏品登记工作中的一项重要内容。藏品登记卡片是检索藏品的必备工具，每个博物馆都应该建立本馆的藏品登记卡片，以便于更好地为利用藏品提供服务。

登记是开展博物馆藏品保管工作的重要一环，是妥善保管以及科学管理的关键，是藏品管理工作的基础。藏品登记在藏品管理工作程序中，既是一个首要环节，又是一个承上启下的环节，及时开展登记工作，并做到登记内容完整、准确，就会为日后开展各项业务工作打下一个良好的基础，尤其是为编目工作打下了坚实的工作基础。如果登记工作不及时，不正规，工作粗糙，基础工作搞得不好，就会在一定程度上阻碍藏品的利用和科学研究的开展，也会给今后查对资料，核对藏品情况带来一定的困难。因此，凡是确定入藏的文物和标本等，必须办理登记手续。

藏品登记是检查藏品数量和质量的依据。博物馆藏品的质量，除取决于其本身的价值外，在很大程度上还取决于藏品登记各个工作阶段所登录情况的准确性和完整性。如果藏品登记及时、详尽、确切，可以提供藏品状况的一切资料和数据，就能很好地保证藏品的质量，提高藏品的价值；否则就会影响藏品的质量，降低了藏品原有的价值。另外，藏品登记中有"藏品数量"这一栏目内容，因此，藏品登记既是检查藏品质量的依据，同时也是检查藏品数量的重要依据。

登记的账册，是国家和民族科学文化财产保管的法律依据，是使藏品受到国家法律保护的重要依据。登记首先是确定国家和民族藏品产权的依据。关于这一点，傅振伦先生在其所著的《博物馆学概论》[①]中曾说："博物馆藏品的登记是财产登记工作，是行政的必要手段。"所登记的藏品总登记账是国家和民族科学文化财产账，是国家和民族科学文化财产的法定文献依据，是对藏品实行法律上和行政上管理的手段。登记其次是为国家文物行政管理部门检查博物馆藏品保管状况提供必备的业务依据。藏品总登记账中关于藏品"完残情况"的栏目内容，记载的是藏品在进行登记这一时刻的完残状况。国家文物行政管理部门可以依据此项栏目的记载情况，定期或不定期地检查藏品保存状况，以便发现问题及时采取措施，对藏品加以保护处理。

藏品登记又是认识藏品的一种重要手段，也是研究藏品的一个过程。博物馆藏品管理人员通过对一件件馆藏文物、标本和实物资料等物件的逐项登记，不仅可以掌握本馆藏品的数量，更重要的是对藏品有了科学的认识。这对进一步研究和利用藏品提供了可靠的业务依据。所以，认真做好藏品登记是关系到博物馆开展各项业务工作的一件大事，应当给予高度的重视。

---

① 傅振伦：《博物馆学概论》，商务印书馆，1957年8月版。

二、藏品登记的要求

藏品登记既然有着如此重要的地位，就必须遵守一定的要求，按照一定的方法，完成相关账册、卡片的登记工作。

藏品登记是一项专业性、技术性、制度性都很强的工作，对这项最基本的工作必须给予足够的重视，要有专人专职负责，以改进登记工作缺乏专人专职负责的状况。应该把藏品登记、账册管理、统计等有关方面的工作统一规划，合理分工，把藏品登记、管理账册与库房藏品管理工作分开，以便于各司其职、各尽其责和分清责任，尤其是管理总登记账的人不能同时兼管库房文物藏品，防止出现管理上的漏洞，造成不必要的损失，同时也有利于更好地发挥各方面的作用。

登记是管理工作的中心，登记应简练明确，特别着重名称、数量、完残情况和来源的正确无误，再辅之以严格的库房管理制度和文物提退交换制度等，目的是保证管理好国家和民族的科学文化财产。

登记工作要及时进行。凡是确定产权，决定入藏的文物等，就应按规定连同搜集时的原始记录等一同办理手续，及时登入总账。必须坚持先登记、写号，然后移交入库的制度。补行登记比当时登记既繁杂又费时，总是长短不齐，尾巴很多，不仅给登记工作本身带来许多困难，同时也会给库房管理上造成许多问题。例如，故宫博物院在建院初期，从1925年到1932年，用了七年时间才把藏品点验接收，登记上账，建立库房，制定各种规章制度等工作做完。当然，这是由于历史原因造成的，但从中我们可以明白一点，文物藏品登记一定要及时，并且要先登记、写号，然后再入库，否则，不仅给工作带来不利，还会加大工作量。相反，对文物藏品及时办理登记手续，可以做到账目清楚，库藏文物清楚，未经登记或有待进一步鉴定解决的库外品有底数。由于非藏品处理手续较简便，因此及时登记，可以避免藏品、非藏品混杂堆入库内拖延时日，造成以后清理上的困难。

藏品登记要认真、仔细，要做到藏品总登记账、藏品登记卡与藏品编号三者核实相符。关于这一点，1989年5月15日，国家文物局在印发的《关于馆藏文物清库、登记、建档工作的意见》中，明确指出：建立藏品总登记账，是国家依法保护文物藏品的重要依据。各单位要组织专门人力，对馆藏文物进行一次全面的清仓查库登记工作。做到藏品总登记账、藏品登记卡与藏品编号三者核实相符。

由于藏品总登记账的重要性，登记总账也有严格的要求：

第一，是对登记总账的总登记人的要求：要具有一定的政治水平和职业道德，工作岗位要相对稳定，不可经常更动登记总账的人员。因为总账登记人掌管着国家和民族文化财产账的登记及管理的权力，经常变动人员，容易给工作带来不必要的交接麻烦，也容易给破坏分子造成可乘之机，更易使总账的登记工作陷于混乱状态。总账登记人不能同时兼管藏品，这样有利于总登记人和库房藏品管理人员分清职责，各司其职，同时可以有效地防止某些缺乏职业道德的人利用工作之便监守自盗，以免给国家和民族宝贵的文化财产和文博事业造成不必要的损失。

第二，总登记人的职责要求，要在审查、确认没有错误或差错后，才能登记总账。因为博物馆藏品总登记账是国家和民族科学文化财产账，须永久保存。这就要求总账的登记要准确，账面要整洁。为此在登记总账前，须先制作一份内容与总账一致的藏品登记卡，总账登记人在登记总账前，要认真审查藏品登记卡的内容，在确认没有任何错误或差错后，方能按照藏品登记卡上的内容，逐项填写总登记账的各个栏目内容。

第三，要按国家文物局规定的格式、栏目，逐项填写，要求各项内容不错不漏。登记时要使用不褪色的墨水，字迹要工整清晰，账面要保持整洁，要使用标准字。

第四，总登记账不能任意涂改，如确有需要订正的，则要用双红线划掉原先的，在线的上方写上更正的内容，并由经手人在订正处盖章，以示对此处订正负责。

第五，总账登记结束后，总登记人要逐页、逐件、逐栏认真检查、校对。如果发现有差错，切忌乱涂乱改，应按上述登账要求进行改正。

第六，登记藏品总登记账，一定要工整、美观，不仅用字要标准，而且标点符号的使用也要标准，并且账面要整洁，每一栏目中的上、下行排列要整齐，这样才能使总账更具有长久保存的价值。

第二节 藏品登记的内容和方法

藏品登记，不单纯是建立总登记账，还包括建立辅助账册和藏品登记卡片等内容。藏品登记要按照一定的方法进行。

一、藏品登记的内容

藏品登记的内容主要包括藏品总登记账、藏品辅助账册、藏品登记卡片的登记工作。

（一）藏品总登记账

藏品总登记账，由国家文物局统一规定、制定，主要有十四项栏目内容，包括登记日期（年、月、日）；总登记号；分类号；名称；时代；数量（件数、单位、实际数量）；尺寸、重量；质地；完残情况；来源；入馆凭证号；注销凭证号；级别；备注。格式：对开本（从质地和完残情况交接处对分），通栏。每一页可登记20件（号）文物（见表5-1）。

（二）几种辅助账册

博物馆文物藏品的出入馆的原因较多，情况各异，有暂时的寄存、借用等，也有永久性的接收、拨出、注销等。

出入博物馆的物品也比较复杂，并非都是文物，有文物，还有资料、待处理品、复制品等多种。因此，只用一本藏品总登记账，就不能反映博物馆物品的全部出入情况，也不能反映有关资料、待处理品、复制品等的出入情况，所以还应建立相应的辅助账册。各博物馆可根据本馆实际情况和保管工作的具体需要，并考虑力求简化，节省人力来设置相应的辅助账册。这里介绍几种常规必备的账册做参考。

1. 文物、资料等出入馆登记账

这是日记账式的原始账。凡收购、接收、调拨、捐赠的文物、标本、资料、待处理品等和拨出、交换、处理、销号的文物、标本、资料、待处理品等，均可根据收入和支出的凭证，按出入馆的先后顺序，依次登入出入馆登记账。它起到记录和查考作用。

账的主要栏目包括出入馆日期、来源（机关、个人）、件数（分文物、标本、资料、待处理品）、摘要；在收入项下分接收、收购、捐赠、调拨、借入、收回、其他；还有文物编号、文件凭证、经办人、备注。这本账是查考各种性质藏品、待处理品出入馆情况的索引。它不必逐件详细登记，可登记每一批或每一件进出的各类物品总数，但不能漏登。收入数应与送库及处理数相符。如因计件方法不同与原件收入凭证上件数不符，应在备注栏内注明（见表5-2）。

2. 文物藏品分类账

藏品分类账可以说是藏品总登记账的副本。

藏品分类账是按文物藏品的类别分开登录，其栏目内容与藏品总登记账相同。各分类账登记的文物的总数合并起来，就是全馆的文物藏品总数，所以它是藏品总登记账的副账。分类账由各类文物库房的保管员登记和保管，账上文物应与本库所藏文物完全一致。后来新收入库的文物应续登在分类账上，销号的文物则在账上销除。凡馆内各类文物互相转移时，应在有关各库的分类账上注销或增添，但由于它没有拨出本馆且文物的所有权不变，因此不必在总登记账上更改。分类账可以提供查阅，有利于按藏品类别查阅藏品的有关情况。

表5-1 藏品总登记账

登记日期	总登记号	分类号	名称	时代	数量			尺寸、重量	质地	完残情况	来源	入馆凭证号	注销凭证号	级别	备注
年月日					件数	单位	实际数量								

第 页

表5-2　出入馆登记账

出入馆日期	来源		件数			摘要	收入						支出					文物编号	文件凭证
	机关	个人	文物	资料	待处理品		接收	收购	捐赠	调拨	借入	收回	其他	调拨	退还	借出	处理	销号	其他		

经办人　　　　　　　　　　　　　　　备注

3. 复件文物登记账

复件文物登记账可以说是藏品总登记账的附账。建立复件文物登记账，能减少复件文物在总登记账上烦琐的登记和不断注销等手续。还可以随时掌握重复文物的库藏实数。每种重复文物立一账页，收和付合在一页，每行有结存累计。每种重复文物选留的若干件，应逐件登入藏品总登记账，其余的可在总登记账上记一笔总账。以后每有收付都应记入复件文物登记账。它的项目可包括类别、时代、品名、年月日、凭证号、登记号、参考号、进方数量、摘要、出方数量、结存累计、总登记账册页、分类账册页、备注等（见表5-3）。

表5-3　复件文物登记账

年月日	类别	品名	时代	总登记号	参考号	凭证号	进方数量	摘要	出方数量	结存累计	总账册页	分类账册页	备注

4. 参考品登记账

凡文物、标本（或资料）经过鉴定，不够馆藏定级标准，但又确有一定的陈列或参考研究价值，这种文物、标本（或资料）可编参考品号，登入参考品登记账。参考品登记账的格式与栏目内容可与藏品总登记账相同。但在账本封面上应写明某某博物馆参考品登记账。如果某件参考品外拨或转为正式藏品，应在账册上加以注明。

5. 复制品登记账

凡属搜集入馆的复制品，其原件不在本馆的，均登入此账，以免与原件混淆。其栏目内容包括登记日期（年月日）、登记号、名称、年代、数量、来源、入馆日期、原件收藏处、收入凭证号、备注。

6. 借出、借入或寄存文物账

按文物的借出、借入或寄存分别建立的各种账，都是每一单位一账户，收和付合在一页立账。账目可按实际需要分别定出。这三种性质的文物流通，都没有改变文物的所有权，因此都不必在文物总登记账上有所反映。如果这种情况很少，则可以不必立账，那么就以提取文物的提用单来代替。提用单的内容应有类别、总登记号、名称、件数、现状、附件、提用原因、提用单位、退回日期、交接双方单位负责人、经手人、备注等。这种提用单是库房提退文物使用的，在文物出库后，通过它可以知道文物的去向和出库原因，它是代表出库文物的；在文物收回库房后，它还是查询文物流动情况的重要资料。

7. 注销文物登记账

凡库藏的文物因注销、拨出、交换、损毁等，凭批准的文件或凭证，整笔地或分类计数地登入本账，其逐件文物的注销号，应另在藏品总登记账上及分类账上加以注明。它的项目可包括年月日、注销凭证号、类别、总登记号、原号、编目号、年代、品名、数量、级别（一、二、三级，一般文物）、现状、注销原因、去向、库别、总账册页、分类账册页、备注。

8. 其他账册

凡不属于文物，但还有保留价值的图书资料，或馆藏原件的复制品，都应根据收入或支出凭证逐件、逐项分别登入图书资料账、馆藏复制品账等。

（三）藏品登记卡片

我们在进行藏品登记的同时，还应该制作藏品登记卡片。从卡片的栏目内容来讲，可以分两种登记卡。一种是其栏目内容和总登记账的完全一样，另一种则可以增加一些项目，内容可以较详细一些。下面我们分别作一介绍：

1. 栏目内容与总账完全一样的登记卡

这种栏目内容与藏品总登记账完全一样的登记卡，我们就把它叫藏品登记卡，它有两个主要作用：其一是起到检索文物的作用；其二就是替代藏品总登记账提供检索使用。由于藏品总登记账作为国家和民族科学文化财产账，需要长期妥善保存，并且只有一本。为防止总账的破损，应尽量减少总账的使用，这样就需要有与之内容相同的账卡来代替总账。这时藏品登记卡由于栏目与总账一样，内容也与总账相同，就可以起到替代总账供人使用的作用。此外，如果这种藏品登记卡能在登记总账前制作完成的话，它还可以减少总账登记时的错误并避免在总账上的涂涂改改。

2. 内容多于总账的登记卡

这种内容多于总账的登记卡，我们把它叫藏品编目卡。它是藏品登记卡的一种。这种登记卡就是在总账栏目内容基础上，增加一些项目，内容比总账更详细一些。如增加简述、著录、款识、产地、出土地点、鉴定意见等栏目。此外，还可以加上照片号、底版号、拓片号、实测图等。这种卡片同样是起到检索文物藏品的作用。对于增加的栏目如果一时登记不及，还可以先空着，以后再填补。

这种藏品登记卡，可以作选用文物的索引卡，也是编印各种文物目录的编目卡。把这样的藏品登记卡复印（制作）若干张，按照各种需要排列，如按时代、质地、器形或按内容等分类排列，就是文物的分类卡，它可以便利检索文物提供陈列和研究。

（四）小结

藏品登记所需的各种账册、卡片，都很重要，既要认真登记，又要妥善保管。要像对待文物藏品本身那样重视各项登记工作及其成果。特别是总登记账和登记卡，应予以特别重视。

以上各项工作是负责藏品登记工作的人员应该做到的本职工作，登记藏品总账，建立各种辅助账册和制作藏品登记卡片，这些都是登记工作不可缺少的。当然由于各馆特点不同，可以根据本馆情况及工作需要，合理计划，自行制定。

总之，无论是账册还是卡片，都是登记的一个手段，其目的无非是为了更好地进行藏品管理，为馆内其他部门提供方便的服务。因此，要认真负责，一丝不苟，这样才能为藏品管理工作打下好的基础。

二、藏品登记的方法

在此，以藏品总登记账为例，具体阐述登记方法。

1. 登记日期（年、月、日）

此项填写登记该件文物藏品的具体时间，即某年某月某日。年份以公元纪年为准，要写全称，如2019年，不能省略为19年。正规情况下，藏品登记工作应在藏品入库前进行。这样此项内容就能反映藏品的正式编号入账的时间，通过查阅此项内容，可以了解文物入馆的时间以及文物入馆后的藏品管理流程时间，同时它也关系到统计每年入库的基本馆藏数字。因此，不能忽视此项内容的填写工作。但是目前实际上各馆登账情况比较复杂，有一些馆基本上是在藏品入库后才开始进行登账。因此，实际上，目前一些馆的总账上的登记日期已失去了原有的作用，已不能反映藏品入馆入库的时间了。这种情况下，此项内容的填写则要求按实际登账日期填写，虽然不能反映藏品入馆入库的时间，但起码还可以反映出博物馆开始为该件文物登记、建账的具体日期。要想知道该件文物的入馆日期，可以通过查阅藏品来源一栏中关于文物入馆日期的记录来了解。

由于目前各馆登账情况复杂，一些馆的藏品总登记账是后抄的，即藏品编号建卡，入库在先，建账在后，所以登记日期反映不了每年入藏情况，因而此项就空缺了。鉴于此种情况，有人主张，抄账时如遇这种情况，可按编号建卡时间登录此栏，如某件藏品是1982年5月3日编号建卡，登记日期栏就写1982年5月3日，而不考虑实际登账的日期。也许实际工作中有的博物馆是这样做的，但我们认为这种方法不妥当。因为今天抄账遇到的可能是1982年5月3日建卡入库的，而明天抄账时可能会遇到1990年3月2日建卡入库的，或者上午抄账遇到1983年入库的，下午抄账会遇到1989年入库的。那么照上述方法抄账，账面上登记日期一栏的日期前后相差很大，账面登记日期一栏就会给人一种混乱感，时间久了，反倒让人不解其意。因此，我们认为这种方法不太实用。倒不如按实际登记日期来填写此栏，账面可保持整洁感，又能反映了博物馆开展登账工作的实际日期和登账工作的进展情况。

2. 总登记号

此项内容填写的是该件文物在总登记账上的编号或位置，它反映文物入馆的先后顺序。

第一，具体的编排登记方法及要求如下。

文物总登记号是每件文物一个号，按照入藏的先后顺序编排，从一号开始；随着文物的增加，直到无穷。总登记号不能重复，不能缺漏，不能跳号（即空号），也不能改号。藏品如有转出或注销，其总登记号也不能改作另一件文物的总登记号，也不能在此号下另补上一件文物，只能让它永远空着。这样，当需要时，就可以按照这个总登记号查到原文物有关的一切记录。总登记号应用小字清晰地写在藏品的适当部位（不妨碍观瞻，不易摩擦之处）或标签上，并回注在入馆凭证（清册）上，使账、物、证、卡等上面的总登记号完全一致。

一件文物如果拨交给另一个博物馆，接收的博物馆不能仍使用它原来的总登记号，而应另编本馆的新的总登记号。原博物馆的总登记号则作为这件文物的历史记录号（原始号、原号），登记在有关账、卡上。

各博物馆均有各自的总登记号，过去为区别收藏的馆别，北京各大馆均在总登记号前加一本馆的代号，如故宫博物院使用"故字×××号"，中国革命博物馆使用"GB×××号"，中国历史博物馆则为"LB×××号"，中国人民革命军事博物馆的为"JB×××号"，现在带有这些馆别代号的藏品在这些馆中仍可见到。

过去还曾有以文物入库年份加在总登记号前的，如54·×××（1954年入库的第×××号）。例如西安市文物管理处的一件藏品，唐彩绘三节罐，总登记号为73·061，表示该藏品是1973年出土并收藏的，并且这件藏品是这一年收藏的第61件藏品。这种编号每年都从一号开始，这样的好处是按年份查找文物比较方便，但这种查找文物的机会不多，且都是数字，一旦年份和后面的数字之间的隔点"·"模糊了，号数就会变得含混不清，这种方法不太实用，只有在发掘品编号时还使用。有的前边加上墓葬号，这种编号对查找文物出土来源较方便，但出土文物在收入博物馆时应另编本馆的总登记号，原来的编号则作为历史记录号记入相应的账、卡上。

一件文物除总登记号外，因为其他需要还应有各种编号，如分类号、库藏号、编目号等。这些号各有不同的作用，而总登记号则是文物的主号，其他各种都是辅助号。因此为了保持文物的整洁、美观，文物上以只写一个总登记号为原则。

第二，总登记号标写在文物上的注意事项。

①文物器形各异，标号位置不可能完全一致，标写时，不能影响文物的面貌、内容及美观，更不能损伤文物本身，应结合实际，选择最恰当的位置。

②标号的位置应该比较一致，以利于查号。

③写号时字迹要端正、清晰、牢固。

④文物上以标总登记号为原则，将文物上原有其他号码除去时应抄写在有关账、卡上备查。

⑤标号需用漆来写。选择材料要科学，既比较牢固又需能除掉。一般是深色文物用淡色漆写，淡色文物用深色漆写，用色需一致，不能五颜六色，一般常见的为红色漆。

⑥纸质及织绣文物的总登记号需用墨汁书写，不准直接写在文物上，可用薄纸标签写号贴在纸质品上，用绸标条写号缝在织绣品上。

⑦无处标号的过小文物可将总登记号写在封套盒子上。不宜写号的文物，可用硬纸、羊皮等作挂签写号系挂。

⑧文物附件上也要标写总登记号，并在总账备注栏中注明附件。

第三，文物上标写总登记号的位置。

（1）写在文物底部的边缘上不易摩擦处：

①平底的文物，不论方形圆形，都可写在底部边缘上。

②圈足器物，写在圈足的里沿上。

③三足或四足器物，写在一个足的下端里侧。

（2）写在文物的其他部位上：

①铜镜、银币等，有一定厚度，可写在厚边上，或写在反面没有花纹的边缘上。

②印玺、封泥等，写在没有文字面的左角。

③在陈列时需悬挂的灯、编钟等，写在下面开口处的里侧或边缘。

④碑刻、画像石、壁画等，写在顶端的左角。

（3）其他文物的标号部位：

①发掘出土的细小文物或腐朽夹土文物以及谷物、瓜种、炭矿渣等，总登记号写在标签上贴到盛装的瓶、盒上。

②发掘出土的金属器，如表面锈斑较厚，剥蚀很重，极不光滑，可在非主要面选一平坦处，先涂白漆再写号。

③服装、佩饰，总登记号写在绸标条上：a.上衣缝在大襟近领口里面。b.裳、裙、裤，缝在后身腰围里面中部。c.冠、巾、帽、鞋、靴、袜，缝在开口处的里面。d.香囊、香袋、荷包，缝在开口处里侧。

④书画及织绣书画，总登记号均写在标签上：a.裱成卷轴的，贴在卷轴背面签条下端，与卷轴的下边平齐。b.册页，贴在背面左下角，与册页下边平齐。c.扇面，贴在背面左下角，与背面下边平齐。d.盛装文物的木匣、锦囊，另贴一个与文物相同号码的标签，位置也在左下角。e.契约、写经、奏折、账册等，贴在背面左下角。f.如两面均有文或画的，则贴在背面左下角空白处。

3. 分类号

此项是指藏品的分类号，它属于藏品的辅助号，是除总登记号以外较为重要的一个编号。它是根据藏品类别的划分而编排的，标志着该藏品在博物馆全部藏品中所属的类别，以及在馆藏藏品分类体系中的位置和先后次序。分类号的编排便于藏品的保管和检索提用。分类号要在藏品分类基础上进行编排，确立下来后即可登入藏品总登记账上以及有关卡片上。为保持文物的整洁，分类号则不标写在文物藏品上。

4. 名称

此项是指藏品的定名。藏品定名要科学、准确和规范化，力求简明、确切，应以揭示藏品的主要内容和特征为原则，一般可沿用原名，如果原名与原物不符或明显不合适，则必须重新定名。定名应遵守以下原则：自然标本按照国际通用的有关动物、植物、矿物和岩石的命名法规定名；历史文物定名一般应有三个组成部分，即年代、款识或作者；特征、纹饰或颜色；器形或用途。关于定名问题，我们已在第四章第三节内容中专门进行了讨论。

5. 时代

此项是指藏品所属的时代而言，一般指藏品制作、使用、形成或存在的时代。登记时则可按藏品所属的公元纪年、天文年代、地质年代、考古学年代、中国历史学年代或历史时期而定。也可以按照帝王纪年、历史事件纪年而定。中华人民共和国成立以前的文物，有具体纪年的写具体纪年，并加注公元纪年；具体纪年不明的写历史朝代或历史时期。中华人民共和国成立后的文物，一律写公元纪年。具体登记方法如下：

馆藏历史文物本身上有具体年代的，则应抄录其原有历史纪年，并将换算好的公元纪年加注在后边的括号内。如三国时一件青瓷虎子上刻有"赤乌十四年"，根据《中国历史纪年表》可知是公元251年，所以登录时可写为"赤乌十四年（公元251年）"，再如"大中拾年（公元856年）"。

但1840年以后的文物，如系按近代藏品进行登记的，其时代这一栏应一律将公元纪年写在前边，将朝代年号写在后边，并加上括号。如1891年（清光绪十七年），1852年（太平天国乙荣二年），1939年（民国二十八年）等。凡文物上有具体年、月、日的，都应全部照录，如1919年5月4日、1935年12月9日等。

馆藏历史文物上没有制作、生产的具体年代的，应根据其内容、形式、特征、质地等全方位考证出其所存在的时间范围，包括历史朝代、历史时期、××时期、××年代等。

凡属原始社会文物，经考证，确知旧石器时代的，或新石器时代的，就不写原始社会，而应写明"旧石器时代"或"新石器时代"。又如新石器时代遗物，经考证能注明考古学文化的要具体注明，如新石器时代仰韶文化、新石器时代红山文化等。

凡属历史朝代的文物，应写各历史朝代称谓，其称谓应以文物出版社出版的《中国历史年代简表》[①]为准。

少数民族建立政权的文物，应写正史纪年，并在括号内注明少数民族政权年号。

---

① 文物出版社编：《中国历史年代简表》，文物出版社，2001年10月版。

农民起义、农民战争、农民政权的文物，应写正史纪年，并在括号内注明农民政权年号。

1840年以后的近、现代文物年代，具体纪年不明的，可视文物具体情况，写明某历史时期，例如，"旧民主主义革命时期""新民主主义革命时期""社会主义革命和建设时期"等；其中能确认为某一历史事件期间或某一政府统治时期的文物，可以以"某某事件"或"某某政府"名称后加"时期"二字来标明其年代。如"辛亥革命时期""五四运动时期""广州国民政府时期""武汉国民政府时期"等。

外国文物可按外国纪年登记，标注方式为文物所属国别及纪年年代信息，并在其后括号内加注公元纪年，如日本明治二十年（公元1887年）。

2013年发布的《馆藏文物登录规范（WW/T 0017-2013）》[1]中，对藏品登记的年代问题也做了规范说明，并附录了"中国历史年代简表"，具体内容如下。

【附】中国历史年代简表[2]

	夏	约公元前2070～公元前1600年
	商	公元前1600～公元前1046年
周	西周	公元前1046～公元前771年
	东周	公元前770～公元前256年
	春秋时代	公元前770～公元前476年
	战国时代	公元前475～公元前221年
	秦	公元前221～公元前206年
汉	西汉	公元前206～公元25年
	东汉	公元25～220年
三国	魏	公元220～265年
	蜀	公元221～263年
	吴	公元222～280年
	西晋	公元265～317年
东晋十六国	东晋	公元317～420年
	十六国	公元304～439年

---

[1] 《馆藏文物登录规范（WW/T 0017-2013）》，载第一次全国可移动文物普查工作办公室编：《第一次全国可移动文物普查工作手册（修订版）》，文物出版社，2014年1月第2版，第415—418页。

[2] 节选自《馆藏文物登录规范》（WW/T0017-2013）附录F：表F.1。

续表

南北朝	南朝	宋	公元420~479年
		齐	公元479~502年
		梁	公元502~557年
		陈	公元557~589年
	北朝	北魏	公元386~534年
		东魏北齐	公元534~550年
		西魏北周	公元550~577年
隋			公元581~618年
唐			公元618~907年
五代十国		后梁	公元907~923年
		后唐	公元923~936年
		后晋	公元936~947年
		后汉	公元947~950年
		后周	公元951~960年
		十国	公元902~979年
宋		北宋	公元960~1127年
		南宋	公元1127~1279年
辽			公元907~1125年
西夏			公元1038~1227年
金			公元1115~1234年
元			公元1206~1368年
明			公元1368~1644年
清			公元1616~1911年
中华民国			公元1912~1949年
中华人民共和国			1949年10月1日成立

6. 数量（件数、单位、实际数量）

此项是指文物藏品的计件而言。它与文物的总登记号又是密不可分的。虽然有一个总登记号，但是由于文物的组成较复杂，所以文物的计件也很复杂。这样就应该有一个计件的原则规定，以便使计件工作达到统一标准。为此，1986年文化部颁发的《博物馆藏品管理办法》中对计件原则规定为："单件藏品编一个号，按一件计算；成套藏品按不同情况分别处理：组成部分可以独立存在的，按个体编号计件；组成部分不能独立存在的，按整体编一个号（其组成部分可列分号），也按一件计算。"目前这个规定已成为全国各博物馆文物藏品计件的原则。为登记方便，国家文物局制订的藏品总登记账的栏目格式有所变新，在"数量"栏中，分列"件数、单位、实际数量",这样成套藏品登记数量时,按一件计算,单位为一套,写明具体组成的实际数量,以便查对和统计。

根据上述计件原则,在实际工作中,藏品计件又可分为以下几种情况分别对待:

①对一般文物的计件,应从文物组成的实际出发,以便于文物提取时的计数为原则,不可分割的就计为一件。如筷子,应以一双为一件,记一个总登记号,单位是双,在实际数量栏中注明二支。又如鞋子以一双为一件,在实际数量栏中注明二只;念珠以一串为一件,记一个总登记号,在实际数量栏中注明108颗。

②有些文物是由几个单件(或叫部件)组成的。如盖碗:清嘉庆款粉彩御制诗盖碗,是由盖、碗、托三个单件组成的,不能分开;如果分开,那么这件藏品的名称就不能叫盖碗了,所以盖碗这类藏品计件就应以一套为一件,有一个总登记号,在备注栏内注明盖碗是由盖、碗、托组成的。再如唐代的塔式罐(三节罐)也是如此,它是由盖、罐、座组成的,计件时也应以一套为一件,在总账备注栏中加以注明。

③对文物附件的计件方法:文物有的有附件,如水盂、附有勺;炉附有托;瓶附有座等;这种附件有时是可有可无的,文物的附件如果丢失了,文物本身仍旧是一件藏品。因此文物附件不能单独占有一个总登记号,也不能有分号,只能与文物同用一个总登记号,计一件,在总账备注栏中注明该文物有附件,其附件是什么。

④成组文物的计件:有些文物习惯上由几件组成一组,如七珍、八宝。以清康熙五彩十二月花卉图诗杯为例,这一套应由十二件组成,计件时以一套为一件,给一个总登记号,在实际数量栏中注明几件。同时,为提取使用方便,组成一套的每一件再分别给一个分号,形如$\frac{1}{12}$、$\frac{2}{12}$或×××/12-1/,12-2……这样文物的计件,有时以一个总登记号为一件,有时一个分号就是一件藏品。所以博物馆总登记账上的总登记号的数目不等于藏品的总数,文物总登记账也不是收付式的累计账,而是以登记各栏内容为主的登记账。馆藏文物数字统计标准以"总登记号"数为准。如需具体数字时可再计算件数。上报藏品数可报为共有××××号藏品,共计×××××件;或×××××件/套。

⑤如果一套文物中缺少几件,就不能以一套为一件而只给一个总登记号。但存留的单件或几个单件仍旧是一件或几件文物,可单独占一个或几个总登记号。也就是说,存留的每一件分别给一个总登记号,各自按独立的一件计算。

⑥重复品的计件方法:有些文物有许多相同的重复品,如货币,可将其中定级为珍贵文物一、二、三级的,每个给一个总登记号。为减少一般级别的逐件登记的麻烦,则可以选择其中若干件品相较好的逐件登记,每件给一个总登记号,其余不论多少,都列为重复品,给一个总登记号,在实际数量栏下记上总的数目。并记入重复品账(复件文物登记账)中。这样既方便了藏品登记工作,同时也利于今后开展馆际交换等工作。

7. 尺寸、重量

此栏内容涉及藏品测量计量问题，并为今后绘图工作做准备。藏品计量，包括尺寸和重量两个内容。一般文物只测量其尺寸即可，对贵重文物，特大的文物或特小的文物则还要测量其重量。计量时一律按照国家计量总局公布的统一法定计量单位办理。尺寸长度一般以厘米为基本单位，特大者用米；重量一般以克为基本单位，特大者用千克。一件藏品一般测量三个尺寸，即高、口径、底径或足距；或长、宽、厚；或纵横。如果某一部分无法计量时则可从略。口径一律用外径。

第一，具体测量藏品尺寸的规则如下：

①书画，要量本幅的纵（上下尺寸）、横（左右尺寸），重要的作品则还要量全幅的纵、横。

②器物，一般要量高、口径、底径或足距（圈足器物量足径，带三足或四足的器物则要量足距），重要的文物还要量颈长、肩宽、腹径、耳高、足高等。

③墨，一般量长、宽及厚度。

④玺印，一般量印高、印面的纵横或直径（圆形印面）。

⑤雕塑像，一般量高、底径和最宽处等。

⑥贵重的文物藏品，特大的或特小的文物，则还应测量它们的重量。如司母戊（后母戊）方鼎重约875千克。

⑦量高，如果有盖、有耳、有柄，高出器物本身，应将器身以上的部分一并计算在高度内，称通耳高、通盖高、通高，如司母戊（后母戊）方鼎通高133厘米。如果座、盖是另配的木质座、木质盖或后配的同质座、盖，则都不计算在高度内。

⑧量口径，长方形的量其长宽或纵横；圆形的量其直径；花瓣形及其他形状的，口径要量它的最大直径；椭圆形的，量其最长径和最短径。造型不规则的器物，如口缘高低不平，口唇、口缘的圆径宽窄不等，测量时则量它的最高最宽处。器口无论厚薄，向外折唇无论多宽，都计算最宽的外径。

⑨量底径（或足距），长方形或圆形有四足的，量其长与宽两面的足距；有三足的，量其最宽一面的足距；无论何种形式，都以足的最下端的距离为准。圈足器物则测量其圈足的底径，取其最大直径。

第二，测量方法如下：

（1）平面文物：可先量上下（纵），后量左右（横）。

（2）立体文物：先量高度，后量上下口径（底径），最后是左右即最宽处，登记时写为高度、口径、底径、腹径。

（3）高度的测量：①平底、平口的器物，在顶口上覆一横尺，旁边立一竖尺，以竖尺计高度。②尖顶的器物，在器顶上横一三角尺，器物旁边立一竖尺，竖尺与三角尺的直边呈直角，以竖尺刻度计高度。

（4）测量腹径：①用卡尺直接测量。②在器物两旁各立一竖尺，再用一直尺测量两竖尺之间的距离，所得尺寸即为腹径。

（5）大型器物的具体测量方法：

①在图板或平整的桌面上铺一张米格纸，在纸的边框上标出尺度。把一支加上木座的大型三角板的长直角边，在标着"O"的纵线上垂直立起。然后把要画的器物放在这张米格纸上，使它最宽的部分和三角板的直立边相接触。器物固定好位置后，在整个测量及绘图过程中不要再移动（见图5-1）。

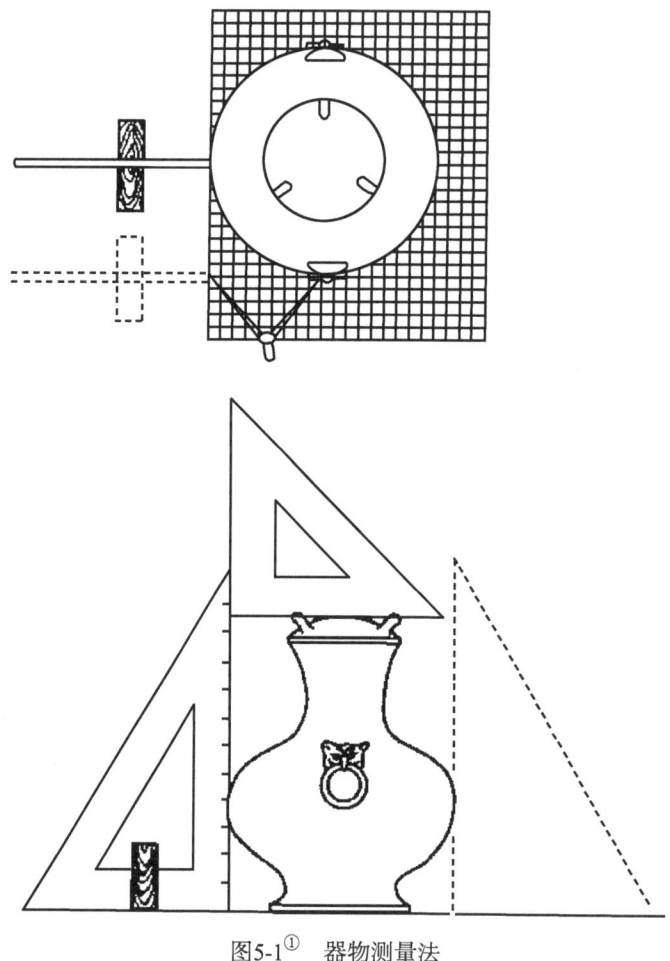

图5-1[①]　器物测量法

②量总高度的方法：在器顶立一三角板，这时应使两个三角板的直角边相吻合。

③量底径，可以在米格纸上看器底边缘压着哪两条纵线，比如压在5厘米和24厘米两条线上，底径就是19厘米。

④量最大腹径，可以把竖立的三角板移到对面或在对面再立一三角板，从两个三

---

① 引自冯恩学主编：《田野考古学》，吉林大学出版社，2008年1月第1版，第220页。

角板直立边所压的纵线就可读出最大腹径。

⑤器壁的厚度,一般要用弯脚的卡尺测量,才能量得准确,以便绘图时画得准确。

⑥测量小件器物的厚度、直径,往往要用卡尺才能测得准确。如果没有卡尺,可按图5-2的办法进行测量。

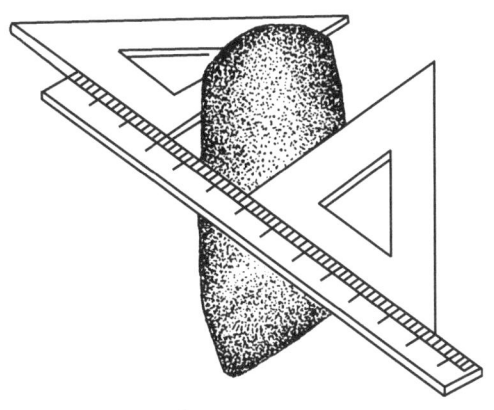

图5-2[①]　测量石斧的厚度

第三,测量使用的工具:圆规、量角器、三角尺、有刻度的直尺、软尺、钢卷尺、皮尺、弯脚卡尺、橡皮和小刀等。三角尺和直尺最好是透明的,在测量以及将来绘图时都更方便。

8.质地

此栏需登记的是指构成藏品的最基本物质,有时包括制作方式。此栏登记时一定要写明构成藏品质地的具体名称,即在能鉴定清楚具体质地的情况下,尽可能写明具体成分。例如,铜有红铜、黄铜、青铜之分,如能测定清楚,就具体写明红铜、黄铜、青铜;如弄不清楚时,则就只写铜即可。又如纸质文物,如能分清是宣纸、毛边纸、马兰纸、新闻纸等,就具体写清楚,如果分不清楚,则统称写纸。

此栏登记时,对有些藏品除需写明质地的具体名称外,有时还要标明制作方式,如陶质、彩绘;纸质、铅印;毛质、针织;布质、刺绣等。

如果一件藏品由多种质地构成,则应择其主要质地加以登记。例如1953年江苏宜兴西晋周处墓出土的一件带饰,其组成中同时含有铝和银两种成分,经过科学鉴定可知其主体成分是银质的,因此这件藏品的质地栏则应填写为银质。

此栏内容的登记目的在于区别馆藏文物藏品载体的种类,因此在制卡、登账时,一般只需简要地加以注明即可,如铁、木、陶、玉、石、纸等。

---

① 引自吉林大学历史系考古专业、河北省文物管理处编:《工农考古基础知识》,文物出版社,1978年3月第1版,第64页。

9. 完残情况

此项内容指馆藏文物的完整、损伤、残缺或污染的具体状况。完残情况的登记是文物藏品登记中的一项重要内容，藏品的完残程度与藏品的价值关系很大，陈列、研究、出版等都挑选完整的文物。保管人员按照文物完残情况的记载，来明确对文物保管的责任。此外，还可根据完残情况的记载，经常核对并可发现文物伤残的状况是否还在自然扩大，以便及时采取妥善的保护措施。如果完残情况记载不详或没有记载，常常会引起纠纷和出现漏洞，甚至会被违法分子窃取残件、贵重的嵌件或有意地破坏。完残情况记录同藏品总账的其他各项内容一样不能擅自更改。

文物藏品的破残，包括文物藏品本身的破残和附件的残缺、破损。对文物藏品自身的破残，要写清破残缘由，注明位置和程度。同时还要注明数量、大小及色泽等。如详细写明"画幅大树干有虫蛀三处"。如果文物藏品损伤十分严重，无法用文字注明，则要拍摄洗印全部或局部的放大照片。

文物藏品的附件，有的破残明显，如器盖上缺嵌件或已有凹处，书画短缺轴头、别子等，这些能明确知道的可以直接注明。但也有一些一时难以辨明清楚，如绘画手卷缺少某题跋，在没有查明有关资料的情况下就不易弄清；又如水盂中的水勺，有时可能有也可能没有。对于这些情况下的文物藏品的附件是否缺损问题，在没有核查清楚前不必凭猜测加以注明。

第一，由于文物藏品的完残情况多种多样，填写时要求所用语言要规范，大体可按下列几种情况加以记载：

①完整：凡藏品现状没有损伤、残缺等情况者，可写"完整"二字。要求用词要明确，不要含糊其辞，完整就是完整，不要加任何修饰词。如"基本完整"这种用词比较含混，令人摸不着边际，不明其意，是应避免使用的。

②残破：凡藏品的现状局部有破损，但不影响文物整个形体及内容的完整者，可写残破。并且视不同情况具体写，如破洞，指局部破损，破处较大者；破孔，指局部破损、破处较小者；裂口，有裂缝且已开裂者；裂纹，裂缝尚未开裂者；磨损，指摩擦受损伤者，等等。

③发霉：凡藏品因受潮遭霉菌侵蚀而发生变化者，可写发霉。视不同情况具体表述如下：霉点，发霉有零散小点者；霉斑，发霉已结成块、片者；霉迹，指发霉物体经洗刷后仍留有陈迹者，等等。

④皱折：凡藏品因收缩或人为的揉弄而形成的条纹，可写皱折，具体可分为皱痕，指皱折痕迹零乱者；折痕，因折叠有所损伤的痕迹；折断，因折叠而断裂。

⑤污迹：凡藏品被油、墨等沾染的污垢，可写污迹，如油污、墨污等。

⑥脱浆、脱线：凡藏品装裱或装订处的糨糊失去黏性，或装订线断开，接缝脱开者，可写脱浆、脱线等。

⑦生锈：凡金属质地藏品因氧化生锈，写生锈，具体分为铜锈、铁锈，锈蚀则指氧化腐蚀较重者等。

⑧褪色：凡藏品因年久颜色变浅者可写褪色。

⑨焦脆：凡藏品因年久变硬发脆者可写焦脆。

⑩残缺：凡藏品的现状缺某个组成部分，致使藏品整体形态及内容不完整者，可写残缺。注明残缺时，还应将残缺部件、部位及残缺数量等情况写具体。例如，书，缺护封及第4、5页；衣服：缺纽扣2颗；枪，缺扳机和瞄准距等。

第二，书画、器物类藏品一般常用的破残名称术语举例如下：

书画类：折痕、折裂、撕折、揉皱、脱浆、剥落、脏痕、霉斑、污点、油迹、泥斑、水渍、反铅、蛀洞、烟熏、变色、褪色、泛黄等。

器物类：破碎、伤残、锉伤、剥落、磕伤、磕瘪、锈伤、锈蚀、磨伤、脱漆、伤彩、断裂、脱釉、伤釉、爆釉、粘釉、起泡、开片、烟熏、芒口、镪口、划痕、铜补、变形、有璺等。

总之，填写此项内容时应注意：必须认真察看藏品的全部现状，同时选择现状描述术语要贴切、简练。

2013年发布的《馆藏文物登录规范（WW/T 0017-2013）》中附录有馆藏文物完残状况的登记规范说明[①]，具体内容如下。

【附】馆藏文物完残状况说明

完残情况	完残状况举例
残破	凡馆藏文物的现状局部破损，但不影响馆藏文物整个构体和内容的完整，可写残破，如破洞（指局部破损、破处较大者）、破孔（指局部破损、破处较小者）、裂口（裂缝已裂开）、裂纹（裂缝未裂开）、磨损（摩擦受损）等
残缺	凡馆藏文物的现状缺某个组成部分致使藏品构件和内容不完整者，可写残缺。写残缺时，应将残缺部件、部位和残缺数量写具体
霉变	凡馆藏文物因受潮遭菌侵蚀而发生变化，可写霉变，如霉点（发霉有零散小点者）、霉斑（发霉已结成块、片者）、霉迹等
褶皱	凡馆藏文物因收缩或人为的揉弄而形成的条纹，可写皱折（皱折痕迹凌乱者）、折痕（因折叠有所损伤的痕迹）
污渍	凡馆藏文物被油、墨等沾染的污垢，可写污迹，如油污、墨污等
脱浆、脱线	凡藏品装订处的糨糊失去黏性或装订线断、接缝脱开者，可写脱浆、脱线等

---

① 《馆藏文物登录规范（WW/T 0017-2013）》，载第一次全国可移动文物普查工作办公室编：《第一次全国可移动文物普查工作手册（修订版）》，文物出版社，2014年1月第2版，第419—420页。

续表

完残情况	完残状况举例
生锈	凡金属质地馆藏文物因氧化生锈，如铜锈、铁锈、腐蚀（氧化腐蚀较重者）等
褪色	凡馆藏文物年久颜色变浅者，写褪色
焦脆	凡馆藏文物年久变硬发脆者，写焦脆

10. 来源

此项内容需填写的是藏品的搜集方式以及所来自的单位或个人。

藏品的搜集途径有多种多样，藏品的来源也就很多。因此，在具体登记来源时，凡系搜集而来的藏品，一定要写明具体来自的单位、地区或个人，并注明藏品搜集途径，如"发掘""采集""收购""拨交""移交""交换""拣选""捐赠""旧藏""通过拍卖所得"等。自然标本应写明采集时间和采集地点；文物出土地点一定要写详细、写全，如1953年7月15日出土于某省、市、县、镇、村等；近现代历史文物应写明与使用者和保存者的关系。无论何种来源，都应注明入馆日期。并且入馆日期必须写全，如1953年5月9日，不得缩写为53、5、9，以避免年久后辨认不出具体时间来。

11. 入馆凭证号

此栏指填写博物馆在接收文物标本等入馆时的凭证上的编号，如1973年第2批第5号。设立此栏主要解决入馆的凭证与账册相挂钩问题。因此各博物馆在建立、健全藏品总登记账的工作中，要准确地登记此栏内容，以便把入馆凭证与总账上的藏品编号有机地衔接起来，有利于今后查考文物标本等。如果此项内容任意缺漏，势必给今后查考文物标本等的工作带来诸多不便。此栏内容的填写，只要按照入馆凭证上的批号或编号，仔细认真地登记即可。

12. 注销凭证号

此栏指填写博物馆因各种原因而注销藏品时的凭证上的编号，如一件拨出文物，其凭证上的编号为（1982）拨字第1号。馆藏文物因外拨、交换、退还、损毁、处理等原因，其所有权不再属于博物馆时，要由相关人员填写上述各种情况下的支出凭证，并报上级文物行政主管部门批准之后，由登记人员在藏品总登记账上加以注销。注销时，由登记人员在登记该件藏品的各栏处划上红线，在注销凭证号栏中，注明凭证名称、编号、批准文件号、藏品注销原因及去向，并加盖经手人私章。此栏内容的填写主要解决藏品支出与藏品总登记账相挂钩问题，以便于今后查找藏品的去向。此栏内容的登记要及时、完整、准确，避免藏品管理上的混乱。

13. 级别

此栏指藏品的等级。文物藏品的级别的确立，是在对藏品进行鉴定研究基础上进行的。文化部在2001年4月5日颁发了《文物藏品定级标准》，2006年8月5日发布了《古籍定级标准》；国家文物局2003年5月13日印发《近现代一级文物藏品定级标准（试行）》。各博物馆应根据这些标准，结合本馆藏品的实际情况，邀请专家学者认真开展藏品定级工作。文物藏品的级别确定下来后，就可以按照该件藏品的实际定级情况来填写"级别"这栏的内容。文物藏品级别一般分为珍贵文物和一般文物；珍贵文物分为一、二、三级。此栏填写，应按实际定级情况填写。有关藏品级别的确定及藏品定级的相关问题已在第四章第二节中做过介绍，此处不再赘述。

14. 备注

总账的备注栏一般填写文物的收购价格、捐赠奖金及上述各栏中需要补充说明的事项。如文物有附件，一般则在备注栏中注明附件是什么。

藏品总登记账是国家和民族科学文化财产账，总账的登记工作是一项严肃认真的工作。它要求保证总账的准确性和完整性。总账登记结束后，要由总登记人、保管部门负责人，以至主管业务的馆长共同审查，并设专人负责管理，永久保存。总账建立后，还要及时地建立总账的查阅制度，任何人不得随意翻动总账。

2013年发布的《馆藏文物登录规范（WW/T 0017-2013）》中附录有"馆藏文物基本信息登录说明"[①]，可作为藏品登记的参考。

【附】藏品登记相关标准规范目录

标准编号	标准名称	发布部门	实施日期
WW/T 0017—2013	馆藏文物登录规范	中华人民共和国国家文物局	2013-08-15

---

① 《馆藏文物登录规范（WW/T 0017-2013）》，载第一次全国可移动文物普查工作办公室编：《第一次全国可移动文物普查工作手册（修订版）》，文物出版社，2014年1月第2版，第393—396页。

第六章 藏品分类

藏品分类是藏品入库（分库）保管的前提。藏品分类法一直是文博界专家、学者研究的重点与热门课题，科学的分类有利于藏品的永久保存，全国统一的分类法则有利于全国范围馆藏文物资源的共享。因而，藏品分类的统一始终是讨论的重点。藏品分类研究已有所进展，也产生了几个较为成型的分类主张。藏品综合分类法是博物馆常用的分类办法，博物馆藏品分类实例，可为博物馆藏品分类提供参考。

第一节 藏品分类概说

藏品分类，就是划分藏品的类别。藏品如何划分类别，首先要有明确的分类目的和原则要求，还要确定分类对象和分类任务。藏品分类在中国古代就已经出现，而国际上藏品分类法的产生则是近代博物馆产生之后的事情。在中国，器物分类具有悠久的历史，作为藏品分类的前身可谓源远流长。目前，全国统一的藏品分类方法，值得探讨。

一、藏品分类的含义

在我们研究博物馆藏品分类之前，必须首先在概念上弄清什么是"类"，什么是"分类法"，什么是"藏品分类"。

"类"在哲学意义上讲，就是矛盾的个性，矛盾的特殊性，即将宇宙间事物的同一属性予以集中。简单地说，也就是在性质上或形式上具有共同性的事物的集合体。

"类"在我国古代逻辑学中是关于推理原则的基本概念之一，是指事物的相似或相同，在逻辑上即指种类关系。而"类"的原意是指生产的米多了，有好的也有不好的，有圆粒的也有尖嘴的，把它们区别开来好认识，好使用。后来"类"所指的就是把同一属性、同一质地、同一用途的器物区分排比组合在一起，命名为一类。这种组合的根据是从这些器物的共性即相同性出发的。这就是说，类分是着眼于这些器物之间的相同性的。

"分类"，以对象的本质属性或显著特征为根据所作的划分，亦称归类，就是根据事物之间的性质或形式上的同和异把事物集合成类的过程，即把事物区分开来的一种方法。

"分类法"就是对特定范围内的事物，用某种特定的规律所制定的分类方法及其标号。

恩格斯在《自然辩证法》中关于科学分类曾说过："每一门科学都是分析某一个别的运动形式或一系列相互关联和互相转化的运动形式的。因此，科学分类就是这些运动形式本身依据其内部所固有的次序的分类和排列，而它的重要性也正是在这里。"藏品分类的意义也在于此。

藏品分类，就是划分藏品类别，是按一定的原则方法，根据藏品内容性质或形式上的同和异把藏品集合成类的过程，即把具有同一特征的藏品聚集一起，把不具有这一特征的藏品区别出去，另行归类的过程。

二、藏品分类的目的和原则要求

凡是确定为博物馆基本藏品的文物、标本和实物资料等，都需根据其性质、质地、内容等特点进行科学分类。藏品分类的原则应是取决于藏品分类的目的，藏品分类的目的首先是以有利于藏品保护为基础，其次是有利于藏品展陈、科研等利用过程中的检索和提取。

分类的目的和原则要求如下：

第一，博物馆藏品分类必须有利于藏品的科学管理和保护，包括对藏品的整理、登记、编目和研究，进而对藏品进行妥善保管和科学保护，使其不受或少受损伤，能永久地保存下去。妥善保管，重要的是要从构成这件藏品的无机或有机材料的特征、条件，相应的温度、湿度、空气、阳光等环境条件，以及诸种材料之间所发生的破坏性化学变化去着眼。因此，从这一角度考虑，藏品分类最基本的原则应是以质地为依据进行分类，这样就可以为妥善保护和管理创造良好的条件。

第二，博物馆藏品分类必须有利于藏品在陈列、展览、科研等方面的提取和利用。博物馆不但是文物标本实物资料等物件的收藏机构，还是宣传教育机构和科学研究机构，因此，藏品分类应尽量做到有利于藏品的提取利用。而藏品的提取利用则包含着方便、迅速和准确三层意思。所以，藏品分类要做到方便、迅速和准确地提取藏品。

第三，藏品分类的结构体系应具有实用性。从全国各博物馆藏品客观实际出发，藏品分类法应该简单明了，藏品分类的类目必须概念明确，类目设置及其标号，不仅要合乎规律，而且要考虑到人们的思维规律，要做到容易记忆，便于使用。

第四，藏品分类的结构体系应具有科学性。博物馆藏品的分类必须以辩证唯物主义和历史唯物主义思想为指导，遵循科学原理，符合逻辑关系，结合我国文博系统的文物藏品实际情况，来拟定科学、合理的藏品分类法。

第五，藏品分类的结构体系还应具有灵活性。对具有重要科学价值的成组的集品文物，不宜分散存放，在分类时要尽量照顾到这一点，应按墓葬、遗址、窑址等类目进行划分。

第六，藏品分类应该有发展的观点。随着社会文化科学的发展，藏品的内容、种类将随时间推移而不断发展，所以藏品分类法的类目将不断充实增加，任何一劳永逸、一成不变的分类法都是难以存在的，因此要留有发展的空间和增加的余地。

三、藏品分类的对象及任务

博物馆藏品分类的对象是博物馆的藏品，这是毫无疑义的。问题是博物馆的藏品究竟包括哪些东西，其范围究竟有多大，这是我们要探讨的问题。从目前我国博物馆的种类和类型角度来确认藏品的范围，那么大体上博物馆藏品的范围应包括社会科学类型博物馆的藏品，如历史类博物馆、专题类纪念馆、民族类博物馆、民俗民情类博物馆、文化体育类博物馆、艺术类博物馆、工艺美术类博物馆等的藏品；自然科学类博物馆的藏品，如动、植物类博物馆、生物类博物馆、矿物类博物馆、科技类博物馆、各种专业科学学科陈列馆等的藏品；特种博物馆的藏品，如露天博物馆、音像博物馆、煤炭博物馆、茶叶博物馆等的藏品。

如果从藏品本身的类型角度来谈，那么，博物馆藏品大体可归纳为传统的类型和新兴的类型，其中，传统的类型有三个：其一是文物，主要指可移动的库藏文物（包括库藏文物和陈列展览中的文物），不包括不可移动的文物保护单位性质的遗址类文物；其二是自然标本，包括自然博物馆的动、植物标本，矿物标本以及古生物化石标本；其三我们把它称之为实物资料或科技成果的实物样品，主要指特种博物馆中的收藏品以及现代社会中反映先进技术的样品，因为按照历史的观点和文明延续的观点，现代的典型作品和先进科技产品也是将来时代中重要的"历史遗留下来的在文化发展史上有价值的东西"，所以应该同样把它们充实到博物馆的收藏中，作为博物馆藏品的一种类型。随着经济社会发展和博物馆多样性的发展，非实物记录和非物质文化遗产也走进了博物馆，成为博物馆藏品的新类型。

综上所述，博物馆藏品分类的对象是各种类型博物馆中的文物、自然标本、实物资料或科技成果、非实物记录和非物质文化遗产等。

明确了博物馆藏品分类的对象，博物馆藏品分类的任务也就很明了了：首先，藏品分类必须有一个博物馆藏品分类法。为此，要确定博物馆藏品分类的体系，并按照这个分类体系制定一个博物馆藏品分类法作为藏品分类的依据。其次，为了使藏品分类能按藏品分类法顺利进行，藏品必须有统一的标准化名称，所以博物馆在制定分类法的同时，要确定一个博物馆藏品定名标准及条例，把藏品名称规范化。第三，在制定藏品分类法的同时，制定一个科学的、易记的类目标号。最后，就是依据上文所述藏品分类的目的和原则要求，按照所制定的藏品分类法对博物馆藏品进行具体分类。

四、分类的简史与藏品分类的现状

器物分类在中国古代就已经出现，而国际上藏品分类法的产生则是近代博物馆产生之后的事情。

（一）分类简史

1. 器物分类

在中国，器物分类具有悠久的历史，作为藏品分类的前身可谓源远流长。中国古代对器物的称谓，就已经有了类分区别，如法度之器曰彝器，鼎、簋、瓯、豆、钟、镈为礼器，称戈、矛、剑、戟、戚、钺为兵器，金（钟、铃等）、石（磬等）、土（埙等）、革（鼓等）、丝（琴、瑟等）、木（柷、敔等）、匏（笙、竽等）、竹（管、箫等）为乐器。殷周时就已把铜器分为礼器、乐器、兵器、度量衡器、杂器五大类。到了宋代，北宋学者吕大临在宫廷中专职保管古器物，他把自己所见到的青铜器，编成我国第一部研究古器物学的专著《考古图》，先按照时代将青铜器分为商周器和秦汉器两大类，并在此基础上，再按器物形制分类，细分为鼎、鬲、甗、簋，簠、彝、卣、尊、壶、罍、爵、豆、杂食器，盘，钟磬镈等九大属。宋宣和五年后，由王黼撰《宣和博古图》，亦称《博古图录》，把从商周至唐代内府所藏青铜器首先划分二十二类，即鼎、尊、瓶、壶、爵、角、杯、敦、豆、鬲、𨨛斗、瓿、匜、盘、洗、钟、磬、弩机、奁、砚、刀笔杖头、鉴。每类之下，再或按时代先后排组；或从器物上的装饰内容或按质地区分，共一百二十门。例如鉴，先分为"乾象门""水浮门""诗辞门""善颂门""杖乳门""龙凤门""素质门""铁鉴门"等八门，其下再依汉唐编次。明代洪武年间出版的曹昭著的《格古要论》，将文物首先分为古铜器、古画、古墨迹、古碑法帖、古琴、古砚、珍宝、金钱、古窑器、古漆器、锦绮、异木、异石十三门，每门之下再根据各自不同情况进一步细分类目，例如"珍宝"门下细分为各种玉类，玉器、玛瑙、水晶、玻璃、珍珠、珊瑚、犀角等。"异石"门下细分为云璧石、土玛瑙、红丝石、竹叶玛瑙石、云母石、南阳石、川石、英石、试金石、湖山石、石琉璃、霞石、乌石等类。清代文物分类非常发达，器物分类不再是笼统地分为金、石等类，而是开始变得更加详细、具体，具有科学性。例如冯云鹏、冯云鹓合撰《金石索》中，对器物的分类更进一步，在《金索》中分钟鼎、戈戟、量度、杂器、泉刀、玺印、镜鉴等七类，在《石索》中分碑碣、瓦砖二类。并且清代已有多种分类撰写的专著出版，铜器、石刻、陶器、瓷器、钱币、印玺、玉器、书画等，都有专著问世，如《西清古鉴》《陶说》《景德镇陶录》《南窑笔记》《古泉汇》《古玉图考》《佩文斋书画谱》等。

近代学者罗振玉在其《与友人论古器物学书》中提出他的分类法，同时指出，"古器之类别至繁，今约之为十五目。"他把古器物分为礼器、乐器、车马器、古兵器、度量衡诸器、泉币、符契玺印、服御诸器、明器、古玉、古陶、瓦当砖甓、古器抚苑、图画刻石、甓像等。其中明器一目，罗振玉在其《古明器图录序》中又分为四类："人物鬼神为先，田宅车服井臼次之，家畜又次，而古画砖为之殿。"

2. 藏品分类

国际上，从17世纪后期开始，在欧洲和美洲等地先后出现了早期的公共博物馆。但国际社会的博物馆，在历史上曾经很长时期藏品库和陈列室是合二为一的，不讲究陈列体系和方法，藏品陈列拥挤，层次不清，甚至到1786年人们参观不列颠博物馆时还抱怨，"除了一些鱼类被分类处理外，一切都无秩序，没有适当的分类陈列，文物杂处，如同一间大杂院。"

随着科学的进步和人们审美观念的变化，博物馆工作的科学水平得到新的提高。丹麦哥本哈根国家博物馆的首席馆长汤姆森，在当时古物藏品与各种没有考古意义的古玩杂乱地堆放在一间小屋的情况下，依据武器与工具的制作材料，把它们划分为石器、青铜器和铁器三组，并把博物馆的陈列，更科学地组织起来。1836年汤姆森在《国家古物指南》一书中，详细阐述了他的划分方案，提出石器时代、青铜器时代和铁器时代三期说，不少国家竞相采用。1852年德国纽伦堡日耳曼博物馆建立，把藏品分别编入史前时代、罗马时代、德国时代三大系统中，而每一系统又按"法治生活""教会生活""教育生活""农业""美术""手工业""科学"等项目加以分类。

我国近代博物馆，对藏品的分类一般都很简单，并且各有一套办法，各有特点。我国近代实业家张謇创建的南通博物苑，是我国近代意义上的第一座博物馆，张謇把南通博物苑的藏品分为历史、美术、自然三大部分。其中历史文物又分为金、玉石、陶瓷、拓本、土木、乐器、画像、卜筮、军器、刑具、狱具等；美术品分为书画、雕刻、漆塑、织绣、缂丝、编物、文具等类；自然标本则包括中外动、植、矿物标本，如日本的三叶虫、货币虫化石，南洋群岛的猩猩，印度的鳄鱼、俄罗斯的斑鼠，美洲的蜂鸟，非洲的鸵鸟，爪哇的孔雀，朝鲜的笔贝等等，基本上是按地区划分，每一地区内再分为动物、植物、矿物等。

1926年10月10日正式开馆的原中国历史博物馆（现中国国家博物馆）的前身"北京国立历史博物馆"，是民国时期所建成的第一座向国民开放、初具现代化雏形的新兴国家历史博物馆。在其开馆之初，藏品已达到215177件。这些藏品划分为26类：金类、石器、刻石、甲骨刻辞、玉类、陶器、明器、俑类、陶类、砖瓦、木器兵器、衣冠、地图、画像、碑帖、唐人写经、宋代精椠、板片、明清册命题奏、试卷、武试用器、前代御用器、现代国际纪念品、模型、照片；还有新收三代至清末古货币一份。

1931年建馆的河北省第一博物院，是我国第一座收藏研究和展览自然、历史、民族和外国文物的综合性博物馆。根据其综合性博物馆的这一特点，在建馆之初，确定征集物的分类时，定为二十九项，即"（一）动物，（二）植物，（三）矿物及岩石，（四）化石，（五）礼器，（六）货币，（七）简书，（八）符牌，（九）玺印，（十）陶瓷，（十一）武器，（十二）舟车，（十三）建筑，（十四）日用品，（十五）衣服，（十六）佩饰，（十七）农器，（十八）渔猎器，（十九）工用器，（二十）方伎用器，（二十一）宗教用器，（二十二）丧葬婚娶用器，（二十三）古迹风景相片，（二十四）风俗相片，（二十五）世界人种民俗，（二十六）度量衡，（二十七）掌故，（二十八）纪念，（二十九）此外未引入以上各项有研究价值者，均可搜集"。1936年，陈端志在《博物馆学通论》[①]中，把藏品首先分为历史、艺术、考古三大类，然后再据获得材料的途径，每类之下再区别为五门，即购置、捐赠、寄存、采集、交换。1936年出版的费耕雨和费鸿年合撰的《博物馆学概论》[②]中，只提到搜集品的目录没有涉及藏品分类问题，而且对这个目录也讲得很简单，只提出一个"目录号数"，采用"全体连续式"的方法，具体不清楚。曾昭燏、李济在1942年编辑出版的《博物馆》[③]中，没有藏品分类的章节，只是在论述"收藏大纲"时，按照历史、艺术、科学、工艺四个工作部门，分别列出收集材料之范围，可作为藏品分类的参考。相当于把藏品先分为历史、艺术、科学、工艺四大类，然后每类之下再分为若干标目，例如历史类，其下分为食、衣服与服饰、住、行、医药、工艺、社会生活、战争、个人生活、娱乐、知识、宗教和名人遗物等十三门。

中华人民共和国成立后，我国文博界一些专家、学者和一些大型博物馆对分类问题也都有自己的见解和方法。1952年江西省文物管理委员会试行的一套分类办法[④]，把文物分为革命文物、原史、陶瓷、铜铁、玉帛、石木、字画、碑版、乡土、总杂共十门。每门之下再依其各自所含文物的性质、质料、用途、品种等的不同，又细分为十类，如"陶瓷"门下细分为文件，陶，瓷瓶盂，瓷碗碟，瓷像，瓷杂器，砖、瓦、地券，明器、生活用具性质者，明器、宗教性质者，杂等十类；"铜铁"门下细分为文

---

① 陈端志：《博物馆学通论》，上海市博物馆，1936年7月刊行。
② 费耕雨、费鸿年：《博物馆学概论》，上海中华书局，1936年初版；中华书局，1948年7月再次刊行。
③ 曾昭燏、李济：《博物馆》，重庆正中书局，1943年7月版。
④ 谢康：《文物的分类、编号及处理程序》，《文物参考资料》1953年第4期。

件，礼器享器，兵器、度量、镜鉴、造像、铜杂器、铁、铅、锡、杂等十类。这样全部文物分为十门，一百类。1957年，傅振伦先生在其专著《博物馆学概论》[①]中谈道："博物馆为了妥善保管，为研究的方便，一般把藏品分为自然历史、历史、革命史、艺术、技术、经济和资料等类"，并且引用了北京历史博物馆的文物分类表，这种分类表按文物性质分为两大类，传世品和集品。传世品除印章钱币外，再分为十六门类，即石器、玉器、陶器、铜器、金属器、骨器、砖瓦、石刻、漆木、丝织、印章、钱币、书画、杂类、机关团体以及私人的证章、徽章、纪念章、奖章等。"集品"是指发掘品或不可分割的集品而言。

1963年，中国历史博物馆（现中国国家博物馆），就上述分类保管原则做了修改，并提出新的分类方案。这个新方案是除文献拓本外，将全部藏品分为五大类，即一级藏品，考古发掘品、传世品、货币、民族文物。考古发掘品按地区、墓葬、遗址登记。传世品按质地分类，货币按质地年代、形状分类。民族文物按族别分类。故宫博物院在1959年制定的《文物分类大纲》中提出分类的基本原则是"凡属造型艺术，按艺术性质划分；工艺品按质地划分；宫廷器物按功用划分；并照顾到陈列和库藏两方面的要求"。分类采用"类、项、目三级"，分为绘画、法书、碑帖、铭刻、陶瓷、铜器、玉石器、金银器、珍宝、漆器、珐琅器、雕塑、雕刻工艺、其他工艺、织绣、文具、生活用具、钟表仪器、帝后玺册、宗教文物、武备仪仗、善本文献、外国文物、其他藏品、古建类等二十五类。上海博物馆藏品分为书画、雕版、丝绣、竹木、陶器、瓷器、石器、铜器、珐琅器、甲骨、符印、货币、玉器、漆器、石刻、革命文物、少数民族文物、上海出土文物、外国文物、特种工艺美术、杂类等二十一类。原天津艺术博物馆藏品分为陶瓷器、玉石、金属、书法、绘画、铭刻雕塑、文房用具、工艺品、地方民间工艺品九大类。

此外，到20世纪结束之前，当时的天津历史博物馆（现天津博物馆）、南京博物院、山东省博物馆（现山东博物馆）、安徽省博物馆（现安徽博物院）、浙江省博物馆、江西省博物馆、陕西省博物馆（现陕西历史博物馆）、甘肃省博物馆、四川省博物馆（现四川博物院）、广东省博物馆和广西壮族自治区博物馆的历史文物分类，也各有自己的特点，在结构层次方面各有不同。

综上所述，我国博物馆文物藏品分类的发展过程，大体上经历了由古代古器物的分类到近代博物馆的藏品分类，再发展到新中国早期博物馆的文物藏品分类，这样几个发展阶段，最终形成了全国各博物馆的藏品分类各成体系，互不相同的特点和局面。尽管如此，这些分类实践为我国现代博物馆的藏品分类探索了道路，提供了可资借鉴的经验，不失为有益的尝试。

---

① 傅振伦：《博物馆学概论》，上海商务印书馆，1957年8月版。

（二）博物馆藏品分类的现状

藏品分类是博物馆科学研究中的重要内容，被列为藏品管理工作程序之一，也是保管工作的基本业务之一。由于各馆藏品性质、特点、数量及库房条件的不同，各馆制定的分类办法也各有不同。在藏品管理学的研究中，藏品如何分类，使之更合理更科学，还有待于进一步研究。

我国博物馆的类型，以藏品性质和所反映的内容来划分的话，可以分为社会历史类、自然科学类和综合类三个大类，而综合类一般是指包括社会历史和自然科学两大类博物馆的内容，兼具社会科学和自然科学双重性质的博物馆，其实质则是社会历史和自然科学的综合，所以这三种类型的博物馆，就其藏品性质讲，实际上可以归纳为社会历史类和自然科学类两大类。自然科学类博物馆的标本分类方法国际上是自有一套科学统一的分类法。那么我们所要研究的只是社会历史类博物馆的藏品分类法。

1949年后，文博界的前辈和研究藏品分类学的专家、学者和文物行政管理部门，曾经努力设法谋求一个博物馆藏品的统一分类法。早在20世纪50年代，傅振伦先生在其《读"文物分类、编号及处理程序"后的几点意见》[①]一文中，曾提出藏品按质地分类的有识之见；80年代宋伯胤和何直刚先生先后提出《四部四项十进位分类法》和《三系三段分类法》，对博物馆藏品的分类和分类法进行了有益的探讨。1985年国家文物局在福州召开会议，会上讨论了藏品分类，提出了一个《博物馆藏品分类办法》讨论稿；1988年中国博物馆学会保管专业委员会的第二次学术讨论会上，也专门研讨了藏品分类问题，也提出了一个《博物馆藏品分类》的讨论稿。这两个讨论稿的提出至今也都已经逾三十年了，但众说纷纭，迄今仍没有一个公认的、统一的、有权威性的博物馆藏品分类法。全国各地的博物馆在实际工作中，根据本馆藏品特点及库房条件，都分别制定了本馆藏品分类的办法，有的大、中型博物馆藏品分类办法在其本馆内使用多年，早已自成体系。

那么，为什么我国社会历史类博物馆的藏品至今没有一个统一的分类法呢？这主要是因为：第一，博物馆藏品种类繁多，包括自然界和人类社会的全部物质资料，文物形体悬殊，质地各异，很难以类括之。第二，博物馆性质、特点不同，所收藏品不尽相同，很难用一个标准去统一。即使都属于社会历史类博物馆，又有历史类、革命史类、纪念馆类、文化艺术类、民族民俗类之分，所以很难用一个统一的分类法去涵盖一切。第三，目前大家对博物馆藏品分类所应遵循的原则和依据认识尚不统一。制定分类法时，如果原则和依据不一致，必然导致分类方法的不一致。第四，分类目的

---

① 傅振伦：《读"文物分类、编号及处理程序"后的几点意见》，《文物参考资料》1953年第5期。

不一致，因而在分类的导向和标准上很难达成共识。第五，缺乏建立博物馆藏品分类法的科学理论指导。由于缺乏统一研究，各馆在分类的体系、类目的划分和语言的使用等方面存在很大差异，这对充分发挥藏品的作用，对实现全国电脑化资料检索和资源共享都有很大影响。

第二节 藏品分类办法

国内对藏品分类研究极为重视，开展过分类问题的讨论，提出了很多分类建议；也形成了几种常见的分类方法。国家文物局曾经发布过《博物馆藏品分类办法》（讨论稿）；相关的法律法规文件中也涉及馆藏文物的分类。不难看出，博物馆藏品分类办法，需要在实际工作中去实践去检验，以便不断修改和完善，提高实用性和可操作性。

一、国内对分类问题的研究状况

中华人民共和国成立后，文博界致力于藏品分类学研究的专家、学者们对博物馆藏品分类问题进行了不断地探讨和研究，并陆续取得了一些研究成果，他们在什么是博物馆藏品分类、藏品分类的目的、目前分类状况以及如何解决分类问题等方面都各自取得了一定的研究成果，并且得出了各自的研究结论。关于藏品分类，宋伯胤先生在其《藏品分类法初探》[①]中认为"藏品分类学同其他分类学一样，都是人们正确认识事物的科学方法"。王根发先生在其《博物馆藏品的分类》[②]中认为"博物馆藏品分类是藏品固有的内在的特性及相互联系的集合"，"藏品固有的、内在特性是藏品最本质的属性，是指藏品的质地""藏品的相互联系则是指藏品的各种社会属性和自然属性，如时间、性质、功用、事件、民族、国别、来源……"。祝敬国先生在其《博物馆藏品分类标准化研究》[③]中提出"分类是从事物的概况方面出发，研究并确定它的固有特征，以及它与其他事物之间的关系"。陈肇庆先生在其《博物馆藏品分类的探索》[④]中认为："藏品分类，按照既定的藏品分类法，把不同性质或形式的藏品分门类地组织集合起来和区分开来"。对于文物藏品分类的目的，大家的认识基本上是一致的，从宏观上讲可以说为了实现藏品管理科学化、体系化和网络化，具体上讲则是为

---

① 宋伯胤：《藏品分类法初探》，中国博物馆学会第二次会员代表大会论文，1983年。
② 王根发：《博物馆藏品的分类》，《中国博物馆》1988年第4期。
③ 祝敬国：《博物馆藏品分类标准化研究》，《中国博物馆》1988年第4期。
④ 陈肇庆：《博物馆藏品分类的探索》，《中国博物馆》1993年第1期。

了达到藏品妥善管理和方便利用的目的。既要考虑到藏品的保护，又要有利于藏品的提取利用。在关于目前藏品分类现状方面，大家的认识也基本上相似，大多数学者都认为我国至今缺少一个全国性的统一分类法。缺乏统一分类法的原因，主要是始终没有突破狭隘的传统经验的框框，缺乏建立博物馆藏品分类法所需的科学理论指导。所以，目前各博物馆都是根据本馆藏品情况，对藏品进行分类。当然，也有人认为，制定全国博物馆藏品分类法根本不可能，因为各馆性质不一样；有人认为，全国性分类困难太大。而多数学者则主张为了藏品的科学管理，为了藏品资料检索的方便，应制订一个全国性藏品分类法。

对于如何解决分类问题，专家学者们都各抒己见，提出了许多宝贵见解，发表了一系列研究成果。1985年出版的《中国博物馆学概论》提出：博物馆的藏品包括传世文物、出土文物、自然标本等三个部分。传世文物和出土文物又可分成历史文物、革命文物、民族文物和外国文物等类别。根据藏品的自然属性和社会属性的差异，又可以分成许多种类[1]。1990年出版的《博物馆基础理论及实用科学技术》中提出：实物藏品基本的科学分类，按其性质可分为自然的、历史的、艺术的、技术的及经济的藏品等类别。其中，历史的藏品，可分为考古发掘出土的文物标本和历史文物集品，考古发掘的文物标本应根据出土文物的特点，按遗址、墓葬、采集品分组分套集中存放。对于征集、捐赠和传世的文物，可以根据质地、用途、性质等分类。艺术品的藏品，一般指绘画、书法、雕刻品以及美术工艺品，也可按时代、学派、作者来划分。技术的及经济的藏品可按工业、农业、商业、交通运输业等来分类。巨大的藏品如恐龙等，以及属于国家级重点保护的贵重藏品，应当从一般的保管分类中划分出来，以便于采取必要的特别措施，把它们妥善保护起来[2]。

20世纪80年代末90年代初期，博物馆学界对藏品分类展开了讨论，专家学者们纷纷发表见解，就藏品分类办法提出建议。

高和先生在其《博物馆藏品分类》[3]中，提出其分类方法，即按各类博物馆藏品的来源、内容和性质，以传世文物、考古发掘文物、民族文物和外国文物四大系统作为第一层次，以藏品的质地、性质、功用的各大类为第二层次是较为合理的，并给出了第二层次具体类目25项。

宋良璧先生在其《博物馆藏品分类法的探讨》[4]中，提出一个"文物藏品分类体系和层次的设想"，具体内容如下："（一）藏品的分类大系。分类体系说明：藏品

---

[1] 文化部文物局编：《中国博物馆学概论》，文物出版社，1985年12月版，第83页。

[2] 荆三林、李元河编著：《博物馆基础理论及实用科学技术》，河南大学出版社，1990年2月版，第161—163页。

[3] 高和：《博物馆藏品分类》，《中国博物馆》1988年第4期。

[4] 宋良璧：《博物馆藏品分类法的探讨》，《中国博物馆》1988年第4期。

按来源一般分为三大项，第一项传世历史文物藏品、第二项出土文物藏品、第三项近现代文物藏品（包括革命、民族、民俗、社建），不用代号，每项又根据实际情况分成若干类，每类以英文字母为代号，按顺序排列。（二）第二层，以阿拉伯数字为代号，按年代分，每类分为若干属。（三）第三层也是以阿拉伯数字为代号，或按器形或按用途进一步划分。以上分类体系的每类都可按年代再分若干类。"

王根发先生在其《博物馆藏品的分类》[①]中认为：博物馆藏品分类包括藏品保管分类和藏品利用分类。同时，他还进一步阐述了博物馆藏品分类办法，他提出：博物馆藏品分类法应当是目前国内博物馆各种分类的概括和总结，是规律性和共性的规范。它不宜太细，是粗线条的第一层次分类。各个博物馆可根据本馆的情况制定第二层次、第三层次的分类。确定藏品分类的第一层次的主题词应是藏品的第一属性——质地，是由国家文物局确定的。藏品分类的第二层次各类主题词是由国家文物局提出主题词表，由各博物馆决定使用与否。如果某馆想在第二层次立的类目在国家确定的主题词目表中没有，可以自己确定一个主题词，同时报国家文物局。国家文物局根据此类藏品的普遍性，决定是否立为国家标定主题词，一旦确定就通知各博物馆。我们把馆里自己标定的主题词称为馆标主题词，把国家文物局标定的主题词称为国标主题词。比如第一层次国标主题词是金属类，附属于金属类的第二层次国标主题词有金、银、青铜、铁、锡器，金属货币、金属机械、金属枪械等。各博物馆可根据自己藏品的情况确定采用哪个主题词作为本馆第二层次的类（见表6-1）。

表6-1　博物馆藏品分类主题词表

类号	第一层次	第二层次
1	石类	碑刻、墓志、造像、刻石佩饰、建筑构件、石雕
2	玉类	玛瑙、翡翠、水晶、碧玺、宝石
3	金属类	金、银、铅、锡、铜、造像、铁制工具、铁制兵器、金属货币、徽章、印章
4	陶瓷玻璃类	唐三彩、辽三彩、陶俑、泥塑、陶范、紫砂器、瓷制品、砖瓦、玻璃器、料器、珐琅器、封泥
5	竹木漆器类	木雕、竹雕、漆器、匏类、版画
6	丝毛棉麻类	丝织品、棉织品、毛织品、服饰、鞋帽、化纤织品
7	牙骨类	甲骨、象牙、贝币、骨角雕、骨质印章
8	皮革类	裘皮制品
9	纸类	图书、期刊、报纸、尺牍、拓片、邮票、卷轴、扇面、舆图、法书、册页、绘画
10	动物标本	（待定）
11	植物标本	（待定）
12	矿物标本	（待定）
13	化学制品	有机玻璃、塑料

---

① 王根发：《博物馆藏品的分类》，《中国博物馆》1988年第4期。

王大道先生在其《试论博物馆藏品保管分类法》[①]中提出一个"以断代分类为主并与质地、器类相结合的分类法"。具体来讲，可将文物藏品分为：A—原始社会文物（旧、新石器时代文物），B—奴隶社会文物（青铜时代文物），C—封建社会文物（铁器时代文物），D—近代文物，E—现代文物，F—现代少数民族文物。此外，根据具体情况，对于一些馆藏特别多又跨社会时代的文物藏品，又可独立划类，如G—钱币，H—书画，I—陶瓷器。在这些大类的划分之下，还可以再按朝代、遗址、墓葬、器形、族别、人物等进行第二层次的划分。

李建丽同志在其《藏品分类应划为保管和检索两个系统》[②]中阐述其分类观点，她提出藏品分类可以从保管与检索两个系统角度分别进行。"藏品保管类别一定要按质地严格划分，以保证藏品保护的需要。""具体实施方法是：首先将藏品分为传世文物、考古发掘品、近现代文物、民族文物、外国文物几大部分，用传、考、近、民、外作为各部藏品之代号。每部之下按质地分成金属、石器、玉器、陶瓷、竹木、骨角、纸质、丝织品、皮毛等若干类，分别用A、B、C、D、E、F、G、H、I或1、2、3、4、5、6、7、8、9作为各类藏品的代号。每一大部设立藏品总账，作为国家的文化财产账。总账号按照该部藏品入藏的先后顺序编排。总账下设立按质地划分的藏品分类账，作为这一类藏品的保管依据。分类账号按照该类藏品入藏的先后顺序编制。总账号与分类账号均应书写在藏品的规定部位上，或在这些部位贴、挂写有号码的标签，以利于查找藏品。"在博物馆藏品的检索系统方面，我们可以参考图书的分类及检索方法，即将编目卡作为检索系统的基础，按照藏品分类号排列。在编目卡基础上，可做出几套相同的索引卡片，按照使用者的需要，用不同的方法排列。传世品可分别按照藏品的时代、器形、用途、制造地点等不同方法排列。每套卡片中又依据这几条分为不同层次。近现代文物可按照历史时期、历史事件、历史人物等不同方法排列。考古发掘品可按时代、墓葬、地区、遗址、器物用途、器形等方法排列。民族文物按藏品族别、用途排列。外国文物按国别、藏品用途排列（如果需要，还可以打乱几大部类的索引卡，从不同角度进行综合排列）。在藏品定名规范化的条件下，各类藏品还可制作按藏品名称第一字笔划或拼音字头排列的索引卡片。这些卡片，除标上藏品的总号、分类号外，不再冠以新的代号。使用者无论有哪一方面需要，只要找到相应排列形式的索引卡片，即可迅速查出所需藏品。

刘清涌先生在其《浅谈地方综合性博物馆的藏品分类》[③]一文中，提出一个大系

---

① 王大道：《试论博物馆藏品保管分类法》，《中国博物馆》1988年第4期。
② 李建丽：《藏品分类应划为保管和检索两个系统》，《中国博物馆》1988年第4期。
③ 刘清涌：《浅谈地方综合性博物馆的藏品分类》，中国博物馆学会保管专业委员会第二次学术讨论会论文，1988年。载国家文物局博物馆司、中国博物馆学会保管专业委员会编：《博物馆藏品保管文集》，中华书局，2001年6月版，第155—157页。

统、多部多层分类法。所谓大系统、多部多层分类法，就是在大的系统之下，兼顾各分支学科间的关系，把某一种较为完整的整体按基准分开，再把其中的一部分按另一基准分开，使分类的部层逐渐增多，直至最后落实到每一件藏品之中。我们拟把社会科学作为一个大系，以社会、历史组成两个部类，在历史部类中以传世文物、考古发掘品作为两个层次，在社会部类中也以民族、民俗作为两个层次。传世藏品中依其性质再分社会属性、自然属性、功用几个部分，在社会属性中往下区分为生产工具、生活用品、其他等几个层次。自然属性中以金属、非金属为第二部类的两个层次，社会功用中划分为文物典章、经济、军事、文化诸多层次，在这些部层的基础上，依次再往下进行分类，就可以得到一个较为完整系统的分类法。历史部类中的考古发掘品，社会类中的民族、民俗文物，按部、层有机结合也就找到了它们相应的分类方法。

祝敬国先生在其《博物馆藏品分类标准化研究》[①]中提出一个"多层次组面分类法"。简单地说，就是针对藏品属性的每个层次各自分别制定一个标准分类表。每个分类表仅仅局限于藏品的一个属性面。这些分类表之间是并行平等的关系。多层次组面分类法就不仅一张分类表，而是每个藏品属性范畴都有一张分类表。例如藏品的形式、质地、时代、等级、用途、民族、来源等分别编制分类表。

陈肇庆先生在其《博物馆藏品分类的再探索》[②]中提出：应以保护藏品为前提，选择以质地为基础，以通称为落脚点，冠以年代，这三个普遍存在于每件藏品中的因素为内容，按多层次分级单线排列法，对藏品进行分类。

以上这些研究成果各有特点，但是许多还只是一种设想，还有待于今后在实际工作中加以实践，以便取得实践经验后，进一步修改、完善，最终达到制订全国统一的藏品分类法的目标。

20世纪末，国内学者对博物馆藏品分类研究情况进行了总结，通过已有藏品分类研究情况的回顾与梳理，对藏品分类问题进行了思考，提出今后研究方向[③]。藏品分类应该综合考虑，可划分为保管分类和检索分类两个系统，这在20世纪已经达成了共识。这两个系统都应该在全国范围内统一起来，保管系统的统一有利于库房管理的规范化，检索系统的统一有利于网络化。

此外，在20世纪关于藏品计算机管理和检索分类，也有一些专家学者发表了研究成果。如孙美琦的《藏品电脑管理的三维分类法》[④]，宋伯胤先生的四部四项十进位分类法、何直刚先生的三系三段分类法和严建强先生的质地优先四层次十进位分类法等。其中，我们认为宋伯胤先生的四部四项十进位分类法、何直刚先生的三系三段分

---

① 祝敬国：《博物馆藏品分类标准化研究》，《中国博物馆》1991年第1期。
② 陈肇庆：《博物馆藏品分类的再探讨》，《中国博物馆》1994年第4期。
③ 栾兆鹏：《藏品分类研究的回顾与思考》，《博物馆研究》1999年第2期。
④ 孙美琦：《藏品电脑管理的三维分类法》，《中国博物馆》1987年第1期。

类法和严建强先生的质地优先四层次十进位分类法是已成型的分类法,基本上是属于藏品检索方面的分类研究,作为三种分类主张将在第三节中单独介绍。

藏品分类问题虽然没有全国统一的分类办法,但是各级各类博物馆也都按部就班地进行了藏品分类工作。进入21世纪,对藏品分类研究比较有代表性的是陈菁发表的《博物馆藏品分类之初探》[①]。作者对现行博物馆的藏品分类进行了分析,阐述现在博物馆分类方法已无法满足博物馆的发展要求。借鉴生物学、文献分类学及考古学的分类法,并结合宋伯胤的"四部四项分类法",论述在博物馆内实行阶元系统分类的必要性和可行性。提出博物馆分类体系的设想:主要借鉴文献分类学方法,"通过分类体系的研究,每一类进行复分时,都要根据一定的标准。这样,每个学科可以分成几个类目,一个类目可以分成几个小类,而小类还可以再分。像这样一层一层按逻辑系统复分下去,便成为一个有步骤、有层次、有秩序的展开系统"[②]。博物馆藏品分类可以按照此原则,结合自身的特点,确定每一个分类类目的主题标准,进行层层复分,达到博物馆藏品的分类目标。作者认为这样的分类方法,既能兼顾藏品的多样性特征,又能避免分类标准的前后不统一的问题,还能在有新门类出现时只要做局部增加改动而无损整个分类结构。

二、目前常见的几种分类办法

国内常见的分类办法主要有以下几种:

第一,是按藏品质地分类,即以制作或构成这件藏品最基本的质地为根据而进行分类的方法。把藏品可分为玉、石、泥、陶、瓷、竹、木、骨、角、牙、铜、铁、金、银、铅、锡、丝、棉、麻、毛、皮、纸等。

第二,是按藏品时代分类,即以藏品制作或存在的时代为根据而进行分类的方法。如将藏品分为旧石器时代文物、新石器时代文物、夏代文物、商代文物、周代文物……清代文物、民国文物、中华人民共和国成立以来的文物等。

第三,是按藏品职能与用途分类,即以藏品的职能及其供人使用的用途为根据而进行分类的方法。如将藏品分为农具、手工工具、交通工具、兵器、炊器、盛器、食器、水器、酒器、乐器、家具、货币、计量器、陈设品、装饰品、科学仪器等。

第四,是按藏品性质分类,即按藏品制作方法或以形成藏品的特定技艺为根据而进行分类的方法,如分为绘画、书法、雕塑、铭刻、织成、刺绣、金银平脱、雕漆、珐琅,等等。

---

① 陈菁:《博物馆藏品分类之初探》,《中国博物馆》2014年第3期。
② 白国应:《关于专科文献分类研究的思考》,《图书馆杂志》2006年第2期。

第五，是民族与国别分类法，即以藏品所属民族或国别而进行分类的方法，如分为汉族文物、满族文物、蒙古族文物、维吾尔族文物、藏族文物、回族文物、朝鲜族文物、黎族文物、傣族文物，等等；日本文物、朝鲜文物、埃及文物、希腊文物、伊朗文物、印度文物、墨西哥文物，等等。

第六，是综合分类法，是既按藏品质地、用途，又按藏品时代进行划分的综合分类方法。

目前，我国博物馆大都采用第六种综合方法对藏品进行分类。

三、博物馆藏品分类办法

国家文物局1985年在福州召开会议，会上讨论了藏品分类问题，制定并印发了《博物馆藏品分类办法》（讨论稿）[①]，下发全国各博物馆。

该分类法采用双层次的综合方法，根据各类博物馆藏品的来源、内容和性质，以传世文物、考古发掘文物、少数民族文物、外国文物、革命文物五大部分作为第一层次，以藏品的质地、职能、性质分大类作为第二层次。现将传世文物、革命文物第二层类目列举如下：

传世文物

1. 石器（旧石器时代、新石器时代以及以后历代石制工具、器皿等）。
2. 玉器（各种玉器，包括玛瑙、翡翠、水晶、珊瑚、珍珠、碧玺、琥珀、蜜蜡及各种宝石）。
3. 陶器（各种陶制品，包括三彩、陶俑、陶范、泥塑、琉璃、紫砂器等）。
4. 瓷器（各种瓷制品及窑具）。
5. 铜器（各种铜制品，包括仿古铜器、铜镜和铜制工具、兵器、礼器、炊器、食器、酒器、盥洗器、乐器、车马器、符牌、造像、范、镜奁等）。
6. 铁器（各种铁质器具，包括铁手工业工具、铁兵器等）。
7. 金属器（铜铁以外的金、银、铅、锡等金属器）。
8. 石刻（碑碣、墓志、画像石、造像、经幢、法帖原石、石雕工艺品等）。
9. 砖瓦（建筑砖瓦、墓砖、画像砖、空心砖等）。

---

① 《博物馆藏品分类办法》（讨论稿），载文化部文物局教育处、南开大学历史系编：《博物馆学参考资料》，1986年10月编印，第119—121页。

10. 法书（书法、尺牍、历史文献、包括写经等）。

11. 绘画（绘画、油画、壁画、舆图、版画、玻璃画、火笔画、通草画等）。

12. 甲骨简牍（甲骨、竹、木简、牍、盟书等）。

13. 印章（金、银、铜、石、牙、玉、瓷、木、玛瑙等各种质地印章及封泥）。

14. 货币（各种贝币、铜、铁、金银币、纸币、钱范、钞版等）。

15. 牙骨器（雕骨、象牙、牛角、犀角、玳瑁、哈蚌等）。

16. 漆木器（漆器、木器、竹器、雕刻器、匏器）。

17. 珐琅器（嵌丝、画珐琅、景泰蓝等）。

18. 玻璃器（玻璃、料器等）。

19. 织绣（丝、棉、毛织品、缂丝、刺绣、服装、鞋帽等）。

20. 文献（文书、契约、书札、杂档、杂稿、邮票、印花等）。

21. 拓本（甲骨、铜器、玉器、石刻、木刻、砖瓦、货币、陶器、铁器拓本及碑帖等）。

22. 文具（纸、笔、墨、砚及其他文房用具）。

23. 宫廷器具（宫廷典制文物、生活用具、佛殿堂陈设、珍宝等）。

24. 其他（不属于上述各类的文物，如成扇、盆景、徽章等）。

革命文物

1. 纸（文件、法律文书、宣传品、函电、手稿、书籍、报刊、绘画、工艺品、照片、书法、印谱、拓片、账册、图表、票据、凭证、货币、邮票、旗帜、证件、牌照、文化娱乐品、生活用品等）。

2. 纺织（货币、证章、符号、旗帜、绘画、织绣、服装、被褥、生活用品等）。

3. 竹、木、棕草（牌匾、印章、武器、刑具、凶器、机械及构件、度量衡用具、生产工具、交通运输工具、家具、生活用具、医疗用具、文化娱乐品、美术工艺品、草木种子、中草药等）。

4. 骨、角、皮、贝（印章、交通运输工具、服装、生活品、文化娱乐品、工艺品等）。

5. 陶器、玻璃、玉石（牌匾、碑碣、印章、武器、器材、生产工具、交通运输工具、生活用品、医疗用具、文化娱乐品、工艺品、矿石制器等）。

6. 金属（货币、证章、牌匾、印章、武器、刑具、机械、仪器、度量衡用具、生产工具、交通运输工具、生活用品、医疗器具、文化娱乐品、工艺品等）。

7. 杂类（由各种质地组成的大型仪表、器械、药品、医疗用具、化纤制品、塑料、橡胶制品、视听资料等）。

这个分类办法的传世文物共分为二十四类，基本上包括了当时各大、中、小型社会历史类（含艺术类）博物馆的藏品情况。一方面，它以当时现有各种分类办法中普遍一致的、代表了传世文物主要方面的、划分合理的类目为主，比如石、玉、陶、瓷、铜器等；同时，它也兼顾到某类藏品的特点，不排斥一些带有特殊性质的类目，如文具、玻璃器、珐琅器、宫廷器物等。此外，这个分类办法中的一些类目在中小型博物馆里是可分可合的，如陶、瓷器、石刻、砖瓦、法书、绘画等，可以灵活掌握。分类中类目的称谓，也沿用大多数博物馆的习惯用法，如织绣（而不称丝织、绣品），石刻（而不是刻石），拓本（而不称拓片）等。按照这个分类办法，各馆只要做一点小小的分、合工作，便可以基本上统一起来。如有些分类中列有兵器、服饰、砚台、珍宝等类目，可以从上述分类的原则出发，分别归入相关的类目中。如兵器可分别归入各金属类目中，服饰类归入织绣类，砚台归入文具类，珍宝归入玉类、各金属类等。

1993年出版的国家文物局编的《博物馆藏品保管工作手册》[①]，在"藏品分类"一节中，提出了藏品分类体系结构，可视为国家文物局对博物馆藏品分类的方法。该藏品分类体系结构中，"第一层：部。按博物馆藏品的来源划分。划分为传世文物、考古发掘文物、自然标本。第二层：类。以藏品质地为主，兼顾性质、功用的原则划分。1.传世文物。划分27类：（1）石器（2）石刻（3）砖瓦（4）玉器（5）陶器（6）瓷器（7）铜器（8）铁器（9）其他金属器（10）漆器（11）玻璃器（12）珐琅器（13）织绣（14）皮革（15）竹木器（16）牙骨器（17）甲骨简牍（18）法书（19）绘画（20）雕塑（21）文献（22）文具（23）货币（24）印章（25）徽章（26）邮票（27）其他。2.考古发掘文物。一般按考古发掘地区，墓葬、遗址集中，同时可参照传世文物分类表划类。3.自然标本。一般有3种分类：按生物系统、自然区划或专题分类。"并给出一个"传世文物分类表"（见表6-2）。

表6-2 传世文物分类表

编号	类别	内容
1	石器	旧石器、新石器和商代以后历代石制工具、器物等
2	石刻	碑碣、墓志、经幢
3	砖瓦	建筑砖瓦、墓砖、画像砖、空心砖等
4	玉器	历代玉器、翡翠、玛瑙、水晶、珊瑚、宝石、青金石等
5	陶器	历代陶器（包括唐、辽三彩等）、陶范、紫砂器等
6	瓷器	历代瓷器及窑具

---

① 国家文物局编：《博物馆藏品保管工作手册》，群众出版社，1993年1月版，第61—64页。

续表

编号	类别	内容
7	铜器	历代铜器、铜镜、铜兵器等
8	铁器	历代铁器、铁兵器等
9	其他金属器	历代铜、铁以外的金、银、锡、铅等金属器
10	漆器	彩漆、填漆、雕漆
11	玻璃器	玻璃、料器
12	珐琅器	掐丝珐琅、画珐琅、铜烧蓝
13	织绣	丝棉毛织品、缂丝、各种绣品、服装、鞋、帽
14	皮革	各种皮革制品和工艺品
15	竹木器	竹器、木器、匏器
16	牙骨器	雕古、象牙、牛角、犀牛角、玳瑁、蛤蚌等制品
17	甲骨简牍	甲骨、竹木简、帛书
18	法书	包括写经及拓本、碑帖
19	绘画	历代帛画、水墨画、油画、壁画、水彩画、版画、玻璃画、素描、火笔画、通草画、舆图等
20	雕塑	石雕、泥塑等历代雕塑品
21	文献	文书、契约、书札、杂档、杂稿、日记、笔记
22	文具	纸、墨、笔、砚及其他文房用具
23	货币	各种贝币、铜、铁、金、银、纸币及钱范、钞版
24	印章	金、银、铜、铁、石、牙、玉、瓷、木、玛瑙等各种质地的印章、封泥
25	徽章	纪念章、奖章证章等
26	邮票	历代邮票封袋、明信片、印花、税票
27	其他	不属于以上各类的文物如成扇、盆景、仪器、化学制品等

2001年文化部发布了《文物藏品定级标准》[①]，其中所附的"一级文物定级标准举例"，列举了二十六类文物，也可视为馆藏文物分类的一种办法。

《一级文物定级标准举例》中，文物藏品分为玉、石器，陶器、瓷器、铜器、铁器、金银器、漆器、雕塑、石刻砖瓦、书法绘画、古砚、甲骨、玺印符牌、钱币、牙骨角器、竹木雕、家具、珐琅、织绣、古籍善本、碑帖拓本、武器、邮品、文件、宣传品，档案文书、名人遗物这二十六类。

---

① 《文物藏品定级标准》，文化部令第19号，2011年。载北京市文物局 中国文物信息咨询中心主编：《可移动文物保护与利用工作手册》，学苑出版社，2017年11月版，第372—376页。

2003年5月13日国家文物局发布了《近现代一级文物藏品定级标准（试行）》[①]，其中第四条指出："近现代文物种类繁多，依其形式、用途和意义，可分为文献，手稿，书刊传单，勋章徽章证件，旗帜，印信图章，武器装备（含各种军用物品），反映社会发展的文物，反映祖国大陆与港、澳、台关系的文物，反映对外关系的文物，音像制品，名人遗物，艺术品、工艺美术品，货币、邮票等实用艺术类物品，实用器物，杂项等十六类。"可视为近现代文物藏品的分类的第一层类目。该标准从第五条到第十六条又分别对文献，手稿，书刊传单，勋章徽章证件，旗帜，印信图章，武器装备（含各种军用物品），反映社会发展的文物，反映祖国大陆与港、澳、台关系的文物，反映对外关系的文物，音像制品，名人遗物等进行了进一步的列举说明。第五条，文献：各种重要会议之决议、决定、宣言，各种机关（党派、政府、军队、团体及其他机构）的文书、布告、电报、报告、指示、通知、总结等原始正式文件。第六条，手稿：全国性领袖人物、著名军政人物、著名烈士、著名英雄模范人物、著名作家及各界公认的著名人物等亲笔起草的文件、电报、作品、信函、题词等的原件。第七条，书刊、传单：书刊包括书籍、报纸、期刊、号外、时事材料、文件汇编等印刷品；传单包括重大事件和历次大规模群众性运动中散发、张贴的传单、标语、漫画，重要战役的捷报，也包括交战双方向敌方散发的宣传品。第八条，勋章、徽章、证件：各类奖章、勋章、奖状（立功喜报）、纪念章、机关（学校、团体）证章、证件、证书、代表证，以及其他标志符号等。第九条，旗帜：国旗、军旗、奖旗、舰旗、队旗、锦旗、贺幛等各种标志性、识别性旗帜。第十条，印信图章：国家机关、军队、政党、群众团体等使用过的关防、公章、各种印信，著名人物个人使用过的印章等。第十一条，武器装备：各种兵器、弹药和军用车辆、机械、器具、地图、通信器材、防护器材、观测器材、医疗器材及其他军用物品。第十二条，反映社会发展的文物：反映近现代中国社会、经济、文化、科技、民族、宗教信仰及生态等各方面发展变化的重要遗存和见证物。第十三条，反映祖国大陆与港、澳、台关系的文物：（一）反映收回台湾主权和促进台湾回归祖国的重要文物；（二）反映中国与英国、葡萄牙谈判及收回香港、澳门主权的重要文物；（三）反映祖国大陆与港、澳、台地区经济、文化往来等方面的重要文物。第十四条，反映对外关系的文物：中外友好往来及政治、经济、军事、科技、文化、艺术、卫生、体育、宗教等方面相互交流的文物。第十五条，音像制品：照片（含底片）、录音带、录音唱片、纪录片、录像带、光盘等。第十六条，名人遗物：领袖人物、著名烈士、著名英模及社会各界名人的遗存物，凡不能归入以上十类文物的（归入此）。据此，这也可以被认为是对近现代文

[①] 《近现代一级文物藏品定级标准（试行）》，文物博发［2003］38号。载北京市文物局 中国文物信息咨询中心主编：《可移动文物保护与利用工作手册》，学苑出版社，2017年11月版，第379—383页。

物藏品的一种分类办法（包括了一级类目和二级类目）。

当然，制定统一的博物馆藏品分类办法，是一项复杂的科研工作，还有待于在长期实践基础上总结经验，修缮不足，逐步达到藏品分类的统一，以便于藏品管理工作的规范化、标准化。

国家文物局2013年8月5日发布、8月15日实施的《馆藏文物登录规范（WW/T0017—2013）》[1]中，馆藏文物的分类内容共35项：玉石器、宝石；陶器；瓷器；铜器；金银器；铁器、其他金属器；漆器；雕塑、造像；石器、石刻、砖瓦；书法、绘画；文具；甲骨；玺印符牌；钱币；牙骨角器；竹木雕；家具；珐琅器；织绣；古籍善本；碑帖拓本；武器；邮品；文件、宣传品；档案文书；名人遗物；玻璃器；乐器、法器；皮革；音像制品；票据；交通、运输工具；度量衡器；标本、化石；其他（每个分号"；"代表一个类别）。该规范还给出了"馆藏文物各类别的内容及示例"（见表6-3）。馆藏文物登录规范中的馆藏文物分类，是第一次全国可移动文物普查系统中的馆藏文物分类办法，这个分类办法目前仅限于文物普查系统登录时对馆藏文物类别的划分认定和登记，尚不涉及博物馆藏品的具体保管分类问题。

表6-3　馆藏文物各类别的内容及示例[2]

序号	类别	内容及示例
1	玉石器、宝石	历代玉、翡翠、钻石、红宝石、蓝宝石、祖母绿、金绿猫眼、钻石、玛瑙、水晶、碧玺、青金石、石榴石、橄榄石、松石、琥珀、蜜蜡、珊瑚、珍珠等制品及原材
2	陶器	历代陶制、泥制、三彩、紫砂、珐花、生坯、泥金饼、泥丸、陶范等的生产工具、生活用具及其他制品
3	瓷器	历代瓷制的生产工具、生活用具及其他制品
4	铜器	历代以铜为主要材质的生产工具、生活用具及其他制品（不包括钱币和雕塑造像）
5	金银器	历代以金银为主要材质的生产工具、生活用具及其他制品（不包括钱币和雕塑造像）
6	铁器、其他金属器	历代以除金、银和铜之外的铁器、其他金属为主要材质的生产工具、生活用具及其他制品（不包括钱币和雕塑造像）
7	漆器	历代彩漆、填漆、雕漆等漆制品
8	雕塑、造像	历代金属、玉、石、陶瓷、木、泥等各种质地的雕塑、造像

---

① 《馆藏文物登录规范（WW/T 0017-2013）》，载国家文物局第一次全国可移动文物普查工作办公室编：《第一次全国可移动文物普查工作手册（修订版）》，文物出版社，2014年1月第2版，第386—420页。

② 参见《馆藏文物登录规范（WW/T 0017-2013）》，载国家文物局第一次全国可移动文物普查工作办公室编：《第一次全国可移动文物普查工作手册（修订版）》，文物出版社，2014年1月第2版，第408—409页。

续表

序号	类别	内容及示例
9	石器、石刻、砖瓦	历代以石为主要材质的生产工具、生活用具及其他制品（不包括雕塑造像）。如武器、碑碣、墓志、经幢、题刻、画像石、棺椁、法帖原石等。历代城砖、画像砖、墓砖、空心砖、砖雕、影作、板瓦、筒瓦、瓦当等
10	书法、绘画	各种书法作品。各种国画、油画、版画、素描、速写、帛画、宗教画、织绣画、连环画、贴画、漫画、剪纸、年画、民间美术平面作品等，包括刻版
11	文具	历代笔、墨、纸、砚及其他文房用具
12	甲骨	记录有价值的史料内容的龟甲、兽骨
13	玺印符牌	历代金、银、铜、铁、石、牙、玉、瓷、木等各种质地的印章、符节、画押、封泥、印范、符牌等
14	钱币	历代贝、铜、铁、金、银、纸币及钱范、钞版等
15	牙骨角器	历代兽角骨、犀角、象牙、其他兽牙、玳瑁、砗磲、螺钿制品及原材等
16	竹木雕	历代竹木雕制品
17	家具	历代木制家具及精巧明器
18	珐琅器	历代金属胎珐琅、瓷胎珐琅、玻璃胎珐琅等珐琅制品
19	织绣	历代棉、麻、丝、毛制品、缂丝、刺绣、堆绫等
20	古籍善本	历代写本、印本、稿本、抄本等
21	碑帖拓本	历代碑帖拓本
22	武器	各种兵器、弹药和军用车辆、机械、器具等
23	邮品	各种邮票、实寄封、纪念封、明信片及其他邮政用品
24	文件、宣传品	反映历史事件的正文文件或文件原稿；传单、标语、宣传画、报刊、号外、捷报；证章、奖章、纪念章等
25	档案文书	历代诏谕、文告、题本、奏折、诰命、舆图、人丁黄册、田亩钱粮簿册、红白契约、文据、书札等
26	名人遗物	近现代著名历史人物的手稿、信札、题词、题字等用品
27	玻璃器	历代料器、琉璃等
28	乐器、法器	各种乐器、法器
29	皮革	历代各类皮革制品和工艺品
30	音像制品	各种原版照片、胶片、唱片、磁带、珍贵拷贝等
31	票据	各种门票、车船票、机票、供应证券、税票、发票、储蓄存单、存折、支票、彩票、奖券、金融券、单据等
32	交通、运输工具	各种民用交通运输工具及辅助器物、制品，如舆轿、人力车、兽力车、汽车、摩托、船筏、火车、飞机等
33	度量衡器	各种质地的用于物体计量长度、容积、质量的器具，如尺、权、砝码、量器、秤等

序号	类别	内容及示例
34	标本、化石	具有科学价值的古脊椎动物化石和古人类化石，包括：古猿化石、古人类化石及其与人类活动有关的第四纪古脊椎动物化石
35	其他	其他属于人类在历史发展进程中遗留下来的、由人类创造或者与人类活动有关的一切具有价值的物质遗存

第三节　国内几种分类主张

四部四项十进位分类法、三系三段分类法和质地优先四层次十进位分类法都是针对计算机系统检索藏品而进行的分类研究，是比较成型的藏品分类主张。

一、四部四项十进位分类法

南京博物院的宋伯胤先生在其《论博物馆藏品分类——兼述"四部四项分类法"》[①]一文中，提出一个分类表。该分类表的结构拟按四大部门和四个层次组成，暂定名为：四部四项十进位分类法。什么叫四部呢？是指博物馆通过四条途径获得的四大类材料而言，即：

1. 考古发掘品，代表符号是A.
2. 民族学材料，代表符号是E.
3. 民间流散文物，代表符号是S.
4. 外国文物，代表符号是F[②].

这四大部分就是分类表中的第一层次。它们的代号是A、E、S、F。如属考古发掘品，则在类目符号之前冠上一个"A"字，其他类推。

分类表的第二层次结构是以构成品的基本物质为准，命名为类（Class）。共分九大类，即：1.石类；2.玉类；3.金属类；4.泥陶类；5.瓷类；6.竹、木、匏、核类；7.纸类；8.棉、麻、丝毛类；9.骨、蚌、贝、牙、角、皮革类。类号用阿拉伯数字表示，从1到9。

其中，玉类包括有黄精、翡翠、珊瑚、绿松石、玛瑙、水晶、绿晶、茶晶、宝

---

① 该分类主张，最早于1983年被提出，1991年被公开发表。宋伯胤：《论博物馆藏品分类——兼述"四部四项分类法"》（上、中、下），《东南文化》1991年第4~6期。

② 本条内容为宋伯胤先生初次提出此分类法时所列的名称，但是在1991年公开发表时宋先生做了修改。本书此处采用其初次提出时的观点。

石、猫儿眼等。金属类，包括有金、银、黄铜、青铜、铁、锡、铅、铝、钖、珐琅等。泥陶类，包含有紫砂、琉璃。泥陶艺术品中含有面塑。瓷类，包含有玻璃和料器。纸类包含有各种作为藏品入藏的相片和底片。

分类表的第三层结构，叫作属（Division）。这一层，主要是根据器物的用途或工艺而区分的，分为十类，代号从0到9。例如石类，它的第三层结构是：

1. 石类
    1.0 历代仿制品，复制品及其他
    1.1 生产工具
    1.2 生活用具
    1.3 碑刻、墓志
    1.4 造像、画像
    1.5 刻石、集帖
    1.6 佩饰品
    1.7 建筑构件
    1.8 明器
    1.9 制作工具及劳动手段的遗物。

其他八大类。如玉；金属；泥陶；瓷，竹木，匏核；纸，棉麻、丝毛；骨蚌贝牙角皮革等类下辖的属并不完全相同，而是根据各自的用途与工艺排列的。这里就不一一列举了。

第四层结构叫作科（Section），主要也是以某一属内的器物的用途或工艺为依据，也有涉及性质或状态的。例如，国画它是排列在纸类国画属的，它的第四层次，作者主张按照装裱的形状来划分，这样，国画在分类表中的结构是：

7. 纸类
    7.1 国画
        7.1.0 历代仿制品、复制品及其他
        7.1.1 卷
        7.1.2 轴
        7.1.3 册
        7.1.4 扇面
        7.1.5 对联
        7.1.6 横幅、斗方
        7.1.7 屏条

7.1.8 片子
7.1.9 其他

这样按上述四个层次就把藏品划分为81大类810小类。这种分类法把藏品的年代的代表符号放在所有号码的后面，从旧石器到清代也分别给个号码。

中国历史年表代号：

1. 旧石器时代　2. 新石器时代　3. 夏　4. 商　5. 西周　6. 春秋　7. 战国　8. 秦　9. 西汉　10. 东汉　11. 三国　12. 西晋　13. 东晋　14. 十六国　15. 南朝　16. 北朝　17. 隋　18. 唐　19. 五代十国　20. 北宋　21. 南宋　22. 辽　23. 金　24. 元　25. 明　26. 清　27. 中华民国（1912—1949）　28. 中华人民共和国开国时期（1921—1949）　29. 中华人民共和国建国时期（1949—）。

以上就是宋伯胤的藏品分类表的构成情况，简单总结一下可以归纳为：

所谓四部，即按藏品来源划分为考古发掘文物、传世文物、民族文物、外国文物四个部分作为文物分类的第一层次；四项则指按来源、质地、性质、职能用途划分藏品类别的四个层次，以这四个层次的代号组成文物分类号，格式为：四部代号·质地号·性质号·职能号·（有时加时代号），所有号码都是用从0到9的数字来表示，这样的分类法就叫四部四项十进位分类法。

例如，一件石斧的分类号码为A1·1·1，其中，A为考古发掘品的代号，1为石类，1为生产工具，1为斧。

再如，国画册S7·1·3，其中，S为传世品，7为纸类，1为画，3为册。

二、三系三段分类法

河北省博物馆（现河北博物院）何直刚先生在其《藏品分类略说》[①]一文中，提出三系三段分类法。

所谓三系，是指按藏品的基本属性、质地和时代划分为三个系列，由这三个系列组成藏品的分类，各个系列的代号为一段，共三段，故暂取名"三系三段分类法"。

三个系列按自身的依据，制成三个表。分类时按藏品的属性、质地和年代从三个表上查出它应当从属的类目的代号，便是这件藏品的分类号。

（1）藏品属性表。这个表是根据藏品的基本属性，划分为六部，部下再分为若干大类，再下则为类，共100类。部和类都不设代号，只表明类的隶属关系，表明以类相从便于检索，这一百个类代号，是从0到99（见表6-4）。

---

① 何直刚：《藏品分类略说》，《中国博物馆》1986年第3期。

（2）质地表。按藏品的构成质地，分为十至十五类，各馆可根据自己的条件和藏品情况，在表所规定的范围内作一定的伸缩（见表6-5）。

（3）年代表。为便于工作和使用，使年代代号和它代表的时间尽量一致。拟以与各时代的终止的公元年代大体相当的世纪为准，公元前的年代前加负号（-），如新石器时代为从公元前一万年到前四千年，它的代号就为"-40"，东汉为公元25年到220年，它的代号则为"3"。余可类推（见表6-6）。

表6-4 基本属性表

根据藏品的基本属性，分为六大部，这六部是：	12 火器	37 印章
1. 政治经济（附法律、军事）	13 近代兵器	——绘画
2. 文化艺术	14 符印牌节	38 壁画
3. 礼仪宗教	——货币	39 山水人物画
4. 生产工具	15 贝币	40 花鸟和其他题材画
5. 生活用具	16 布币	41 书法
6. 其他（人类、动物骨架、化石等入此）	17 刀币	——雕刻
	18 圆钱	42 人物雕刻
部下分大类，有的不分大类，直接分类。	19 方孔圆钱	43 其他雕刻
	20 金银货币	——音乐
1. 政治经济	21 农民政权币	44 打击乐器
——政治	22 纪念币（压胜钱）	45 管弦乐器
00 文献档案资料	23 纸（布）币	——艺术
01 群众运动（奴隶、农民起义、社团活动等物入此）	——契约	46 舞蹈
	24 契约	47 戏剧、杂技
02 邻交外交（中国境内的古代各割据政权间的文物为邻交）	25 证券等	48 民间艺术
	——牌匾印章招牌	49 教育（课试卷）课试卷
03 杰出人物	27 度量衡	——科学
04 玺印	2. 文化艺术	50 天文
——法律	——文化	51 数学
05 律文、文字资料（如刑徒砖等入此）	28 文字	52 医药
	29 文献	53 其他科学
06 刑具	30 刻石、刻版	3. 礼仪宗教
——军事	31 拓片	——礼仪
07 短兵器	32 集帖	54 吉礼仪器
08 长兵器	33 图谱	55 凶礼仪器
09 杂兵器	34 志、传、记	56 明器（人俑、动物俑等入此，其他按真实物属性分入各类）
10 弓矢	35 文房用品	
11 甲胄	36 文娱品	57 朝仪、官仪

58 礼器	——72 渔畜工具（渔畜骨骸入此）	——饮食
——宗教	——73 水利工具、构件	86 炊具
59 原始宗教	——74 纺织工具	87 餐具
60 佛教（神像、经卷入此，下同）	——75 酿造工具、原材料和成品	88 茶具
61 道教	——76 陶瓷工具、模印	89 酒具
62 基督教	——77 手工业工具（金银铁、玉等）	90 烟具
63 伊斯兰教	——78 机械工具	91 水器
64 宗教供奉用具	——建筑	92 盛具（盒、罐等）
65 巫卜迷信	79 建筑材料	——家具
4.生产工具	80 建筑构件	93 家具
——农业	81 建筑物与模型	94 陈设品
66 耕种工具	——82 其他（用途不明者入此）	——95 修饰清洁用品
67 收获工具	5.生活用具	——96 照明取暖
68 施肥工具	——服饰	——97 雨具、凉具
69 加工工具	83 衣服冠履	——98 其他
70 贮藏器具	84 佩饰	6.其他
71 产品遗存（果类附此）	85 被袄衾帆	——99 人、动物骨架、化石

表6-5 质地表

1	1	石器*
	2	石刻
3 玉器		
4	4	泥陶
	5	砖瓦
	6	瓷器
7	7	金属
	8	铜器
	9	铁器
10	10	牙骨
	11	皮革
12 竹木		
13 漆器		
14 纸质		
15 丝麻		

* 各馆可根据情况，分或合，如合为一类，代号为1，2则空着。下同。

表6-6 时代表

代码	对应的时代
-100	旧石器时代
-40	新石器时代
-16	夏
-11	商
-8	西周
-5	春秋
-3	战国
-2	秦
-1	西汉
2	东汉
3	三国
5	两晋、十六国
6	南北朝
10	隋唐五代
13	宋辽金
14	元
17	明
19	清（鸦片战争前）
20	近代

三、质地优先四层次十进位分类法

这是杭州大学历史系（现浙江大学）严建强先生提出的文物藏品分类法[1]。它是在参照宋伯胤先生的四部四项十进位分类表的基础上，建立的计算机多媒体文物藏品信息管理系统中的主导性检索体系。该分类法为便利使用而以藏品质地为优先检索要素，采用四层次的构架，分别以藏品质地、藏品的社会生活属性、藏品用途作为分类指标，在第四层次则达到藏品具体的主题词（即藏品的名字）；每一层次以十进位法（0-9）安排藏品的原则。这种藏品分类法就是"质地优先四层次十进位分类法"。

质地优先四层次十进位分类表的基本框架

第一层次以藏品质地为分类指标：

（1）石玉类：固体矿物材料及其物理加工制品。包括软石与硬石两类。软石是硅

---

[1] 严建强：《文物藏品质地优先四层次十进位分类法》，《中国博物馆》1997年第1期。

酸盐化合物（石灰石、大理石、孔雀石、石膏等）；硬石是硅和氧的化合物（玛瑙、水晶、玉石、燧石、翡翠、蓝宝石、红石英等）。

（2）金属类：矿物冶炼产品。常见的有铜、铁、锡、银和合金等。

（3）泥沙及其制品类：泥沙及其焙制、提炼产品。包括泥沙制品、砖瓦、陶器、瓷器、琉璃、玻璃和料器等。

（4）植物有机质类：包括竹、木、匏、核、秸秆、葛藤等。

（5）纸类：植物纤维制品。

（6）纤维类：动植物纤维及其织品，包括棉、毛、丝、麻织物。

（7）动物有机质类：动物角质及其制品，包括骨、牙、角、革、珠、贝、蚌螺、玳瑁等。

（8）高分子材料：橡胶、塑料、树脂等。

（9）特殊形态类：液体、气体和特殊固体（粉状物、膏状物、晶状物等）。

第二层次以藏品的社会生活属性为分类指标，这是一个为扩大分类框架容量而设置的层次[①]：

（1）工具与武器

（2）日常生活

（3）文化生活

---

① 第5类（纸类）文物情况特殊，其序列为：
（1）图书及连续出版物
（2）日常生活
（3）书法
（4）社会生活
（5）中国画
（6）纸本绘画
（7）照片与拓片
（8）空格
（9）外国文物
第7类（动物有机质）的第六项为动物骨骼化石；
第8类（高分子材料）的第六项为摄影、音像与磁记录
第9类（特殊形态类）情况较特殊，共三层，其中第二层次序列为：
（1）气体
（2）液体
（3）普通固体
（4）粉状物
（5）膏状物
（6）晶体

（4）社会生活
（5）艺术
（6）建筑与墓室
（7）漆器（若无此项目则为空格）
（8）空格（金属类为钱币）
（9）外国文物

第三层是第二层各项内容的具体化，基本上是以藏品用途作为分类指标。

【例】
  1. 石玉类
    1.1 工具与武器
      1.1.1 石核、石片、石叶工具
      1.1.2 砍伐工具
      1.1.3 农耕工具
      1.1.4 渔猎工具与武器
      1.1.5 加工与制造
      1.1.6 纺织与缝纫
      1.1.7 交通工具
      1.1.8 科研用具
      1.1.9 原料与生产遗物

第四层从理论上讲应该达到具体的藏品的主题词，但由于各类藏品的分布极不均匀，该层实际上包含若干个不同的层次。有比主题词较大的概念，如打击乐器，也有比器名较小的概念，如五铢钱。

【例】
    1.1.2 砍伐工具
      1.1.2.0 复制品
      1.1.2.1 斧
      1.1.2.2 锛
      1.1.2.3 凿
      1.1.2.4 削
      1.1.2.5 楔
      1.1.2.6 刀
      1.1.2.7 据

1.1.2.8 空格
1.1.2.9 其他

在第四层之下，就是每一件具体的文物，根据它的总登记号，可以给出完整的检索编号。如果收到一把石斧，总登记号为2036，则其编码为：1.1.2.1/2036

从分类号可知，该藏品是石玉质文物（1），属工具与武器（1）中的砍伐工具（2），并且是一把斧（1）。按照这一检索编码，就能迅速找到该藏品的款目，再根据它的总登记号序列，找到这件文物。

对于在内容上交叉的概念，该分类法规定了一些优先原则：

（1）具有双重属性的文物，其基本资料置于最初出现的款目中，后出现的款目则注明前一款目的编码。

（2）具有双重内容的文物，其基本资料根据优先原则安置。

①有人有物的以人优先（山水画除外），在物款目中注明；

②有动物和植物的，以动物优先；

③有走兽和飞禽，以飞禽优先。如鹰狮图，基本资料置于狮款目，在鹰款目里注明。

四、三种分类主张的利弊分析

四部四项十进位分类法，以文物质地为基础，在其上又按用途分属，属下按器形分科，层次清楚，条理清晰，为日后电子计算机应用于藏品管理工作奠定了理论基础。但是，在当时我国藏品管理工作方面电脑尚未普及，且短期内不能普及的情况下，有着许多困难。即使是在今天，全国范围各级博物馆普遍使用了计算机进行管理，甚至有的大型博物馆开启了智库模式，该分类法仍旧存在诸多困难。首先，按照这种分类方法，仅传世品的分类就有四个层次、数百个类别。每个库房保管员所保管的藏品要多达几十类，甚至几百类以上，所要掌握的藏品分类代号既繁琐又不易记忆，负担过于沉重。其次，分类表过于复杂，检索者要查到一类藏品需要耗费许多时间。而查出的分类号所代表的藏品是一类，并不具体到某一件，也可能在这个号码中就有成百上千件的藏品。如要查找一件器物，还需进一步查检分类卡片，查到这件藏品后，还得从总登记号或库位号上去提取。因此，这种分类法还存在着明显的不足。

三系三段分类法兼顾到藏品保管与使用的关系，采用在不同分类层次上将藏品质地与用途两者统一起来的方法，避免了同一层次质地与用途两者兼顾带来的混乱，开拓了分类的新思路。但是，"藏品属性"的含义因人不同而有不同的理解，因此，查找一件藏品，首先要知道这件藏品划归哪一属性，这就会给使用者带来许多不便。例如，一组彩绘舞杂技俑（山东济南市无影山西汉墓出土）在基本属性表中是归入"文化艺术"属中的"杂技"类中,还是归入"民间艺术"类中;再如,击鼓说唱俑(四川郫县宋家林东汉砖室墓出土)是归入"礼仪宗教"属下的"明器"类中,还是归入"文化艺术"属下的"民间艺术"类。诸如此类情况,很难划分归属。再者,从一件藏品的分类代码中体现不出该件藏品本身的特点。此外,与"四部四项十进位分类法"相同的一点是:一个分类号码代表的是某一类藏品,而并不具体到某一件藏品。因此,使用者查找起来极为困难。由此可见,这种"三系三段分类法"也不是十分实用,还有许多地方需要进一步改进。

关于质地优先四层次十进位分类法,复旦大学陈宏京(即陈红京)先生曾有过评论与建议[①],主要提出了以下几方面的评论:该分类法普遍适用于全国各类人文科学类与艺术类博物馆;该分类系统在确立检索要素时充分考虑到了判断的直观性和确定性,从而使得该系统不仅适用于博物馆和文物管理委员会等专业部门,同时适用于诸如公安、海关、拍卖、教育和出版等非专业部门;该系统采用以四层次为标准的弹性方式,既适用于快速的电脑检索,又保证了小型博物馆和专业博物馆的使用;该系统采用高度程式化的十进位制,使分类表便于一般工作人员的记忆和操作。该分类法也存在着与前两个分类法相同的问题,即在第二层次"以社会生活属性为分类指标",同样会带来交叉和不好确定属性的问题,如"文化生活"与"艺术",就会存在着判断和具体归属问题,藏品保管人员在具体分类的时候和其他人员在具体检索的时候,恐怕是会出现一点困惑。

在20世纪末,博物馆使用计算机系统管理藏品还没有完全普及的情况下,这三种分类主张,作为使用计算机检索藏品的方式,都面临着无法广泛推广使用的困境。

第四节 藏品分类的实例

国内各博物馆的藏品分类,多是依据各馆实际情况而自行划分藏品类别。尽管如此,藏品分类实例仍可为各级各类博物馆的藏品分类提供参考。

一、中国国家博物馆藏品分类方法

中国国家博物馆是2003年2月在中国历史博物馆和中国革命博物馆两馆基础上正式组建而成的,是以历史与艺术并重,集收藏、展览、研究、考古、公共教育、文化交

---

① 陈宏京:《关于严建强质地优先四层次十进位文物分类法的评论与建议》,《中国博物馆通讯》1995年第4期。

流于一体的综合性国家博物馆。中国国家博物馆拥有藏品140余万件（套），涵盖了从远古时期到当代各个历史阶段社会发展变化不同方面的内容[①]。

中国国家博物馆根据本馆藏品特点和工作需要，将全部藏品划分为古代史藏品和近现代史藏品两大部分。其中，古代史部分，全部藏品分为一级藏品、考古发掘文物、传世历史文物、货币、民族文物、文献拓本六大体系为第一层次，每个体系前冠以汉语拼音字头为代号：Y一级藏品，K考古发掘文物，C传世历史文物，H货币，M民族文物，W文献、拓本。每一体系内再根据实际情况又细分若干小类为第二层次。

考古发掘文物，按地域归类，分为二十九类。然后再根据遗址、墓葬细分类目。

K1北京市，K2上海市，K3河北省，K4山西省，K5内蒙古自治区，K6辽宁省，K7吉林省，K8黑龙江省，K9陕西省，K10甘肃省，K11宁夏回族自治区，K12青海省，K13新疆维吾尔自治区，K14山东省，K15江苏省，K16安徽省，K17浙江省，K18福建省，K19台湾省，K20河南省，K21湖北省，K22湖南省，K23江西省，K24广东省，K25广西壮族自治区，K26四川省，K27贵州省，K28云南省，K29西藏自治区。

传世历史文物，除印章、杂项外，皆按质地归类，共十六类。

C1. 石器（旧石器、新石器、商代以后石制工具等）

C2. 玉器（历代玉器、宝石、翡翠、珍珠、碧玺、水晶、玛瑙、珊瑚、琉璃等）

C3. 陶器（历代陶器、唐辽三彩陶、陶俑、泥塑、陶范、紫砂等）

C4. 瓷器（历代瓷器、窑具等）

C5. 铜器（历代礼器、生活用具、兵器等）

C6. 铁器（历代铁器、铁质武器等）

C7. 金属器（不属于铜铁器的其他金属器，如金银器等）

C8. 牙骨器（甲骨、象牙、牛角、玳瑁等）

C9. 砖瓦（建筑砖瓦、墓砖画像砖、水道管等）

C10. 石刻（碑碣、墓志、造像、经幢、画像石等）

C11. 漆木器（漆器、木器、竹木简、木俑、竹器等）

C12. 织绣品（丝织、棉织、毛织、刺绣、服装等）

C13. 印章（金、银、铜、石、牙、玉、瓷、木、玛瑙、琥珀、印章及封泥等）

C14. 书画（绘画、法书、写经、版画、年画、壁画等）

C15. 徽章（徽章、奖章、纪念章等）

C16. 杂类（不属于上述各类的，如砚、墨、纸、玻璃器、钟表、眼镜等）

C17. 舆图

C18. 集品：成套文物

货币，单列为一大体系，一般传世的各种钱币，按质地、年代、形状分为十八类。

---

① 《保管》，来自中国国家博物馆官方网站，网址：http://www.chnmuseum.cn/zp/。

H1. 贝（骨贝、铜贝、珧贝、玉贝、石贝等）

H2. 布、刀

H3. 圆钱、方钱、秦钱

H4. 西汉、新莽、东汉钱

H5. 三国、晋、南北朝、隋钱

H6. 唐、五代、十国钱

H7. 北宋、南宋钱

H8. 辽、西夏、金、元及元末农民政权钱

H9. 明及明末农民政权钱

H10. 清、太平天国钱

H11. 铜元、镍币（清、民国、外国）

H12. 金币（中国、外国）

H13. 银币（中国、外国）

H14. 纸币、代用券、股票、汇票（中、外）

H15. 钱范（陶、石、铜、铁）、钞版（木、角、铜）、钢模

H16. 五四以后革命钱币（铜、银、钞票、代用券等）

H17. 外国铜钱（朝鲜、越南、日本等）

H18. 杂钱（压胜、吉语、打马格、生辰、科名钱等）

民族文物，系指近、现代少数民族文物而言。传世的古代的民族文物，归传世历史文物；有出土时间、地点的古代民族文物，归考古发掘文物。这部分民族文物，则按所属族别分类，现藏有10类：M1彝族，M2傣族，M3傈僳族，M4佤族，M5景颇族，M6怒族，M7德昂族，M8独龙族，M9鄂伦春族，M10苗族。

文献拓本（包括档案、文书、契约、诰命、书礼、稿件、金石拓本、法帖等）。

近现代史部分，按照质地分为七大类（纸类；丝毛棉麻类；竹木、棕草类；皮毛骨角贝壳类；陶瓷、玻璃、玉石类；金属类；杂类），作为第一层次。

（1）纸类

①文献：包括各种文件、法律文书、布告、条例、传单、标语、报告、函电等；

②手稿：包括题词（字）、日记、诗（文）稿、笔记、试卷等；

③书刊：包括各种书籍、报纸、期刊、画报、会刊等各类出版物；

④绘画：包括宣传画、漫画、版画、国画、水彩（粉）、年画、速描、油画、剪纸及美术资料；漆画、木板宣传画等；

⑤照片、底片：包括原版照片、翻版照片及玻璃底片和胶片底片；

⑥书法、印谱、拓片：包括碑文、石刻、横额、标语、题词等的拓片；

⑦账册、图表：包括各种账册、清册、名册、地图、图表、表册等；

⑧票据、凭证：包括各种单据、布票、粮票、股票、支票、税票、债券奖券、

凭等；

⑨邮品：包括邮票、印纸、邮票折、邮票册及明信片等各种形式的邮品；

⑩货币：各时期的纸币及票样；

⑪证件：包括党证、团证、会员证、军人证等各种身份证件及房产证、商业证、婚姻证、毕业证等各种凭证。

（2）丝毛棉麻类

①旗帜：包括国旗、党旗、奖旗、锦旗、横幅、贺幛等；

②证章、符号；

③织绣：织锦、刺绣、纺织样品等；

④服装、服饰：包括衣服、鞋、帽、围巾、绑腿、手套、口罩、围腰、衣料等；

⑤床上用品：包括被、褥、睡袋、毯子、枕头、枕套、蚊帐等；

⑥油画、绢画。

（3）竹木、棕草类

①牌匾：包括国徽、会徽、单位牌、路牌、广告牌、门牌、标语牌、会议匾、光荣匾等；

②印章：包括各种公章、私章、纪念印章、戳记等；

③武器、装备：包括枪、炮、手榴弹、子弹等武器及木棍、竹箭、铁钉等代武器；

④刑具、凶器：包括枷（刑）板、囚笼等；

⑤器械及构件：包括各种机器、仪器及其构件；

⑥生产工具：包括木铣、夹板、风箱、耧、模具等；

⑦交通工具：包括车、船及担架、梯子等；

⑧家具：包括床、桌、椅、书架等；

⑨文化用品：包括各种笔、笔架、笔筒、笔插、笔盒等；

⑩漆画、木板画。

（4）皮毛骨角贝壳类

①印章：公、私印章及闲章；

②交通运输工具：包括船、马鞍等；

③生活用品：衣服、鞋、帽、手套等；

④梳妆用具、牙具、皮箱、包、皮夹等；

⑤文化娱乐用品：笔、墨盒、号角、鼓等；

⑥工艺品：雕塑、挂屏等。

（5）陶瓷、玻璃、玉石类

①牌匾、碑碣：包括招牌、单位牌、界碑、石碑、墓碑及石刻标语、横额、石门等；

②印章：公章、私章；
③武器：各种武器及代武器；
④器材：电工、电讯器材；
⑤生产工具：石磨、夯等农具及火镜等工业用具等；
⑥交通运输工具：艇及零件；
⑦生活用具：食具、烟具及一般生活用具；
⑧医疗卫生器具：包括药瓶、药罐、药碾等；
⑨文化娱乐：包括文具及各种棋类等体育用品；
⑩工艺品：雕塑、挂像及各种装饰品。

（6）金属类
①货币：包括各种铸币、银锭等；
②证章：包括证章、奖章、纪念章、像章等；
③符号：包括肩章、领章、帽章（徽）等；
④牌匾：国徽、会徽、单位牌等；
⑤印章：单位印章、私章；
⑥武器、装备：包括各种炮、枪、火箭筒、刀、矛剑等武器及代武器；
⑦刑具、凶器：手铐、脚镣等；
⑧机械、器材：包括打字机、印刷机、缝纫机等各种机械及零件；
⑨仪器：钟表、测量仪器等；
⑩生产工具：包括各类钳子、扳子、钻子等；
⑪生活用具：包括炊事用具、饮食用具、照明用具等；
⑫医疗卫生器具：药箱、药碾等；
⑬文化、体育、娱乐：各种文具、乐器等；
⑭工艺品：模型、雕塑、装饰品等；
⑮宗教用品：佛像、十字架等。

（7）杂类
①音像制品：包括唱片、录音带、幻灯片、光盘等；
②高科技产品：包括芯片等由高科技合成材料制成的物品；
③其他：凡在以上类别里不能包含的均属此类。

二、故宫博物院藏品分类

故宫博物院成立于1925年，建立在明清两朝皇宫——紫禁城的基础上，是一座特殊的博物馆，精心保管着明清时代遗留下来的皇家宫殿和旧藏珍宝，而且通过国家调拨、向社会征集和接受私人捐赠等方式，极大地丰富了文物藏品，形成古书画、古器物、宫廷文物、书籍档案等领域蔚成系列、总数186万余件的珍贵馆藏[①]。

故宫博物院的藏品，依据不同质地、形式和管理的需要，分为绘画、法书、碑帖、铭刻、雕塑、铜器、陶瓷、织绣、玉石器、金银器、珍宝、漆器、珐琅、雕刻工艺、其他工艺、文具、生活用具、钟表仪器、帝后玺册、宗教文物、武备仪仗、善本文献、外国文物、其他文物和古建文物，共25类，每类下分细类共69项。

（1）绘画，纸绢画、壁画、其他画、版画；

（2）法书，纸绢书；

（3）碑帖，铭拓；

（4）铭刻，甲骨、古陶石刻、封泥；

（5）陶瓷，陶、瓷；

（6）铜器，青铜、铜镜、古金属、仿古彝、货币；

（7）玉石器，玉器、石器；

（8）金银器，金器、银器；

（9）珍宝，珠宝、金珠宝；

（10）漆器，漆器；

（11）珐琅器，珐琅器；

（12）雕塑，雕塑；

（13）雕刻工艺，竹、木、牙角、匏；

（14）其他工艺，玻璃器、盆景、编织品、成扇、锡器、新铜器；

（15）织绣，服饰、佩饰、戏衣、地毯；

（16）文具，笔、墨、纸、砚、图章、文杂；

（17）生活用具，家具、灯笼、生活用具、砌抹道具；

（18）钟表仪器，度量衡、钟表、仪器；

（19）帝后玺册，帝后玺册；

（20）宗教文物，祭法器、陈设品、佛像；

（21）武备仪仗，武备、仪仗、乐器；

（22）古籍文献，善本特藏、书版特藏、普通古籍；

（23）外国文物，外国文物；

（24）其他文物，国际礼品、国内礼品；

（25）古建藏品，装修、木砖石/琉璃构件/铜铁饰件、烫样/画样。

---

① 《故宫总说》，来自故宫博物院官方网站，网址：https://www.dpm.org.cn/about/about_view.html。

三、上海博物馆藏品分类方法

上海博物馆创建于1952年，是一座大型的中国古代艺术博物馆，其收藏、研究、展览和教育以中国古代的艺术品为重点，馆藏文物近102万件，其中珍贵文物14万余件。上海博物馆的文物收藏包括青铜、陶瓷、书画、雕塑、甲骨、符印、货币、玉器、家具、织绣、漆器、竹木牙角、少数民族文物等31个门类，尤以青铜、陶瓷、书画最为突出[1]。

上海博物馆则将文物藏品分为立体类、平面类、综合类三大类，其中，立体类：陶器、瓷器、石器、玉器、宝石、青铜、铜器[2]、铜造像、金银器、锡器、铅器、铁器、刻石、甲骨、简牍、印章、封泥、泥塑、竹刻、木雕、牙雕、骨雕、角雕、漆器、料器、钱币、家具、珐琅、鼻烟壶、墨、砚、其他。

平面类：书法、绘画、年画、剪纸、雕版、文献、善本书、经卷、碑拓、皮影、邮品、织绣、纸币、纸、其他。

综合类：民族工艺、革命文物、外国文物、其他。

四、陕西历史博物馆藏品分类方法

陕西历史博物馆，是一座综合性历史类博物馆。馆藏文物1717950件（组）。上起远古人类初始阶段使用的简单石器，下至1840年前社会生活中的各类器物，时间跨度长达一百多万年。文物不仅数量多、种类全，而且品位高、价值广，其中的商周青铜器精美绝伦，历代陶俑千姿百态，汉唐金银器独步全国，唐墓壁画举世无双。可谓琳琅满目、精品荟萃[3]。

陕西历史博物馆藏品门类比较齐全，按质地分为十八类，即铜器、陶器、瓷器、砖瓦、石器、漆器、字画、骨器、金属、印章、墓俑、造像、钱币、杂器、石刻、织物、版本。对于发掘品则按其墓葬或遗址出土组合的完整性，划为一类。对于一些特殊的类别，如革命文物、民族民俗文物，则又各划为一专门类别。

---

[1] 《本馆介绍》，来自上海博物馆官方网站，网址：https://www.shanghaimuseum.net/museum/frontend/infomation/introduction.action。

[2] 青铜是指早期铜器，铜锡铅制成的；铜器普指黄铜红铜类的，宋以后的。

[3] 《博物馆简介》，来自陕西历史博物馆官方网站，网址：http://www.sxhm.com/index.php?ac=article&at=list&tid=230。

五、天津博物馆藏品分类法

天津博物馆是一座历史艺术类综合性博物馆，其前身可追溯到1918年成立的天津博物院，是国内较早建立的博物馆之一。其收藏特色是中国历代艺术品和近现代历史文献、地方史料并重，现有古代青铜器、陶瓷器、法书、绘画、玉器、玺印、文房用具、甲骨、货币、邮票、敦煌遗书、竹木牙角器、地方民间工艺品及近现代历史文献等各类藏品近20万件，图书资料20万册。2007年底对外免费开放，2008年被评为国家一级博物馆[①]。现天津博物馆是由天津市历史博物馆和天津市艺术博物馆合并组建而成。它的藏品分类包括三部分。

（一）原天津市历史博物馆文物分类表

共分72类

1全文陶QWT　　　19全文书QWSH　　37全文印章QWI　　55革命钱币GQ
2全资陶QZT　　　20全文瓦QWW　　　38建资文献JZW　　56地资文DZW
3全文玉QWY　　　21地资陶DZT　　　39纸钱币QB　　　　57革文照GWZ
4全资木QZM　　　22地资织品DZP　　40古钱币B　　　　 58全文照QWZ
5全文墨QWM　　　23地资其DZQ　　　41全文画QWH　　　59徐世昌X
6全文金QWJ　　　24出土CT　　　　　42全文宝QWB　　　60毛主席MZHX
7全文石QWS　　　25地资兵DZB　　　43全资画QZH　　　61建资实物JZS
8全资金QZJ　　　26地资证章DZX　　44全资服QZF　　　62建资其JZQ
9全资其QZQ　　　27地资木DZM　　　45地文画DWH　　　63中国邮票ZI
10地文金DWG　　 28全资拓QZT　　　46地文织品DWP　　64革命邮票GI
11国际礼品LP　　29全资献QZX　　　47地资工艺DZI　　65地文照DWZ
12地资金DZG　　 30地文证章DWX　　48地资画DZH　　　66地资照DZZ
13地文艺DWI　　 31地文其DWQ　　　49建文模JWM　　　67甲骨JG
14全文献QWX　　 32地文木DWM　　　50建文烈JWI（L）　68建资照JZZ
15地文兵DWB　　 33革命文献GMW　　51建文实物JWS　　69全文服QWF
16全文骨牙QWGI　34革命实物GMS　　52建资文献JWW　　70全资模QZM
17吴景濂W　　　 35周恩来Z　　　　53外国邮票WI　　　71地模型DMX
18地文文献DWW　 36全文工艺QWG　　54全资照QZZ　　　72革命复制GF

---

① 参见天津博物馆官方网站，网址：https://www.tjbwg.com/cn/about.aspx？TypeId=10921。

（二）原天津市艺术博物馆藏品分类表

共分24类

1类 瓷器	2类 玉器	3类 铜器
4类 陶器	5类 书画、碑帖	6类 印章
7类 笔墨纸	8类 砚	9类 骨牙角
10类 金属	11类 雕刻、镶嵌	12类 漆木匏竹
13类 丝织	14类 砖瓦石刻	15类 全国杂项
16类 泥木塑造	17类 版画	18类 剪纸
19类 杨柳青年画	20类 天津彩塑	21类 风筝
22类 木刻	23类 刻砖	24类 民间杂项

（三）天津博物馆新入藏文物分类法

共分20类

1. BT碑帖
2. CQ瓷器
3. FZ纺织品
4. HH绘画
5. JG甲骨
6. JS金属
7. MJ民间艺术
8. QB钱币
9. SF书法
10. SJ书籍
11. SQ石器、石刻
12. TQ陶器、砖瓦
13. WF文房四宝
14. WX文献
15. XY玺印
16. YP邮票
17. YQ玉器
18. ZP照片
19. ZX杂项
20. ZZ证章

六、北京自然博物馆（今国家自然博物馆）藏品分类

北京自然博物馆是我国依靠自己的力量筹建的第一座大型自然历史博物馆，其前身是成立于1951年4月的中央自然博物馆筹备处，1962年正式命名为"北京自然博物馆"，主要从事古生物、动物、植物和人类学等领域的标本收藏、科学研究和科学普及工作。现有馆藏标本321829件。馆藏标本类别主要包括古植物、古无脊椎、古鱼类、古爬行、古哺乳、矿物、古人类、人体、无脊椎、昆虫、鱼类、两栖爬行、鸟

类、兽类、植物[①]。

七、中国地质博物馆的藏品分类

中国地质博物馆始建于1916年，是中国人创办的第一个公立自然科学博物馆。中国地质博物馆收藏各类标本20多万件，涵盖古生物、矿物岩石、宝玉石等各个领域，具有很高的收藏价值、科研价值和观赏价值[②]。

按照基础地质学科的内容，地质博物馆的藏品可以分为8类。

（1）古无脊椎动物

①原生动物门

  有孔虫目

  筵亚目

②海绵动物门

③古杯动物门

④腔肠动物门

⑤苔藓动物门

⑥腕足动物门

  腹足纲

  掘足纲

  双壳纲

  头足纲

  软舌螺纲

⑦节肢动物门

  三叶虫纲

  介形虫纲

  昆虫纲

⑧棘皮动物门

⑨脊索动物门半索亚门—笔石纲

（2）古脊椎动物

①无颌纲

---

① 《馆藏标本》，来自北京自然博物馆官网。网址：http://www.bmnh.org.cn/gzxx/gzbb/list.shtml。

② 《关于地博》，来自中国地质博物馆官网。网址：http://www.gmc.org.cn/about/address.html@gzzc。

②盾皮纲

③棘鱼纲

④两栖纲

⑤爬行纲

⑥哺乳纲

（3）古植物

（4）矿物类

①自然元素

②硫化物及其类似化合物

③卤素化合物

④氧化物和氢氧化物

⑤硝酸盐

⑥碳酸盐

⑦硫酸盐

⑧铬酸盐

⑨钨酸盐和钼酸盐

⑩磷酸盐、砷酸盐和钒酸盐

⑪硅酸盐

⑫硼酸盐

（5）岩石类

①岩浆岩

  超基性岩

  基性岩

  中性岩

  酸性岩

  碱性岩

②沉积岩

  碎屑沉积岩

  化学沉积岩

③变质岩

（6）矿床类

（7）宝石类

（8）构造形迹

八、日本京都国立博物馆的藏品分类

京都国立博物馆于明治三十年（1897年）开馆，当时称为"帝国京都博物馆"。目前，本馆有馆藏品、寄存品共约14000件（2016年统计），涵盖陶瓷、考古、绘画、雕塑、墨迹、染织工艺、金属工艺、漆器工艺等各个领域[①]。

日本京都国立博物馆的藏品分类强调以简便为基本原则，分为十类：A绘画；B书籍；C雕刻；D建筑；E陶瓷器；F染织；G漆艺；H金工；I考古；J历史。

每类内含甲、乙两种，甲种可供展出，乙种仅供研究。每类下再按技术、样式等分细类，如绘画下分大和绘、佛画、水墨画、南画、浮世绘等。

---

① 《京都国立博物馆简介（Kyoto National Museum）》，来自京都国立博物馆官方网站，网址：https://www.kyohaku.go.jp/eng/scn/index.html。

第七章　藏品库房管理

库房是长期存放藏品的地方。博物馆应建有固定、专用的藏品库房。藏品库房建筑和保管设备要求安全、坚固、适用、经济。库房管理是博物馆藏品管理最基本的业务工作，藏品应分类入库并合理排架，博物馆应建立定期的安全检查制度，建立《库房日志》；藏品出入库必须办理出库、归库手续；调拨、交换出馆的藏品必须办理注销手续；藏品总数及增减数字，应及时统计并上报省、自治区、直辖市文物行政管理部门和国家文物行政管理部门。

第一节　藏品库房的建筑和设施

博物馆库房建筑的好坏，直接影响到藏品管理工作和藏品安全问题，因而说库房建筑是很重要的。如何建成一个适合的库房，是一个比较复杂的问题，应该严格执行博物馆建筑规范相关要求。藏品库房建筑及其内部设施应以适合收藏文物、标本和实物资料等物件及其安全保护的要求为标准，库房内应有防生物危害、防火、防盗、防潮、防虫、防尘、防光（紫外线）、防震、防空气污染、防雷击等设备或措施。

一、库房建筑与内部要求

1. 地址的选择

库房地址的选择，既要预估各种自然灾害（地震、水灾）可能发生时的安全，又要为将来的发展留有余地。根据博物馆建筑的基本要求，藏品库最好设在地势较高，易于排水、环境幽静和空气清新的地方，最好远离闹市区，以避免各种环境的污染。既要同陈列室保持一定的距离，同时为了工作方便，相距不能过远，因此应尽可能选在博物馆院内。藏品库最好是不设在地下室，因为那里比较潮湿，不利于文物、标本等的保存；也不应设在楼房的高层，否则，不仅藏品移运不便，而且一旦发生事故，也不便于迅速转移藏品及进行消防抢救活动。总之，博物馆建筑及藏品库房设计应遵循保护藏品、展品安全，避免人为破坏和自然破坏的原则。地址选择的关键是环境要有利于藏品安全保护，有利于藏品的利用与提取。按照我国住房和城乡建设部发布的中华人民共和国行业标准《博物馆建筑设计规范》（JGJ 66-2015）[1]的要求，选址应场地干燥、排水通畅、通风良好；与易燃易爆场所、噪声源、污染源的距离，应符合国家现行有关安全、卫生、环境保护标准的规定。

2. 建筑结构

藏品库房要求基础牢固、材料坚实，结构合理，具有足够的防火、防盗、抗震等能力并符合库房功能分区的需要。其建筑结构设计应符合现行国家标准《建筑抗震设计规范》（GB 50011）的规定，并应满足博物馆藏品防震和防工业振动专项设计的要求。《博物馆建筑设计规范》（2015）规定，特大型、大型、大中型博物馆建筑及主管部门确定的重要博物馆建筑的主体结构的设计使用年限宜取为100年，其安全等级宜为一级；中型及小型博物馆建筑主体结构的设计使用年限宜取为50年，其安全等级宜为二级。特大型、大型、大中型博物馆建筑及主管部门确定的重要博物馆建筑的主体结构的抗震设防类别宜取为乙类，中型及小型博物馆建筑主体结构的抗震设防类别宜取为丙类。

层高：新建藏品库房不宜过高，每层楼房过高不仅增加造价，而且也浪费空间体积；但也不宜过低，柜架进不去，同时使工作人员进库时有压抑感。据调查，目前国内除利用旧建筑的博物馆外，各博物馆新建藏品库房的层高最低的为2.7米，最高的为4.5米。根据《博物馆建筑设计规范》（2015）规定，文物类藏品库房净高宜为2.8~3米；现代艺术类藏品、标本类藏品库房净高宜为3.5~4米；特大体量藏品库房净高应根据工艺要求确定。

地面：藏品库房防潮和防滑很重要。地面要求防水层，一般用二至四层沥青及一至三层油毡相交替的卷材防水层，上面再铺水泥或砖面，防水效果较好。目前，藏品库房地面大都是砖石地。也有少数为木质地板和水磨石地，也有加铺地毯的。库房地面为了藏品安全不宜过滑，以免工作人员滑倒，避免藏品意外落地碰碎或受损。木质地板对防火不利。我国有些以旧建筑改为库房的地面为砖地，砖地的优点是能调节库内湿度。对于库房地面的承重，《博物馆建筑设计规范》（2015）规定，博物馆建筑的楼地面使用活载标准值一般库房要求为$6.0kN/m^2$，大型的石雕或金属制品库房则为$10.0kN/m^2$，且不应低于现行国家标准《建筑结构荷载规范》（GB 50009）所规定的要求，凡有特殊情况或有专门要求及现行国家标准《建筑结构荷载规范》（GB 50009）中未规定的楼地面使用活载应按照实际情况采用。

---

[1] 住房城乡建设部关于发布行业标准《博物馆建筑设计规范》的公告，中华人民共和国住房和城乡建设部公告第846号，中华人民共和国住房和城乡建设部，2015年6月30日。来自住建部官方网站，网址：http://www.mohurd.gov.cn/wjfb/201508/t20150828_224143.html。

墙壁：藏品库房的墙壁要有防火、防盗、隔热和防寒的能力，使库内温度相对稳定。过去一般筑0.5米厚的水泥实墙，既能防火、防盗，又能防库外潮气的侵入。目前建筑外墙大多是使用空心砖墙外加苯板保温的方式，室内则大面积使用空气调节器保持恒温等装置。但如果在经费紧张，能源不足，设备质量得不到保证的条件下，就会有一定的困难。从实际情况出发，采取增加外墙厚度，或采用筑双层墙，两层墙之间相距50毫米。另外，比较实用的是将二层墙的间距加宽，改为走廊，可以作为交通过道，又能起到隔热、防潮、防尘等作用。走廊有四环廊，也有只在热射、风吹雨打最甚的西北两面加走廊，为节省建筑，还可以利用西廊设楼梯，这些措施都比把走廊设在库房中间有利。藏品库房外墙外保温应达到国家住建部颁布的现行行业标准《外墙外保温工程技术标准》（JGJ144-2019）中所规定的要求。

3. 建筑面积

应考虑到博物馆藏品一般情况下是只进不出，只增加不减少的特点，在建筑库房时，要给予合理安排。过去习惯按藏品数量来测算所需库房面积，或者根据陈列厅的面积再按一定比例来测算，如一般认为库房面积可占陈列室面积的1/2或2/3，这两种测算方法都不够全面：一是没有给藏品增加留下余地，二是陈列室的面积不是计算库房面积的依据。此外，不同类型的博物馆，其库房建筑面积应有所不同，不能一概而论（见表7-1）。

表7-1 建筑面积比例分配

用房分配 \ 类型比例	陈列室	库房	其他
社会历史类	60%	30%	10%
自然史类	40%	50%	10%
科技类	70%	20%	10%

究竟如何确定，早在20世纪80年代，陈肇庆先生就曾提出对新建库房的面积计算应包括以下几个主要因素：

（1）博物馆的藏品数量；

（2）藏品的体积和重量；

（3）藏品分类和分库保管的要求；

（4）库房附属设施的情况；

（5）为今后藏品的增加留有一定的余地等[①]。

以上这些因素，各博物馆的情况有所不同，加上柜架的大小，存放时的疏密程

---

① 陈肇庆：《关于博物馆藏品库房建筑问题》，《中国博物馆》1988年第4期。

度，总之，应综合考虑。

而对于每间库房的面积大小，《博物馆建筑设计规范》（2015）规定，每间库房的面积一般不宜小于50平方米；文物类、现代艺术类藏品库房宜为80~150平方米；自然类藏品库房宜为200~400平方米。

4. 库房分配（包括附属设施）

《博物馆藏品管理办法》规定，"藏品要按科学方法分类上架，妥善庋藏。一级藏品、保密性藏品、经济价值贵重的藏品，要设立专库或专柜，重点保管。"[①]按此规定要求，博物馆一般应设一级品的专用库房，其他藏品则可按藏品分类（如质地）设库房。另外，还要有一些辅助房间，以利于工作的开展。例如要设有隔离室、消毒室，是对藏品入库前观察处理、消毒灭菌的地方；有条件的博物馆还可以设检验室、技术室，是对藏品进行物理、化学的检测，进行修复、复制、装裱、测绘、照相等工作的地方。如果藏品库房楼内设不下这些地方，那么技术室等可以设在库房附近。同时，为了保管工作的有效开展，保管部门的办公室也可以设在库房附近。此外，在库房楼内还应设立一个接待来访室，在这里可以接待外来人员，在馆内使用藏品。还应考虑供电、供水、取暖防暑等相应的附属设施。

对于库房分配，《博物馆建筑设计规范》（2015）中也有相关规定，《规范》将博物馆藏品库房保存场所分为藏品库区和藏品技术区。藏品库区可分为库前区和库房区，库前区为藏品库区内接收、管理藏品的工作区域，包括拆箱间、鉴选室、暂存库、周转库、缓冲间、鉴赏室等；库房区为藏品库区内收藏藏品的区域，包括藏品库房及其走道。藏品技术区的用房可包括清洁间、晾置间、干燥间、消毒（熏蒸、冷冻、低氧）室、书画装裱及修复用房、油画修复室、实物修复用房、实验室等。

博物馆摄影用房可包括摄影室、编辑室、冲放室、配药室、器材库等，并应符合下列规定：摄影用房宜靠近藏品库区设置，有工艺要求的大型馆、特大型馆可在库前区设置专用摄影室。

博物馆设置的需要从藏品库区提取藏品进行工作的研究室，应与库区连接方便，并宜设藏品存放室或保险柜（见表7-2）。

---

① 《博物馆藏品管理办法》第三章第十二条，载中国国家文物局、中国博物馆协会编：《博物馆法规文件选编》，科学出版社，2010年10月版，第38—43页。

表7-2 库房及相关附属房间设置一览表①

分类	区域	设置	备注
藏品库区	库前区	拆箱间	
		鉴选室	
		暂存库	
		周转库	
		缓冲间	
		鉴赏室	
		摄影室	有工艺要求的博物馆
	库房区	一级品库房	
		各分类库房	
藏品技术区		清洁间	
		晾置间	
		干燥间	
		消毒（熏蒸、冷冻、低氧）室	
		书画装裱及修复用房	
		油画修复室	
		实物修复用房	
		实验室	
摄影用房		摄影室	摄影用房宜靠近藏品库区设置
		编辑室	
		冲放室	
		配药室	
		器材库	
业务用房		藏品存放室或保险柜	需要从藏品库区提取藏品进行工作的研究室，应与库区连接方便

5. 库房的门窗

为安全考虑，藏品库门不可直接开在露天部位。库门结构以企口为佳，并应有橡胶衬垫或毡垫装置，可以防止尘土进入库门。门的宽度以便于藏品的运输为准。另设太平门及防火门，一旦发生意外，便于藏品迅速疏散和消防安全。窗户宜少开，宜用小面积的双层玻璃窗，外加铁栅栏，窗缝嵌胶条，可以减少及阻止库外不适合的干湿气侵入库内。平时照明利用灯光，窗户只作调解和疏通空气之用。门窗应坚固紧密，开启灵便。门锁应采用高效能保险锁，并附加警报装置。

---

① 此表格系根据《博物馆建筑设计规范》（JGJ 66-2015）相关规定而制作。

总之，藏品库房门窗应具有防火、防盗、防水、防烟等方面的功能。同时，应符合国家现行标准《安全防范工程技术规范》（GB 50348）、《博物馆和文物保护单位安全防范系统要求》（GB/T 16571）、国家现行公共安全行业标准《金库门通用技术条件》（GA/T 143）的规定要求，也应符合国家金融行业标准《金库门》（JR/T0001）的规定要求。

二、库房设施

藏品库房应设有能妥善庋藏藏品的柜架等设备以及防盗、防尘、防光（紫外线）、防空气污染等设备，还要采取防火、防潮、防虫、防震等措施，以确保藏品的安全保护和管理。关于库房设施及其要求，《博物馆藏品管理办法》（1986年）中规定，库房应有防火、防盗、防潮、防虫、防尘、防光（紫外线）、防震、防空气污染等设备或设施[1]。《博物馆管理办法》（2005年）规定，博物馆应具有保障藏品安全的设备和设施[2]。藏品库房必须具有"防震、防雷、防火、防水、防盗、防虫菌，防潮、防干，防光，防尘、防污染等"功能[3]。《博物馆建筑设计规范》（2015）规定，藏品保存场所的环境要求应包括对温度、相对湿度、空气质量、污染物浓度、光辐射的控制，以及防生物危害、防水、防潮、防尘、防振动、防地震、防雷等内容[4]。综合上述要求，藏品库房的设施大体上可以分为以下几个种类：

1. 保管设备

保管设备主要是指用于庋藏及盛装藏品的各种橱、柜、架子、支架、台座、箱、盒、囊匣、瓶、罐、镜框、夹以及为取放高处藏品而设置的登高工具等，这是博物馆保管藏品必不可少的物质条件。保管设备在博物馆工作中主要有以下几个方面的作用：①加强藏品的保护，防止其受到自然和人为因素的损害。博物馆的藏品数量大、种类多、质地杂，形体各异，经常受到外界环境的温湿度、光线、尘埃、有害气体、霉菌、昆虫、老鼠以及盗窃、火灾、搬动时磕碰等的各种威胁。使用坚实、牢固、密闭程度好的保管设备，就可以加强藏品的保护，使其尽可能地长期完好地保存下去。②充分利用库房空间，尽可能多存放一些藏品。博物馆收藏的文物、标本和实物资料

---

[1] 《博物馆藏品管理办法》第三章第十一条，文化部，1986年6月19日。

[2] 《博物馆管理办法》第十九条，文化部令第35号，2005年。

[3] 北京博物馆学会编：《博物馆藏品保管工作指引》，中国书籍出版社，2012年12月版，第113页。

[4] 《博物馆建筑设计规范》（JGJ 66-2015），中华人民共和国住房和城乡建设部公告第846号，中华人民共和国住房和城乡建设部，2015年6月30日公布。

等数量巨大，这些文物、标本和实物资料等大多数集中存放在藏品库房中，如果没有必要的保管设备，势必造成随意堆放，不仅不能很好地加强藏品管理，也不可能充分利用库房空间。只有将这些文物、标本和实物资料等庋藏在保管柜架中，才能充分利用库房容量，尽可能多放藏品，这样既便于管理，也符合节约原则。③便于进行科学排架，有利于安全提取和存放藏品。博物馆的藏品质地各异，大小不一，如果没有科学的排架、合理的摆放，就会寻找不易，提取不便，严重影响藏品的安全，不能充分发挥藏品的作用。库房有了保管设备，就能对藏品进行科学排架，分类存放，既方便了提取和存放，又能保障藏品的安全。

设置保管设备，要求必须安全、坚固、适用、经济、结构合理，还要有一定的承重和防尘能力。按照这一原则精神，保管设备的设置要符合下列要求：①应依照藏品形状和质地选择金属或木质材料制作藏品柜架，保证藏品的长期、安全保管。②藏品柜架的高低、宽窄、深浅、承重都要适合藏品的排架和存放，从藏品存放、保管的实际需求出发，保证藏品存放的实用需要。③藏品柜架的设置，应便于利用藏品，做到提用方便。④藏品柜架必须经久耐用、牢固。制作材料、附属配件、整体结构都应有一定的技术要求，如原材料的预先处理，柜子制成后的密闭性、防盗性、承重力等均要达到设计意图，保证柜架成型后的科学性、合理性。⑤柜架形式应力求规格化，这样既可以节省库房面积，充分利用库房空间，又便于规划管理，同时也整齐美观。⑥保管设备要求种类齐全，规格齐全，以保证适合各类藏品的保存需求。

保管设备主要包括各种规格和式样的藏品橱柜、架子，藏品保管箱，盛装藏品的囊匣、软套、瓶罐，存放标本的纸夹，存放手稿、文献等藏品的纸袋，以及取放高处藏品的轻便梯子等工具设备。梯子最好用铝合金材料，工艺要求做到轻而牢固、稳而不摇，便于移动。

库房中使用量最大的保管设备是藏品橱柜架子。藏品柜架的设计制作应考虑到藏品的不同质地和不同的尺寸规格等因素。陶瓷类等易碎藏品，主要防止碰、挤、压，可考虑使用抽屉柜，其抽屉大而浅且推拉自如。玉杂类等形体小居多的藏品采取抽屉中分格或镶嵌槽穴的工艺，或用囊匣盛装摆放在柜架中。金属类藏品也怕挤、压、碰，可采用木质柜架，如重量过大，还是用金属柜架，内部加衬软质垫层比较稳妥。此外，还要考虑通风、防潮、防霉、防虫等问题，甚至要考虑南方、北方地域的差别。

2015年，为贯彻中共中央关于深化文化体制改革、加快公共文化服务体系建设的决策部署，并贯彻落实中共中央关于加强文物保护科技支撑，利用信息技术推动文物展示利用方式融合创新等要求，激励文博机构、科研院所和相关企业开展文博技术产品创新和推广服务，促进文物博物馆行业技术产品研发和推广服务，助力文博机构提升文物保护利用水平和公共文化服务水平，由中国文物报社、文物保护装备产业化及应用协同工作平台、中国文物保护技术协会联合发起并主办了"全国十佳文博技术产品"推介活动①，2015年举办了首届（2014年度）的推介活动，至今已进行了六届②。获得过"全国十佳文博技术产品"（以下简称"十佳产品"）的保管设备，有"低氧气调储藏柜（智稳系列）"（第一届十佳产品）、重型文博系列储藏架（柜）（第二届十佳产品）、"传统手工无酸（信息化）囊匣"（第二届十佳产品）、"文物古籍精品保管柜"（第三届十佳产品）、"常压低氧气调杀虫系统"（第三届十佳产品）、"文物储藏柜（防震型）"（第五届十佳优秀奖产品）、"恒温恒湿典藏柜"（第六届十佳优秀奖产品）等，可供选用。

2. 保护设备

藏品保护设备主要是指在库房内设置和采取的防止自然界各种因素影响及损害藏品的设备或措施，包括防潮、防尘、防虫、防光（紫外线）、防雷击、防空气污染、防温湿度变化等的设备或措施。设备应包括除尘机（吸尘器）、去湿机、换气扇、空调机、避雷装置等，措施有人工通风、安装换气窗、人工照明、加装挡光帘等。

保护设备或措施的作用主要是控制库房温湿度变化，减少自然界各种因素对藏品的影响和损害，即减少并延缓藏品的自身损毁及老化，以利于藏品的长久保存。保护设备或措施要求经济、适用、安全可靠，切实起到保护藏品的作用。

馆藏文物的安全防护，应遵照2002年公安部发布的《文物系统博物馆风险等级和安全防护级别的规定（GA 27-2002）》③和2012年国家质量监督检验检疫总局和中国国家标准化管理委员会发布的国家标准《博物馆和文物保护单位安全防范系统要求（GB/T 16571-2012）》执行④。

藏品库房内为防潮、控制温湿度变化，可以设置去湿机、换气扇（窗）、自动空气调节器（简称空调器或空调机）。去湿机是由循环制冷和空气循环除潮两部分组成的。它无自动控制仪表，可由人工按照需要的干湿标准操控机器。库房保管员可根据库房内温湿度情况，决定去湿机的使用。该机的优点是成本低、可自由操作，具有灵活性。目前，我国各中、小型博物馆大都设置有去湿机。空调机是属于自动化的恒温恒湿设备，它的使用，需要有一定的经济实力和技术人员。使用空调机，其优势在于

---

① "全国十佳文博技术产品"推介活动办公室设在中国文物报社，活动自2015年启动，每年举行一届。从第三届开始更名为"全国十佳文博技术产品及服务"推介活动，延续至今。

② 2020年5月7日，启动了第六届"全国十佳文博技术产品及服务"推介活动，9月11日终评结果揭晓。

③ 《文物系统博物馆风险等级和安全防护级别的规定（GA 27-2002）》，载国家文物局博物馆司编：《博物馆工作手册》，华龄出版社，2007年5月版，第526—533页。

④ 关于贯彻落实国家标准《博物馆和文物保护单位安全防范系统要求》的通知，文物督函[2013]916号，国家文物局，2013年6月17日。来自国家文物局官方网站，网址：http://www.ncha.gov.cn/art/2013/7/2/art_2237_29448.html。

可以很好地调节空气，但在实际应用中还存在不少问题，如耗电量大，且投资额大，运行时期的维修费用较多，还需有相应的管理操作和维修人员。目前，随着国民经济的高度发展，国内很多大中型博物馆都已经开始使用空调机来加强藏品库房的温湿度调节。而对于一些小型博物馆在经济条件不具备的情况下，采用空调机来控制库房温湿度并不是很实用的办法。库房内可以采用人工通风或自然通风措施，以及使用去湿机或加湿器或放置盛水器或喷水器定时喷洒等，来调节库房温湿度，以便于藏品处于良好的环境之中，得到妥善的保藏与保护。采用人工通风或自然通风措施时，通风处要安装有细窗纱的换气窗，并加装窗帘及过滤装置，以防尘埃和有害气体在库房进行通风换气时进入到库房中来。库房的采暖装备以水暖方式较佳。利用这些普通条件，有创造性地利用保存藏品的良好环境，是比较切实可行的。

目前，恒温恒湿方面可选用的"十佳产品"有"MCG系列恒湿机"（第二届十佳产品）、"净化调湿一体机"（第二届十佳优秀奖产品）、"物联网式文物库房专用恒温恒湿系统"（第四届十佳产品）、"文物本体含水率无损探测仪及湿度分布成像系统"（第四届十佳优秀奖产品）、"气密恒湿洁净/低氧文物库房"（第五届十佳优秀奖产品）、"净化调湿机"（第五届十佳优秀奖产品）、"恒温恒湿典藏柜"（第六届十佳优秀奖产品）等，可供选用。

防虫方面可选用的"十佳产品"有"DEKAN远程实时白蚁监测预警系统"（第四届十佳优秀奖产品）、"低功耗白蚁远程实时智能监测设备"（第四届十佳优秀奖）、"库房文物虫害防治技术服务"（第五届十佳优秀奖）等，可供选用。

库房内需要有足够的光线，这对防止各种霉菌、虫蛾、鼠类的滋生与繁殖具有积极作用。但是，光线中的紫外线对藏品起着很大的破坏作用。所以，库房中最好使用人工照明，条件差者可采用自然光，作为光源口的窗子，要加装窗帘，避免日光直射。照明方面可选用的"十佳产品"有"文物数字化照明系统"（第五届十佳优秀奖产品）。

库房照明应遵照现行国家标准《建筑照明设计标准》（GB 50034）和现行行业标准《博物馆照明设计规范》（GB／T 23863）执行。

库房内防尘设备最好使用吸尘器（除尘机）确保库房的清洁。为了防止火灾的发生，藏品库房内电器装置应有良好的绝缘衬垫，一切电路均采用暗线方式敷设。为了防止雷电的袭击，应安装避雷装置。

目前，库房的防震设备方面可选用的"十佳产品"有"馆藏文物全系统防震成套技术和装备"（第二届十佳产品）、"文博类典藏设备防震减震技术整体解决方案及应用"（第六届十佳产品）等。

3. 监控检测设备

监控检测设备主要是指对藏品库房的温湿度、光照度等情况进行监测、分析的仪器设备，用来监测分析库房内的温度、湿度和光度量，以便库房保管员据仪器所显示的数据情况，随时采取措施来调节库房的温湿度、光照度，控制库房的温湿度、光照度，以适合藏品的保存需求和保护要求。

监控检测设备包括一般传统常见的温湿度测量仪、精密的温度测量仪、光度测量仪，如手持式照度计、紫外线测量仪等，以及进行化学测量的仪器，如离子色谱仪。随着现代科技的高度发展，目前已经有了现代化的"恒温恒湿机组"或"库房温湿度环境监控系统"以及温湿度自动记录仪。博物馆藏品库房也可以量身定制属于藏品库房专用的监控系统。《博物馆建筑设计规范》规定：博物馆建筑的设备监控系统应符合相应规定，如展柜、陈列展览区和藏品库区应设置温湿度数据采集点。

目前，环境检测可选用的"十佳产品"有"馆藏文物保存环境监测系列产品"（第一届十佳产品）、"文物保存环境监测大数据分析评估及预警平台"（第二届十佳产品）、"馆藏文物环境监控与评估系统"（第六届十佳优秀奖产品）、"节能型恒湿洁净低氧展储与微环境数据监测系统"（第六届十佳优秀奖产品）等。

4. 搬运设备

搬运设备主要是指在博物馆搬运藏品所使用的设备、工具等。其作用是有利于文物、标本等搬运过程的安全保护，因为许多文物标本都是质脆、易碎、很娇贵的。在博物馆提用过程中，涉及搬运安全问题，如果没有一定的搬运设备、工具，极易对藏品造成损毁的危害。因此使用搬运设备、工具，可以避免搬运中因磕碰、摔碎或不适当地拿取等对藏品造成损伤。搬运设备一定要坚固耐用，方便实用。

搬运设备主要包括抬箱、运输车等，此外在保管中使用的箱子，囊匣、盒、瓶、罐、套、夹等都可作为搬运设备而使用。有条件的博物馆一般都已设置电动货梯，来搬运较大型的器物以及往高层库房中运送藏品。藏品搬运要佩戴干净的手套，应根据藏品类别选择使用不同的手套，如棉质手套或防滑手套。

抬箱是博物馆中最常见的搬运工具，简单讲就是在无盖的箱子两侧各加一个抬杆，搬运时，把藏品摆放在箱内，由两人或四人前后抬着运输。这种抬箱一般由木质材料制作，经济实用，大多数博物馆都设置有抬箱。搬运文物藏品还应设置推车，推车应配备三种：一种是较为轻型的橡胶轮推车，一种是能负重载的推车，此两种车一般可以买到；还有一种笼式带锁推车，主要是运文物出库到陈列室用，安全系数高，在国外博物馆应用很普遍，国内尚少见。南京博物院参考美国博物馆车子的样式设计了这种车子。如果经济条件不允许，可暂时设置前两种即可。

5. 检索设备

检索设备是指博物馆库房中设置的主要用于检索藏品，便于提取藏品的设备或工具。其作用是便于使用藏品的博物馆各部门、社会各有关人士查阅、选取所需藏品，以及库房保管员根据需要入库提取藏品。检索设备要求种类齐全，编排科学合理，有利于方便、迅速、准确地选择和提取藏品。

比较先进的检索设备是计算机（电脑）储存系统，即用计算机（电脑）存储设备来存储藏品资料，如使用缩微机来储存藏品信息，在需要查阅时，可以通过电脑及显像荧屏，恢复文物的全貌，供使用者参考，这样还可以减少文物的直接提取次数，有利于文物的保护和保存。再如用计算机（电脑）进行藏品编目等。应该说这是我国博物馆藏品管理必然的发展方向。目前大多数博物馆已经做到使用计算机（电脑）来检索藏品，但是一些小型博物馆还没有完全做到。传统的检索方式是设置卡片箱，人工检索。设置卡片箱比较经济实惠，但人工检索与使用计算机（电脑）相比，则首先要花费许多精力来制作供检索的卡片，其次使用者还要花费大量时间来查找、翻阅卡片，最后确定所需藏品，然后再提取。由此可见，人工检索费时费力，有待于改进。

2012年10月开始，2016年12月结束的第一次全国可移动文物普查[①]，建立了国有可移动文物名录数据库，可作为国有馆藏文物检索工具而使用。

6. 安全警报设备

安全警报设备是指博物馆设置的用于防盗、防火、确保文物藏品安全的设备。主要包括门窗警报装置，防火、防高温、防烟等的设备用具。如闭路电视监视设备、防烟气的监视设备，防火、防温度变化的监视设备等。

《博物馆建筑设计规范》（2015）规定：博物馆建筑的设备监控系统应符合相应规定，如藏品库房应设置漏水报警系统。

《博物馆建筑设计规范》（2015）还规定：博物馆建筑的公共安全系统应符合下列规定：①应设置火灾自动报警系统和入侵报警系统，并应符合现行国家标准《火灾自动报警系统设计规范》（GB 50116）和《入侵报警系统工程设计规范》（GB 50394）的相关规定；②藏品库房内应根据不同场所设置感烟或感温探测器，并宜设置灵敏度高的吸气式感烟器；③展柜内宜根据保护对象的需求，设置感烟探测器；④大中型及以上规模的博物馆建筑及木质结构古建筑应设置电气火灾监控系统；⑤典藏、保护、展示有关历史、文化、艺术、自然科学、技术方面的文物、标本等实物的博物馆应符合国家现行标准《文物系统博物馆风险等级和安全防护级别的规定》（GA 270和《博物馆和文物保护单位安全防范系统要求》（GB/T 16571）的规定；⑥非典藏、保护、展示有关历史、文化、艺术、自然科学、技术方面的文物、标本等实物的博物馆应符合现行国家标准《视频安防监控系统工程设计规范》（GB 50395）和《出入口

---

① 《国务院关于开展第一次全国可移动文物普查的通知》，国发办〔2010〕54号，国务院，2012年10月1日。来自国家文物局官方网站，网址：http://www.ncha.gov.cn/art/2012/10/19/art_722_107543.html。

控制系统工程设计规范》（GB 50396）的有关规定；⑦安全技术防范系统的监控应能适应陈列设计、布展功能调整的需要；⑧敞开式珍贵展品的陈列展览应设置触摸报警、电子幕帘、防盗探测、视频侦测、移动报警等目标防护技术措施；⑨珍贵文物、贵重藏品在装卸区、拆箱（包）间、暂存库、周转库、缓冲间、鉴赏室等的藏（展）品停放、交接、进出库应有全过程、多方位的视频监控；⑩藏品库区、陈列展览区、藏品技术区应设置出入口控制系统，业务与研究用房、行政管理用房、强电间、弱电间宜设置出入口控制系统。

一般情况下，博物馆藏品库房要备有一般常用的灭火器，每层库房都应设有消防壁栓、水龙带和灭火机。藏品库房内应根据不同场所设置感烟或感温探测器，并宜设置灵敏度高的吸气式感烟器。关于防火，《博物馆建筑设计规范》（2015）规定：博物馆设置自动灭火系统设计应符合现行国家标准《建筑设计防火规范》（GB 50016）的有关规定，并应符合下列规定：①珍贵藏品的库房和中型及以上建筑规模博物馆收藏纸质书画、纺织品等遇水即损藏品的库房，应设置气体灭火系统；②一级纸（绢）质文物的展厅应设置气体灭火系统；③此外，设置自动灭火系统的藏品库房、展厅、藏品技术用房，宜选用自动喷水预作用灭火系统或细水雾灭火系统。

目前，安全防火方面可选用的"十佳产品"有一款"文物博物馆火灾防护专用系统"（第二届"十佳"产品），其特点是使用特殊液体喷雾、高灭火性能、绝缘无害的灭火系统；用于博物馆多场所、多环境、多设备灭火。可用于博物馆藏品库房的防火。

库房门窗要安装保险锁和警报器。条件许可的情况下，应该购置红外线微波等现代化警报设备。警报设备选择和安装的要求：首先要确定被控制区域的大小部位和形状，安装数量可根据需要和经费而定；其次要熟悉警报设备的性能。因警报器的种类不同，其性能也不一样，有的能控制一个点，有的能控制一条线，有的能控制一个面，有的则能控制立体空间，这就要求选择时要熟悉其性能，并根据博物馆被控制的区域而适当选取。再次，安装前，要由单位领导、技术人员、保卫人员一起，根据警报设备的性能，制定一个安装设计方案，设计要合理，要有防范的针对性、有效性、预见性。最后，警报设备的种类要多样化，其安装高度要适中。如库房门窗可安装断开式防盗报警器，库房内部可安装立体空间防盗报警器等。

此外，还可设置闭路自动摄像机，一旦有报警，就会立刻自动开机，拍摄现场。高敏度的声音监听录音系统，一有声响，会在控制室中录下声音。悬吊式自动灭火器，一旦库房或陈列厅内的温度升高及烟气浓度超过所定标准，自动灭火器就会喷水发挥其自动灭火的功能。

目前，安全警报方面可选用的"十佳产品"有一款"博物馆数字三维安防集成管理平台"（第四届十佳产品），其功能是该博物馆数字三维安防集成管理平台实现对入侵报警系统、高清视频监控系统、声音复核系统、出入口控制系统、周界报警系统等子系统的有效集成。灭火方面有"全氟己酮手提式灭火器"（第六届十佳优秀奖产品）。

总之，藏品库房建筑及内部设施要求安全、坚固、适用、经济。同时，在现代科技高度发达的今天，还应达到智能化。各博物馆可根据本馆的实际情况和条件，合理地建筑库房和购置适当的设备。

第二节 藏品入库和出入库管理

《博物馆藏品管理办法》规定，进馆的藏品必须办理登账、编目、入库手续（第十九条）。藏品入库，是博物馆藏品实现库房管理的一个重要步骤，只有办理了入库手续并分类妥善存放，文物、标本、实物资料等物件才是真正进入博物馆藏品库房。藏品在博物馆中会因各种原因需要而发生提用情况，对此必须严格按照相关规定办理出入库手续，加强出入库管理，有利于确保藏品有序管理。

一、藏品入库

藏品入库是指根据鉴选意见，把经过总账登记的博物馆藏品，依据分类结果，分别入库庋藏的工作。藏品入库要根据入库凭证来办理入库手续；藏品入库后要建藏品库房日志，还要编库房方位索引或绘制库房方位图表，并建藏品库房方位卡。

为了保障藏品的安全和妥善保管，藏品入库一定要办好手续。入库要以入库凭证（见表7-3）为依据，办理交接手续。

表7-3 博物馆藏品入库凭证

第 页

来源		类别	库别		年 月 日	
总登记号	原号	名称	数量	现状	附件	备注

藏品入库后要确定其存放方位，并按排架结果归入柜架上，不允许堆放在桌子或其他工作台案上，以防发生事故。藏品方位确定后，要建藏品方位卡，同时编库房方位索引或绘制库房方位图表，以便于库房保管员能及时、准确地存放和提取藏品。

方位卡，也称库藏卡，是由库房保管员填写的藏品存放位置的卡片，内容、格式如下（见表7-4）。

表7-4　博物馆藏品库藏卡（或方位卡）

（正面）

总账号		分类号			
名称					
年代		完残程度			
年　月　日	库	柜（箱、架）	层	行	位

（背面）

提取日期	提取原因	提取单号	归还日期	备注

这种方位卡（库藏卡）只限于库房保管员使用，因其上记有藏品存放位置，为保藏品安全，不易向外界公开。具体使用时，由提取藏品的人员提供藏品总登记号、分类号，保管员根据方位卡上的库藏方位来提取（归还）藏品。卡片正面的年月日是指该藏品入库庋藏的时间。

例如原河北省博物馆（现河北博物院）1987年举办基本陈列时，曾提取过这样一件藏品——"景廷宾马鞍"（见表7-5）。

编库房方位索引或绘制库房方位图表就是把各分类库房的具体位置记录或绘制成图表，以利于藏品入库工作的顺利进行。

藏品入库后还要建藏品库房日志，用来记录库房每天中的各项工作情况（见表7-6）。

表7-5 河北省博物馆藏品库藏卡

（正面）

总账号：259			分类号：N6		
名称：景廷宾马鞍					
年代：近代			完残程度：破旧		
年 月 日	库	柜（箱、架）	层	行	位
		27柜	1	3	

（背面）

提取日期	提取原因	提取单号	归还日期	备注
1987年8月24日	举办陈列			

表7-6 藏品库房日志

日期	年　月　日	
库别		温度
		湿度
库房情况综述		
有无异常情况和处理办法		
进库人员情况综合记录		
记录人或库房保管员签字		

北京市文物局绘制了《博物馆馆藏文物管理库房工作日志》示例[①]，可供参考（见表7-7）。

表7-7 博物馆馆藏文物管理库房工作日志

编号：第 页

入库时间：	年 月 日（星期 ） 午 时 分	天气情况	
出库时间：	年 月 日（星期 ） 午 时 分		

入库人员姓名	
入库主要工作记录	
库房藏品日常情况记录	
库房藏品重要情况记录	
备注	

填写人：

二、藏品的存放排架

排架是藏品入藏过程中的最后一个步骤，也是藏品库房管理工作的开始。排架是库房工作中科学管理防止混乱的一项关键措施，是有条理地排列并固定藏品存放位置，通常称库房存放方位或叫定位。

藏品排架有三个作用：第一，便于藏品的提取和归还原位；第二，便于检查、清点藏品；第三，有利于藏品的安全保护。

藏品在排架前要做好一系列准备工作。首先要做好藏品的分类分库，其次要制定出排架原则，再次要确定库内的柜架布局，最后柜架本身要编号，包括层、位号等。藏品库房内柜架布局要符合《博物馆建筑设计规范》（2015）对采用藏品柜（架）存放藏品库房的最低要求：①库房内主通道净宽应满足藏品运送的要求，并不应小于1.2米；②两行藏品柜间通道净宽应满足藏品存取、运送的要求，并不应小于0.8米；③藏品柜端部与墙面净距不宜小于0.6米；④藏品柜背与墙面的净距不宜小于0.15米（见表7-8）。

---

① 引自北京市文物局 中国文物信息咨询中心主编：《可移动文物保护和利用工作手册》，学苑出版社，2017年11月版，第492页。

表7-8 采用藏品柜（架）存放藏品的库房应符合的规定[①]

序号	事项	规定要求	标准
1	库房内主通道净宽	应满足藏品运送的要求	不应小于1.2米
2	两行藏品柜间通道净宽	应满足藏品存取、运送的要求	不应小于0.8米
3	藏品柜端部与墙面净距		不宜小于0.6米
4	藏品柜背与墙面的净距		不宜小于0.15米

藏品排架原则是既要便于藏品的提取，又要便于藏品的安全保护。一般情况下，可以遵循这样的原则，即上轻下重，前低后高，高卧矮立，间隔距离不能过紧，上、下不能重叠。

藏品摆放在柜、架上的具体排架方法大体有如下几种：

（1）按各类藏品入藏时间的先后顺序排列上架、入柜。

这种方法是指藏品在分类基础上，每一类别的藏品入库时即可采用以入藏时间先后为序，顺次排列的方法。小号在前，大号在后，这种方法适用于中小馆，其好处是可以节省库房面积和柜架的数量，充分利用柜架的空间，提高柜架的使用率。

（2）成组的藏品集中存放，依不同质地特殊对待。

这种方法一般适用于考古品的排架，同一遗址或同一墓葬的出土品集中存放，对使用者来说很容易查询；但由于同一地点出土的器物往往质地不完全相同，保管起来很不容易，可以依不同质地分层排架。如青铜器，湿度要求一般在50%~65%，如果太潮湿，容易生锈腐蚀，排架时可考虑排在离地面较高、湿气较小的柜、架上层；陶器则可排在中层，瓷器、石器等可排在下层。而考古出土品中珍贵的器物则应该单独存放，妥善保管。

（3）分类库房的排架方法。

历史文物库（一般指古代历史文物，包括流散文物和出土文物），可按年代、质地、器形、用途四个方面归类排架；近现代文物库（包括革命文物和"社建"文物），可按质地排架，分为纸质、布帛、金属、钱币、印章、其他等；书画库可按书画种类排架，分为立轴、中堂、横幅、对联、册页、扇面、手卷等；还可按书画作品的长短、装裱形式来分类排架。这样的排架，层次清楚，取用方便。

（4）按类别、器形、年代、用途等分别排架。

这种方法一般是指在一个库房内，保藏有多种类别的藏品，那么首先可以把这些藏品划分出不同的类别，在同一类别中再按器形的不同划分出来，那么同一器形的器物再根据年代的早晚顺序排列。这样，假如每一个柜架排列一类藏品，而每一层中排列不同类型的藏品，那么就会出现有的柜架很充实，很拥挤，而有的柜架却很空闲的局面。这种方法需要有大量的库房面积和柜架，适用于有条件和设备充实的大馆。

---

① 根据《博物馆建筑设计规范》（JGJ 66-2015）制作本表。

藏品排架要注意安全，稳妥存放，安全第一。柜架质量要坚硬、结实，有一定承重能力和抗震能力。柜架高度要便于藏品的提取。无论使用哪种排架方法，都要把存放位置和柜架号回注在有关资料卡片上，并把第几库、第几柜（架）、第几层等有关号码记录在方位卡上。有条件的博物馆，还应该把这些储存在计算机（电脑）里。为了便于藏品核对和统计，每柜还应设一储存藏品登记表，以层为单位，统计件数、总账号、分类号，并将统计表贴在柜门背后。每次藏品出入库，必须在藏品统计表上注明去处，始终保持每柜藏品在库或出库情况清楚明了。

三、藏品的提用（出库）

藏品提用，是指因各种原因、情况，从藏品库房中提取藏品出库的工作，它是发挥藏品作用的一项重要工作。

藏品提用的原因有许多种，如陈列展览的使用，科学研究的使用，鉴定、编目的提用，修复或复制，拍摄照片、摄制影视录像、其他情况下的借用（上级或兄弟单位举办陈列展览时借用），以及观摩等。由此可知，提用的确是充分利用藏品，发挥藏品作用的一项重要工作。应该创造各种方便条件，以利于藏品提用工作的方便进行。

提用藏品，必须经过有关领导批准并填写提用凭证（即出库凭证）后，藏品方可出库。不同情况下的藏品提用有不同的手续要求：

（1）馆内需要提用藏品时，必须填写提用凭证，一级藏品、保密性藏品、经济价值贵重的藏品经主管副馆长或馆长批准，其他藏品经保管部门负责人批准，始得办理出库手续，用毕应及时归库，按原凭证进行核对，办清手续。对提取参加陈列的藏品，要以确保安全为原则，采取切实措施加强管理，未用于陈列的藏品，必须及时归库。

（2）馆级负责人提用藏品，须经同级其他负责人同意。藏品保管部门负责人提用一级藏品，须经主管副馆长或馆长批准，提用其他藏品，须经本部门其他负责人同意，填写提用凭证后，办理出库手续。

（3）馆外单位提用藏品时，一般应在馆内进行。一级藏品经主管副馆长或馆长批准，其他藏品经保管部门负责人批准后，由有关保管人员承办并负责藏品的安全，用后立即收回归库。

（4）藏品借出馆外应该从严掌握，一级藏品须经主管文物行政管理部门批准；其他藏品经主管副馆长或馆长批准后，办理借出手续。借用单位必须采取措施，确保藏品安全，并按期归还。

藏品提用的一般程序是：

（1）首先确定需要的藏品。根据使用的需要，由使用者查阅藏品有关卡片，如登记卡、编目卡、分类索引卡等，选择确定所要提用的藏品。

（2）填写提用单，报请批准。选定藏品后，填写提取出库凭证（或称提用单，一式三份，总账、提取人、库房保管员各留一份）（见表7-9），报请有关领导，审阅批准。

（3）到库房提取藏品。提用单被批准后，到库房递交提用单，保管人员根据提用单上的藏品总账号、分类号情况，查阅藏品库藏卡，找到藏品存放的柜架，层位的号码，然后进库提取藏品。双方办理藏品出库手续。

提取单位　　　　　　　　　　表7-9　博物馆藏品提取出库凭证　　　　　　　年　月　日

总登记号	名称	出库记录			归库记录			归还日期	归还人	验收人	备注
		提用原因	件数	附件	完残程度	件数	附件	完残程度				

馆长_____　提取部门负责人_____　提取人_____　保管部门负责人_____　库管员_____

北京市文物局编制了《文物提用通知单》示例[①]，可供参考（见表7-10）。

表7-10　文物提用通知单

提用者	单位名称：	电话：
	经办人姓名：	证件：
提用目的		提用时间
提用文物名称级别		
主管馆长批示签字		
保管部主任签字		
库房保管员签字		
备注		

---

① 北京市文物局 中国文物信息咨询中心主编：《可移动文物保护与利用工作手册》，学苑出版社，2017年11月版，第491页。

四、藏品出入库

藏品出入库，是指馆藏品因展览、研究、保护和修复等各种原因的使用，而发生的从库房提取和退还的过程。

藏品出入库房必须办理出库、归库手续。对藏品的数量和现状，必须认真核对，点交清楚。藏品出库后，由接收使用单位部门负责保管养护，保管部门对使用情况进行监督和检查。使用部门应尊重藏品保管部门的意见，对发现的不安全因素，应及时予以纠正。

博物馆藏品的出入库操作，可以按照国家文物局发布的《馆藏文物出入库规范》（WW/T 0018-2008）[1]的相关规定进行。《规范》规定，文物出入库的操作流程包括：①文物提用人根据提用目的、文物级别，办理文物提用报批手续，批准后，文物管理员入库提取文物。②文物管理员与提用人进行点交，由文物管理员填写《文物出入库凭证》出库栏目，双方确认后签字。点交参照《馆藏文物展览点交规范》（WW/T 0019-2008）执行。③文物出库。④文物归还时，文物管理员与提用人依据文物借出时的《文物出入库凭证》清点文物，填写《文物出入库凭证》的入库栏目，并签字、存档。⑤文物入库。

需要注意的是：①若在归还时，文物现状发生变化，文物管理员必须做出"文物现状发生变化报告"并同提用方共同签字，上报相关负责人，按相关处理意见实施并存档。②定期对文物出入库情况进行藏品数量变动和提用动态统计。

《馆藏文物出入库规范》还给出了《文物出入库凭证》填写的基本内容。馆藏文物出入库时填写的凭证，记录馆藏文物出库和入库时的信息。其基本内容应包括：①提取原因；②总登记号；③文物名称；④年代；⑤质地；⑥数量；⑦尺寸、质量；⑧级别；⑨出库时文物现状、入库时文物现状；⑩藏品管理员、提用人签名；⑪提取单位或部门；⑫归还人、藏品管理员签名；⑬借出时间和归还时间；⑭相关负责人签名。

北京市文物局编制了《馆藏品出库凭证》和《馆藏品入库凭证》以及《文物库房出入登记单》示例[2]，列表如下（见表7-11～表7-13），可供参考。

---

[1] 《馆藏文物出入库规范》（WW/T 0018-2008），国家文物局，2009年2月16日发布，2009年3月1日实施。来自国家文物局官方网站，网址：http://www.ncha.gov.cn/art/2017/3/13/art_1980_138389.html。

[2] 北京市文物局 中国文物信息咨询中心主编：《可移动文物保护与利用工作手册》，学苑出版社，2017年11月版，第486、487、490页。

表7-11 《馆藏品出库凭证》示例

馆藏品出库凭证（编号：　　　）

提用单位（部门）：　　　　　　　　　　　提用目的：　　　　　　　　　年　月　日

藏品总账号	藏品分类号	名称	时代	质地	级别	完残情况	退库记录		
							退还人	点交人	退库日期
馆级审核人：		保管部负责人：		保管部经手人：		提用单位（部门）经手人：			备注

保管部门（单位）公章、提用单位（部门）公章
审批文号：

表7-12 《馆藏品入库凭证》示例

馆藏品入库凭证（编号：　　　）

入库日期：　　年　月　日

藏品接收收据号		来源		发掘报告编号			
藏品总账号	藏品分类号	名称	年代	数量	尺寸、重量	完残情况	备注（注明拓片号、底版号及其他）
馆级负责人：	保管部负责人：		保管部经手人：		移交方经手人：		备注

表7-13 《文物库房出入登记单》示例

文物库房出入登记单

编号：

日期（年月日）	单位（部门）	姓名	入库事由	保管部负责人	入库时间 （ 时 分）	出库时间 （ 时 分）	备注

北京市文物局印制

五、藏品的库房保管（养）

藏品的库房保管（养），主要是指对藏品的日常保养和安全管理，包括库房的清洁、通风、温湿度调节、防虫、防霉以及防火、防盗等安全管理工作。

藏品的库房保管要求：①要有固定的专用的库房。博物馆藏品是国家和民族宝贵的科学文化财产，应该设有固定安全的库房来保藏，并且一旦固定就不要轻易地移动。藏品库房应具备防火、防盗、防潮、防虫、防光，防震和防空气污染等的功能。藏品应分类设专库，以利于藏品的管理和保护。藏品库房切忌存放其他物品，更不允许私人物品进入库房。②藏品库房要设专人管理。藏品库房要有固定的专职人员管理，不应采取兼管或雇用临时工的办法。同时，藏品库房保管人员的工作岗位必须保证相对的稳定，除特殊情况需要调动外，一般不宜轻易更换。这样对保管人员熟悉管理业务，有效地发挥藏品作用，以及对确保藏品的安全，都是非常必要的。③要建立健全库房保管制度。明确库房保管人员的职责，以便于藏品库房保管工作安全顺利地完成。

藏品的库房保管（养）所要做的工作主要有：库房保管人员要确保库房内的整洁

卫生，定期打扫、清洁库房；按时记录和查看库房内的温湿度情况，如发现温湿度不适合时，要及时采取措施，调节库房内的温湿度以达到有利于保存藏品的环境要求；及时采取防虫、防霉、防潮措施，确保藏品的安全保护；坚持"库房日志"的记录，库房有保密性，一般不准参观。如有外人进库要经相关领导同意，进行登记签名，保管员要详细记录好入库者的有关情况，如入库原因、入库时间起讫、入库后的活动、入库人的姓名等。保管库房的安全，要采取防火、防盗、防人为破坏等措施，保管员要熟悉使用灭火器材，保管员进库或出库时，要认真检查库房环境、门窗、电闸、电灯开关、报警系统的运行情况等，如发现有异常，要及时请电工检修。保管员出库时要将电灯开关和电闸关好。库房保管人员还要严格履行藏品出入库房的手续，认真核查出入库凭证，把好藏品出入库这一关。

总之，藏品库房保管工作责任重大，要高度重视，认真做好这一工作，以确保藏品的安全保管。

第三节　藏品退出注销

《博物馆管理办法》（文化部令第35号，2005年）指出，"博物馆不够本馆收藏标准，或因腐蚀损毁等原因无法修复并无继续保存价值的藏品，经本馆或受委托的专家委员会评估认定后，可以向省级文物行政部门申请退出馆藏"[1]。2018年，国家文物局发布《国有馆藏文物退出管理暂行办法》[2]，则规定了国有文物收藏单位不再收藏的文物的处置方法。《博物馆藏品管理办法》（文化部，1986年）指出，"调拨、交换出馆的藏品，必须办理注销手续"；"已进馆的文物、标本中，经鉴定不够入藏标准的，或已入藏的文物、标本中经再次鉴定，确认不够入藏标准、无保存价值的，应另行建立专库存放，谨慎处理"[3]。这些主要涉及的就是藏品退出馆藏和藏品注销问题。

一、藏品退出馆藏

国有馆藏文物退出，是指国有文物收藏单位将馆藏文物退出本单位藏品序列并注

---

[1] 《博物馆管理办法》第三章藏品管理第二十二条。
[2] 《国有馆藏文物退出管理暂行办法》（文物博发〔2018〕9号），国家文物局，2018年6月29日。来自国家文物局官方网站，网址：http://www.ncha.gov.cn/art/2018/7/24/art_2302_42888.html（2020年4月29日访问）。
[3] 《博物馆藏品管理办法》第四章第十九条、第二十一条。

销文物账目的行为[①]。

藏品退出馆藏的原因（条件）：国有文物收藏单位拟将馆藏文物作退出处理的，应当从严掌握、谨慎执行。拟退出的馆藏文物，应当符合下列条件之一：①因老化、腐蚀、损毁等原因造成文物无法修复且无继续保存价值；②因地震、洪水等不可抗力造成文物灭失；③被鉴定为无文物价值的现代复仿制品；④在国有文物收藏单位之间进行交换、调拨；⑤国有文物收藏单位终止或合并；⑥法律法规规定的其他情形。

藏品退出馆藏的程序要求：《国有馆藏文物退出管理暂行办法》（国家文物局，2018年）规定，国有文物收藏单位拟将馆藏文物作退出处理的，应当组织专家组对拟退出的馆藏文物的基本情况、退出理由、退出后的处置方案等进行评估，并经本单位理事会或者集体研究同意（第五条）。国有文物收藏单位拟将接受捐赠的馆藏文物作退出处理的，应当按照与捐赠人约定的协议办理；无约定协议的，应当事先征得捐赠人同意（第六条）。国有文物收藏单位应当按照国有资产管理相关规定，对拟退出的馆藏文物履行备案或审批程序，并将拟退出的馆藏文物的基本情况、退出理由、退出后的处置方案等在本单位网站及所在地主要报刊、主管的文物行政部门网站上予以公示，接受社会监督。公示时间不少于30个工作日（第七条）。国有文物收藏单位拟将馆藏文物作退出处理的，应当在公示结束后，于实施退出行为30个工作日前，向主管的文物行政部门备案。属于馆藏二、三级文物的，应当逐级报省级文物行政部门备案。属于馆藏一级文物的，应当逐级报国务院文物行政部门备案（第八条）。对于因老化、腐蚀、损毁等原因造成文物无法修复且无继续保存价值，因地震、洪水等不可抗力造成文物灭失等情形拟将馆藏文物作退出处理的，国有文物收藏单位应当在主管的文物行政部门核查后，启动文物退出程序。属于馆藏二、三级文物的，应当在省级文物行政部门核查后，启动文物退出程序。属于馆藏一级文物的，应当在国务院文物行政部门核查后，启动文物退出程序（第九条）。

其他注意事项及要求：《国有馆藏文物退出管理暂行办法》（国家文物局，2018年）规定，国有文物收藏单位对馆藏文物作退出处理所取得的补偿或收入，应当用于博物馆事业发展（第十条）。对于因老化、腐蚀、损毁等原因造成文物无法修复且无继续保存价值情形作退出处理的馆藏文物，应当优先提供给教学及科研单位保管使用（第十一条）。国有文物收藏单位对馆藏文物作退出处理后的账物处置，应当按文物保管和国有资产管理规定的程序办理。国有文物收藏单位应当为退出馆藏的文物建立专项档案，并报主管的文物行政部门备案。属于馆藏二、三级文物的，应当逐级报省级文物行政部门备案。属于馆藏一级文物的，应当逐级报国务院文物行政部门备案。

---

① 《国有馆藏文物退出管理暂行办法》（文物博发〔2018〕9号）第二条，国家文物局，2018年6月29日。来自国家文物局官方网站，网址：http://www.ncha.gov.cn/art/2018/7/24/art_2302_42888.html。

专项档案应当保存75年以上（第十二条）。《博物馆管理办法》（文化部，2005年）规定，国有博物馆所在地省级文物行政部门应当在收到退出馆藏申请材料的30个工作日内，组织专家委员会复审。专家委员会复审未通过的，终止该藏品的退出馆藏程序（第二十三条）。

二、藏品注销

（一）藏品注销的意义

藏品注销，是指对因各种原因已不属于本馆藏品者，通过一定程序在藏品总登记账上加以注明，予以销账的工作。

藏品注销是使博物馆账物一致的保证。如果对已经损毁、消失或调拨出馆的文物、标本等，不及时从账册中注销势必造成账物不符的现象，出现账目混乱，以致无法有效管理，甚至会被道德不良者趁机钻空子，造成不必要的意外损失。

藏品注销，并非像一般人所想象的都是消极的、被动的行为。因为事实上，除了因藏品老化、腐蚀等严重损毁和因地震、洪水等不可抗力造成文物灭失等灾难性原因对藏品注销外，其他各方面原因的注销几乎都具有积极的建设性意义。如通过调拨，可以扶持一些底子薄、藏品少的博物馆或使博物馆的藏品品类更为齐全；通过馆际交换，有利于博物馆互通有无，以丰补歉，使彼此间的藏品都更加丰富、齐全。

（二）藏品注销原因

藏品注销的原因有很多，归纳起来大致包括如下几个方面：

（1）上级主管部门的调拨。1986年文化部颁布的《博物馆藏品管理办法》规定："为保证藏品安全、进行科学研究或充分发挥藏品的作用，文化部文物局可以调拨或借用全国文物系统所属博物馆的藏品；省、自治区、直辖市文物行政管理部门可以调拨或借用本行政区域内文物系统所属各博物馆的藏品……"。《中华人民共和国文物保护法》（2017年修正）规定"国务院文物行政部门可以调拨全国的国有馆藏文物。省、自治区、直辖市人民政府文物行政部门可以调拨本行政区域内其主管的国有文物收藏单位馆藏文物……"[①]。当要建立一个国家级博物馆或博物馆修改陈列时，有关部门经常要从另外一些有基础的博物馆调拨相应的藏品，作为新建博物馆或博物馆改陈的藏品补充。

---

① 《中华人民共和国文物保护法》（2017年修正）第四章馆藏文物第三十九条。

（2）馆际交换。为了互通有无，以丰补歉，更好地发挥藏品的社会效益，博物馆之间在友好协商的前提下来交换某件或某类藏品。"已经建立馆藏文物档案的国有文物收藏单位，经省、自治区、直辖市人民政府文物行政部门批准，并报国务院文物行政部门备案，其馆藏文物可以在国有文物收藏单位之间交换。"①

（3）原藏品被确定为待处理品。已经入藏的藏品，又被发现不符合馆藏标准或无保存价值。如在重新鉴定、评定级别过程中，发现的无须收藏的赝品，或在历史类博物馆中无保存价值的新工艺品。

（4）博物馆的性质发生了变化，而使某些馆藏品不再符合收藏和展出标准。中华人民共和国成立初期新建的许多省、市级博物馆，都是综合性博物馆，其收藏品包括历史文物、革命文物、自然标本等，后来这种综合性博物馆有的从其中划分出自然博物馆、革命博物馆等，因而有必要将有些藏品划分出去，需要注销。

（5）藏品被严重损毁，以至于失去了继续保存之必要。这主要指发生在自然灾害、保管条件恶劣、博物馆藏品的搬迁、人为因素的破坏以及意外事故等情况下，藏品被严重损毁。

（6）属于接受捐赠、收购的藏品被索回。博物馆藏品中有一些是属于接受捐赠或有价收购而来的，其中有些由于某种原因又被捐赠者或出售者索回或部分索回，造成藏品注销。

（7）其他原因。除上述各种原因外，还有一些例外情况，如藏品被作为礼品赠送他人，或藏品被某人占为私有或被私自出卖且已无法追回等。虽然这属于违法行为，但却避免不了发生，因此造成藏品注销。

（三）藏品注销手续和办法

根据不同的注销原因，其手续及注销办法均有所不同。

（1）调拨、馆际交换原因的注销，须上报上级主管部门批准；其中一级藏品的注销，须报国家文物行政部门（现阶段为国家文物局）批准；其他藏品报省、自治区、直辖市文物行政管理部门批准。除办理正式出馆手续外，应及时在藏品总登记账上加以销账处理并分别装入藏品档案，以便今后查阅。这种调拨藏品的注销凭证，应包括批准文号、总登记号、名称、年代、数量及藏品去向等（见表7-14）。

---

① 《中华人民共和国文物保护法》（2017年修正）第四章馆藏文物第四十一条。

表7-14　博物馆藏品调拨注销凭证

年　月　日

批准文号	总登记号	分类号	名称	年代	数量	级别	现状	调拨去向

　　　　　　负责人　保管部门负责人　　　　　负责人　保管部门负责人
接收单位　　　　　　　　　　　　调出单位
　　　　　公章　接收经手人　　　　　　　　公章　库房经手人

（2）"被鉴定为无文物价值的现代复仿制品"的待处理品，须上报上级主管部门批准，方可处理。不能擅作主张。

（3）对因各种原因造成文物损毁或灭失的藏品，一般应保留其残件，如打碎的器物，保留其碎片；炭化的丝织品，可保留其炭化物，在总账备注栏中加以注明。

（4）其他情况，在确认情况属实，上报上级有关部门，经批准后，即可注销。

（四）注意事项

藏品注销，需要谨慎处理。《博物馆藏品管理办法》（文化部，1986年）规定"必须处理的，由本单位的学术委员会或社会上的有关专家复核审议后分门别类造具处理品清单，报主管文物行政部门批准后，妥善处理"[①]。

（1）注销藏品一定要十分慎重，切不可采取轻率不负责任的态度，否则很可能会引起舆论非议，并且会使国家和民族宝贵的科学文化财产遭受损失。

（2）不论何种原因注销藏品，也不论采取何种注销办法，在办理藏品注销前，都必须向上级主管行政部门提出申请，并说明注销原因，注销后藏品的去处。凡注销的藏品，都必须经博物馆的文物鉴定委员会或相应的组织机构进行鉴定审核后，方能最后办理注销手续。

（3）藏品注销，必须严格依据注销凭证来办理（见表7-15）。

---

① 《博物馆藏品管理办法》第四章第二十一条。

表7-15 博物馆藏品注销凭证示例

博物馆藏品注销凭证

注销日期	
注销人	

年　月　日

类别	总登记号	名称	数量	年代	注销原因	注销后的去向	登记账页码数	备注

馆长　　保管部负责人　　鉴定人　　经手人　　库管员

北京市文物局编制了《馆藏品注销凭证》示例[①]，可供参考（见表7-16）。

表7-16 馆藏品注销凭证示例

馆藏品注销凭证（编号：　　　）

年　月　日

现将藏品　　件注销，清单开列如下，本凭证连同附页全份共　　页（含附件）							
藏品总账号	藏品分类号	名称	年代	数量	尺寸、重量	完残情况	注销原因

馆级负责人：　　　保管部负责人：　　　保管员：　　　珍贵文物注销审批文号：

保管单位公章

---

① 北京市文物局 中国文物信息咨询中心主编：《可移动文物保护与利用工作手册》，学苑出版社，2017年11月版，第489页。

（4）注销藏品时，要用红笔在总登记账和分类账上画出双线表明注销，并写明批准注销文号和藏品去向。注销后的原《藏品档案》册和编目卡片等应继续保存；博物馆应主动向接收单位提供藏品的档案材料和其他有关资料。

第四节 藏品核对统计

藏品核对统计，是博物馆藏品管理工作中一项不可忽视的重要内容，文化部颁发的《博物馆藏品管理办法》（1986）中规定，藏品总数及增减数字，每年年终应及时上报省、自治区、直辖市文物行政管理部门和文化部文物局（第二十条）。这条规定既是对藏品核对统计的基本要求，同时也说明藏品核对统计的重要性和必要性。

一、藏品核对

藏品核对是指博物馆藏品库房保管人员定期对库房藏品的数量、藏品库房日志等的统计、记录情况进行仔细的审核、核实和查对。

藏品核对内容包括藏品各种数据，如新收藏品数，藏品提出陈列数、提出修复数，藏品借出数，藏品调拨、交换数，藏品损伤数和库房藏品总数等，以及库房日志的记录情况等。

藏品核对要求认真、负责，一丝不苟。数据要准确无误，对库房日志所记录的各种情况要仔细审核，以便及时发现问题、及时解决问题，以利于藏品的妥善保管。

二、藏品统计

藏品统计是指博物馆在每季度末和年终时，对藏品增减数字的整理、计算、表格填报等工作。

为了掌握藏品的增减和变动情况，对国家民族文化财产负责，博物馆藏品库房应定期进行清点、核对和统计，做到藏品实物、卡片和账册的记载三者完全相符，并做出准确的数字统计，向国家上级行政部门作出数字报告。

藏品统计的作用是：①为国家相关部门了解和掌握文化财产提供准确数字，也是博物馆领导者或决策者分析研究和指导全馆各项业务工作不可缺少的数据资料。②藏品统计数字可以反映出本馆的性质、特点，增加的藏品数字可以显示本馆搜集工作的开展情况，掌握各类藏品进馆数字，可以有目的地加强某类藏品的搜集工作，更好地弥补馆藏空白，有利于建立藏品收藏体系。③历年藏品入馆数字的增加，是博物馆事业发展壮大的标志之一，也是编写博物馆历史沿革、年鉴不可缺少的数据。④藏品使用出库数量的统计，可以反映各类藏品的利用率和藏品在宣传、教育、科学研究中发挥的作用，进而有计划、有目的地运用藏品，为社会各有关部门和人民群众服务。

藏品统计的内容主要包括馆藏各类、各级藏品的实际库存数，藏品增加、减少数的核对统计，藏品流动利用的统计数；出土文物、出土地点统计；传世文物来源统计；近代史文献、物品统计；民族、民俗物品统计，以及馆内外和国（境）内外展出藏品数字统计等[1]。

藏品统计结果要填入各类统计表格中，藏品统计表的种类及格式，目前国家还没有统一的规定，根据大多数博物馆的实际情况，基本可以分为以下6种：①藏品增减数量统计表；②历年增减数量统计表；③一级藏品升降级统计表；④藏品使用出库数量统计表；⑤年度藏品来源增减表；⑥季度藏品增减提用动态表。（部分示例见表7-17、表7-18。）

表7-17 年度库房藏品统计表

年　月　日

级别 \ 数量 \ 类别	此项可依据各馆的不同情况，对所分各类藏品依次划定格式
珍贵文物　一级	
珍贵文物　二级	
珍贵文物　三级	
一般文物	

馆负责人：　　　保管部门负责人：　　　制表人：

北京市文物局制作了《博物馆馆藏文物年度核查统计报表》示例[2]，可参考使用（见表7-19）。

---

[1] 国家文物局：《博物馆藏品保管工作手册》，群众出版社，1993年1月版，第101页。
[2] 北京市文物局 中国文物信息咨询中心主编：《可移动文物保护与利用工作手册》，学苑出版社，2017年11月版，第494页。

表7-18 库存文物动态表

项目\类目\类别	年第季度库存数	年第季度增加数					年第季度减少数			年第季度库存数	陈列				借出				其他出库				备注
	合计	新收			其他增加	调入	调出	拨出	其他减少	合计	提陈	在陈	退陈	合计	在借	借出	退还	合计	原出	新出	收回	合计	
		接收	捐赠	收购																			

表7-19 博物馆馆藏文物年度核查统计报表

统计单位：（公章）　　　　　　　　　　　　　　　　　　统计核查时间：年　月　日

上一年度馆藏数量	藏品总数	一级藏品	二级藏品	三级藏品	一般文物
核查年度馆藏数量	藏品总数	一级藏品	二级藏品	三级藏品	一般文物
馆藏数量增减情况	藏品总数	一级藏品	二级藏品	三级藏品	一般文物
	增	增	增	增	增
	减	减	减	减	减
馆藏文物增加类别明细	1. 类	2. 类	3. 类	4. 类	5. 类
	增	增	增	增	增
	减	减	减	减	减
	6. 类	7. 类	8. 类	9. 类	10. 类
	增	增	增	增	增
	减	减	减	减	减

藏品统计工作应注意以下事项：

（1）藏品统计要依据藏品总登记账、参考分类账和各有关凭证进行，统计出的数字要和各库保管人员进行核对，做到账、物、卡相符，准确无误时再上报，并要留有存根。

（2）藏品统计中的计件要根据国家有关法规文件的规定来处理，现阶段应以1986年文化部颁发的《博物馆藏品管理办法》的有关规定为准。

（3）统计表上要有统计截止日期及制表人、复核人、馆领导等有关人员的签字盖章，以示对统计表上各项数字负责。

（4）统计的时间间隔可根据各馆情况自行规定，可分月、季、年。一般可以一年统计一次。

（5）无论哪种统计表，其格式设计都应符合国家文物行政部门颁发的相关规定，其栏目内容，应以能反映各类统计所希望达到的预期目的为原则。

【附】藏品库房管理相关标准规范目录

标准编号	标准名称	发布部门	实施日期
WW/T 0018-2008	馆藏文物出入库规范	国家文物局	2009-03-01
WW/T 0019-2008	馆藏文物展览点交规范	国家文物局	2009-03-01
GB/T 23862-2009	文物运输包装规范	中华人民共和国国家质量监督检验检疫总局、中国国家标准化管理委员会	2009-12-01
WW/T 0069-2015	馆藏文物防震规范	国家文物局	2016-01-01

第八章 藏品编目、建档和备案

《博物馆藏品管理办法》规定：博物馆必须建立藏品编目卡片。博物馆必须建立藏品档案，编制藏品分类目录和一级藏品目录。各博物馆的《一级藏品档案》和《一级藏品目录》报本省自治区直辖市文物行政管理部门和文化部文物局备案[①]。《博物馆管理办法》规定：博物馆应建立藏品总账、分类账及每件藏品的档案，并依法办理备案手续[②]。《博物馆条例》规定：博物馆应当建立藏品账目及档案。并报文物主管部门备案[③]。这些规定都明确一点：藏品编目、建档和备案，是博物馆藏品管理工作的重要内容，对于加强藏品管理和充分利用藏品，发挥藏品作用意义重大。

第一节 藏品编目

编目卡片是反映藏品情况的基本资料，编目是藏品保管和陈列、研究的基础工作。博物馆必须建立藏品编目卡片。为加强博物馆的现代化建设，各地博物馆可根据本馆经济及人才条件，逐步加强使用电子计算机（电脑）管理藏品。

一、藏品编目的意义和要求

（一）藏品编目的定义

所谓编目，从字面上讲就是编制目录。编目一词，作为博物馆一项专门工作，在我国早期博物馆学中已经明确提出了，但作为一个专有词目，至今未被我国辞书所收入。所以对藏品编目还没有一个比较统一的科学定义。

我国早期博物馆学把编目简单地解释为博物馆对搜集的物品"考究其性质而认为适合于博物馆的陈列或研究用品的，即加入博物馆的搜集品中，而正式登记于搜集品

---

① 《博物馆藏品管理办法》第二章第九条。
② 《博物馆管理办法》第三章第二十条。
③ 《博物馆条例》第三章第二十二条。

目录"。用我们现在的观点来解释,那就是说,把搜集到的文物加以鉴定研究,确认其符合博物馆的性质、特点,可以作为收藏品,那么就把其登记到藏品目录上,这里就体现出文物藏品编目的内容之一,即编制文物藏品目录。傅振伦先生在其《博物馆学概论》一书中,把编目归纳为:"编目工作是把登记的藏品作进一步系统的整理、鉴定、研究,便于陈列和科学研究。"这是我国早期对藏品编目的认识。那么在苏联,对博物馆藏品编目的认识,在《苏联博物馆学基础》中有个概括。该书把科学编目的基本任务概括为:对藏品进行最基本的研究鉴定和较为详细的记述,以及进行科学分类。

随着博物馆事业的不断发展,我国博物馆工作者在实际工作中体会到:藏品编目是博物馆专业工作者对已登记入藏的文物、标本、实物资料等物件进行最基本的、综合的研究和鉴定,对其外观和实质,以及历史、艺术、科学价值,做出较为科学而详细的记述,编写出目录卡片;并将其单个卡片,进行综合、专题的科学分类,进一步编制成不同形式的目录[①]。这就是目前我们给藏品编目所下的定义。它有两方面的含义:一是对博物馆藏品编制目录卡片,二是通过目录卡片编制综合性藏品目录或专题性藏品目录。

(二)藏品编目的意义和作用

(1)藏品编目是博物馆各项业务工作的基础。就其在博物馆藏品管理工作中所处的地位而言,是属于一个关键性的重要地位。如果说藏品是博物馆开展业务活动的基础,那么编目工作就是这个基础的基础。这是因为博物馆的陈列展览、科学研究、宣传教育等业务活动都离不开藏品,而编目的工作成果——藏品编目卡片及藏品目录是反映藏品情况的基本资料,编目工作的质量对上述诸项业务活动又是具有决定作用的,它直接影响着博物馆工作的广度和深度,影响着博物馆的社会效益,关系着博物馆的价值。因此,藏品编目是博物馆业务的基础。

(2)藏品编目是博物馆藏品科学管理、科学研究工作中一项关键性的工作。它既是藏品深入鉴定研究的过程,也是一定时期研究成果的体现。藏品编目,就其性质而言,它绝不是对文物藏品简单的记录和描述,它的全部内容是对博物馆工作成果的检验。因为编目卡上所反映出的文字内容,是我们对藏品进行研究、鉴定、评价的结果,可以充分反映我们工作人员的认识能力,思想水平和业务水平。

(3)编目的目的是把博物馆每件藏品的全部情况和全部藏品的概况(如名称、年代、说明等),一一提示给利用者,其实质上是在显示或揭示每一件文物藏品的本质,其核心是对文物藏品本质所进行的探讨和研究。

---

① 此处主要参考了中国历史博物馆保管部编写组:《论历史文物的编目》一文,载中国博物馆学会编:《博物馆学论集(一)》,文物出版社,1983年3月版,第180页。

（4）藏品编目，为藏品的管理和利用提供方便，并有利于藏品的安全保护。一般而言，无论保管人员还是其他各方面研究人员都需要通过编目卡达到检索藏品的目的，因为文物是不可再生产的科学文化财富，不可能也不允许经常地大量地提取原件供人使用，除少数特殊需要时可以提取原件使用外，一般只能通过编目卡片的科学记录和描述以及原件照片向利用者提供所需的内容。因此藏品编目卡的编制及使用，有利于藏品的永久保存，也方便了需要者的使用。

（5）藏品编目可以为陈列展览提供多种资料和方便。首先，藏品编目可以为陈列人员在设计、编写陈列大纲和内容文本时提供基本资料。藏品编目卡是藏品的缩影，一份好的完整的编目卡使藏品利用者通过卡片，不仅可以了解文物的概况，而且对藏品的内涵和外延，以及深层次价值提供资料。这样在陈列人员设计陈列内容文本大纲时，通过查阅藏品编目卡中所列的藏品名称、年代、来源、简要说明、尺寸、现状，以及正确定级和评价等项目，对藏品情况一目了然，可以很快地从成千上万件文物中决定取舍，在很短的时间内迅速、准确地选择出反映陈列内容的典型文物。其次，藏品编目为陈列形式设计人员提供方便。在形式设计人员设计文物展台（托）时，需要了解文物的形状、质地、颜色以及各种数据，但实际设计中又不可能每次都到库房中提取文物。而由于编目卡上记录的文物尺寸、质地、形状特征简要说明等项内容准确无误，就为形式设计人员的业务工作提供了很大方便。

（6）藏品编目还可以为科学研究提供依据和方便。科学研究是博物馆的重要内容，而对藏品的研究则是科研工作的一个重要组成部分。藏品的鉴选（鉴定、选择）不仅是编目工作的首要步骤，同时也是科研工作的基础。对通过各种途径进入到博物馆成为博物馆藏品的文物、标本等，首先要鉴别真假，只有把真伪区别清楚，才可能进一步研究它的历史、艺术、科学技术、宣传教育等方面的价值。藏品编目是以鉴定为首要前提的，因而对经过了鉴定的藏品进行编目，所编制的编目卡完全可以为科学研究提供依据；同时也为进一步对藏品进行综合研究及各种专题研究创造了方便条件。

总之，藏品编目的重要意义及作用，就是深入研究探讨文物藏品的本质，并使这项工作能满足藏品利用者的需要，能提示利用者在众多的文物藏品中尽快找到所需要的文物藏品。不仅为藏品管理人员提供方便，而且更主要的是为陈列展览、科学研究等各项业务人员提供方便。

（三）藏品编目的前提

在进行藏品编目前，必须做好编目前的准备工作。进行藏品编目的前提条件，首先要对藏品进行确切的鉴定，并在此基础上编制出有关藏品基本情况的卡片，这是编目工作的基础条件。因为目前我国各博物馆的编目几乎都是在藏品入库后进行，这样在编目时就要提取文物原件，但实际条件不允许在编目时每次都把每件文物提取出来，也不可能因一次完不成一件藏品的编目而多次提取文物。所以就要有一种有关藏品基本情况的卡片作依据，这样可以减少文物原件的提取，有利于文物的保护。这种基本情况卡片，就是藏品登记卡，其内容与总登记账的栏目内容基本一样，可以增加藏品照片或绘图，是反映藏品情况的基本资料，为藏品编目提供基础条件。其次是分析研究本馆藏品的性质、特点，划分出科学、合理的藏品编目检索的类别。再次是要划分出明确的藏品级别。藏品定级是按照其历史、艺术、科学价值划分等级，使其得到更加妥善而合理的管理与利用。目前就我国博物馆藏品编目现状而言，由于编目人员人数有限，而藏品数量又不断增加，全国各博物馆大多数都是先对一级品进行编目工作，二、三级和一般文物藏品的编目则有待于今后编目人员数量及编目工作水平的增加来逐步进行。因此，藏品定级尤为重要，是编目的一个重要前提。最后是根据本馆的陈列展览和为社会有关部门提供研究资料的实际需要，做出编目办法和编目细则，以达到编目详明而又有科学条理的要求。

（四）藏品编目的要求

《博物馆藏品管理办法》明确规定："博物馆必须建立藏品编目卡片。编目卡片是反映藏品情况的基本资料，是藏品保管和陈列、研究的基础工作[①]。"

对这项编制"反映藏品情况的基本资料"的基础性工作，有以下几方面的要求：

第一，对于编目中所使用的文字，根据藏品编目本身的需要而言，要求是准确、精练、简明、科学合理，使人看到编目卡就如同看到文物藏品本身一样，一目了然。通过编目卡，可以直接了解到这件实物的内外含义。

第二，在具体编目工作中，文物定名要鲜明、准确、科学。应以揭示其主要特征为基本原则。

第三，在编目过程中，对文物要做认真的科学研究和鉴定。

第四，在编目过程中，要积极借助于现代先进的科学技术手段，以便为编目提供科学依据。

第五，在编目中，要注意发挥文物的作用。

第六，在编目中，要贯彻"百家争鸣"的方针。

第七，在编目中，应充分利用社会研究成果，更要集思广益，博采各家意见，通过分析研究，择善而从，不可固执一说。偏听一家之言，有时会铸成大错。如宋代黄庭坚《明瓒诗后题卷》，有一位专家认为是仿品，后经多方鉴定，研究，确定为真迹无疑。

实践证明，编目既是一项文物整理工作，又是一项科学研究工作。编目卡及藏品目录等，是研究的结果，但不是研究的结束。对历史文物的研究是长期的，永无终结的。

---

① 《博物馆藏品管理办法》第三章第九条。

二、藏品编目的内容和形式

（一）编目内容

博物馆藏品的编目内容主要有编制藏品编目卡片，进一步编制藏品目录，同时建立《藏品档案》册，并编制辅助索引卡。

1. 编制藏品编目卡

编目卡的内容，在《博物馆藏品管理办法》（以下简称《管理办法》）中明确规定："除填写总登记账的项目外，还必须填写鉴定意见、铭记、题跋、流传经历等。文字必须准确、简明，并附照片、拓片或绘图。"《馆藏文物登录规范（WW/T 0017-2013）》提出，对馆藏文物进行编目时填写的记录文物藏品信息的卡片，其基本内容应包括：原编号；入馆凭证号；总登记号；分类号（或其他辅助账号）；名称；年代；数量；尺寸；质量；质地；完残状况；来源；级别；形态特征；题识情况；流传经历；鉴定单位；鉴定意见；鉴定人；文物照片；制卡人（签字）；制卡日期。

根据《管理办法》和《馆藏文物登录规范》的相关要求以及我国博物馆工作人员多年工作实践经验的总结，我们设计了一种编目卡（见表8-1）。

表8-1 博物馆藏品编目卡

（正面）

总登记号		分类号	入馆凭证号	原编号
名称			数量	附件
			年代	产地或作者
来源			征集人	征集日期
尺寸			重量	质地
现状			级别	入馆日期
形态特征			铭记题跋	
鉴定记录				
鉴定单位				
鉴定人（签字）			鉴定日期	

（背面）

底片号		拓片号	有关资料号
照片		拓片或绘图	
流传经历（含征集过程）			
著录文献		使用（含保护）记录	
研究记录			
备注			

制卡人（签字）　　　　　　　　　　年　月　日　　　　　　　　档案编号

这种编目卡内容可以分为以下几项：

（1）基本项目，系指卡片号（编目卡本身的编号）、总登记号（即总账号）、分类号、入馆凭证号、原编号、来源、征集人、征集日期、鉴定单位、鉴定人、鉴定日期、底片号、拓片号、入馆日期、有关资料号、照片、制卡人、年月日（编目日期）以及档案编号、数量等。

（2）鉴定项目，包括名称、年代、产地或作者、尺寸、质地、附件、现状、级别、铭记题跋、鉴定记录等。

（3）研究记录栏目。

（4）描述说明。

（5）流传经历。

（6）使用（含保护）记录栏目。

（7）著录文献栏目。

编目卡的编制，就是各栏目内容的正确填写过程。

（1）基本项目各栏，应依据入馆凭证，逐项填写。要求是不能缺省，不能出差错，要准确、确切、齐全，并且字迹要工整、规矩。

（2）鉴定项目各栏，要在经过对文物藏品进行鉴定研究之后再填写，要求准确、科学。

（3）研究记录栏目，填写国内外专家、学者对这件文物研究论著的索引，要填写有关该件藏品研究论著的作者、题目、出版物、出版时间、出版者等，对重要内容要摘录在卡片上，并且不断补充最新成果、最新研究资料。

（4）描述说明：填写该件文物的形态、特征等描述。

（5）流传经历：填写出土情况、搜集情况以及历代收藏情况等。

（6）使用（含保护）记录栏：填写这件藏品的提供陈列展览、科学研究、观摩欣赏、临摹复制、照相录像、整理修复等使用（保护）情况的记录。要求确切记录下来各使用的时间起讫，使用场所（使用期的天气和温湿度），所有保护措施的保护方案，具体使用情况、经手人、使用人、依据的有关文件，以及藏品出入库时的完残检定，等等。

（7）著录文献栏：主要填写历史上对该件文物进行过著录的文献资料、报刊资料记录。

（8）绘制实测图，贴藏品照片或拓片。

（9）检查核实以上内容填写准确无误后，由制卡人及各有关人员签字，交付使用。

编制藏品编目卡，要注意以下事项：

（1）编目卡片要求规范化，采用统一格式，卡片栏目内容、次序要统一，至少在本馆内统一。

（2）编目卡片应达到三性：思想性、科学性、实用性。

（3）使用文字要准确、语言精练，使用专业术语。

（4）各栏项目填写后，要检查核实，准确无误，才可以提供使用。

藏品编目卡编制好以后，要制定分类检索方法，一般可按下列方法进行分类排列，以便于使用者检索查阅：

（1）按藏品入藏先后顺序排列编目卡。

（2）按藏品入藏年份的不同排列。

（3）按藏品本身保管分类情况排列编目卡，如按质地分类：石、玉、陶瓷、铜等。

（4）按藏品本身所属的时代排列编目卡。

（5）对考古品按出土地点排列。

（6）按不同专题排列编目卡：如重大历史事件的文物系列、历史人物的文物系列、生产工具系列等，尽可以根据各种实际情况而排列组合藏品编目卡，以便于使用者可以从多种角度去检索查阅。

2. 编制藏品目录

藏品目录的内容，一般应包括：藏品编号（指在本目录中藏品的排列顺序号）、名称、年代、来源、流传经过、简要说明等内容。

藏品目录的种类可分为以下几种：

（1）珍贵文物一、二、三级藏品目录。

（2）藏品分类目录。

（3）藏品专题目录。

（4）藏品提陈（在陈）目录。

藏品目录的分类编制方法：

（1）按藏品时代顺序的不同，进行分类编制，如元代文物目录、明代文物目录、清代文物目录等。

（2）按地点的不同进行编制，如按制作地、使用地、发掘地、采集地、征集地的不同来编制目录。在大的地域类目中还可以划分出具体的地名细目。

（3）按质地的不同编制：按文物藏品制作质地分类编目。同一质地的则可按藏品入藏顺序，也可按时代的早晚再分细目。

（4）按用途编目：按藏品使用目的的不同而分类编目，如可分为生产工具、生活用具、武器、炊器、酒器，等等。

（5）按事件编目：按历史上发生的事件来分类编制目录。

（6）按人物编目：如按作者、使用者、与某一事件有关人员等等的不同来分类编目。在人物名下还可以再细分，如齐白石这个人物下，可以根据所画内容再细分为人物画，山水画，等等。

（7）按各类专题编目：可以根据藏品属性，按不同专题进行编目。如宗教方面可以分为道教、佛教、伊斯兰教等专题；又如明器专题中可分为陶质、瓷质、绢质、铁质等。另外，还可根据本馆藏品特点，划分货币、印章、体育、戏曲，不同民族、国别等专题进行编制目录。

3. 建立《藏品档案》册

建立《藏品档案》册，不仅是藏品编目的内容之一，也是藏品建档的主要任务。具体内容将在下一节（本章第二节）中详细讲述。

4. 编制辅助索引卡

藏品编目还有一项任务就是建立辅助索引卡。编制这一类卡片的目的只是在提供使用方面起一种索引的作用，居于辅助的地位。因此，这一类卡片，不仅是与人方便，更主要的是与己方便。其主要作用就是使管理人员能在最短的时间内准确地把使用者所需要的藏品提取到使用者面前。

辅助索引卡可以有许多种，其中一种就称索引卡，内容一般包括总账号、分类号、名称、件数、来源、完残情况、时代、质地、尺寸、重量、说明，背面附有照片（见表8-2）。

表8-2　博物馆藏品索引卡

编号

总账号		分类号	
名称		质地	
时代		件数	
来源		尺寸、重量	
完残情况			
说明			

（正面）

此外，我们前文讲过的藏品登记卡、藏品编目卡及这两种卡片分类排列出来的分类卡都可以作索引卡使用，因为它们都可以起到检索藏品的作用。

北京市文物局编制了《馆藏文物藏品编目索引卡片》（最新版）示例[①]（见表8-3），可作为藏品库房索引卡参考使用。

表8-3　馆藏文物藏品编目索引卡片

入藏日期：　　　　　　　　　　　　　　　　　　入馆登记号：

总登记号		文物类别		来源号		藏品级别	
		分类号					
名称				原名			
年代		完残程度		功能类别		传统数量	
质地		尺寸·质量				数量单位	
作者		来源				实际数量	
形态				地域			
特征				存放方位		库柜/架格	
铭记题跋				当前保存条件			
档案编号		照片号		底片号		拓片号	

鉴定意见：	
流传、征集经过：	
有关研究著录：	藏品图像
保护优先等级：	
修复、复制记录：	
注销记录：	

编目制卡人：

---

① 北京市文物局 中国文物信息咨询中心主编：《可移动文物保护与利用工作手册》，学苑出版社，2017年11月版，第495页。

（二）藏品编目的形式

藏品编目的形式从其编制方式角度讲，可划分为人工编制和计算机（电脑）编制两种。

人工编制的藏品目录形式从其内容方面讲，可分为文字说明式、图录式及图录附文字说明式等；从其格式及装订方式角度讲可分为卡片式、书本式、账本式等几种。不同形式的藏品目录各有不同特点。随着现代化的科学技术的发展，出现了计算机（电脑）编制藏品编目的新形式。国外早在20世纪80年代前已有许多博物馆采用计算机（电脑）储存的现代化方法来进行编目并储存藏品信息了。在我国，20世纪80年代中期有条件的博物馆也开始尝试这种现代方法。例如上海博物馆、南京博物院和中国人民革命军事博物馆（北京）等单位，已经开始使用计算机（电脑），把藏品编目的资料输送到计算机（电脑）中储存起来，这样就为我国采用现代先进技术和方法进行博物馆藏品的编目工作，逐渐积累经验。进入21世纪，全国范围内各级各类大中型博物馆，已经普遍采取计算机（电脑）编制藏品目录。特别是2012年国家启动的第一次全国可移动文物普查工作，建立了全国及省、地市、县级行政区国有可移动文物登录系统，实现了全国国有可移动文物统一系统登录，已成为目前国内最为丰富的藏品电脑编目资料库。

计算机（电脑）编目具有储存容量大、自动化程度高、检索速度快、综合性强、连续化突出等优点，是我国藏品管理的科学化途径。使用计算机（电脑）编目，为实现藏品管理的信息化、现代化和规范化，奠定了基础。

第二节 藏品建档

《文物保护法》规定："博物馆、图书馆和其他文物收藏单位对所收藏的文物，必须区分文物等级，设置藏品档案，建立严格的管理制度，并报主管的文物行政部门备案。县级以上地方人民政府文物行政部门应当分别建立本行政区域内的馆藏文物档案；国务院文物行政部门应该建立国家一级文物藏品档案和其主管的国有文物收藏单位馆藏文物档案。"这充分体现出藏品档案和藏品建档工作的重要性和必要性。

一、藏品建档工作的意义

藏品建档就是建立博物馆藏品档案的工作。藏品建档工作是围绕藏品各项业务活动开展的一项基础工作，是编目工作的继续和发展，对博物馆藏品管理而言，仅有藏品编目卡片、藏品目录，是不能解决全部问题的。有了藏品档案，才能进一步深刻认识和充分利用藏品。建立藏品建档，不是对藏品研究的终结，而是科学研究的开始。有了建档工作，藏品的面貌才能在档案中更全面、更系统地反映出来，使研究藏品的范围更大、领域更广阔，服务面更宽。藏品档案的建立，为实现藏品管理科学化、标准化、规范化和全面实现电脑管理藏品打下坚实的基础。藏品建档工作，是衡量藏品整体管理水平的一面镜子，它体现了藏品管理人员研究藏品和管理藏品的水平。藏品建档工作还可以加深对藏品的认识。因为在建立藏品档案时，必须根据藏品登记卡片进行编目，在编目的基础上再填写档案册，这就需要对藏品进行认真的研究，通过研究对藏品的认识逐渐加深，对它的内涵挖掘更深甚至有新的发现，做出新的评价，从不同的角度认识藏品的潜在价值，更好地发挥藏品的社会效益。

博物馆藏品档案是掌握藏品全部情况的可靠材料，是藏品自然面貌与各项业务活动的多角度、全方位的真实、全面的科学记录，是除实物资料外，最重要的文书资料。藏品档案可以使国家行政主管部门掌握全国的重点藏品和一级品的情况，还可以使各博物馆掌握本馆藏品及一级品情况。藏品档案体现博物馆藏品管理业务人员对藏品进行科学管理的水平及深度；同时，藏品档案又是一项重要的科研成果。

藏品档案可以为博物馆各项业务工作的开展提供依据，如为陈列内容设计、展品选择（选定）提供有历史、艺术、科学价值的藏品资料，使展品在陈列展览中充分发挥作用；为馆内科学研究提供有关藏品的准确、系统资料，节省科研人员收集整理时间，有利于科学研究工作；利用藏品档案为藏品的保管、养护、修复提供科学依据和参考。藏品档案还可以为社会各有关部门开展多学科理论研究（历史、民族、宗教、文物发展史、文物鉴定学，古代艺术、工艺、科技等）提供第一手的资料，以此为研究的必要条件。藏品档案可以为文物藏品出国展览编印藏品目录提供完整的记录材料。

《文物保护法》规定："已经建立馆藏文物档案的国有文物收藏单位，经省、自治区、直辖市人民政府文物行政部门批准，并报国务院文物行政部门备案，其馆藏文物可以在国有文物收藏单位之间交换。"[1]未建立馆藏文物档案的国有文物收藏单位，不得因举办陈列展览、科学研究等需要而借用国有文物收藏单位的馆藏文物，也不得在国有文物收藏单位之间交换馆藏文物。《博物馆条例》也规定：未依照相关规定建账、建档的藏品，不得交换或出借[2]。这些规定都充分反映出藏品建档工作的必要性和重要意义。

总之，藏品建档工作不仅仅是一项必不可少的藏品管理程序，而且还是一项重要的科研工作。无论从藏品的长期利用、妥善保管、科学保护及其综合学科研究等方面

---

[1] 《中华人民共和国文物保护法》（2017年修正）第四章第四十一条。
[2] 《博物馆条例》第三章第二十二条。

来讲，藏品建档工作所建立起的藏品档案都有着不同程度的意义和价值，具有永久性的保存价值。因此，伴随着博物馆一系列业务工作的深入，藏品建档工作也应随之相应地不断提高和完善，以利于更广泛更充分地发挥博物馆藏品的作用。

二、藏品档案的内容

藏品档案是指在围绕藏品开展的各项业务活动中形成的，系统、科学地记录藏品本体详细情况、藏品管理工作和其他相关事项信息，具有查考利用及保存价值，并按照一定的档案规则要求立卷归档集中保管起来的各种文书材料（包括文字记录、图表、照片、声像制品等）。

藏品档案的内容，一般情况下应包括藏品搜集情况记录、藏品入馆原始凭证、原始记录、藏品流传经过记录、藏品入库凭证、鉴定意见记录，定级、分类报告，藏品各种卡片、使用记录、修复记录、研究记录、采取保护性措施情况记录、著录文献索引、有关论著的索引或剪报以及藏品残损情况报告、注销凭证等一切与藏品有关情况的记录材料。

国家文物局还统一印制了《藏品档案》册，下发全国各地博物馆，要求各博物馆首先建立起一级品藏品档案，然后再逐步开展二、三级藏品的建档工作。《藏品档案》册是藏品档案中的主要材料。《藏品档案》册的内容共有十三项，其内容包括：

第一项：封面和首页；
第二项：搜集经过；
第三项：铭记、题跋；
第四项：鉴藏印记；
第五项：著录及有关资料书目；
第六项：流传经历；
第七项：鉴定记录；
第八项：修复、装裱、复制记录；
第九项：现状记录；
第十项：备注；
第十一项：附录；
第十二项：绘图（或拓片）；
第十三项：照片。

国家文物局发布的《文物藏品档案规范》（WW/T 0020-2008）[1]将文物藏品档案归档范围分为记录内容和文件材料两部分。其中，记录内容包括文物藏品的本体属性信息、管理工作信息、研究利用信息、保护修复信息。应归档的文件材料包括《文物藏品登记表》《文物藏品动态跟踪记录汇总表》，照片、拓片、摹本、绘图、相关文件材料、相关文献资料、电子文件。《文物藏品档案规范》还明确了相关文件材料、相关文献资料、电子文件的具体内容如下。

  相关文件材料的内容应包括在文物藏品征集、鉴定、入藏、编目、保管、保护、利用和研究中等工作过程中形成的行政文件、法律文书和其他项资料，如历史档案材料、保护修复报告、检查观测记录等。

  相关文献资料的内容应包括与文物藏品有关的具有保存价值的历史文献、专著、论文、研究报告、文摘、报道等文字资料和录像带、录音带、幻灯片、底片、电影胶片等影像资料。

  电子文件的内容应包括与文物藏品有关的各类数字化文字、图片、声像资料等，并以光盘为载体保存。

三、藏品建档的任务

藏品建档主要有三方面任务，其一是藏品档案的收集，其二是藏品档案的整理，其三是编制《藏品档案》册。

（一）藏品档案的收集

由于围绕藏品开展的各业务活动不是同时进行的，藏品档案的材料往往是分散形成的，数量也是相当可观的。为了更广泛地发挥它的作用，就需要有选择地集中保存起来，这就形成了藏品档案的收集工作。

藏品档案的收集工作，就是要求把与藏品有关的各种材料，从分散状态下集中起来。它是整个建档工作中极为重要的一项任务，收集工作是藏品建档工作的起点。通过收集工作，把与藏品有关的各种资料保管起来，实行藏品档案的集中统一管理，为整个建档工作提供实际的物质对象。

---

[1]《文物藏品档案规范》（WW/T 0020-2008），国家文物局，2009年2月16日发布，2009年3月1日实施。来自于国家文物局官方网站，网址：http://www.ncha.gov.cn/art/2017/3/13/art_1980_138387.html。

在藏品档案收集工作中，要保证材料来源必须绝对真实可靠，并要注意保持其完整性。即必须把一件藏品的全部档案集中起来，以构成一个完整的资料体系。只有这样，才能全面反映藏品的整体面貌，便于博物馆各部门及社会各方面的利用。

（二）藏品档案的整理

通过收集工作而集中起来的藏品档案材料其来源是多方面的，其成分是多样化的，为了便于保存和系统地提供利用，就必须把这些档案材料分门别类，使之更加系统化和条理化，这就形成了藏品档案的整理工作。

藏品档案整理工作的具体内容大致包括区分全宗、分类、立卷、卷内材料的整理、案卷的装订、案卷封面的编目，案卷的排列和案卷目录的编制。

藏品档案整理是一项细致的工作，其目的是便于保管和利用藏品档案。只有整理好藏品档案，才能为其保管、检索、利用提供基本的方便条件。因此，要充分做好藏品档案的整理工作，以便于充分发挥藏品档案的作用。

（三）编制《藏品档案》册

编制《藏品档案》册，是藏品建档工作的最主要任务之一。

国家文物局1989年发布的《关于馆藏文物清库、登记、建档工作的意见》，要求全国各博物馆首先建立馆藏一级品的藏品档案，并要求藏品建档工作逐步做到系统化、规范化、制度化。《藏品档案》册，共分封面和首页，征集经过，铭记、题跋，鉴藏印记，著录及有关资料书目，流传经历，鉴定记录，修复、装裱、复制记录，现状记录，备注，附录，绘图（或拓片），照片等十三项内容，比较全面地记录了藏品各有关方面的情况和资料。

建立《藏品档案》册，在当前和今后很长一个时期内，都将是藏品建档工作的首要任务。国家文物局要求全国各地各级博物馆首先完成一级品《藏品档案》册的编制，然后逐步编制二、三级《藏品档案》册，以便更好地发挥藏品的作用。

为规范博物馆藏品档案各栏目填写工作，国家文物局印发了《藏品档案填写说明》[①]，明确提出：藏品档案是反映藏品全部情况的记录材料。档案的填写首先要力求内容准确、资料详明、条理清晰、字迹工整；其次，须用钢笔或毛笔，严格使用规范汉字，上下诸格文字要规整划一，第一字应上下看齐，不可缩入或凸出；第三，制档人完成填写工作，要由专人负责审阅校对，以免出现错漏。

---

① 《藏品档案填写说明》，国家文物局，1991年11月19日印发。载国家文物局编：《博物馆藏品保管工作手册》，群众出版社，1993年1月版，第246—251页。

《藏品档案》册的填写说明如下：

（1）本档案册应根据《博物馆藏品管理办法》的具体要求，以毛笔或钢笔填写，文字要准确、精炼；字迹要清楚、整洁。

（2）本档案册内各栏如填写不下，可在附录栏续写。附录可根据实际需要增添另纸。

填写内容及要求如下：

第一项：封面要填写：藏品名称、藏品级别、总登记号、分类号、档案编号、制档日期、制档人。首页栏目：系藏品编目卡的全部内容，只多一栏"作者小传"，此栏要求注明作者姓名、生卒年、出生地、籍贯、民族、性别、字、号、主要经历、事迹、著述等。

第二项：搜集经过，填写文物搜集的方式和过程，应将搜集的来龙去脉叙述清楚，年月日时间、文物与什么人物或事件有关系等详细情况都要有记录。

第三项：铭记、题跋，按藏品原件文字内容填写，尽量抄录全文，因往往可从序跋中了解当时的社会关系以及对该藏品的评价。要求书写工整，依原文字体抄录。

第四项：鉴藏印记，此项要求写明印文的内容、书体形式，印的数量、部位、形状等。

第五项：著录及有关资料，藏品是否见于著录见于何种著录，凡见著录者，书籍要写书名、页数、版本；杂志要写刊名、期数、作者姓名及论文题目等。

第六项：流传经历，此项指藏品入藏前的流传经过。包括出土情况（出土报告、出土时照片及基色图等），收藏情况，突出填写藏品在何时、何地，经何单位、何人持有或鉴藏，经过情形如何，记录越详尽越好。

第七项：鉴定意见，此项是藏品入藏的依据。要注明历次鉴定的时间，鉴定人（鉴定委员会）各种鉴定意见，肯定或否定的都要详细记录。该项还应包括科学检测结果报告。

第八项：修复、装裱、复制记录，注明承制单位、时间、承制人，修复、装裱、复制工艺记录，修复前的完残状况及修复后的现状描述并附照片。藏品复制应注明复制件数、质地、用途和保存单位。

第九项：现状记录，指编写该档案时藏品的现状及完残状况。藏品如有残缺，应写清伤残的部位和残缺程度，必要时还应附整体或局部放大照片。还要注明年月日。

第十项：备注，填写本档案各栏目以外的、须对本档案作总体注解说明的内容。

第十一项：附录，可以填写各种使用动态记录，如提取陈列、外地借展、出国展览、编辑出版、个人查阅、临摹、拍照录像等使用情况。要注明使用单位、使用者姓名、使用时间、经办人等。

第十二项：绘图（或拓片），绘制藏品实测图，局部展开图，器物构造图等，要注明制图（拓片）人姓名、制图（拓片）日期、尺寸比例等，以及图号、拓片号。

第十三项：照片，藏品全貌及局部特写照片，并注明摄影人姓名、摄影日期、照片大小比例、底片号等。

最后，还应把复制品、幻灯片、录像带、录音带、电影胶片等一并存档。

国家文物局2009年发布行业标准《文物藏品档案规范》（WW/T 0020-2008）[①]，对藏品档案的建立作出了相应规定，有利于加强文物藏品建档工作的规范性。

北京市文物局编制了《藏品档案》示例及填写说明[②]，可供参考（见表8-4）。

表8-4 《藏品档案》示例及填写说明

封面

藏品档案

单位名称

文物名称

总登记号

分类号

档案编号

制档日期年月日

制档人

说明

一、本表应根据《博物馆藏品管理办法》的具体要求，以毛笔或钢笔填写，文字要准确、精炼；字迹要清楚、整洁。

二、表内各栏如填写不下，可在附录栏内续写。附录可根据实际需要增添另纸。

三、收藏单位应将有关藏品的其他材料，如藏品鉴定证明、修复复制、器物构造图、花纹展开图、复制图、幻灯片、录音录像带、电影胶片等一并存档（档案内所列项目的数据标号请参照国家文物局《博物馆藏品信息指标著录规范》）。

名称			原名	
时代			作者	
制作时间	（公元）		数量	
质地		色泽		用途
作者小传				

[①] 《文物藏品档案规范》（WW/T 0020-2008），国家文物局，2009年2月16日发布，2009年3月1日实施。来自国家文物局官方网站，网址：http://www.ncha.gov.cn/col/col1980/index.html。

[②] 北京市文物局 中国文物信息咨询中心主编：《可移动文物保护与利用工作手册》，学苑出版社，2017年11月版，第481—485页。

第八章 藏品编目、建档和备案

来源	发掘地址：		日期：		发掘人：		
	采集地区：		日期：		采集人：		
	拨交单位：		日期：		经手人：		
	姓名：		日期：		经手人：		
	捐赠者						
	住址：		奖金：				
	姓名：		日期：		经手人：		
	出售者						
	住址：		日期：		价格：		
尺寸或重量	纵： （厘米） 横： （厘米） 高： （里面） 腹径： （厘米）						
	口径： （厘米） 底径： （厘米） 重量： （公斤） （克）						
附属物		附件					
入馆日期		入馆凭证号					
形状内容描述							
征集经过							

铭记题跋	
鉴藏印记	
著录及有关资料书目	

流传经历	
鉴定意见 （注明历次鉴定 时间及鉴定人）	
修复装裱 复制记录 （注明承制单位 时间及制作人）	
现状记录 （注明年月日）	
备注	
附录	当前保存条件	
	保护优先等级	
	注销记录	
附录	

图号：　　　　　　　　　　　　　　　　拓片号：

绘图（或拓片）

制图（拓片）人：　　　制图（拓片）日期：　　　　　　比例：

底片号：

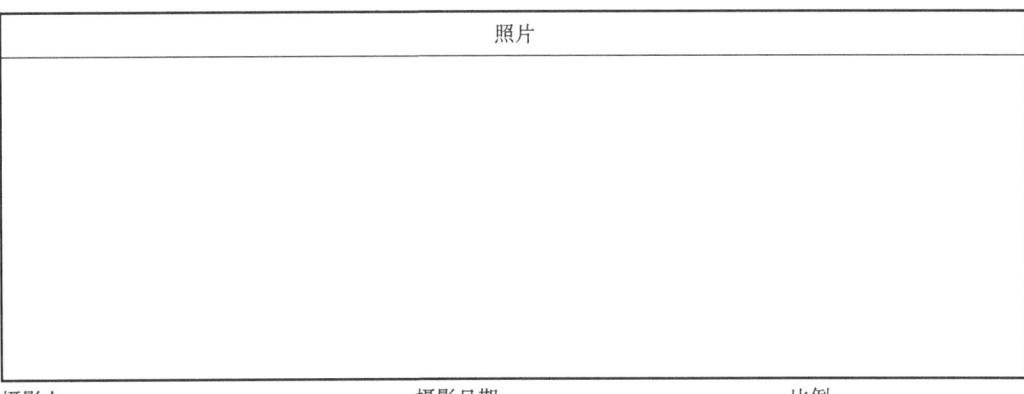

摄影人：　　　　　　　摄影日期：　　　　　　　比例：

四、藏品档案的管理

藏品档案的管理，是藏品档案长久保存和发挥作用的重要保证。因此，要加强藏品档案的管理工作。

（1）要对档案材料进行分类，可参照藏品分类法进行档案材料的分类。
（2）要建立档案分类登记账和借阅登记簿。
（3）要对档案开展排架工作，排架原则和方法可参照藏品排架方法进行。
（4）要设专人负责专柜保管，并要制订查阅管理制度，建立起藏品档案的使用制度。
（5）藏品档案一般情况下不得借出，准备随时备查，防止遗失。

第三节　藏品备案

《文物保护法》规定："博物馆、图书馆和其他文物收藏单位对所收藏的文物，必须区分文物等级，设置藏品档案，建立严格的管理制度，并报主管的文物行政部门备案"。藏品备案是被法律明确规定的藏品管理工作内容，博物馆应严格按照相关要求办理备案手续。

一、藏品备案的意义及要求

藏品备案是博物馆藏品档案的建档部门将已经整理归宗立卷的各种档案卷宗及涉及藏品出库、出馆、出境等工作内容的相关文件材料，依照相关要求向上一级行政管理机关报送存档备查的工作过程。

藏品备案是国家对各级博物馆的藏品实行宏观管理的手段之一,是摸清我国博物馆藏品家底,全面掌握藏品完整资源的必要手段,也是切实履行法律责任,加强国有藏品监管,健全国家藏品保护体系的基本要求。在特殊极端情况下(如自然灾害、盗窃、战争等原因导致藏品遭到损坏、遗失),可为藏品进行维修、追索等提供可靠依据。

我国政府对于藏品备案的具体要求见于下列法律法规文件:

《中华人民共和国文物保护法》(2017年修正)第三十六条规定:"博物馆、图书馆和其他文物收藏单位对收藏的文物,必须区分文物等级,设置藏品档案,建立严格的管理制度,并报主管的文物行政部门备案。"第三十八条规定:"文物收藏单位应当根据馆藏文物的保护需要,按照国家有关规定建立、健全管理制度,并报主管的文物行政部门备案。"第四十条规定:"国有文物收藏单位之间因举办展览、科学研究等需借用馆藏文物的,应当报主管的文物行政部门备案;借用馆藏一级文物的,应当同时报国务院文物行政部门备案。"第四十一条规定:"已经建立馆藏文物档案的国有文物收藏单位,经省、自治区、直辖市人民政府文物行政部门批准,并报国务院文物行政部门备案,其馆藏文物可以在国有文物收藏单位之间交换。"第四十八条规定:"馆藏一级文物损毁的,应当报国务院文物行政部门核查处理。其他馆藏文物损毁的,应当报省、自治区、直辖市人民政府文物行政部门核查处理;省、自治区、直辖市人民政府文物行政部门应当将核查处理结果报国务院文物行政部门备案。"第五十六条规定:"拍卖企业拍卖的文物,在拍卖前应当经省、自治区、直辖市人民政府文物行政部门审核,并报国务院文物行政部门备案。"第五十七条规定:"文物商店购买、销售文物,拍卖企业拍卖文物,应当按照国家有关规定做出记录,并于销售、拍卖后三十日内报省、自治区、直辖市人民政府文物行政部门备案。"

《中华人民共和国文物保护法实施条例》(2017年修正)第二十九条规定:"县级人民政府文物行政主管部门应当将本行政区域内的馆藏文物档案,按照行政隶属关系报设区的市、自治州级人民政府文物行政主管部门或者省、自治区、直辖市人民政府文物行政主管部门备案;设区的市、自治州级人民政府文物行政主管部门应当将本行政区域内的馆藏文物档案,报省、自治区、直辖市人民政府文物行政主管部门备案;省、自治区、直辖市人民政府文物行政主管部门应当将本行政区域内的一级文物藏品档案,报国务院文物行政主管部门备案。"第三十七条规定:"国家机关和国有的企业、事业组织等收藏、保管国有文物的,应当履行下列义务:(一)建立文物藏品档案制度,并将文物藏品档案报所在地省、自治区、直辖市人民政府文物行政主管部门备案。"

《博物馆条例》(2015年)第十三条规定"藏品属于古生物化石的博物馆,其设立、变更、终止应当遵守有关古生物化石保护法律、行政法规的规定,并向馆址所在地省、自治区、直辖市人民政府文物主管部门备案。"第二十二条规定："博物馆应当建立藏品账目及档案。藏品属于文物的，应当区分文物等级，单独设置文物档案，建立严格的管理制度，并报文物主管部门备案。"

《博物馆管理办法》（2005年）第十九条规定："博物馆藏品的收藏、保护、研究、展示等，应当依法建立、健全相关规章制度，并报所在地市（县）级文物行政部门备案。"第二十条规定："博物馆应建立藏品总账、分类账及每件藏品的档案，并依法办理备案手续。"第二十三条规定："国有博物馆应当建立退出馆藏物品专项档案，并报省级文物行政部门备案。专项档案应当保存75年以上。"第二十四条规定："非国有博物馆申请藏品退出馆藏，申请材料应附理事会、董事会或其他形式决策机构的书面意见。博物馆所在地省级文物行政部门应当在收到申请材料的30个工作日内做出是否允许退出馆藏的决定，并报国务院文物行政部门备案。"

《博物馆藏品管理办法》（1986年）第九条规定："各博物馆的《一级藏品档案》和《一级藏品目录》报本省、自治区、直辖市文物行政管理部门和文化部文物局备案。"

《可移动文物修复管理办法》[①]（2014年）第十九条规定："馆藏一级文物修复由省、自治区、直辖市文物行政部门组织验收，结果报国务院文物行政部门备案。"第二十五条规定："每年3月1日前，各省、自治区、直辖市文物行政部门应当将上一年度行政区域内馆藏文物修复基本情况（包括修复文物名录、文物等级、修复单位等）向社会公布并报国务院文物行政部门备案。"

《文物认定管理暂行办法》[②]（2009年）第九条规定："可移动文物的认定，自县级以上地方文物行政机构作出决定之日起生效。列入文物收藏单位藏品档案的文物，自主管的文物行政部门备案之日起生效。"第十一条规定："文物收藏单位收藏文物的定级，由主管的文物行政部门备案确认。""定级的民间收藏文物，由主管的地方文物行政部门备案。"

二、藏品备案的内容

（1）藏品总账备案。博物馆藏品总登记账的副本应报国家和当地文物行政管理部门备案。

---

① 《可移动文物修复管理办法》，文物博发〔2014〕25号，国家文物局2014年7月29日发布，2014年8月1日起施行。载北京市文物局 中国文物信息咨询中心主编：《可移动文物保护与利用工作手册》，学苑出版社，2017年11月版，第459—461页。

② 《文物认定管理暂行办法》，文化部令第46号，文化部，2009年发布，2009年10月1日起施行。载北京市文物局 中国文物信息咨询中心主编：《可移动文物保护与利用工作手册》，学苑出版社，2017年11月版，第377、378页。

（2）藏品目录备案。博物馆的《一级藏品目录》要报国家文物局和本省、自治区、直辖市文物行政管理部门备案，《二级藏品目录》要报本省、自治区、直辖市文物行政管理部门备案，《三级藏品目录》要报本市（县）文物行政管理部门备案。

（3）藏品档案备案。博物馆的《一级藏品档案》要报国家文物局和本省、自治区、直辖市文物行政管理部门备案，《二级藏品档案》要报本省、自治区、直辖市文物行政管理部门备案，《三级藏品档案》要报本市（县）文物行政管理部门备案。

（4）其他备案。按照国家相关法律法规需备案的工作内容。

三、藏品备案的方式

（1）逐级备案制，是指各级各类博物馆逐级向上一级主管的文物行政部门或行业主管部门进行的备案。实行逐级备案可以保障各级博物馆主管部门都拥有各自所辖行政区域内的博物馆藏品档案。一套完整的博物馆藏品建档备案工作体系的建立，将有利于大幅度推动我国博物馆藏品建档、备案工作的健康发展。

（2）"双轨制"备案，"双轨制"就是实行纸质档案和电子档案同时科学备案的管理模式。电子档案只是科学管理的一种手段，不能取代纸质档案的存在，一份档案，以电子格式和纸质档案同时归档的"双轨制"是较为科学的管理模式。

【附】 藏品编目建档相关标准规范目录

标准编号	标准名称	发布部门	实施日期
WW/T 0020-2008	文物藏品档案规范	国家文物局	2009-03-01
WW/T 0011-2008	馆藏出土竹木漆器类文物保护修复档案记录规范	国家文物局	2009-03-01
WW/T 0015-2008	馆藏丝织品保护修复档案记录规范	国家文物局	2009-03-01
WW/T 0023-2010	陶质彩绘文物保护修复档案记录规范	国家文物局	2010-09-01
WW/T 0024-2010	文物保护工程文件归档整理规范	国家文物局	2010-09-01
WW/T 0027-2010	馆藏纸质文物保护修复档案记录规范	国家文物局	2010-09-01
GB/T 30235-2013	古代壁画保护修复档案规范	国家质量监督检验检疫总局、国家标准化管理委员会	2014-12-01

第九章　藏品保护、修复和复制

藏品保护是博物馆业务工作的重要内容，是藏品管理的重中之重，是博物馆学的重要组成。《中华人民共和国文物保护法》明确指出，"国家加强文物保护的宣传教育，增强全民文物保护的意识，鼓励文物保护的科学研究，提高文物保护的科学技术水平"。同时还规定"对不可移动文物进行修缮、保养、迁移，必须遵守不改变文物原状的原则"；"修复馆藏文物，不得改变馆藏文物的原状；复制、拍摄、拓印馆藏文物，不得对馆藏文物造成损害"。这是由法律条文明确固定下来的藏品保护、修复和复制的原则要求，也是藏品保护工作的终极目标。

第一节　藏品保护

藏品保护是博物馆藏品管理中的一项重要工作，主要是指利用科技手段防止自然力及人为因素对藏品的破坏。《博物馆藏品管理办法》明确提出博物馆应"积极开展藏品保护科学技术研究活动，运用传统保护方法和现代科学技术、设备，防止自然因素（温度、湿度、光线、虫害、污染等）对藏品的损害"[①]。文物藏品保护的基本原则是不改变文物原状原则。

一、藏品保护的意义

（一）藏品保护的定义

藏品保护是博物馆藏品管理的一个重要工作项目，是为对抗对文物的自然的和人为的两方面的破坏所做的一切工作，包括日常养护和修复处理。文物藏品保护应从科学管理和科学保护两个方面同时进行，以达到保持文物原状的目标。

---

① 《博物馆藏品管理办法》第五章第二十二条。

《中国文物古迹保护准则》[①]指出：保护是指为保存文物古迹及其环境和其他相关要素进行的全部活动。保护的目的是通过技术和管理措施真实、完整地保存其历史信息及其价值。这一规定，为遗址博物馆藏品保护提供了工作思路。

藏品保护既是一项工作，也已经形成为一门学科——文物（藏品）保护科学技术[②]。文物（藏品）保护科学技术是自然科学中一门研究人类文化遗产质变规律，并对抗自然力对其破坏的科学。文物（藏品）保护科学技术是综合性的应用技术科学，它涉及的基础科学和专业技术知识很广泛，包括化学、物理学、生物学，以及微生物学、昆虫学、古生物学、药物学、气象学、环境保护学、建筑工程学、地质学、矿物岩石学，和冶金、铸造、硅酸盐、纺织、印染、造纸等技术科学，这些都与文物保护科学密切相关。文物（藏品）保护科学技术属于自然科学范畴，但它又与社会科学领域的博物馆学、图书馆学、档案学、历史学、考古学、文物学、科学技术史等学科密切相关。因此文物（藏品）保护科学技术不仅是自然科学各学科之间的边缘学科，还是自然科学与社会科学之间文理交叉渗透的边缘科学，已成为不能被其他学科所取代的独立学科。

（二）藏品保护的任务和原则

藏品保护是藏品管理工作中的一个重要项目，它的基本任务是研究历代各种质地的文物（藏品）在内外因素影响下的质量变化规律，应用科学技术手段，维护文物（藏品）质量，对抗一切形式的质变，阻止延缓质变过程，控制降低质变速度，对文物（藏品）的劣化进行综合防治。简言之，就是减缓文物（藏品）的自然老化，防治机械性损伤和物理化学生物因素及人为因素的影响破坏，使文物（藏品）保持其固有的面貌。藏品保护的任务可分为藏品保护的研究内容和藏品保护的具体工作内容两方面。

1. 藏品保护工作的研究内容

主要包括以下几个方面：

（1）分析研究文物藏品制作材料的成分结构，进而来探索藏品的质变机理。博物馆的一切藏品都是由不同质地的材料所组成。要想维护藏品质量不变，对抗自然力的破坏，就必须应用现代分析检测技术和设备，通过对藏品的分析测试来掌握构成文物材料的化学组成成分和结构性质，进一步查明各类质地材料的损坏过程和机理，探索

---

① 国际古迹遗址理事会中国国家委员会制定：《中国文物古迹保护准则》（2015年修订）第9—15条，中华人民共和国国家文物局推荐，2015年11月。

② 北京博物馆学会编：《博物馆藏品保管工作指引》，中国书籍出版社，2012年11月版，第152—154页。

各种材料的质变规律，从而设法对抗藏品的质变。

（2）研究文物藏品的地下埋藏环境和地上保存环境，以便于采取措施，控制环境恶化，改善环境条件，达到最佳保存环境。历史文物长期在地下埋藏，其地下埋藏环境处于相对稳定的封闭状态，有的文物能保存完好，有的则锈蚀腐烂。其原因在于地下环境起着决定性作用。而经过考古发掘，地下文物由封闭状态突然转入大气中，地下的平衡环境被破坏，造成文物出土时即产生急剧的劣化质变。因此，必须采集、检测墓室内外、遗物周围的土壤、液体、气体的试样，以获得地下环境的原始资料，并观察记录出土时文物的保存状态，以便为文物出土后的保护措施提供资料。对地上保存环境的研究，可使博物馆制定环境质量标准，进行环境监测，选择各类质地藏品所需的最佳保存环境，加强博物馆的环境管理，消除有害因素，为文物藏品创造良好的保存环境。

（3）研究文物藏品养护修复技术，阻止或延缓藏品自身的劣化变质。对已损的文物进行保养、修复、修缮技术处理，是藏品保护的核心内容。对不同质地、不同损坏程度的文物，要因地制宜地应用不同的保养、修复方法。既要采用先进的科学技术手段，又要注重民间传统工艺，用丰富的文物保养修复技术，来加强藏品的保护。

（4）研究文物藏品的检测技术，为藏品保护提供依据。检测藏品的质地成分，测定藏品的确切年代，可为探索藏品的构成材料、制作工艺、质变规律、保养措施、修复方法等提供科学依据，是藏品保护不可缺少的技术工作。

（5）研究藏品的复制技术。复制藏品是为保护藏品，发挥藏品的作用。研究各类藏品的复制技术与方法，有利于藏品复制忠于藏品原件的原状，具备真实性，并在复制过程中确保藏品安全无损。

2. 藏品保护的具体工作内容

可以分为两个方面：

其一是藏品日常养护（保养），即控制环境，把文物放在较适宜的环境中的工作，主要是采取防潮湿、防干燥、防虫蛀、防霉变、防锈蚀、防光照、防震动、防机械性损伤等措施的工作。

其二是藏品的修复处理，即清洗、消毒、加固、复原，金属器除锈、纸张脱酸、书画揭裱、漆木器脱水等技术性工作。

3. 藏品保护基本方针和原则

《中华人民共和国文物保护法》（2017年修正）指出："文物工作贯彻保护为主，抢救第一，合理利用，加强管理的方针"（第一章总则第四条），这不仅是文物工作的基本方针，也是文物（藏品）保护的基本指导方针。保护是前提，利用是目的，管理是保证。只有保护好文物，保管好文物的历史、艺术、科学价值，才能很好地利用文物，充分发挥文物"古为今用"的作用。加强科学管理是开展有效文物保护和合理利用文物、安全保管文物的保障。保护、利用、管理是一个相辅相成、不可分割的整体。

文物是不可再生的文化资源。藏品是国家和民族宝贵的科学文化财富。保护文物（藏品）的实质是保持文物（藏品）的历史价值、艺术价值和科学价值。而只有保持文物（藏品）的本来面貌，才能保存其珍贵价值。因此，藏品保护的基本原则是保持文物（藏品）的原状。对此《中华人民共和国文物保护法》（2017年修正）中明确规定："对不可移动文物进行修缮、保养、迁移，必须遵守不改变文物原状的原则"[1]。"使用不可移动文物，必须遵守不改变文物原状的原则，负责保护建筑物及其附属文物的安全，不得损毁、改建、添建或者拆除不可移动文物"[2]。"修复馆藏文物，不得改变馆藏文物的原状；复制、拍摄、拓印馆藏文物，不得对馆藏文物造成损害"[3]。这就是保护一切文物的基本原则，并且是以法律形式确定的文物保护的基本原则。

《中国文物古迹保护准则》（2015年修订）中，对文物古迹保护原则进行了明确规定和详细阐述：①不改变原状：是文物古迹保护的要义。它意味着真实、完整地保护文物古迹在历史过程中形成的价值及其体现这种价值的状态，有效地保护文物古迹的历史、文化环境，并通过保护延续相关的文化传统。②真实性：是指文物古迹本身的材料、工艺、设计及其环境和它所反映的历史、文化、社会等相关信息的真实性。对文物古迹的保护就是保护这些信息及其来源的真实性。与文物古迹相关的文化传统的延续同样也是对真实性的保护。③完整性：文物古迹的保护是对其价值、价值载体及其环境等体现文物古迹价值的各个要素的完整保护。文物古迹在历史演化过程中形成的包括各个时代特征、具有价值的物质遗存都应得到尊重。④最低限度干预：应当把干预限制在保证文物古迹安全的程度上。为减少对文物古迹的干预，应对文物古迹采取预防性保护。⑤保护文化传统：当文物古迹与某种文化传统相关联，文物古迹的价值又取决于这种文化传统的延续时，保护文物古迹的同时应考虑对这种文化传统的保护。⑥使用恰当的保护技术：应当使用经检验有利于文物古迹长期保存的成熟技术，文物古迹原有的技术和材料应当保护。对原有科学的、利于文物古迹长期保护的传统工艺应当传承。所有新材料和工艺都必须经过前期试验，证明切实有效，对文物古迹长期保存无害、无碍，方可使用。所有保护措施不得妨碍再次对文物古迹进行保护，在可能的情况下应当是可逆的。⑦防灾减灾：及时认识并消除可能引发灾害的危险因素，预防灾害的发生。要充分评估各类灾害对文物古迹和人员可能造成的危害，制定应对突发灾害的应急预案，把灾害发生后可能出现的损失减到最低程度。对相关

---

[1] 《中华人民共和国文物保护法》（2017年修正）第二章第二十一条。
[2] 《中华人民共和国文物保护法》（2017年修正）第二章第二十六条。
[3] 《中华人民共和国文物保护法》（2017年修正）第三章第四十六条。

人员进行应急预案培训①。

新近出版的相关论著中,对文物保护也都提出了相关原则。如"马工程"重点教材("马克思主义理论研究和建设工程重点教材"的简称)《博物馆学概论》中,提出正确的保护理念主要包括以下几条原则:①最小干预原则;②原真性原则;③可逆性原则;④预防性原则②。王蕙贞教授在其编著的《文物保护学》一书中,提出文物保护原则应包括以下几个方面:①理论与实践相结合的原则;②保存或恢复文物原状的原则;③清除病害保护文物安全的原则;④保护文物价值的原则;⑤文物保护修复中应用现代新材料新技术新工艺应遵守的原则。文物保护修复中应坚持以使用原材料为主的原则,选用文物保护材料应坚持与文物强度、颜色协调的原则;坚持继承与创新相结合的原则,在继承传统的基础上,立足自主创新,应用现代先进的科学技术,先进的分析、检测设备手段,新材料新工艺更好地为保护文化遗产服务;⑥合理利用,加强管理的原则③。

(三)关于文物的原状

文物保护的基本原则是保护文物的原状。那么什么是文物的原状,是不是说文物生产建造出来时的那种状态,就是文物的原状呢?其实,并非如此。

文物,无论是哪一种类,如一组建筑群、一座单体建筑、一组青铜编钟、一件漆器、一幅画卷、一函古籍,在其建造制作出来的时候,都有其最初时所具有的状态。这种文物产生时的状态,我们把它叫作文物始状,与我们通常所说的原状加以区别。历史文物是千百年的历史遗存,它历尽沧桑,人为作用和自然力影响,使文物不同程度地发生了变化,其始状多已不复存在或发生变异,这样就历史地形成了经历变化后的状态。这种经历变化后的状态,才是文物的原状。也就是说,文物的原状是指该文物产生以来,历史地形成的状态。原状包含了未经改变的始状,但不可以把文物的原状绝对地理解为始状。例如青铜器,在地下埋藏数千年,表面已形成一层色彩瑰丽的矿化层,这是古代青铜器珍贵价值的标志,但它已不是青铜器制造时的始状。对青铜器的保护,则不能为了恢复其所谓的"始状",而将其矿化层全部剔除,这样做会损害文物的价值。又如一座唐代建筑,在明代已完全重建,现在我们要保持的应该是经过重建以来的状态,而并非为恢复其始状将明代重建的建筑物拆掉,按唐代的建筑再

---

① 国际古迹遗址理事会中国国家委员会制定:《中国文物古迹保护准则》(2015年修订)第9—15条,中华人民共和国国家文物局推荐,2015年11月。

② 《博物馆学概论》编写组,陈红京主编:《博物馆学概论》("马工程"重点教材),高等教育出版社,2019年1月版,第123—126页。

③ 王蕙贞编著:《文物保护学》,文物出版社,2009年3月版,2010年3月第2次印刷,第13—16页。

建。如果那样的话，就等于毁掉了明代的建筑，新建了仿唐建筑，破坏了一个真文物，建造了一个文物复制品。所以，文物的原状，一般不可简单机械地理解为文物最初的原始状态。

我国博物馆藏品种类繁多，博物馆馆舍建筑性质各异，因此文物藏品原状问题也就比较复杂。归纳起来，可首先划分为不可移动的文物保护单位和可移动的庋藏（即馆藏）文物两大体系。其中，文物保护单位的原状内容又分为：①古建筑的原状内容，应包括单体建筑和建筑群原来固有的位置、规模、造型、结构、法式、工艺、材料、色彩、质感及环境布局、景观风貌等。②石窟寺一般有寺庙建筑和洞窟造像，寺庙建筑的原状内容与古建筑同；洞窟造像原状的内容则包括石窟山体、洞窟形制和造像艺术风格等。③古遗址、古城垣、古窑址、古墓葬的原状内容，首先是保持其周围的地形地貌；其次是古遗址的地层叠压关系，古墓葬的地上陵寝建筑、封土和地下墓室的构筑形制，也应依原状保存。④纪念建筑物是特定历史条件下的产物，因而必须保持其环境原状，其建筑物的结构、布局、色彩、室内装备陈设等，都是应保存的原状内容。⑤庋藏文物即馆藏文物，其原状内容主要指文物本身的原状，包括其造型、纹饰、铭文、色彩、质地、质感、装饰风格等。

其次，在上述划分基础上，根据博物馆馆舍建筑性质及状况，又可大致分为以下三种情况：

（1）博物馆的建筑物是古建筑或纪念建筑，而且其固有的陈设、家具、雕塑、绘画、器物、工艺品等，仍保留在原建筑物内的原位置不变，这些物品和建筑物一起真实地展示历史本来面貌。这类博物馆多属专题性、纪念性博物馆，其馆舍本身即为文物。因此，这种情况下文物原状内容包括：古建筑或纪念建筑的原状以及其内部原有装备陈设物的原状。其古建筑或纪念建筑的原状内容与前述文物保护单位中古建筑或纪念建筑物的原状内容相同。建筑物内部装备陈设物的原状内容则包括其内部装备陈设物的原有位置、摆放的状态，及陈设物本身的造型、纹饰、色彩、质地、质感、装饰艺术风格等。例如北京的故宫，南京的梅园新村、吉林省长春的伪满皇宫博物院陈列的辑熙楼等，均属此种情况。

（2）博物馆的建筑物虽然也是古建筑或纪念建筑，但原附属于这座建筑的文物已不复存在，现在仅仅是利用这座建筑物为馆舍。在这种情况下，该建筑物仍应按保护古建筑、纪念建筑物的原状的原则，依原状保存。而这类博物馆藏品的保护原则与下一种情况相同。例如湖南澧县博物馆，馆址设在澧州文庙内，利用澧州文庙古建筑为馆舍，收藏各个历史时期的馆藏文物5020件（套），其中的大成门东西耳房和东西厢房为基本陈列室，展出该县出土文物400多件[①]。

---

① 来自澧县文化旅游广电体育局官方网站，网址：https://www.li-xian.gov.cn/whlygdtyj/zhdt/gzdt/content_73988。

（3）博物馆的馆舍是现代建筑，应按原状保存的只是馆藏文物。而博物馆藏品来自发掘出土的文物、搜集入馆的传世文物和一切移入博物馆收藏陈列的文物，这种情况下文物原来的位置已没有意义。因此，对这类博物馆藏品原状的保存要求。主要是保持文物本身的原状，其内容包括文物的造型、纹饰、铭文、色彩、质地、质感、装饰艺术、制作风格等。

二、文物损坏原因与防护方法

（一）文物损坏的原因

文物损坏原因除文物本身物质结构不稳定性外，还有自然和人为两方面因素的影响。

1. 自然因素

对文物造成损害的自然因素又可分为两类：一类是属于灾难性的，如地震、火山爆发、洪水、潮汐、台风、雷电等自然灾害的因素，其影响破坏威力极大，并且是事先无法估计和预防的。2020年夏季，全国进入主汛期，受强降雨影响，长江、淮河等流域，洞庭湖、鄱阳湖、太湖等湖泊处于超警戒水位，致使流经多地发生严重的洪涝或滑坡、泥石流等地质灾害，对文物安全造成极大威胁，部分文物、博物馆单位受损严重，汛期文物安全形势严峻。例如，7月8日，江西婺源县清华镇一座拥有800多年历史的廊桥——彩虹桥[①]桥面被洪水淹没超1米，受洪水巨大冲击，彩虹桥东端引桥至二号桥墩之间的桥面（两廊一厅）被冲毁。为此，江西婺源发布"彩虹令"，全网寻找被洪水冲走的原木构件[②]。而就在此前两天，7月6日，安徽一座始建于明代、清代复建的省级文保大桥被洪水冲走。7月7日，全国重点文物保护单位、有数百年历史位于黄山市中心城区屯溪的明代老大桥（镇海桥）被凶猛的洪水冲毁。汛期的洪涝、泥石流等地质灾害对文物安全造成严重威胁，不容忽视。另一类则是属于日常性的物理、化学、生物因素的影响，包括不适宜的温度、湿度，光线辐射；空气、灰尘的污染、有害气体的损害；昆虫危害、微生物繁殖如生霉、虫蛀、鼠咬等。这种日常性自然力对文物的破坏，虽然威力不如自然灾害那样来势凶猛，但却是经常持久、无时无刻不在侵袭着文物，因而其日积月累的破坏力不可低估。

---

① 江西婺源彩虹桥，建于南宋，桥身宛若一道跨越时空的彩虹，全长140米（桥身105米），是全国迄今为止保存最为完整、设计最为科学的一座古廊桥，是国务院核准公布的全国重点文物保护单位。

② 2020年7月10日，寻找工作传来了第一个好消息。据婺源旅游景区官方微博发布，彩虹桥被洪水冲走的第一个原木构件已经找到。来自国家文物局官网，网址：http://www.ncha.gov.cn/col/col722/index.html。

2. 人为因素

对藏品造成损坏的人为原因也分两类：一类是属于战争、盗掘古墓、火灾烧毁文物等的大型破坏。如20世纪的两次世界大战，及其他局部战争等，使许多名胜古迹、古建筑、珍贵文物遭到炮火的损毁。再如21世纪，属于世界佛教艺术的宝贵遗产，也是历代高僧朝圣之地巴比扬大佛（位于阿富汗中部巴比扬城北面兴都库山区的一个溪谷中）——世界上最高（50多米）的石雕佛像，由于战乱，已于2001年3月8日被摧毁。2003年3月至5月的伊拉克战争期间，伊拉克国家博物馆有近23万件文物藏品被盗毁。战争的破坏是毁灭性的，盗掘古墓的破坏也是相当严重的。我国每年都有不少盗掘古墓的事件发生，盗墓者只凭自身兴趣需求盗取古物，致使古墓中其他有价值的文物遭到严重破坏甚至损毁。火灾的破坏更是无情，国内案例如1994年11月15日，吉林市博物馆遭遇火灾，馆藏文物两万余件被损毁，损失不可估量。国际案例有2018年9月2日晚，位于巴西里约热内卢市北区，拥有2000万件藏品的巴西国家博物馆发生火灾。巴西国家博物馆的整个三层主体建筑除了外墙之外，基本全部被烧毁。火灾发生后，巴西国家博物馆2000万馆藏仅存10%（其中陨石类藏品因材质原因得以保存，还有部分古生物标本存放在铁柜中也幸免于难）。2019年4月16日，法国巴黎圣母院遭遇到有史以来最严重的一次火灾。整个教堂顶部的木质结构被全部摧毁，留下石质的残垣断壁供人唏嘘。2019年10月21日，位于意大利都灵的、被列为联合国世界遗产、已经有将近280年历史的历史古迹皇家马厩与马术学院（The Cavallerizza Reale）当天遭遇大火，火势蔓延了约2小时，所幸没有人员伤亡。但其建筑物的部分屋顶塌陷，恐怕很难再复原。同年10月30日，位于日本冲绳的日本世界遗产地琉球王国"王宫"——首里城发生火灾，正殿、北殿、南殿全部被烧毁，日本世界遗产地葬身火海。

另一类则属于在平常生产生活中不自觉的破坏行为。如生产建设中工厂、矿山的污染，在博物馆、文物管理所等文博单位附近建工厂企业，烟囱林立、烟雾弥漫，造成环境污染，腐蚀文物；水利建设破坏地下环境，对文物破坏很大；城市用水量增加地下水位下降，地壳下沉，妨害文物安全；交通发达所引起的频繁震动，破坏了地质结构的稳定，削弱了地下文物的地壳基础；旅游事业的发展，不适当地在古迹名胜处兴建机场、索道、公路、桥梁、饭店，破坏了文化古迹的环境风貌，乃至损坏了文化古迹；随意将古建筑拆毁，用新建筑取而代之，等等。此类案例很多。位于安徽省望江县香茗山南麓的朝阳庵，是一座有着约500年历史的县级重点文保单位，2017年年初却被人偷偷用挖掘机完全拆毁，虽然安徽省文物局认定该古建拆毁行为严重违法，并要求望江县有关单位及时查处上报，但是已经被拆毁的古建筑再也回不来了。同时，随着旅游事业的发展，观众游客增多，由于游人文化素质低、道德风尚之不足，对文物随意触摸，涂刻造成危害。在古迹上涂刻各式各样的"到此一游"积弊已久、屡禁不止，且文物古迹被游客随意涂刻的违法行为亦成为当今世界的一种普遍现象，常有消息见诸报端，如2013年5月"丁某某到此一游"出现在埃及卢克索神庙的浮雕上，还有2013年2月"梁某某到此一游"出现在故宫大缸里。又如2005年"五·一黄金周"7天时间，国家图书馆典藏中心收回的图书中1%被涂、污、损毁。再如2020年5月初，一名游客在慕田峪长城墙砖上涂字"表白"并拍照发到了微博上，而这种乱涂乱画的执念和行为不仅不是美好旅程的见证，反而是无公德心和敬畏感的展现，更会对文物造成不可挽回的伤害。2020年5月30日，上海玻璃博物馆的永久馆藏、由Arribas艺术家兄弟制作的玻璃城堡[①]被两位小观众在追逐中撞倒，导致展品出现了严重的受损情况。由于当时处于疫情期间，生活、工作于美国的艺术家无法往返上海对作品进行修复，使得展品只能暂时以"不完美"的面貌展出示人。不合理的考古发掘和出土文物的保护措施不得当，不科学的养护方法和修复工艺等，也都会给文物带来损坏或后患。因管理不善，疏忽失职而造成的损坏，如搬运、提取过程中取放不当，或包装不妥等，都会造成文物的损坏。

（二）防护措施与方法

1. 控制库房温湿度

藏品库房温度最好能控制在14~18℃，夏季最高不超过25℃，温度日较差应控制在2~5℃。相对湿度最好能控制在50%~65%，库内湿度变化不超过3%~5%，相对湿度日波动值不应高于5%。

我们通常所说的湿度，实际上是相对湿度的简称。要弄清相对湿度，首先要知道绝对湿度的概念。所谓绝对湿度，是指一立方米的空气中实际所含有的水蒸气的重量，常以g/m^3来表示。相对湿度，则是指在一定温度下，空气中的绝对湿度与该温度下空气中含水汽饱和量的百分比。从定义可知，绝对湿度一般不受温度变化的影响，但相对湿度却随着温度的变化而有显著的变化，即在绝对湿度相同的情况下，温度越高，相对湿度越低。因此，库房温度、湿度的控制是密不可分的。

控制库房温湿度的方法，各博物馆可根据自身的实际条件，采取不同的方法，如：

（1）安装可自动调温、调湿的空调系统，使库房（包括陈列室）的温湿度恒定在标准范围内。因这需要大量的投资，目前国内大中型博物馆多已具备这个条件。小型博物馆可能还有很多是不具备这个条件的。

（2）使用温湿度调节控制设备，如恒温湿机、去湿机、加湿机等。用这些机械

---

① 据上海玻璃博物馆微博介绍：这座梦幻的城堡由Arribas艺术家兄弟花费500小时，以特殊的灯工工艺——线圈技术打造而成。重达60千克的玻璃城堡包含近30000个部件，并由24K黄金装饰而成。2016年，为庆祝上海玻璃博物馆五周年馆庆，Arribas将其捐赠，并成为上海玻璃博物馆的永久收藏。

方法可以缓解温湿状况，但使用时应注意，对没有自动控制仪表、由人工操纵掌握标准的机器，不要造成室内温湿度变化太快或骤然停止，应保持一天二十四小时的连续性，同时要具备一定的密闭条件。

（3）采取自然调节，如自然通风，利用库内外温差引起空气流通，使库内空气获得变换，达到降温散湿的目的。但自然调节，要选择库外气候比较适宜的时候，在空气干燥的早晨或傍晚进行。通风时不要开纱窗，以防害虫飞入。在外面气候不宜的时节，则应紧闭门窗，减缓不良气候干扰。在冬春比较干燥的季节，可利用冷水吸热降温保湿，如拖刷地板，或用水盆盛冷水置于库内，在地面洒水等办法进行调节，也都可以收到降温保湿的效果。

（4）在降雨比较集中的季节，可在文物柜内放置具有吸湿性能的药剂。常用的吸湿剂有无水氯化钙、变色硅胶、生石灰、木炭等。无水氯化钙和变色硅胶吸水性能和烘干力强，可反复连用，比较安全，无副作用。

原天津历史博物馆曾研制成一种STM-1调湿剂，克服了其他吸湿剂只吸收湿气而造成小环境干燥的现象，这种调湿剂是可逆的，它可以调节小环境中的干湿度，将它保持在一定的数值内，形成一种理想的小环境。这种吸湿剂不仅性能好，而且成本低，很值得推广和普及。

2. 防止紫外线辐射

紫外线对文物、标本等的危害是特别严重的。因此，防止紫外线辐射是藏品保护的重要内容之一。防止紫外线的方法主要有：

（1）库房最好无窗或仅设小窗；有窗的库房则应采取措施阻止光线直射；尽量把对光线敏感的藏品放入柜中，避免阳光直射藏品；或加装窗帘，也可以起到一定的防光作用。

（2）采用各种方法除掉紫外线。目前能除掉紫外线的方法很多。普通的窗玻璃可以过滤一定数量的紫外线，用凹凸面的毛玻璃、花纹玻璃，染成绿、红、黄等彩色玻璃效果更好。用白铅粉和桐油混合（2∶1），用汽油稀释，涂在玻璃上，或者用绿色、红色的厚窗帘等方法都有一定的效果；也可以使用紫外线过滤片（树脂片或玻璃片），或用紫外线吸收剂滤除紫外线。紫外线吸收剂是一类能够强烈地吸收紫外线，并能将紫外线能量转变为无害热能的物质。常用的紫外线吸收剂[①]有"UV-q（2-羟基-4-甲氧基二苯甲酮）""Uvinu1-50（即2,2',4,4'-四羟基二苯甲酮）"，水杨酸苯酯（即邻羟基苯甲酸酯）、"α-羟基二苯甲酮"和"邻羟基苯并三唑"等。紫外线吸收剂在使用时，可将其溶于透明清漆中，配制成一定浓度的溶液，喷涂或涂刷在普通玻璃

---

① 王蕙贞编著：《文物保护学》，文物出版社，2009年3月第1版，2010年3月第2次印刷，第420—421页。

上，或加入有机玻璃中制成吸收紫外线的有机玻璃；还可以加在醋酸纤维中，制成能吸收紫外线的软片，贴在玻璃上。

3. 防止有害气体和灰尘的措施

（1）远离污染源。博物馆建筑及库房周围不应有工矿企业、垃圾堆、污水池等，博物馆自身的能源设备要使用没有空气污染的电气化、煤气化等；不要在博物馆内燃烧垃圾，馆内最好不要居住职工。

（2）加强环境建设减缓污染。应在库房周围种植树木花草，搞好绿化，保持清洁的环境。

（3）阻止和排除有害气体及灰尘。在藏品库房的通风处安置空气过滤设备或密纹纱窗，或密闭门窗；利用空调装置排除有害气体，净化库房空气。

（4）保持库房清洁。清扫库房时最好使用吸尘器；有条件的博物馆，对库房地面做防尘处理；藏品入库前要经除尘处理；库房保管员应穿清洁的工作服及鞋套或拖鞋，以免将灰尘带入库内。

4. 防霉、防虫措施

（1）藏品入库前或提取使用后要进行消毒灭菌处理，严禁已被害虫或霉菌感染而未经杀虫、灭菌处理的藏品入库，防止将害虫和霉菌带入库房内，避免留下隐患。

（2）对已入库的藏品要经常检查，定期放杀虫、杀菌剂；对有虫屎、蛀蚀粉末等现象的藏品要及时做杀虫处理并要马上隔离，以阻止蔓延。

（3）保持库内清洁，空气流通，把库房的湿度控制在50%~65%，温度控制在25℃以下，以破坏霉菌和害虫的生长发育条件，防止霉菌和害虫繁殖发育。

（4）藏品储存环境和设备应定期消毒，制作藏品橱柜、箱等的木料要干燥，并做好杀虫灭菌处理，以免感染藏品。

5. 防止人为因素破坏的措施

文物是不可再生的文化资源，藏品是国家民族宝贵的科学文化财产，保护好、利用好文物资源是我们当代人应尽的共同责任。应提高全民族文化科学素养和道德风尚；大力宣传文物保护政策、法律和规章制度，加强法规的制约能力；大力开展和加强文物科学管理工作，这样人为因素对文物的破坏现象就会逐步缩小乃至基本得到控制或制止。

（1）加强法制建设和法规宣传。

从国家层面和国家文物行政管理部门角度，要加强文物保护管理法律法规制度建设。现阶段，要大力加强《中华人民共和国刑法》《中华人民共和国文物保护法》《中华人民共和国文物保护法实施条例》《博物馆条例》《博物馆管理办法》《博物馆藏品管理办法》等文物（藏品）保护政策、法律和规章制度的宣传。例如，我国《中华人民共和国刑法》第三百二十八条规定了盗掘古文化遗址、古墓葬罪；盗掘古人类化石、古脊椎动物化石罪。明确规定盗掘具有历史、艺术、科学价值的古文化遗址、古墓葬的，处三年以上十年以下有期徒刑，并处罚金；情节较轻的，处三年以下有期徒刑、拘役或者管制，并处罚金；有下列情形之一的，处十年以上有期徒刑、无期徒刑或者死刑，并处罚金或者没收财产：①盗掘确定为全国重点文物保护单位和省级文物保护单位的古文化遗址、古墓葬的；②盗掘古文化遗址、古墓葬集团的首要分子；③多次盗掘古文化遗址、古墓葬的；④盗掘古文化遗址、古墓葬，并盗窃珍贵文物或者造成珍贵文物严重破坏的。盗掘国家保护的具有科学价值的古人类化石和古脊椎动物化石的，依照前款的规定处罚。同时，最高人民法院、最高人民检察院还出台了《最高人民法院、最高人民检察院关于办理盗窃、盗掘、非法经营和走私文物的案件具体应用法律的若干问题的解释》。《中华人民共和国旅游法》（2018年修正）（以下简称《旅游法》）亦设置专门条文对游人和导游的行为进行规范。如《旅游法》第13条规定：旅游者在旅游活动中应当遵守社会公共秩序和社会公德，尊重当地的风俗习惯、文化传统和宗教信仰，爱护旅游资源，保护生态环境，遵守旅游文明行为规范。第41条规定："导游和领队从事业务活动，应当佩戴导游证，遵守职业道德，尊重旅游者的风俗习惯和宗教信仰，应当向旅游者告知和解释旅游文明行为规范，引导旅游者健康、文明旅游，劝阻旅游者违反社会公德的行为。"要倡导全社会做到人人学法、人人知法、人人懂法、人人遵法的社会风气，并加强法规的约束制约能力。

（2）全面提升国民修养，遵守文明礼仪。

从全社会和国民角度，要积极学习，加强个人素质培养。2013年，党的十八大报告提出，要大力加强社会主义核心价值体系建设，"倡导富强、民主、文明、和谐，倡导自由、平等、公正、法治，倡导爱国、敬业、诚信、友善，积极培育和践行社会主义核心价值观"。中共中央办公厅印发了《关于培育和践行社会主义核心价值观的意见》[①]，要向全社会提倡和践行社会主义核心价值观，提高全民族文化科学素养和道德风尚。呼吁社会公众在游览参观文物古迹和博物馆之际，一定要文明参观，遵守参观礼仪。上海玻璃博物馆向广大群众发出呼吁："请各位观众务必遵守博物馆参观礼仪，不翻越围栏，不触摸展品，不追逐打闹，不高声喧哗，展品的安全和文明的参观环境，需要我们共同守护。"

（3）加强文物保护管理工作。

从文物行政管理部门和具体文博单位角度，要大力开展和加强文物科学管理工

---

① 中共中央办公厅印发《关于培育和践行社会主义核心价值观的意见》，2013年12月23日，来自："新闻报道-人民网"，网址：http://cpc.people.com.cn/n/2013/1223/c64387-23924110.html。

作，制定并采取行之有效的管理制度和相应措施，尽力将人为因素对文物的破坏控制住或制止住。如八达岭、慕田峪等长城景区采取了诸如设置多国语言提示标语、广播游客须知等措施来应对涂刻，保护文物。

相关文博单位可以从保护文物角度出发，另辟蹊径，采取多样灵活的互动方式，适当设置一些可供游客观众参与的互动项目，以此舒缓游客观众参观游览之际的情感冲动带给文物直接损伤。例如慕田峪长城景区为了满足游客纪念自己来过长城的迫切需求，在5号、10号、北铺房设置了3处"涂鸦墙"，以供游客留下自己的墨宝。以这种放置涂鸦墙等措施来应对涂刻，可以起到有效保护文物的效果。加强文物保护，不只是防范，更多的还应是疏导。2020年7月，上海玻璃博物馆也就此前发生的展品被"熊孩子"损坏之事进行了回应。一方面，博物馆表明态度：小观众已经认识到行为的不妥，并在其父母的鼓励和带领下向馆方主动报告，上海玻璃博物馆相信未来一代会成长为好观众。另一方面，上海玻璃博物馆决定推出公共教育活动——礼仪工作坊2.0版：儿童礼仪工作坊。馆方表示，将从这次的遗憾中积极学习并思考，未来会特别设计升级面向孩子们的参观"礼仪工作坊"，承担起更多教育责任，希望能通过博物馆公众教育活动，将文明参观转化为一种可以趣味性习得的知识和习惯[1]。

（4）鼓励公众参与保护文物，增强全民文物保护的意识。

加强宣传教育，在全社会树立"零容忍"态度，以提升全民文物保护意识和文物保护责任感，从而为更好地保护文物古迹创造良好的社会氛围。还以慕田峪长城为例，在2020年五一节期间发生涂刻长城一事之后，慕田峪景区除了对当事人批评教育、向公安机关反映情况外，还让其亲身感受长城的累累刻痕并参与到乱涂乱画的清理中，这样的体验也许更能让当事人印象深刻，深入内心，用亲身经历唤醒对文明的敬畏，亲身体会感知到道德和法律的底线。全社会和全体民众都应该有对文物的敬畏心理和文物保护意识，积极参与文物保护，以便更好地使文物得以保护和传承。

第二节 藏品修复

藏品修复，是藏品保护工作的主要内容。藏品修复时，不得任意改变其形状、色彩、纹饰、铭文等。修复前、后要做好照相、测绘记录，修复前应由有关专家和技术人员制定修复方案；修复中要做好配方、用料、工艺流程等记录；修复工作完成后，这些资料均应归入藏品档案，并在编目卡片上注明。

---

[1] 来自上海玻璃博物馆官方微博：https://weibo.com/shmog?refer_flag=1005055013_&is_all=1#_loginLayer_1595386127203。

一、修复工作内容

藏品修复一般有两方面的工作内容：一是清除文物和标本等上的一切附着物；二是修补文物和标本等的残缺部分；其目的是恢复藏品本来的面貌，防止附着的有害物质继续危害藏品。

国家文物局2014年发布《可移动文物修复管理办法》[①]，明确指出：可移动文物修复包括价值评估、现状调查、病害评测、方案编制、保护修复实施、效果评估、档案建立、预防性保护等活动。

二、修复工作原则要求

藏品修复要遵守《文物保护法》规定的"修复馆藏文物，不得改变馆藏文物的原状"要求，依照保持文物原状的原则，重视历史的真实，不能凭主观想象随意改动文物的面貌。复原部分要求做到与其原有部分基本相仿，但也要能被区别。对每件所要修复的藏品，都应进行具体的分析研究，分别处理；反对以不成熟的技术随便地使用在珍贵藏品上。在进行修复时，首先要确定文物原制品的材料类别、性能及其被损坏的情况，先做好文字、绘图、照相记录，然后制定修复方案。修复用的材料要尽可能与原物一致，或相近似，并尽量采用原制作方法和工艺流程。

《可移动文物修复管理办法》规定"可移动文物修复应由取得可移动文物修复资质的单位承担"（第五条）。"修复可移动文物应当坚持不改变文物原状原则，全面保存和延续文物的历史、艺术、科学的信息与价值，将科学研究贯穿于修复的全过程，应认真执行文物修复操作规程和相关技术标准，采用先进、适用的技术手段和有效的管理方法，确保修复质量"（第三条）。

藏品修复方案要经过审核批准，不同级别藏品修复方案的审批权限各不相同。《博物馆藏品管理办法》规定：一级藏品的修复方案由主管副馆长或馆长审核同意后报上一级主管文物行政管理部门批准。其他藏品的修复方案，国家博物馆和省、自治区、直辖市博物馆由藏品保管部门负责人批准或由藏品保管部门负责人会同科技修复部门负责人审批。其他博物馆由主管副馆长或馆长批准。《可移动文物修复管理办法》规定"修复馆藏珍贵文物，应当报省、自治区、直辖市文物行政部门批准。修复

[①] 《关于发布〈可移动文物修复管理办法〉的通知》（文物博发〔2014〕25号），国家文物局，2014年7月29日发布。来自国家文物局官网，网址：http://www.ncha.gov.cn/art/2014/8/20/art_2237_42274.html。

馆藏一级文物,应当经省、自治区、直辖市文物行政部门批准后报国务院文物行政部门备案"(第十四条)。这不仅仅是藏品修复的相关规定,更是充分体现了文物藏品修复的重要性和国家对文物藏品修复的重视程度。

凡采用新的藏品保护、修复技术,应先经过实验,通过主管文物行政部门组织有关技术人员和专家评审鉴定后推广运用。未经过实验和评审鉴定证明可确保藏品安全的新技术,博物馆不得随意采用。

可移动文物修复应由取得可移动文物修复资质的单位承担。文物修复工作应由具有修复资质的单位按照批准的修复方案实施。文物收藏单位应当将修复方案、修复记录、验收报告、修复报告等文物修复的全部资料整理立卷,归入相应的文物档案。文物收藏单位应当按照修复方案中的预防性保护措施,对修复的文物进行保护,并对文物的保存状况、保存环境,以及可能威胁到文物安全的异常情况或者其他危险因素进行定期监测并记录。

三、修复方法

藏品的质地复杂,残损情况各异,修复方法也就各有不同。对青铜器的修复,则要先除锈,对锈蚀严重的则还要进行加固处理。青铜器除锈可采用机械除锈、超声波清洗振动去锈、局部电解、化学除锈等方法,无论使用哪种方法进行处理,都还要用目前国内外普遍采用的苯并三氮唑(BTA)缓蚀剂做缓蚀处理,最后用高分子材料封护。这种综合法既能保持器物的原状,又可使被腐蚀层掩盖的铭文、纹饰显现出来,并起到了对腐蚀的抑制和稳定作用,文物恢复了原来的光彩,使用价值也就更高了。

对陶器酥松、破裂,甚至整体损坏者,可采用减压渗透的加固方法修复。具体做法是:把需加固的酥松陶器放入真空干燥器中,让渗透剂借助压力,压入陶器的孔隙中,以达到整体加固的目的。这种方法所需设备少,无须大量投资,操作简单,容易掌握。而且加固后的陶器整体强度增高,给人以结实感,也可以任意拿起放下。不仅适用于素面陶,还可用于彩陶和施釉陶器,而且加固后陶器颜色基本不变,表面不泛光。陶瓷器破裂残缺,则可用醋酸乙烯液粘接或用聚醋酸乙烯乳液加陶粉(瓷粉)修补残缺部分。瓷器的修复主要是碎片的拼对、粘接,缺损部位的补配、复原。技术工作主要体现在研制具可再处理性(可逆性)的粘接(黏结)剂、表面仿釉修复涂料等。目前,仿釉涂料中经过改性的丙烯酸-聚氨酯复合型树脂涂料的耐水性、耐溶解性和耐紫外老化性等指标均优于传统的硝基和纯丙烯酸涂料[1],可作为瓷器仿釉修复涂料使用。陶瓷类文物藏品常用的粘接(黏结)剂,主要有环氧树脂黏合剂、硝酸纤维素

---

[1] 刘爽:《文物保护概论》,辽宁教育出版社,2016年6月版,第127页。

黏合剂、聚甲基丙烯酸甲酯黏合剂、氰基丙烯酸酯黏合剂、聚苯乙烯黏合剂等①。

纺织物的修复则包括纺织物的清洗和糟朽纺织物的加固。漆、竹、木器的修复工作内容则是使用科学的方法使其脱水定型。书画和两面有字的纸质文物的修复则可采用揭裱、重新装裱补缺，丝网加固等方法。

此外，对比较珍贵的一、二级纸质文物如字画、文献和损坏比较严重无法用化学方法进行处理的文物，如锈蚀严重的铁器，甲骨等，可以采用封存的办法来保存。对文物的封存主要有两种方法：一种是使用除氧剂。把需要封存的文物放入复合塑料袋，再放入除氧剂和指示剂，然后封口。过一段时间袋内的氧就被除氧剂吸掉（用指示剂观察）以达到无氧保存。另一种是充氮真空封存。这种方法是使用医用高分子塑料袋，把文物放入后反复充氮，抽真空，最后封存，也是使文物处于无氧的状态下。这种方法对文物的保存也是比较理想的。第六届全国十佳文博技术产品及服务推介活动终评②的十佳产品中，有一款"5G+AR文物修复助手"，也可在馆藏文物修复中发挥作用。

第三节　藏品复制

藏品复制是博物馆藏品保护管理的重要工作，是藏品保护的必要手段之一。《博物馆藏品管理办法》规定"经常使用的一级藏品和容易损坏的藏品应予复制，作为陈列、研究的代用品"。藏品复制为藏品永久保存提供可能性和技术保障。

一、藏品复制定义

藏品复制就是依据藏品原状进行重新制作。这是博物馆一项相当重要的工作。其目的在于加强对馆藏文物的保护，便于陈列和科学研究工作的使用。《文物复制拓印管理办法》③指出：文物复制是指依照文物的体量、形制、质地、纹饰、文字、图案等历史信息，基本采用原技艺方法和工作流程，制作与原文物相同制品的活动；文物拓印是指在文物本体覆盖一定的材料，通过摹印文物上的纹饰、文字、图案等，制作拓片的活动。

---

① 王蕙贞：《文物保护学》，文物出版社，2009年3月第1版，2010年3月第2次印刷，第34—38页。
② 《第六届全国十佳文博技术产品及服务推介活动终评结果揭晓》，来自国家文物局官方网站，网址：http://www.ncha.gov.cn/art/2020/9/11/art_722_162949.html。
③ 《文物复制拓印管理办法》（文物博发［2011］1号），国家文物局，2011年1月28日发布。来自国家文物局官方网站，网站：http://www.ncha.gov.cn/art/2011/1/28/art_2302_42857.html。

二、藏品复制原因

文物藏品属于下列情形之一者，则需要进行复制：①非常珍贵的文物，为长期保存，不宜经常使用；②有些珍贵的文物由于保护条件的限制和提用过于频繁会受到不同程度的损害。为了延长文物的寿命，而又不影响陈列和科学研究，可用复制品代替使用；③有些文物，虽经科学地保管和处理，也仍然存在着因自然因素而损毁的可能，这也需要对原物加以复制，以便保存复制品，使其流传于后世。文物藏品复制目的可分为三种，其一为陈列展览和科学研究等用途；其二为藏品永久保存，其三为销售（如文化创意产品）等目的。

三、藏品复制原则要求

藏品复制是为了保护藏品，发挥藏品作用。藏品复制必须遵循忠于文物原件原状的原则，复制品必须必备真实性，不可随意改变和创造，要保证复制品的质量。对一般复制品，要求在造型、规格、纹饰、色彩、质感、风格、完残状况等方面，与原件保持外观的完全一致，使之真假难辨，以满足陈列需要。对高标准复制品，除具备上述外貌上的一致外，在材料质地、化学成分、重量、硬度、手感、音响等方面，也要与原件相同，达到乱真程度。

《文物复制拓印管理办法》规定："复制、拓印文物，不得对文物造成损害"。同时规定"未依法区分等级的文物不得复制、拓印。因文物保存状况和文物本体特点不适宜复制、拓印的，不得复制、拓印"。

复制馆藏文物需要履行申请和报批手续。《中华人民共和国文物保护法实施条例》规定："从事馆藏文物修复、复制、拓印，应当向省、自治区、直辖市人民政府文物行政主管部门提出申请"（第三十四条）。"修复、复制、拓印馆藏二级文物和馆藏三级文物的，应当报省、自治区、直辖市人民政府文物行政主管部门批准；修复、复制、拓印馆藏一级文物的，应当报国务院文物行政主管部门批准"（第三十二条）。

对不同目的的文物复制也有不同要求。为科学研究、陈列展览需要拓印文物的，元代及元代以前的，应当翻刻副版拓印；元代以后的，可以使用文物原件拓印。在文物原件上拓印的，禁止使用尖硬器具捶打。批量制作文物复制品、拓片，不得使用文物原件。

复制工艺过程中，必须确保藏品安全无损，并以此为准则衡量复制技术的优劣，对有损藏品的复制方法应加以制止。凡以营利为目的，粗制滥造的劣质复制品或仿古制品，不属于藏品保护的范畴。

四、复制品的管理

藏品复制要按国家有关法规严格控制。对复制品,还须妥善管理,建立复制品登记账,以防给正常工作造成不必要的混乱。

不同用途的复制品,有不同的管理办法。《文物复制拓印管理办法》规定:"为陈列展览、科学研究等用途制作的文物复制品、拓片,应当予以登记并妥善保管,不得挪作他用"(第十一条)。"为销售等目的制作的文物复制品、拓片,应附有制作说明书。说明书内容应当包括文物名称、时代,文物收藏单位或管理机构名称,复制品、拓片的名称,复制或拓印单位名称,监制单位名称,制作时间,复制品或拓片数量编号"(第十二条)。

【附】 藏品保护相关标准规范目录

标准编号	标准名称	发布部门	实施日期
WW/T 0003-2007	馆藏出土竹木漆器类文物病害分类与图示	国家文物局	2008-03-01
WW/T 0007-2007	石质文物保护修复方案编写规范	国家文物局	2008-03-01
WW/T 0008-2007	馆藏出土竹木漆器类文物保护修复方案编写规范	国家文物局	2008-03-01
WW/T 0009-2007	馆藏金属文物保护修复方案编写规范	国家文物局	2008-03-01
WW/T 0013-2008	馆藏丝织品病害与图示	国家文物局	2009-03-01
WW/T 0014-2008	馆藏丝织品保护修复方案编写规范	国家文物局	2009-03-01
WW/T 0016-2008	馆藏文物保存环境质量检测技术规范	国家文物局	2009-03-01
WW/T 0021-2010	陶质彩绘文物病害与图示	国家文物局	2010-09-01
WW/T 0022-2010	陶质彩绘文物保护修复方案编写规范	国家文物局	2010-09-01
WW/T 0025-2010	馆藏纸质文物保护修复方案编写规范	国家文物局	2010-09-01
WW/T 0026-2010	馆藏纸质文物病害分类与图示	国家文物局	2010-09-01
WW/T 0028-2010	砂岩质文物防风化材料保护效果评估方法	国家文物局	2010-09-01
WW/T 0030-2010	古代建筑彩画病害与图示	国家文物局	2010-09-01
WW/T 0031-2010	古代壁画脱盐技术规范	国家文物局	2010-09-01
WW/T 0032-2010	古代壁画地仗层可溶盐分析的取样与测定	国家文物局	2010-09-01
WW/T 0037-2012	古建筑彩画保护修复技术要求	国家文物局	2012-08-01
WW/T 0039-2012	土遗址保护试验技术规范	国家文物局	2012-08-01
WW/T 0040-2012	土遗址保护工程勘察规范	国家文物局	2012-08-01
WW/T 0041-2012	室外铁质文物封护工艺规范	国家文物局	2012-08-01

续表

标准编号	标准名称	发布部门	实施日期
WW/T 0042-2012	碳十四年代测定考古样品采集规范	国家文物局	2012-08-01
WW/T 0043-2012	碳十四年代测定骨质样品的处理方法	国家文物局	2012-08-01
WW/T 0045-2012	碳氮同位素食性分析骨质样品采集及实验室操作规范	国家文物局	2012-08-01
WW/T 0046-2012	馆藏文物保存环境检测 气体扩散采样测定方法 甲酸和乙酸的测定	国家文物局	2012-08-01
WW/T 0047-2012	馆藏文物保存环境检测 气体扩散采样测定方法 氨的测定	国家文物局	2012-08-01
MH/T 1047-2012	艺术品及博物馆展(藏)品航空运输规范	中国民用航空局	2012-10-01
GB/T 16571-2012	博物馆和文物保护单位安全防范系统要求	国家质量监督检验检疫总局、国家标准化管理委员会	2013-02-01
GB/T 30236-2013	古代壁画保护修复方案编制规范	国家质量监督检验检疫总局、国家标准化管理委员会	2014-12-01
GB/T 30237-2013	古代壁画病害与图示	国家质量监督检验检疫总局、国家标准化管理委员会	2014-12-01
GB/T 30238-2013	可移动文物保护修复室规范化建设与仪器装备基本要求	国家质量监督检验检疫总局、国家标准化管理委员会	2014-12-01
GB/T 30239-2013	陶质文物彩绘保护修复技术要求	国家质量监督检验检疫总局、国家标准化管理委员会	2014-12-01
WW/T 0050-2014	文物建筑维修基本材料 青瓦	国家文物局	2014-06-01
WW/T 0051-2014	文物建筑维修基本材料 木材	国家文物局	2014-06-01
WW/T 0052-2014	文物建筑维修基本材料 石材	国家文物局	2014-06-01
WW/T 0053-2014	古代陶瓷科技信息提取规范 方法与原则	国家文物局	2014-06-01
WW/T 0054-2014	古代陶瓷科技信息提取规范 化学组成分析方法	国家文物局	2014-06-01
WW/T 0055-2014	古代陶瓷科技信息提取规范 形貌结构分析方法	国家文物局	2014-06-01
WW/T 0056-2014	可移动文物病害评估技术规程 陶质文物	国家文物局	2014-06-01
WW/T 0057-2014	可移动文物病害评估技术规程 瓷器类文物	国家文物局	2014-06-01
WW/T 0058-2014	可移动文物病害评估技术规程 金属类文物	国家文物局	2014-06-01

续表

标准编号	标准名称	发布部门	实施日期
WW/T 0059-2014	可移动文物病害评估技术规程 丝织品类文物	国家文物局	2014-06-01
WW/T 0060-2014	可移动文物病害评估技术规程 竹木漆器类文物	国家文物局	2014-06-01
WW/T 0061-2014	可移动文物病害评估技术规程 馆藏壁画类文物	国家文物局	2014-06-01
WW/T 0062-2014	可移动文物病害评估技术规程 石质文物	国家文物局	2014-06-01
GB/T 30686-2014	馆藏青铜质和铁质文物病害与图示	国家质量监督检验检疫总局、国家标准化管理委员会	2015-07-01
GB/T 30687-2014	馆藏金属文物保护修复记录规范	国家质量监督检验检疫总局、国家标准化管理委员会	2015-07-01
GB/T 30688-2014	馆藏砖石文物病害与图示	国家质量监督检验检疫总局、国家标准化管理委员会	2015-07-01
WW/T 0063-2015	石质文物保护工程勘察规范	国家文物局	2016-01-01
WW/T 0065-2015	砖石质文物吸水性能测定 表面毛细吸收曲线法	国家文物局	2016-01-01
WW/T 0066-2015	馆藏文物预防性保护方案编写规范	国家文物局	2016-01-01
WW/T 0067-2015	馆藏文物保存环境控制 甲醛吸附材料	国家文物局	2016-01-01
WW/T 0068-2015	馆藏文物保存环境控制 调湿材料	国家文物局	2016-01-01
GB/T 33289-2016	馆藏砖石文物保护修复记录规范	国家质量监督检验检疫总局、国家标准化管理委员会	2017-07-01
WW/T 0073-2017	清代官式建筑修缮材料 琉璃瓦	国家文物局	2017-12-01
WW/T 0074-2017	室外铁质文物缓蚀工艺规范	国家文物局	2017-12-01
WW/T 0077-2017	馆藏文物包装材料 无酸纸质材料	国家文物局	2017-12-01
WW/T 0079-2017	古代壁画可溶盐测定 离子色谱法	国家文物局	2017-12-01
WW/T 0082-2017	古建筑壁画数字化测绘技术规程	国家文物局	2017-12-01
WW/T 0083-2017	文物保护单位游客承载量评估规范	国家文物局	2017-12-01
GB/T 36110-2018	文物展柜密封性能及检测	国家质量监督检验检疫总局、国家标准化管理委员会	2018-10-01

续表

标准编号	标准名称	发布部门	实施日期
GB/T 36111-2018	文物展柜基本技术要求及检测	国家质量监督检验检疫总局、国家标准化管理委员会	2018-10-01
GB/T 36747-2018	干燥环境土遗址保护加固设计规范	国家质量监督检验检疫总局、国家标准化管理委员会	2019-04-01
WW/T 0086-2018	出土竹木漆器类文物含水率测定 失重法	国家文物局	2019-06-01
WW/T 0087-2018	馆藏丝织品老化程度测定 傅里叶变换红外光谱分析法	国家文物局	2019-06-01

第十章　藏品管理数字化、信息化和标准化

　　藏品管理数字化、信息化和标准化，是藏品管理现代化的实现过程、具体表现和前提基础。而藏品管理的现代化是时代的需要，更是博物馆自身发展的需要，是每一个博物馆努力奋斗的目标。从字面上讲，作为后缀，所谓的"化"，指的是某种事物在一定条件下转变为某种性质或状态。"数字化"的实质，就是将传统的纸质文档内容转变为数字文档的过程。"信息化"则指的是"信息和数字化"，其实质是指普遍利用信息技术开展业务的工作状态。"标准化"则是指对博物馆运行活动范围内的重复性事物和概念，规定统一的技术标准，以获得博物馆的最佳运行秩序和社会效益。标准化是实现数字化和信息化的前提条件和基础保障。

第一节　藏品管理数字化

　　电子计算机等现代化信息工具的普及和应用，不仅能加快信息处理速度，而且可以减免大量重复性的人力和物力消耗，无疑为博物馆提高藏品管理工作质量和效率，乃至突破全馆业务工作效率的瓶颈创造了条件。藏品管理人员在很大程度上是运用藏品信息来开展藏品管理工作的，而藏品信息又恰恰是可以数字化的。藏品的数字化是博物馆数字化的核心。为此，本节[1]主要介绍藏品管理数字化的内涵、原理及意义[2]，藏品数字化管理的工作内容和工作步骤[3]以及藏品信息管理系统的主要功能[4]。

---

[1]　"藏品管理数字化"一节，主要选编自陈红京著：《博物馆藏品数字化管理十讲》，上海交通大学出版社，2019年10月版；《博物馆学概论》编写组，陈红京主编：《博物馆学概论》（"马工程"重点教材），高等教育出版社，2019年1月版。

[2]　选编自陈红京著：《博物馆藏品数字化管理十讲》第一讲，上海交通大学出版社，2019年10月版。

[3]　选编自陈红京著：《博物馆藏品数字化管理十讲》第二讲，上海交通大学出版社，2019年10月版。

[4]　选编自《博物馆学概论》编写组，陈红京主编：《博物馆学概论》（"马工程"重点教材）第四章第六节，高等教育出版社，2019年1月版。

一、藏品数字化管理的内涵、原理和意义

博物馆藏品的数字化管理属于新生事物,首先要搞清楚它究竟是什么,有何结构特点以及有何价值意义等基本问题。

(一)藏品数字化管理的概念

博物馆对藏品实施数字化管理,就是利用计算机多媒体、数据库、数据压缩等技术手段,将实物藏品信息由传统模拟信息记录介质的纸质表单等形式转化为电子数据库记录形式,使保管员可以借助高效快捷的机读管理系统开展登记编目、出入库管理、排架清点、查询服务、统计核对、打印表单等一系列业务工作,从而大幅度提高藏品管理工作质量和效率的工作方式或状态。简而言之,就是利用现代信息科技手段高效低耗地开展藏品管理业务的工作方式。

计算机科技与博物馆业务最初的结合点就在于藏品管理,是从提升博物馆内部管理效率的角度入手的。早在20世纪60年代,美国有的博物馆就开始尝试利用计算机处理藏品资料。到20世纪70年代初,联合国教科文组织出版的《博物馆》杂志曾开辟了"博物馆与电脑"专辑,掀起了对该命题的初步讨论。1972年在英国剑桥大学的塞奇威克博物馆进行的试验表明,使用计算机为馆藏编目,平均每件藏品要花费65.5英镑,尽管代价如此高昂,但专家们仍然坚信这是值得的。

在我国,上海博物馆于1984年率先开展计算机编目的探索,到1985年就有七家博物馆开展了这类工作。主管全国博物馆事业的国家文物局曾多次召开有关会议,及时引导和扶持这一新技术动向。国家文化部于1986年颁布的《博物馆藏品管理办法》提出:"为加强博物馆的现代化建设,各地博物馆可以根据本馆经济及人才条件,逐步使用电子计算机管理藏品。"1995年计算机软件的视窗操作系统问世,有力推动计算机应用的普及化,并刺激计算机产业神速发展,软硬件和网络环境迅速改善,设备性价比快速提升,发展到信息化时代的今天,藏品管理数字化在中国博物馆界已经成为比较普遍的现象。

(二)数字化管理的原理

博物馆传统的藏品管理工作对象,可分为实物藏品和相关信息两个部分。数字化管理并不能取代对实物藏品的管理操作,恰如计算机不能帮助保管员实施搬运和排架操作。"数字化"的直接对象仅仅是藏品管理中的"相关信息"部分,但却抓住了藏

品保管工作问题的关键,因而能间接地对实物藏品管理的整体工作方式和质量产生积极影响。

所谓"藏品信息",是指每一件藏品自身所具有的或后人所赋予的一些特征和属性,大致可以分为具体形象的形态信息、抽象的知识信息,以及工作性记录。其中形态信息往往是非言语性的,知识信息以及工作性记录则是言语性的。博物馆工作者之所以要收藏某些实物,不是为了物理或生理意义上的应用,而是因为这些实物身上凝聚着有助于人们认识世界的信息,是作为信息载体来加以收藏的,而信息又恰恰是可以进行载体转换的。以往是用照相、绘图、摄像、录音等方法,将实物藏品的形态信息转化为照片、图纸、胶片或音像磁带等载体材料;用书面文字描述或口语录音等方法,将实物藏品所含抽象的知识信息以及工作性记录转化为书面文献或录音磁带等载体材料。以便单独保存藏品所含的信息,也用来进行藏品管理和范围有限的信息分享。

而今运用数字化技术,把原先用纸张或图片等形式存储的信息,转换为用电磁介质按"0"和"1"组成的二进制数字编码的方法加以储存和处理的信息。从而能够用计算机可读数据的形式来表示藏品信息,用磁性或光学信息存储介质作为载体,借助计算机等信息处理设备进行数字化藏品信息的生产和使用。这就使得保管工作对象从传统的实物藏品与书面信息的双轨制,转变为加入了电子信息的三轨制。结果是其中的账簿和编目卡等书面信息材料逐渐转变为单纯的信息安全备份功能,而原有绝大部分检索查阅功能被更加快捷高效的电子数据库信息系统所取代。

博物馆属于一种比较典型的信息机构,自然会受到信息工具现代化的影响,藏品信息管理方式的改变不仅能提高保管部门的工作效率和质量,也为其他业务部门乃至整个机构的高效运行奠定了基础。

(三)藏品数字化管理的意义

与传统的手工管理方式相比,数字化管理的积极意义主要体现在减轻劳动强度、节省工作时间和提高藏品安全系数等方面,这是提高藏品管理水平的重要举措。

1. 减轻劳动强度

如今办公自动化已经十分普及,用电脑书写不仅速度快、便于无痕修改,而且屏幕显示或打印输出的字体规范、清晰易读,更有扫描仪和语音等快速输入的高效手段可用,同等篇幅书写的劳动强度要比手工抄写小得多,所需时间也少得多,这是人们在办公自动化过程中早已普遍体验到的事实。保管单据作业也不例外,如今在很多实现了数字化管理的博物馆藏品保管部门,除了制度要求手写的总登记账簿以外,其他多种保管单据的生成作业都已实现自动化。另外,保管工作所用多种表单的栏目内容存在局部重复性，同一件藏品的记录内容也有被多次反复写入同一种表单的可能，以往保管员只能根据不同单据或不同批次的需要抄写，无法避免其中的重复劳动。而今藏品信息内容一经数字化则成为可反复调用输出的数据库资源，从而能在很大程度上减去书写劳动的重复性，可谓"一劳永逸"。藏品数字化管理实践表明，如今生成各种统计报表和单据作业的劳动强度已降到了微乎其微的地步，从而使保管员得以从繁重的抄写劳动中解脱出来，快速生成统计报表也能为管理决策提供及时而精准的信息支持。

2. 节省工作时间

保管员在工作中经常需要查询藏品信息记录。以往传统的工作方式是采用账簿、卡片或档案册等书面材料形式记录藏品信息的，这些材料虽然用卡片抽屉或文件柜等设备收纳排放有序，但其本质是线性排列的，并且需要专门的存放空间，保管员翻阅、查找时的工作强度较大但效率并不高（往往难免站立式和盲目遍历式地翻阅查找），花在检索查找上的时间甚至会超过阅读利用时间。而数字化的信息查询方式不需要保管员改变工作地点和姿势，并可利用直观多样的检索方式快速调取所需的藏品信息记录，数字化检索可以是非线性的和跳跃式的，对目标藏品特征记忆的要求也较宽松，甚至可以智能化地实施模糊检索，从而大大缩短了检索查找目标藏品信息的时间。另外，以往在日常工作中，馆内其他部门业务人员或馆外专业人员经常需要藏品保管员提供检索帮助，因为手工检索原本只是保管员自用的工具，具有浓厚的中介用户属性，藏品分类和检索方式都比较个性化，往往使得初次使用的外部人员感到陌生和不便。而在数字化管理状态下，由于数据库检索方法简单易学，具有鲜明的最终用户属性，使得外部人员完全能够自助检索，无须保管员陪同提供帮助，从而能节省保管员对外服务的工作时间，同时也意味着突破了馆藏信息利用的瓶颈。检索查询效率的提高无疑为保管工作节省了更多时间，也全面提高了藏品信息利用率。

3. 提高藏品安全系数

尽量降低暴露和触碰实物藏品的频率是提高藏品安全系数的重要方式之一。博物馆藏品的数字化管理，至少在两方面有助于达到这一目标：一方面是由于藏品的数字化影像远比传统纸质照片的清晰度高，细节放大的屏幕显示效果甚至能超过肉眼观察的水平，再加上数字化检索调取图片的方便快捷，因而使得部分依靠提取实物观察的工作被检索和观看数字化影像所取代。换言之，虽然博物馆业务人员都在围绕藏品开展工作，但并不需要时刻面对着实物藏品才能工作，实际上在更多场合仅凭藏品信息就能开展工作。数字化图像信息因具有高保真性和可分享性而直接满足了很大一部分业务工作的需求，这自然会大幅度降低实物藏品的移动、暴露和触碰频率，实现无损化应用。另一方面是在库房排架管理操作中，可以采用射频识别等传感技术，即保管员使用带有芯片读写器的移动终端设备,在一定距离之外通过电波与贴敷电子标签的目标藏品对话,就可以辨认藏品的确切身份或库位信息,也可统计藏品的精确数量等,从而在排架库操作中实现"非接触式管理藏品"的状态,做到无损化管理。这种"使物品开口说话"的物联网技术应用也是以藏品信息数字化为前提的,是数字化技术在博物馆应用的延伸。

二、藏品管理数字化的具体内容和工作步骤

博物馆藏品的数字化管理是对传统藏品管理工作方式的改造和提升,因采用现代化的信息工具而形成并产生了一整套全新的工作内容和工作步骤。了解和掌握其内容和步骤,不仅是博物馆工作者的实际需要,也是当代博物馆学研究急需加以重视的内容。

(一)数字化工作环境建设

博物馆藏品的数字化管理,是建立在对现代信息科技引进与应用基础上的。这项工作的起点,就是根据藏品管理工作的实际需要,通过购置或开发一系列硬件和软件搭建所需的工作环境,按工作流程大致可分为采集加工系统、储存系统、输出系统以及网络系统等四个主要领域。

1. 藏品信息采集系统

采集加工系统所针对的就是所谓的"数字化"步骤,指的是利用计算机多媒体、数据库等技术手段,将馆藏实物的形态信息和传统介质的文献信息等,转化为数字化、电子化的磁(光)盘数据或网络信息。藏品信息的采集对象大体可分为两类:一类是言语性的文字或语音信息,另一类是非言语性的形态信息。

其中言语性信息的数字化采集主要通过个人计算机、写字板和扫描仪等可以处理文字的设备进行,语音信息则采用录音笔等设备进行采集。这类硬件设备均已普及,所需应用软件也大都随机赠送而无须自行开发。

形态信息的数字化采集则主要通过数字式的照相机、扫描仪、摄像机、录音机等设备进行,采集之后还要运用计算机和相关软件进行处理加工,这类软硬件设备需要一定的资金投入,应事先根据实际需求做好规划。选购软硬件设备的决策原则,除了追求较高的性价比以外,还应该遵循相关的行业规范要求,也要根据本馆工作人员的技术能力水平在先进性和成熟性之间寻找最佳结合点。

藏品信息的数字化采集结果应做到信息数据的有序存储,以便于快捷高效地调取使用。藏品信息的采集加工流程和数据排列次序都具有一定的特殊性,由此产生了根

据博物馆藏品管理工作特点专门开发信息管理系统应用软件的需要。自20世纪80年代以来，我国许多博物馆陆续开发或购置了这类软件，无不含有采集功能模块，有的还特意开发了快速登录或自动校对功能，目的在于加快数据库建设进程，使系统尽早发挥效益。其中文物类博物馆还普遍根据国家文物局颁布的《博物馆藏品信息指标体系规范（试行）》设置数据库指标体系，从而做到了数据库的规范化和同构化，为今后实现馆际之间的数据交换和信息共享奠定了基础。

2. 藏品信息存储系统

博物馆藏品数字化信息的存储方式大体分为磁性介质的计算机内硬盘、移动硬盘和光学存储介质的刻录光盘三类。这三类存储系统各有不同的职能，通常把机内硬盘作为在线应用数据的存储方式，移动硬盘多用于工作性的临时备份，光盘则主要用于沉淀性的大容量数据异地和异质性保存。其中光学存储介质的光盘是人工化学合成物，对比传统的纸张，既可以降低对竹木等自然资源的损耗，也可减轻对环境的污染，且有逐渐廉价化的发展趋势。但光盘的寿命只有15~20年，不像纸张那样能够保存上千年。另外，数据存储和读取的格式也存在过时老化的可能性。所以，博物馆藏品数字化信息的长期保存工作需要建立一整套相应的备份管理制度。随着云存储技术的进步和存储成本价格不断降低，今后博物馆用户可以考虑购买相关服务。

3. 藏品信息输出系统

输出意味着应用。博物馆藏品数字化信息的输出方式，主要包括连接计算机的显示器、投影仪、音响设备、打印机等外围设备。其中的显示器、投影机和音响设备用于藏品文本信息和音视频信息的输出，打印设备则用于生成各种书面文献和照片材料的打印件。这些连接计算机主机的设备体积较大，通常放置在保管员的办公桌上不便移动，另有移动智能终端（手持式微型计算机）可用于保管员在排架库内的移动工作。

4. 网络系统

博物馆内部网络系统的功能主要在于藏品信息数据库的多用户共享。在一些规模较大、人员较多的博物馆藏品保管部门，需要通过有线或无线网络将多名保管员甚至全馆业务人员所用的计算机终端与服务器连接起来，采用客户服务器模式不仅能减轻众多用户终端计算机硬盘存储负担，便于馆藏信息数据库的集中维护和及时更新，还能共享打印机和扫描仪等常用外围设备，甚至能有助于多名保管员或众多业务部门员工之间开展必要的分工与协作，起到整合、凝聚集体力量的作用。此外，用户终端的网络化还服务于工作人员上网学习或搜集业务材料等其他多种用途。

数字化工作环境搭建固然需要一定的资金投入，但根据保管员数量和藏品数量规模大小会有很大差异。我国中小型博物馆数量占了总数的九成以上，这样的博物馆保管部门要想开展数字化的藏品管理,其所需的软件和硬件设备投入并不比普通的办公自动化高多少,甚至个人家用水平的数字化设备就能满足需要,在过去曾令人头痛的资金问题如今已经基本解决。因此,数字化环境建设关键还是思维模式和工作理念的改变问题。

(二)藏品信息的数字化采集加工

藏品信息的数字化采集加工,是实现数字化管理方式的基础和前提。藏品信息的数字化采集加工意味着信息载体转换,指的是利用计算机、数码照相机、扫描仪等数字化工具,把藏品形态信息及传统的藏品账簿、编目卡片或档案册等纸质载体信息转换为电子数据,也称为藏品信息数据库建设。常见的电子数据形式包括文本文件、静态图像文件、图形文件,以及视频、音频、动画等流媒体文件。通常采用打字、语音输入或扫描方式将文字信息转化为数据库指标项(字段)记录,用数字摄影摄像等方式将形态信息转化为静态或流媒体数字影像文件,用数字录音设备将语音或音响信息转化为数字音频文件,用数字绘图手段将图纸信息转化为数字图形文件,用三维建模和Flash软件制作动画文件。博物馆就是通过这些丰富的多媒体采集加工手段将藏品信息数字化的,最终通过一套管理系统应用软件将这些数据文件有序存储和安全备份。在数据库建设过程中不仅需要购置多种相关的硬件设备和处理软件,还需要花费大量的工作时间和人工劳动。但这些耗费是值得的,因为经采集加工获得的数字化藏品信息成果具有沉淀性和可分享性,今后它将长久地、反复地、无损耗地、不知疲倦地服务于本馆业务工作,甚至通过数字博物馆等形式更广泛地服务于全社会。

(三)数字化信息的日常应用

数字化成果应用是数字化建设的目的。整天与藏品打交道的保管工作者既是数字化建设工程的主要承担人,也是建设成果的最大享用者。藏品保管员通常在以下几个方面利用数字化藏品信息:

(1)利用数字化藏品信息管理系统,可以轻松快捷地生成各种工作单据和账簿卡片,以开展各项藏品流通和书面信息管理工作。

(2)利用数字化藏品信息管理系统,可以迅速而精确地进行各类数据统计,为馆内多项业务决策提供统计数据参考。

(3)利用基于射频识别或红外线等传感技术的移动智能终端,可以在排架库内进行非接触式的藏品识别、核对等管理操作,以减轻记忆负担,提高劳动效率和藏品安全系数。

(4)利用数字化藏品信息管理系统,应对其他部门业务人员乃至馆外专业人员的查询需求，可以节省保管员应对外部信息服务的工作时间，同时也支持了其他部门的业务工作。

（5）利用数字化信息开展业务学习和藏品研究，可以不断提高保管员自身的专业素质和业务水平。

已有的实践表明，数字化信息的日常应用能大幅度提高保管工作效率和藏品安全系数，使保管员得以从繁重的手工抄写劳动方式中解脱出来，将更多的时间用于业务学习和研究思考，实现自我提高与完善。

（四）数据库的运行维护与后续更新

数据库建设工作并非一劳永逸，在进入数字化管理状态后，需要长期不间断地对数据库进行维护和更新。

运行维护主要是技术性工作，包括防病毒处理、软件更新以及安全备份等，目的在于保障软硬件系统运行顺畅、安全、并紧跟信息科技的进步与发展。

关于防病毒处理，这已经成为计算机用户的常识，不必多说。

关于软件更新，是指当前所用的文件格式对应的播放软件有可能被信息科技进步所淘汰，需要资源方及时更新软件，以保障用户总能顺利使用数字藏品信息资源。

关于安全备份，是说网络世界存在着病毒和恶意攻击因素，一旦某些数据被破坏或丢失，就会导致整个系统不能运行，甚至意味着大量数据库建设劳动付诸东流。因此，对已有数据的安全备份就成为一项十分严肃的工作，也是藏品信息管理系统必备的功能之一。

后续更新是指藏品信息内容将随着实物藏品数量增加或藏品研究的深入而不断增多，需要陆续将这些信息内容补充进数据库，目的在于及时提供最完善和最权威的馆藏信息，从而高质量地服务于馆内各项业务。可以说，数据库的维护和更新是一项有始无终而又不可忽视的工作。

在藏品信息管理系统中，通常都会设有系统数据维护功能模块，这是对现有数据库记录进行局部修改的功能。由于博物馆的藏品实体本身存在多种变化的可能性，因而藏品的部分信息记录内容也会随之改变，例如每次提取或退还藏品都需要对其原因和场所等信息进行追加记录，出现事故或注销藏品也要进行专门记录。有时即便藏品实体本身没有变化也会产生修改信息记录的需求，例如随着藏品研究的深化需要对原有的描述用语、观点、结论等进行修改或增补，发现数据库记录错误需要及时纠正，新生的多媒体材料需要与文本数据库进行链接，等等。只有通过及时地更新维护，才能保证藏品信息数据库不断丰富，具有权威性和精准性。

三、藏品信息管理系统的主要功能

博物馆藏品的数字化管理，需要运用一整套计算机硬件和软件。其中基于计算机数据库技术的馆藏信息管理系统软件尤为重要，是决定数字化管理水平高低的关键，其功能设计必须反映博物馆的业务特点。虽然数字化管理已在越来越多的文博机构成为现实，但自行研发馆藏信息管理系统应用软件的博物馆并不多，绝大多数博物馆还是在使用别人开发的现成软件产品。所以，从用户角度探讨管理系统软件的功能设置，应该成为博物馆学所关注的一个话题。从已有的实践经验来看，以下几个决定软件品质的功能模块不应被忽略。

（一）藏品信息登录

藏品信息登录也称为藏品信息采集或藏品数据库建设。这是将藏品的文本信息数字化，并连同其他各种多媒体信息文件有序存储起来的功能，是实施数字化管理的基础和前提。目前常见的藏品信息文件形式包括两类：一类是由书面语信息构成的文本数据库，另一类是包括音频、视频、图像、图形、动画等各种格式的多媒体信息文件。在藏品信息登录功能中，通常要依据一定的信息指标体系建立数据库填写页面，让用户能够通过计算机键盘等输入设备，将藏品文本信息转变为数据库指标项记录的内容，同时将相关多媒体信息的文件与该记录建立链接并指定存储位置，以构成完整的、可供管理和查询之用的藏品信息数据库资源。

藏品信息登录模块下的具体功能设计，必须反映博物馆保管业务的实际需求特点。例如，登录信息是一项指定到人、文责自负的严肃工作，因而登录功能模块必须设置使用权限，以确保数据库免遭他人任意非法修改；保管工作实行"账物分开"的原则，因而登录模块也应随之为总账登记和具体编目分设不同的填写界面，具体编目人员不可越权修改总账登记内容；有些博物馆的藏品量较大，应该设置快速登录乃至自动校对等功能，以提高工作效率，缩短数据库建设周期，尽快使数据发挥作用；通常多媒体信息文件体量较大，应该以数据库外挂的方式指定存放位置，以免影响文本数据库运行速度；藏品的多媒体信息文件数量较多，应该合理设置赋予文件名的规则和方法，以提高文件命名精确度并降低操作劳动消耗；由于藏品信息的部分指标内容具有保密性要求，应该设置相应的使用权限，以免泄密。

(二) 系统数据维护

这是对现有数据库记录进行局部修改的功能。系统数据维护模块下的具体功能设计，首先要便于单件藏品信息的修改，这意味着需要借助查准率较高的检索方式，以迅速到达目标记录修改工作界面。此外还要便于批量藏品信息的修改，以提高较大规模维护工作的效率。更需要为保管单据作业专门设置一些特殊而又常用的功能，如办理提用手续、办理注销手续、办理事故登记，等等。需要注意的是，系统数据维护也属于可以写入数据的内部功能，必须做好使用权限设置，以免数据库被外界非法篡改。

(三) 信息检索查询

数字化的馆藏信息检索查询，是指将馆藏信息按一定的方式组织和储存起来，并能根据用户的需要取出所需特定信息的整个过程。检索的前提在于对资料进行索引，传统纸质编目卡片需要提取藏品名称、质地、年代、作者、主题词等作为索引。而在数字化管理状态下，计算机可以对全文进行索引，即文中每一个词都能成为检索点。常见的藏品信息数字化检索方式分为两大类：一类是基于分类的目录浏览，也叫受控语言检索，属于规范化的人工语言，包括分类语言和主题语言；另一类是利用关键字词的搜索引擎，也叫自然语言检索，本质上是一种未经规范化处理、不受控制的语言检索。

以文物藏品为例，由于在登录信息过程中所遵循的部分指标项采用了分类叙词表或下拉菜单的形式，因而产生了目录浏览的方式，无须通过键盘输入字词，用户可以根据自己的需要点击目录，深入下一层子目录，从而找到自己需要的信息。这种方式便于查找某一类的信息集合，但是精确定位的能力不强。以文物类藏品信息指标内容为例，至少可以形成以下八种目录浏览检索方式：①藏品类别检索；②笼统年代检索；③笼统质地检索；④笼统用途检索；⑤文物级别检索；⑥来源检索；⑦族属检索；⑧国别检索。

利用关键字词的搜索引擎，是目前人们最为常用的一种检索方式。用户只需要提交自己的需求，搜索引擎就能返回相应结果。这些结果按照和检索提问的相关性进行排序，具有很强的精确定位能力。同样以文物类藏品信息指标内容为例，至少可以形成以下八种自然语言检索方式：①名称检索；②精确年代检索；③具体质地检索；④具体用途检索；⑤具体来源检索；⑥相关人物检索；⑦相关地名检索；⑧作者检索。

实践表明，上述多种检索途径可共同构成一个网状的、符合布尔检索要求的文物检索体系，使用户能够轻松自如地从海量的藏品信息数据库中快速查找到目标记录。

与传统手工检索方式相比，不仅大大降低了检索工作的时间和体力消耗，而且明显提高了检索的查准率和查全率，显示出数字化管理方式的无穷魅力。

（四）统计报表输出

数据运算本是计算机的长处，统计报表输出更是藏品信息管理系统所应提供的重要服务内容，管理工作者常会想到从中获取有意义的统计数据，为博物馆的各项决策提供相关依据。以文物类藏品信息管理系统为例，凡是采用了分类叙词表或下拉菜单形式的指标项记录均可自动形成有用的统计报表内容。所谓输出，主要是指统计数据表的屏幕显示，当然也包括纸质报表打印。其中常用的数据统计功能主要包含以下几类服务内容：①"目前库藏品总量"统计；②"各类别藏品数量"统计；③"各质地藏品数量"统计；④"各用途藏品数量"统计；⑤"各级别藏品数量"统计；⑥"各民族藏品数量"统计；⑦"各国别藏品数量"统计；⑧"各来源藏品数量"统计。

此外还有另外一些涉及详细内容的、提供内部管理人员使用的统计功能，至少有七大类，每个大类之下还包含若干子类，具体内容如下：①类别统计。包括藏品基本部类统计；标本类别统计；模型类别统计；复制品类别统计；化石类别统计；题跋类别统计；印鉴类别统计。②本体信息。包括年代类型统计；地域类型统计；人文类型统计；质地构成统计；石质类别统计；物态类别统计；完残程度统计；性别统计；发育阶段统计。③计件数量。包括实际数量统计；传统数量统计；附件数量统计；附属物数量统计。④造型工艺。包括陶瓷造型统计；陶瓷工艺统计；成型工艺统计；风格流派统计；绘画技法统计；装饰生成工艺统计；装饰形式类别统计；装饰题材类别统计；装饰组合方式统计；文字生成工艺统计；文字种类统计；字体种类统计；颜色类别统计；光泽类别统计；字迹颜色统计。⑤管理信息。包括来源方式统计；年度申请搜集经费统计；年度实际搜集经费统计；年度新增藏品量统计；标本藏品级别统计；模式类别统计；当前处所统计；保护优先等级统计；保护技术类别统计。⑥使用信息。包括提取藏品量统计；退还藏品量统计；藏品事故统计；年度转让收入统计；注销藏品量统计。⑦媒体资料。包括图片类型统计；文档类型统计；声像资料类别统计。

已有的实践表明，通过藏品信息管理系统可以迅速而轻松地获得数十项统计信息服务，真正做到心中有数、如数家珍，随时对管理工作决策提供强有力的支持。

（五）单据打印输出

业务人员在利用藏品信息管理系统过程中，经常需要将某些馆藏信息打印到纸面上来。尤其内部管理工作，在以往长期的手工抄写时代就形成了一整套书面材料格式,如今采用数字化管理方式可以大幅度提高工作效率,减轻劳动强度。以文物类藏品为例,数字化管理系统最常用的文件打印输出功能至少有以下几种:

(1)打印藏品编目卡。藏品编目卡是博物馆长期用于内部管理和专业查询的重要手段之一,承担着藏品基本信息记录载体的角色。虽然数字化时代的纸质编目卡片逐渐失去查询检索工具的作用,但其纸质档案的角色仍旧存在。

(2)打印出入库(提取退还)凭证单。保管员在准备将要提取出库的藏品单据记录时,或陈列工作者在准备展品清单时,或研究人员、修复人员等在准备藏品提用清单时,即可利用该功能进行打印操作。由于文物库房的藏品出入库行为意味着使用完毕后还要退还归库,所以提取出库凭证同时具有退还归库凭证的功能。

(3)打印入库凭证单。当一件或一批藏品新入库后,馆方应制作《入库凭证》,一式两份,分别交保管部负责人和库房保管员各自保存,该凭证具有法律依据。保管员在准备提供入库凭证单据时,可先将新入库藏品的信息输入管理系统,然后即可利用该功能进行打印操作。

(4)打印注销凭证单。当一件或一批藏品被注销时,在对需要注销的藏品记录逐一进行数据库回注之后,馆方应制作《注销凭证》,一式三份,分别交上级主管部门、保管部负责人和库房保管员各自保存。

(5)打印总登记账单。在国有博物馆,属于国家科学文化财产账性质的藏品总登记账,应该备份提交给上级主管部门备案。由于总登记账内容会随着藏品新增或注销而处于不断变化之中,所以往往需要按年度向主管单位报送总登记账的纸质副本。另外,藏品总登记账的打印件也可用作辅助性的检索查询工具。

(6)打印事故登记表。当藏品因发生事故而受到损失时,在对相关藏品记录逐一进行数据库回注之后,馆方应制作《事故登记表》,一式三份,分别交上级主管部门、保管部负责人和库房保管员各自保存。

(7)打印装裱修复单。当一件或一批藏品因修复、装裱或复制完成后退还库房时,在对相关藏品记录逐一进行数据库回注之后,馆方应制作《修复装裱复制报表》,一式三份,分别交修复装裱复制工程承担人、保管部负责人和库房保管员各自保存。

(8)打印藏品档案册。当保管员准备为某件藏品制作档案册时,即可利用该功能进行打印操作,按国家文物局统一制定的藏品档案册格式打印输出。

上述打印功能,使博物馆藏品管理人员最常遇到的单据作业和档案填写实现自动化。

(六)数据安全备份

众所周知,网络世界存在着病毒或恶意攻击因素,一旦某些数据被破坏和丢失,则会导致整个系统不能运行,甚至意味着大量数据库建设劳动付诸东流。因此,对已有数据(主要指随着时间推移而不断变化着的文本数据库和多媒体数据库)的安全备份就成为一项十分严肃的工作,也是馆藏信息管理系统必备的功能之一。

这项工作又分为人工备份和自动备份两种方式,它们各有长短之处。所谓人工备份方式,是要通过人工操作计算机打开数据库文件所在盘,把数据库文件直接单独复制粘贴到其他计算机的硬盘上或刻录成光盘,从而形成数据库的"异地备份"或"异质备份"。所谓自动备份方式,是要通过计算机程序设计为管理系统专门设置按时自动备份功能,不管系统数据库是否变化,系统都将按照规定的间隔时间(如每月或每周或每天)自动将数据库文件强制性地复制到指定的硬盘上,从而形成数据库的"异地备份"。一旦在线的系统数据库遭到破坏,即可用备份数据库恢复系统运行,从而提高安全系数。人工备份的优点在于安全可靠,缺点在于不够及时,也缺乏强制性;自动备份则与其相反,优点在于备份及时,包含应有的强制性,缺点在于设计复杂并且含有不可靠因素。博物馆应按需选用或交替使用备份方式,确保万无一失。

总之,博物馆在本质上可以被看作是一种较典型的信息管理与服务机构,其中处在基础层面的藏品管理工作成为影响整个机构业务运行效率的关键。已有的实践表明,数字化和网络科技确实为藏品管理工作增效减耗提供了契机,当代博物馆工作者应该抓住这个机遇,努力实现藏品管理的数字化,以全面提高博物馆的管理和服务水平。

第二节 藏品管理信息化

当今社会已步入信息化时代,信息技术突飞猛进,互联网成为我们工作和生活的有机组成部分,全球信息化已经从一场技术革命,引发为一场产业革命,进而对政治、经济、科技、文化、教育、军事以及社会生活产生巨大而深远的影响。信息化是当今世界发展的大趋势,是推动经济社会变革的重要力量。在这样一种大趋势面前,文物博物馆及其藏品管理的信息化也是概莫能外、势在必行。随着国家信息化建设的步伐,经过几十年的发展建设,文物博物馆信息化也取得了可喜的实践成效。

一、信息化建设概况

信息化是充分利用信息技术,开发利用信息资源,促进信息交流和知识共享,提高经济增长质量,推动经济社会发展转型的历史进程①。党中央、国务院一直高度重视信息化工作。1996年初,成立了国务院信息化工作领导小组,作为国务院负责全国信息化工作的议事协调机构,统一领导和组织协调全国的信息化建设工作。1997年2月,领导小组召开第二次全体会议,原则通过了《国家信息化"九五"规划和2010年远景目标》(纲要),标志着中国信息化建设的总体思路基本形成。20世纪90年代,相继启动了以金关、金卡和金税为代表的重大信息化应用工程("三金"工程);1997年,国务院在深圳召开了首届全国信息化工作会议,全面部署信息化工作,标志着中国的信息化建设进入新的发展阶段。首届全国信息化工作会议,对信息化和国家信息化进行了定义:"信息化是指培育、发展以智能化工具为代表的新的生产力并使之造福于社会的历史过程。国家信息化就是在国家统一规划和组织下,在农业、工业、科学技术、国防及社会生活各个方面应用现代信息技术,深入开发广泛利用信息资源,加速实现国家现代化进程。"国务院信息化工作领导小组提出了信息化的发展思路,包括实现信息化所要构筑和完善6个要素(开发利用信息资源,建设国家信息网络,推进信息技术应用,发展信息技术和产业,培育信息化人才,制定和完善信息化政策)的国家信息化体系、信息化建设的指导方针和原则、奋斗目标、主要任务等②。

党的十五届五中全会把信息化提到了国家战略的高度;党的十六大进一步作出了以信息化带动工业化、以工业化促进信息化、走新型工业化道路的战略部署;党的十六届五中全会再一次强调,推进国民经济和社会信息化,加快转变经济增长方式。"十五"期间,国家信息化领导小组对信息化发展重点进行了全面部署,作出了推行电子政务、振兴软件产业、加强信息安全保障、加强信息资源开发利用、加快发展电子商务等一系列重要决策。各地区各部门从实际出发,认真贯彻落实,不断开拓进取,我国信息化建设取得了可喜的进展。2006年中共中央办公厅、国务院办公厅印发《2006～2020年国家信息化发展战略》,明确提出:大力推进信息化,是覆盖我国现代化建设全局的战略举措,是贯彻落实科学发展观、全面建设小康社会、构建社会主义和谐社会和建设创新型国家的迫切需要和必然选择。在全社会已进入到"互联网+"创新的高峰时期,2015年,国务院印发《国务院关于印发促进大数据发展行动纲要的通知》③,系统部署大数据发展工作。《纲要》指出:大数据是以容量大、类

---

① 中共中央办公厅、国务院办公厅关于印发《2006～2020年国家信息化发展战略》的通知2006—2020年国家信息化发展战略_2006年第18号国务院公报_中国政府网,网址:http://www.gov.cn/gongbao/content/2006/content_315999.htm。

② 吕新奎:《中国信息化的建设与发展——ICCII'98大会主题报告》,《通讯世界》1998年第5期。

③ 《国务院关于印发促进大数据发展行动纲要的通知》(国发〔2015〕50号),国务院,2015年8月31日。来自中华人民共和国中央人民政府官方网站,网址:http://www.gov.cn/zhengce/zhengceku/2015-09/05/content_10137.htm。

型多、存取速度快、应用价值高为主要特征的数据集合，正快速发展为对数量巨大、来源分散、格式多样的数据进行采集、存储和关联分析，从中发现新知识、创造新价值、提升新能力的新一代信息技术和服务业态。全球范围内，运用大数据推动经济发展、完善社会治理、提升政府服务和监管能力正成为趋势。大数据已成为国家基础性战略资源，正日益对全球生产、流通、分配、消费活动以及经济运行机制、社会生活方式和国家治理能力产生重要影响。坚持创新驱动发展，加快大数据部署，深化大数据应用，已成为稳增长、促改革、调结构、惠民生和推动政府治理能力现代化的内在需要和必然选择。《纲要》明确，推动大数据发展和应用，在未来5至10年打造精准治理、多方协作的社会治理新模式，建立运行平稳、安全高效的经济运行新机制，构建以人为本、惠及全民的民生服务新体系，开启大众创业、万众创新的创新驱动新格局，培育高端智能、新兴繁荣的产业发展新生态。《纲要》部署三方面主要任务。一要加快政府数据开放共享，推动资源整合，提升治理能力。二要推动产业创新发展，培育新兴业态，助力经济转型。三要强化安全保障，提高管理水平，促进健康发展。这是我国第一次把发展大数据上升为国家战略。《纲要》的发布，对推进落实"中国制造2025"和"互联网+"国家战略、促进大众创业、万众创新，推动经济和社会发展具有重要意义。2016年，国务院印发《"十三五"国家信息化规划》。《规划》提出了引领创新驱动、促进均衡协调、支撑绿色低碳、深化开放合作、推动共建共享、防范安全风险6个主攻方向；部署了构建现代信息技术和产业生态体系、建设泛在先进的信息基础设施体系、建立统一开放的大数据体系、构筑融合创新的信息经济体系、支持善治高效的国家治理体系构建、形成普惠便捷的信息惠民体系、打造网信军民深度融合发展体系、拓展网信企业全球化发展服务体系、完善网络空间治理体系、健全网络安全保障体系等10方面任务；确定了新一代信息网络技术超前部署、北斗系统建设应用、应用基础设施建设、数据资源共享开放、"互联网+政务服务"、美丽中国信息化、网络扶贫、新型智慧城市建设、网上丝绸之路建设、繁荣网络文化、在线教育普惠、健康中国信息服务等12项优先行动；提出了完善法律法规、创新制度机制、开拓投融资渠道、加大财税支持、着力队伍建设、优化基础环境等6个方面的政策措施。《规划》是"十三五"国家规划体系的重要组成部分，是指导"十三五"期间各地区、各部门信息化工作的行动指南[1]。2016年，中共中央办公厅、国务院办公厅印发《国家信息化发展战略纲要》[2]，要求将信息化贯穿我国现代化进程始终，加快释放信

---

[1] 《国务院关于印发"十三五"国家信息化规划的通知》（国发〔2016〕73号），国务院2016年12月27日发布，来自中国政府网_政府信息公开专栏，网址：http://www.gov.cn/zhengce/content/2016-12/27/content_5153411.htm。

[2] 中共中央办公厅、国务院办公厅印发《国家信息化发展战略纲要》，来自中国政府网，网址：http://www.gov.cn/xinwen/2016-07/27/content_5095297.htm。

息化发展的巨大潜能,以信息化驱动现代化,加快建设网络强国。《纲要》是规范和指导未来10年国家信息化发展的纲领性文件。

我国文物、博物馆界信息化工作起步于20世纪80年代。1983年,当时的文化部文物事业管理局组织召开了改革开放以来第一次全国博物馆工作座谈会,会上研究并提出未来博物馆需要电脑化,这是博物馆界第一次吹响信息化号角。1984年上海博物馆在全国博物馆领域率先设立了电脑室,开发研制"藏品管理检索系统"应用软件,并规划博物馆的电脑应用工作。同年9月,中国人民革命军事博物馆也开始了藏品电脑管理系统的研制。1985年4月,文化部文物事业管理局在上海召开了"全国博物馆电脑管理座谈会",代表们一致肯定了博物馆进行电脑化管理的重要性,并讨论了博物馆电脑化的规划问题[1]。标志着我国博物馆事业已经发展到研究运用现代化手段进行科学管理的新阶段。座谈会后,部分博物馆开始着手博物馆信息化开发工作。1988年6月,国家文物事业管理局在上海召开博物馆藏品电脑化管理现场会,进一步推动了博物馆的信息化进程[2]。20世纪90年代中期,我国电信领域实施了"三金"工程,使中国与世界几乎同步进入到了互联网时代。90年代后期,随着微型计算机及网络技术的突飞猛进,全国文博系统掀起了信息化建设的热潮。1997年南京博物院上了"Internet"(国际互联网),成为国内第一家网上博物馆。1998年8月,河南博物院网站第一次出现在互联网上。1998年12月国家文物局试验开通了"中国文物"网站[3],属于较早上网的中央国家机关之一,在全国文物系统属于最早自建网站的单位之一。1999年5月,国家文物局在河南博物院专门召开了博物馆文物信息标准化研讨会,博物馆信息化建设稳步推进。

伴随着时代的进步,科学技术与互联网技术的发展,信息技术越来越广泛地被应用到文物博物馆领域。进入21世纪之后,技术更迭加快,国家财政资金充足,信息技术更为广泛地在文博领域内得到应用。2000年7月16日,故宫博物院举办了"数字故宫"发布会,发布升级了多款数字产品,成为当时整个行业建立游客中心的样本。2001年7月16日,故宫博物院官方网站正式上线,时值新世纪的开端,故宫博物院网站揭幕及其他博物馆网站的建设,标志着我国博物馆事业开始步入信息化时代[4]。2001年,国家文物局成立了信息化领导小组,组建了中国文物信息咨询中心,负责全国文博单位的信息化工作;召开了第一次全国文物信息化工作会议。同年,国家文物

---

[1] 祝敬国:《博物馆电脑化管理座谈会在上海召开》,《博物馆通讯》1985年第4期,第35页。

[2] 祝敬国:《〈藏品编目图像管理系统〉技术鉴定暨现场交流会在上海召开》,《中国博物馆通讯》1988年第7期,第19页。

[3] 2001年正式开通国家文物局政府网站,域名为国家文物局,网址:http://www.ncha.gov.cn/。

[4] 来自故宫博物院官方网站,网址:https://www.dpm.org.cn/Home.html。

局发布了《全国文物、博物馆事业信息化建设"十五"规划》[①]，规划中提出"在加强文物、博物馆基础工作的同时，初步实现文物资源数字化、文物管理和信息传播网络化，扩大文博信息对外交流，力争使我国文博信息化工作达到先进水平"。这是从国家角度全面地推行文博信息化建设的举措。2001年，国家文物局启动了"文物调查及数据库管理系统建设"项目，以便于摸清家底。2006年经中央编办批准成立了国家文物局数据中心[②]。2006年，国家文物局发布的《全国文物、博物馆事业信息化建设"十一五"规划》[③]中提出"以文物信息资源建设为核心，以文物信息基础设施和公用信息服务平台建设为基础，充分利用现代信息技术，初步实现文物保护、抢救、利用和管理工作的信息化"的建设目标。在《全国文物、博物馆事业信息化建设"十二五"规划》[④]中，提出"加强现代信息技术特别是物联网技术在文物博物馆行业中的推广应用，提高文物博物馆领域信息化水平"进一步深化文物博物馆领域信息技术的应用。国家的重视，科技的进步，使得文博信息化工作在这段时间内得到了显著的发展。2016年年初，国家文物局启动了"国家文博大数据公共服务平台"；并在3月启动了"国家文物局十三五信息化建设规划编制项目"。在"互联网"上升为重要国家战略的背景下，2016年11月，国家文物局与国家发改委、科技部、工业和信息化部、财政部五部委共同启动了《"互联网+中华文明"三年行动计划》。《行动计划》指出，到2019年末，初步构建文物信息资源开放共享体系，基本形成授权经营、知识产权保护等规则规范；树立一批具有示范性、带动性和影响力的融合型文化产品和品牌；培养一批高素质人才，培育一批具有核心竞争力的文博单位和骨干企业；初步建立政府引导、社会参与、开放协作、创新活跃的业态环境，扩展文物资源的社会服务功能，为满足人民群众多层次、多形式、多样化的精神文化需求，促进文化繁荣和经济社会发展做出新的贡献[⑤]。

2017年，国家文物局印发《国家文物事业发展"十三五"规划》，明确提出"推进文物信息化建设"要求和目标：全面推进文物保护、利用、管理、研究信息化整合共享工作，建设国家文物大数据库，建成国家文物管理部门综合行政管理平台，完善文物部门政务公共服务系统，实现文物信息互联互通与数据库共享共建。同时提出了"智慧博物馆建设工程"建设规划：运用物联网、大数据、云计算、移动互联等现代

[①] 参见中国信息年鉴网，网址：http://www.cia.org.cn/information/sw_yh_20.htm。

[②] 引自单霁翔：《系统总结 大力推动 促进提高》，《中国文物报》2011年6月29日第3版。

[③] 引自：《文物博物馆信息化发展"十一五"规划》，《每周电脑报》2006年7月3日第17页。

[④] 参见白鹿智库网，网址：http://www.bailuzhiku.com/policy/detail/201106030333483260011763 64P.html。

[⑤] 国家文物局、国家发展和改革委员会、科学技术部、工业和信息化部、财政部：《关于印发〈"互联网+中华文明"三年行动计划〉》的通知，来自国家文物局官方网站，网址：http://www.ncha.gov.cn/art/2016/12/6/art_2318_23562.html。

信息技术，研发智慧博物馆技术支撑体系、知识组织和"五觉"虚拟体验技术，建设智慧博物馆云数据中心、公共服务支撑平台和业务管理支撑平台，形成智慧博物馆标准、安全和技术支撑体系。建设智慧故宫、智慧敦煌、智慧秦始皇陵博物院[①]。2019年7月，为落实习近平总书记关于进一步加强文物保护和建设网络强国的指示精神，国家文物局按照年度重点工作计划，委托中国文物信息咨询中心开展文物博物馆领域信息化现状调研。本次调研工作旨在全面了解文物博物馆行业信息化建设现状与需求，促进行业信息化管理。

二、藏品管理信息化

（一）藏品管理信息化的意义

1. 概念

信息是指通信系统传输和处理的对象，泛指消息和信号的具体内容和意义。通常须通过处理和分析来提取。在博物馆这个特定的领域内，信息一词是指博物馆藏品（人工制品和自然标本）所含有的信息和博物馆工作者及相关学科学者所掌握的信息[②]。藏品信息，顾名思义，是指藏品所蕴含的信息，是反映藏品存在状态和方式，以及藏品与外界联系的状态和方式的符号。从本体论角度看，藏品信息体现着藏品自身的固有属性；从认识论角度看，藏品信息作为概念可以成为人类思维活动的内容；从信息论角度看，藏品信息还是现实系统中传递和处理、识别和利用的对象[③]。信息化是指培育、发展以智能化工具为代表的新的生产力并使之造福于社会的历史过程。具体而言，信息化是充分利用信息技术，开发利用信息资源，促进信息交流和知识共享，提高经济增长质量，推动经济社会发展转型的历史进程。关于博物馆信息化的概念，很多专家学者进行过论述。王宏钧在谈到修订《中国博物馆学基础》的主要指导思想时认为，博物馆信息化，是指根据博物馆工作的各个部门和各项职能都能够利用电脑作为日常工具，并且构成一个以藏品信息数据库为核心的网络平台。博物馆信息化应该涵盖保管、研究、陈列、教育和行政管理等博物馆工作的各个方面。从信息技术角度看，至少包含信息管理、自动化系统和知识工程等三大门类。博物馆信息化是与博

---

① 《关于印发〈国家文物事业发展"十三五"规划〉的通知》（文物政发〔2017〕4号），国家文物局，2017年2月21日。来自国家文物局官方网站，网址：http://www.ncha.gov.cn/art/2017/2/27/art_2237_43663.html。

② 冯承柏：《"博物馆信息学"札记》，《中国博物馆》2001年第4期。

③ 王建平：《论博物馆藏品信息管理》，《中国博物馆》2001年第2期。

物馆现代化互为表里的渐进的乃至无限的进程①。这一观点后来被写进了修订后的《中国博物馆学基础》②。李文昌认为，博物馆信息化，就是博物馆数字化，即以数字形式对博物馆的收藏、展览、科研、宣传、管理等各方面的信息进行存储、处理，是综合利用计算机技术、通信技术、微电子技术等高新技术的信息管理系统。博物馆信息化的目的也就是要建立信息化博物馆，或称数字化博物馆。博物馆信息化是过程，数字化博物馆是结果，是博物馆信息化的结果③。杨俊艳认为，博物馆信息化，是指博物馆在收藏、研究、教育、管理活动中广泛应用信息设备和技术，有效地开放利用藏品信息资源，促进博物馆的科技进步来推动博物馆收藏模式、研究方法、宣教方式及管理理念的根本变革，推进博物馆的现代化，使博物馆走向信息时代的高标准、高效率、高效益④。孟中元认为，博物馆信息化是信息活动（信息产业、信息收集、信息传播、信息利用等）在博物馆领域不断增长的过程。博物馆信息化建设是一个有始无终的过程，随着博物馆在不同发展阶段所要解决的问题的不同，随着单位环境的变化，博物馆的信息化系统的应用也需要不断地深化和深入⑤。陈红京认为，所谓"博物馆信息化"，是指博物馆各职能部门员工普遍利用信息技术开展业务的工作状态，包括网站建设、藏品管理数字化、实体陈列大量运用数字多媒体技术、楼宇管理自动化、办公自动化、局域网络建设乃至数字博物馆建设等多种内容，其目标指向整个机构具有更高的运转效率，能够更好地发挥职能⑥。

也有学者从文物信息化、文物博物馆信息化、文物事业信息化建设、文物博物馆事业信息化建设等多种角度进行了论述。刘赦娜认为，文物信息化是指通过计算机信息技术将文物本体信息、文物影像资料等各种资源进行整合，建立文物信息数据库，结合多媒体、网络等数字化手段使文物展示、利用、保护、管理等专业工作逐步实现信息化，最大限度地为文物工作者和受众提供全面、高效、便捷的数字化服务⑦。郭

---

① 王宏钧：《展望21世纪博物馆与博物馆发展的趋向——修订〈中国博物馆学基础〉的主要指导思想》，北京博物馆学会：《北京博物馆学会第三届学术会议文集2000》，北京燕山出版社，2001年，第6—15页。

② 王宏钧主编：《中国博物馆学基础》（修订本），上海古籍出版社，2001年12月版，第10页。

③ 李文昌：《试论博物馆信息化》，北京博物馆学会：《北京博物馆学会第三届学术会议文集2000》，北京燕山出版社，2001年，第408—417页。

④ 杨俊艳：《关于博物馆信息化的认识与思考》，北京博物馆学会：《北京博物馆学会第三届学术会议文集（2000）》，北京燕山出版社，2001年，第418—426页。

⑤ 孟中元：《数字博物馆与博物馆的信息化建设》，陕西省博物馆学会、陕西省文物局：《博物馆理论与实践研讨会论文集2005》，三秦出版社，2007年10月版，第278—287页。

⑥ 陈红京著：《博物馆藏品数字化管理十讲》，上海交通大学出版社，2019年10月版，第3、4页。

⑦ 刘赦娜：《文物信息化过程中著作权有关问题初探》，《文物世界》2007年第5期。

健等人认为，文物博物馆信息化是以文物信息资源开放利用为核心，充分利用现代计算机技术和地理信息系统技术，全面实现文物保护、抢救、利用和管理工作信息化，满足文物保护使用发展的需要[①]。刘彦博认为，文物事业信息化建设是指充分利用现代信息技术（包括具备信息获取、信息传递、信息再生、信息利用功能的信息网络体系），深入开发、充分利用文物信息资源，全面提升文物保护、抢救、利用和管理工作水平，也即信息智能化技术在文物事业中的全面利用[②]。文物博物馆事业信息化建设的概念，则首次出现在国家文物局于2001年10月发布的《中国文物、博物馆事业信息化建设"十五"规划》[③]中，《规划》明确指出：进行文物、博物馆事业信息化建设，逐步实现文物资源数字化、行业管理网络化，利用互联网搜集和传播准确、权威和丰富的文化遗产信息，是增强文博事业综合实力，实施"十五"文博发展规划的重要保证，是文博事业未来发展的必由之路。朱明敏在总结了一些学者的相关论述后提出文物博物馆信息化建设（简称"文博事业信息化建设"）的概念：文博事业信息化建设是指将现代信息技术引入到文物、博物馆事业当中的一个过程，其宗旨在于跨越式提升文物保护、管理和利用工作水平。就其具体内容而言，又可分为三个层面：其一是针对文物资源本身的数据库建设；其二是立足文博行业内部的管理系统建设；其三是面向公众的文物信息展示与共享系统建设[④]。

藏品管理信息化，亦即藏品信息化管理。对此，李欣悦认为，藏品信息化，顾名思义，就是将博物馆的实物藏品通过计算机键盘录入以及扫描、照相、摄像等设备获取影像资料，将这些数字化资料进行存储，并且纳入一个管理系统中，供人检索和使用。广义上的藏品信息化，不仅包括藏品本身的信息化，还包括对于藏品的信息化管理[⑤]。姚一青认为，藏品信息是指已为人们所认知的藏品存在的状态和方式及藏品与外部联系的状态与方式，包括三个方面：藏品本体信息、藏品管理工作信息和著录及研究信息[⑥]。藏品管理信息化是不仅包括博物馆藏品数字信息的管理，更指称通过以藏品信息数字化为基础的特定管理系统[⑦]。藏品管理信息化包括三个方面内容：藏品信息的

---

① 郭健、阚映红、王卉、王进峰、邵士新：《文物管理信息系统中数据库的建立》，中国地理信息系统协会等：《中国地理信息系统协会第四次会员代表大会暨第十一届年会论文集》，2007年11月编印，第493页。

② 刘彦博：《陕西文物事业信息化建设之我见》，《文博》2010年第6期。

③ 引自中国信息年鉴网，网址：http://www.cia.org.cn/information/sw_yh_20.htm。

④ 朱明敏：《文物博物馆事业信息化建设现状及展望——以广州为例》，《中国港口》2016年增刊第1期。

⑤ 李欣悦：《博物馆藏品信息化的探索——以南京博物院为例》，南京师范大学硕士论文，2014年4月，第4页。

⑥ 姚一青：《藏品管理信息化研究》，复旦大学博士论文，2014年4月，第10、11页。

⑦ 姚一青：《藏品管理信息化研究》，复旦大学博士论文，2014年4月，第8页。

数字化采集为基础,藏品信息管理系统(CMS)为工具,实物藏品及其数字信息的即时一体化为目标的管理方式。藏品信息数字化管理特指对藏品数字信息的桌面管理,意即利用当代计算机设备与网络通信设施,通过特定的数据库架构形式,使用已采集的藏品数字信息,进行藏品数字信息的管理和利用。它包括使用单体计算机进行的藏品数字信息管理和以网络技术为基础,构建藏品信息数字化管理系统,以IE浏览器为桌面终端进行的藏品信息数字化管理,其基础是藏品信息的数字化采集,目标是藏品数字信息的有序提取与充分利用[1]。姚义川等人认为,迅速发展的数字技术、多媒体技术、人工智能技术等为代表的新兴信息技术,不断促进和深化藏品数字化、藏品管理流程信息化、藏品服务数字化等工作,并为解决藏品保护与利用这一矛盾提供了途径。藏品数字化是藏品管理信息化的重要手段与环节。藏品数字化形成的数字藏品,会成为博物馆非常重要的藏品资源[2]。

综上所述,本书认为,藏品管理信息化可以定义为:充分利用现代信息技术和网络技术,深入开发、充分利用藏品信息资源,全面提升藏品管理、保护和利用工作水平,也即信息智能化技术在藏品管理中的全面利用,以达到藏品管理科学化、现代化和规范化,充分发挥藏品作用,并逐步实现藏品信息资源共享目标。其中,现代信息技术包括大数据、云计算、数字技术、多媒体技术、人工智能技术、AR/VR技术、移动互联等现代化技术,网络技术包括互联网、物联网等技术。信息开发和利用技术则包括信息获取、信息存储、信息传递、信息再生、信息利用功能的信息网络体系和网络技术。藏品信息则包括藏品本体信息和藏品管理各环节工作信息(包括藏品收藏、研究、展示、保护、管理等各种活动中形成的信息)。

2. 意义

早在2000年,党中央在《关于制定国民经济和社会发展第十个五年计划的建议》中明确提出:"信息化是当今世界经济和社会发展的大趋势……要把推进国民经济和社会信息化方针优先位置。要在全社会广泛应用信息技术,提高计算机和网络的普及应用程度,加强信息资源的开放和利用。政府行政管理、社会公共服务、企业生产经营要运用数字化、网络化技术,加快信息步伐。"[3]2016年,中共中央办公厅、国务院办公厅印发《国家信息化发展战略纲要》指出,当今世界,信息技术创新日新月异,以数字化、网络化、智能化为特征的信息化浪潮蓬勃兴起。没有信息化就没有现代

---

[1] 姚一青:《藏品管理信息化研究》,复旦大学博士论文,2014年4月,第9页。

[2] 姚义川、杨良锋:《藏品管理信息化的实践与展望——以中国地质博物馆为例》,《博物馆管理》2020年第1期。

[3] 《中共中央关于制定国民经济和社会发展第十个五年计划的建议》(2000年第35号国务院公报),来自中国政府网,网址:http://www.gov.cn/gongbao/content/2000/content_60538.htm。

化。适应和引领经济发展新常态,增强发展新动力,需要将信息化贯穿我国现代化进程始终,加快释放信息化发展的巨大潜能。以信息化驱动现代化,建设网络强国,是落实"四个全面"战略布局的重要举措,是实现"两个一百年"奋斗目标和中华民族伟大复兴中国梦的必然选择[①]。

当下,全球信息化进入全面渗透、跨界融合、加速创新、引领发展的新阶段。谁在信息化上占据制高点,谁就能够掌握先机、赢得优势、赢得安全、赢得未来。郑欣淼提出,信息化建设是新世纪文博事业发展的必由之路。文博信息化建设在国家信息化中占有特殊地位,是在信息时代突出中华民族文明本质和弘扬中国优秀传统文化的重要举措[②]。

藏品管理信息化,发端于藏品管理电脑化。对于藏品管理电脑化的意义,早在1985年文化部文物局召开的博物馆电脑管理座谈会,就已经认识到:博物馆运用电脑进行管理是时代的需要,是进一步提高博物馆的社会地位、扩大博物馆的社会影响的需要,是更充分地发挥博物馆三大职能的需要。博物馆进行电脑管理,可以大大提高工作效益,提高工作质量,促进基础工作的开展,促进文物更好发挥作用,这对整顿提高博物馆的水平将起极大作用,也是博物馆改革的一个重要方面。因此,博物馆进行电脑管理是带有方向性的一项工作,具有非常重要的意义。随着电脑的不断更新换代,电脑应用范围不断扩大,这种重要意义将越来越突出[③]。计算机技术和计算机程序设计的发展,使博物馆使用电脑成为现实。而计算机本身所具有的特点,使博物馆使用电脑技术进行藏品管理成为必然趋势。自1945年第一台计算机在美国问世以来发展至今,微型计算机的第六代也已问世。新一代的计算机是向人工智能型发展的,它与人类智能相比,具有以下优势特点:①有很强的存储记忆能力。它与人脑相比,不仅可以大量地存储数据,并且记忆的信息总不会遗忘,也不会改变,当人们需要某些信息时,它可以在极短的时间内准确地找到它们并传递出来。②自动化程度高,并且有一定的逻辑判断能力。③有极好的"数据处理"能力。计算机的"数据"就是人所能接受的图、文、声、像、数字、符号等的计算机存储及处理的信息形式。所谓"数据处理",就是指凡是能输入给计算机的数据,计算机都能对其进行存储、分析、汇总、统计、分类、检索、制图、制表以及修改加工等处理。计算机处理数据还具有以下一些优点:第一,速度快,在这一点上人工处理根本无法与之相比。第二,准确度高,因为计算机是个极其忠实并严格的执行者,它绝不会漏掉一个数据或看错一个数

---

① 中共中央办公厅、国务院办公厅印发《国家信息化发展战略纲要》,来自中国政府网,网址:http://www.gov.cn/xinwen/2016-07/27/content_5095297.htm。
② 郑欣淼:《论加强新世纪文博信息化建设》,国家文物局、中国文物报社:《全球化下的中国博物馆》,文物出版社,2002年5月版,第195—201页。
③ 《胡骏同志在博物馆电脑管理座谈会上的总结发言》,《博物馆通讯》1985年第4期。

据。第三，可减少大量的重复劳动。第四，有利于信息（数据）的标准化。第五，有利于信息的共享，即统一的或基本统一的数据大家可以共用。第六，有利于信息处理方法的统一和科学。总之，计算机的诸多优点与优势，使得电脑在藏品管理工作中可以充分发挥其功效，而博物馆的性质及藏品管理工作的内容与特点决定了电脑技术在博物馆藏品管理工作中具有极其重要的地位和作用。我国博物馆界自20世纪80年代开始使用计算机进行管理藏品工作，至今已有35年，目前全国各级各类博物馆已大面积普及了电脑化管理。几十年的实践经验向世人证明，计算机在藏品管理领域的应用范围相当广泛，归纳起来，大体上可以分为三个方面：藏品信息处理、藏品保存环境的自动化监控、藏品安全防盗的电脑化控制。藏品信息处理电脑化可以提高藏品管理的质量，提高管理水平，既省去人工登记、编目等的繁琐、费时，又能达到在藏品信息检索、藏品保管、藏品提取利用等系统方面的省时、高效、准确的要求，还能够满足越来越多的多元化社会成员的各种不同的需要。在进一步全面了解藏品、阐释藏品的内涵方面拓展了广度和深度。藏品管理电脑化，可以为博物馆建立自动化的安全报警系统和环境监控系统，有助于加强博物馆藏品的安全保卫和保存环境的调控。使用计算机储存藏品信息，还可以加强全国乃至全世界各个博物馆之间的信息交流，有助于建立全国范围的藏品管理信息网络，有利于藏品信息资源共享，以便更好地利用藏品，充分发挥藏品的作用。

总之，博物馆运用电脑进行藏品管理（亦即藏品管理信息化）是时代的需要，是进一步提高博物馆的社会地位、扩大博物馆的社会影响的需要，是更充分发挥博物馆"收藏机构"职能的需要，更是进一步提高藏品管理工作效率、以使其达到科学管理的现代化水平的必要手段。博物馆藏品管理的信息化是博物馆迈向现代化的重要步骤，是使藏品管理科学化、标准化的必然趋向。

（二）藏品管理信息化的内容

关于博物馆信息化的内容，秦新华认为，博物馆信息化可以分为以下五个层次：第一层次是技术的信息化。这主要是指自动控制系统等为代表的信息化。第二层次是数据处理的信息化，即将博物馆的大量藏品、管理数据用计算机进行处理，以实现信息资源的共享。第三层次是管理和办公的信息化，即在上述两个层次的基础上进行博物馆信息化的全面规划，并逐步开发使用信息资源，完成整个博物馆的管理信息系统（management information system，MIS）。第四层次是博物馆的藏品、陈列、研究、管理一体化的信息化，使博物馆内部信息化达到一个新的高度。第五层次是博物馆信息化从内部扩延到外埠。利用博物馆内部网、外部网以及因特网平台，将内部的实物陈列与网上虚拟陈列、外部宣传和观众接待等整合起来，实现内外实体信息交换。藏品数据库的建设是博物馆信息化的重中之重①。刘健认为,博物馆信息化,就某个博物馆个体而言,实际应该包括以下几个方面:一是藏品的数字化保存和研究;二是博物馆信息传递的网络化;三是多媒体技术在博物馆的运用。其中,藏品的数字化保存和研究,是指将藏品的信息(从内容上讲有藏品基本信息、藏品研究信息、藏品保管信息、藏品修复信息、藏品收集信息等等;从形式上讲,则有二维、三维、流媒体等的区别)通过数字化方式予以保存,经过整理编目,以数据库的形式呈现在研究者面前②。也有学者认为,藏品的信息化(或者说藏品数据化)建设是博物馆信息化建设的基础和核心。藏品信息化建设的首要问题是藏品信息数据库的建设③。

藏品管理信息化的主要工作是藏品信息管理体系的建设。

王建平认为,博物馆藏品信息管理是指博物馆对其藏品所蕴含的信息进行的分析、著录和利用。藏品信息管理的基本内容包括三个方面:确定"藏品信息指标体系",制订"藏品著录规范",编制"藏品信息描述语言"。其中,"藏品信息指标体系"用来明确管理对象,"藏品著录规范"用来规定管理方法,"藏品信息描述语言"用来提供管理工具④。

为了适应全国文物、博物馆事业信息化建设的需要,规范博物馆藏品信息处理和交换工作,国家文物局组织编制了《博物馆藏品信息指标体系规范(试行)》和《博物馆藏品二维影像技术规范(试行)》,并发布试行⑤。

《博物馆藏品信息指标体系规范(试行)》把藏品信息指标分为藏品信息,藏品管理工作信息,藏品文档信息、研究论著信息与声像资料信息三个体系(指标群)(见表10-1)。

表10-1 博物馆藏品信息指标体系构成表[⑥]

指标群 (分类)	指标集 (项目)	指标项 (内容)
藏品 信息	名称	原名、名称
	类别	藏品基本部类、文物类别、标本类别、模型类别、复制品类别
	年代	年代类型、年代

---

① 秦新华:《关于博物馆信息化建设的思考》,《文物世界》2009年第3期。

② 刘健:《关于博物馆信息化工作的一些思索》,《上海文博论丛》2004年第3期。

③ 郭聪、王晓颖:《关于藏品信息化建设工作的几点思考》,北京博物馆学会编:《继承发展 保护管理——北京博物馆学会保管专业十年学术研讨纪念集》,北京燕山出版社,2010年版,第191—195页。

④ 王建平:《论博物馆信息管理》,《中国博物馆》2001年第2期。

⑤ 国家文物局关于发布《博物馆藏品信息指标体系规范(试行)》和《博物馆藏品二维影像技术规范(试行)》(文物博发[2001]81号),国家文物局,2001年12月22日发布。

⑥ 据《博物馆藏品信息指标体系规范(试行)》绘制。

续表

指标群 （分类）	指标集 （项目）	指标项 （内容）
藏品信息	地域	地域类型、地域
	人文	人文类型、人文、人物传略
	质地	质地类别
	功用	功能类别、实际用途
	工艺技法	成型工艺、流派、绘画技法、装饰生成工艺、文字生成工艺
	形态	物态类别、形态特征、独特标记
	完残	完残程度、完残状况
	色泽	颜色类别、色泽类别
	装饰	装饰形式类别、装饰题材类别、装饰组合方式、施饰部位
	题识内容	铭文、款识、题跋、题名、印鉴、内容提要
	文字	文字种类、字体类别、字迹颜色
	自然特征	化石类别、模式类别、发育阶段、性别
	计量	尺寸、尺寸单位、容积、容积单位、质量、质量单位
	计数	实际数量、实际数量单位、传统数量、传统数量单位
	附件	附件名称、附件现状、附件数量、附件数量单位
	附属物	附属物名称、附属物现状、附属物数量、附属物数量单位
藏品管理信息	搜集	来源、来源单位或个人、来源号、搜集经过、申请搜集经费、实际搜集经费、流传经历
	入馆	收藏单位、入馆登记号、入馆日期、总登记号、入藏日期、入藏库房、存放方位
	鉴定	鉴定日期、鉴定机构、鉴定人、鉴定意见
	定级	文物藏品级别、文物藏品保密级别、标本藏品级别
	现状	当前状况、当前处所、当前保存条件、自然损坏、人为损害
	保护	保护优先等级、保护措施、保护技术类别、保护记录、保护经费预算、保护经费结算
	提取	提取日期、提取原因、提取登记号、提取单位或部门、提取负责人、提取人、审批单位、审批人、批准文号、保管部负责人、出库点交人、出库验交记录
	退还	退还日期、退还人、回库点收人、回库验收记录
	事故	事故发生日期、事故经过、事故责任人、藏品损失情况、事故处理结果
	注销	注销原因、注销日期、注销批准文号、注销审批人、注销后去向
	统计	统计表名称、统计资料起止时间、统计单位、统计人、统计日期
藏品文档信息、研究论著信息与声像资料信息	管理文档	文档名称、文档编号、文档类型、制档日期、制档人
	研究论著	研究论著题名、研究论著类型、研究论著情况
	声像资料	声像资料名称、声像资料编号、声像载体类别、声像资料情况

国家文物局发布的文物保护行业标准《馆藏文物登录规范（WW/T 0017-2013）》[①]中提出，馆藏文物登录的主要信息包括馆藏文物基本信息、馆藏文物管理信息、馆藏文物影像信息（见表10-2）。

表10-2 馆藏文物登录的主要信息表[②]

类别	具体内容	基本内容
馆藏文物基本信息		a）总登记号
		b）名称（含原名）
		c）年代
		d）质地
		e）类别
		f）数量
		g）尺寸
		h）质量
		i）级别
		j）来源
		k）完残状况
		l）保存状态
		m）入馆日期
馆藏文物管理信息		a）保管信息
		b）基本情况
		c）鉴定信息
		d）考古发掘信息
		e）来源信息
		f）流传经历
		g）损坏记录
		h）移动记录
		i）修复记录
		j）展览信息
		k）著录信息
		l）收藏单位信息
		m）其他信息

---

① 《馆藏文物登录规范（WW/T 0017—2013）》，国家文物局，2013年8月5日发布，2013年8月15日实施。

② 据《馆藏文物登录规范（WW/T 0017—2013）》绘制。

续表

类别	具体内容	基本内容
馆藏文物影像信息	馆藏文物影像基本信息	a）收藏单位代码 b）总登记号 c）图片类型 d）图片顺序号
	影像采集工作的信息	a）拍摄单位 b）拍摄地点 c）拍摄日期 d）拍摄人

《馆藏文物登录规范（WW/T 0017-2013）》是国务院部署开展的自2012年至2016年第一次全国可移动文物普查工作执行的文物保护行业标准，对规范第一次全国可移动文物普查中的馆藏文物登录工作起到了积极的指导和引领作用，也促进了藏品管理信息的规范化。

三、藏品管理信息化建设实践及其成果

20世纪80年代，上海博物馆率先在国内博物馆领域引进电脑管理，研发"藏品管理检索系统"软件[1]，并于1988年完成《藏品编目图象管理系统》开发研制[2]。中国人民革命军事博物馆也装备一台有汉字管理系统的微型电子计算机，对馆藏文物进行管理[3]。90年代开始，国内越来越多的博物馆加入到藏品电脑化管理系统的开发研制行列。如辽宁省博物馆开发了"辽宁省博物馆藏品电脑化管理系统"[4]；云南省博物馆开发完成了一套"博物馆藏品图文管理系统"软件[5]；当时的秦始皇兵马俑博物馆也开发了"计算机多媒体文物管理系统"[6]；上海嘉定博物馆则率先在全国地市级博物馆中实施文物管理电脑化[7]。由此不难看出，藏品管理电脑化的起始阶段，各馆自行研制开发

---

[1] 祝敬国：《藏品管理的电脑检索系统》，《中国博物馆》1985年第2期。

[2] 祝敬国：《〈藏品编目图象管理系统〉技术鉴定暨现场交流会在上海召开》，《中国博物馆通讯》1988年第7期。

[3] 陈肇庆、王根发：《浅谈微机在藏品管理工作中的应用》，《中国博物馆》1985年第1期。

[4] 周捷、郑维霞：《计算机在藏品管理中的应用》，《博物馆研究》1995年第2期。

[5] 肖明华：《我馆藏品计算机（电脑）管理的实践》，《中国博物馆通讯》1995年第7期。

[6] 郭宝发：《秦始皇兵马俑博物馆开发计算机多媒体文物管理系统》，《中国文物报》1996年8月4日第3版。

[7] 《嘉定博物馆实行文物管理电脑化》，《中国文物报》1997年6月1日第2版。

藏品管理系统软件，出现了博物馆各自为战的局面。有学者提出"统一博物馆藏品电脑管理软件的建议"，"在国家文物局直接领导下，博物馆处组织部分文物管理和计算机软件设计专家来实施这项工作"[①]和建立"全国文物信息中心"的建议[②]。

中国文物信息咨询中心、中国博物馆学会（协会）数字化专业委员会、中国文物学会信息化专业委员会的相继成立及其相关工作，使其成为国内文物博物馆信息化建设的倡导者和实践者。

1. 中国文物信息咨询中心

2001年，为适应信息时代的发展潮流，提高文物保护、管理和利用水平，国家文物局报中编办批准，将"中国文物流通协调中心"（原"中国文物商店总店"）更名，正式成立"中国文物信息咨询中心"。2006年，根据文博行业信息化发展需要，经国家文物局申请、中编办批准，中心加挂了"国家文物局数据中心"的牌子。主要职责：负责国家文物局电子政务系统建设和维护；收集、管理与文物博物馆相关的信息资料和数据库；配合国家文物局对全国文物博物馆事业信息化工作进行管理和业务指导；承担文物保护工程、设施建设和博物馆维修、建设项目以及安防、消防、技防工程的咨询、招标、审核和监理；对历史文化名城和城市保护、发展、建设规划、方案进行咨询和评议；开展与文物博物馆事业有关的调查、咨询、鉴定和培训；对文物拍卖标的进行备案；承担国家文物局委托办理的其他事项等[③]。中心自成立以来，在文物信息化领域开展了大量工作：一是建设与管理国家文物局电子政务系统，维护政务内、外网站和网络正常运行，保障政务信息公开，推动公众文化遗产信息资源共享；二是承担第三次全国文物普查、馆藏文物调查、长城资源调查、流失海外中国文物调查等重大项目的信息技术支撑；三是管理与维护国家文物基础数据库，保障海量数据安全，开展数据应用；四是研究编制文物博物馆信息化相关战略、政策、规划和标准，研发应用软件，指导和推进行业信息化发展。目前已经研发并应用有"国家文物局办公系统""文物保护工程方案管理系统""海外中国文物信息数据库""博物馆藏品综合信息数据库""第三次全国文物普查数据汇总管理系统""第三次全国文物普查数据校验软件""第三次全国文物普查数据采集专用软件""文物调查项目馆藏文物信息管理系统""文物安全与行政执法管理信息系统"以及"考古发掘电子审批系统"等文博信息管理系统及相关软件[④]。

---

① 陈肇庆：《关于统一博物馆藏品电脑管理的软件的建议》，《中国博物馆通讯》1995年第11期。

② 陈肇庆、王根发：《浅谈微机在藏品管理工作中的应用》，《中国博物馆》1985年第1期。

③ 来自中国文物信息咨询中心官方网站，网址：http://www.cchicc.org.cn/。

④ 《文博信息化》，来自中国文物信息咨询中心官方网站，网址：http://www.cchicc.org.cn/col/col405/index.html。

2019年11月19日，中国文物信息咨询中心、湖南省文物局、中国文物学会信息化专业委员会、中国博物馆协会登记著录专业委员会、湖南省博物馆共同主办的"2019年智慧文博论坛"在湖南长沙召开，国家文物局副局长胡冰出席论坛并致辞。胡冰副局长在致辞中谈道："信息科学技术的快速发展为我国文物保护利用提供了新的方法和手段，为智慧文博的发展提供了有利的支撑。"他指出，全国文物系统坚决贯彻落实习近平总书记2019年8月在考察敦煌研究院时的重要指示精神，牢牢把握时代发展脉搏，推动文物工作与信息技术深度融合，借科学技术东风，助文物保护利用传承。国家文物局将把统筹谋划推进文物信息化工作作为当前和今后一个时期内的主要任务，呼吁各有关单位要加快实现文物数据动态管理、深化数据应用价值挖掘；推动文物治理体系和治理能力现代化，统筹利用政务数据资源和文物信息资源；建立健全大数据辅助科学决策和行业治理体系；促进文物资源共享、服务与传播，推动资源整合；做好信息化专项规划和相关保障，有效推进智慧文博建设工作长期、有序、顺利地实施。在科技高速发展的今天，智慧文博建设工作是机遇与挑战并存，文博信息化事业必将大有可为[①]。

对于当前智慧文博建设情况，中国文物信息咨询中心开展了文物博物馆领域信息化现状调研。填报单位有博物馆1090家；行政管理单位212家；文物保护单位424家；文物科研机构54家。通过调研，发现已取得了一些成绩：一是文物信息化工作受到国家文物局和各级党委政府的高度重视，中央、地方财政不断加大投入；二是文物信息化基础设施条件得到改善；三是行业信息化应用体系建设不断完善；四是人才队伍建设取得进展。同时，通过调研，亦发现了一些问题：一是信息化建设各自为政的现象依然普遍；二是成立信息化工作机构的比例仍然较低；三是信息化建设水平不平衡，不同地区、不同类型的博物馆在信息化应用领域差异较大；四是信息系统建设不规范、整合难度大、运维成本高；五是标准化工作滞后，造成数据管理水平较低。

2. 中国博物馆学会数字化专业委员会

中国博物馆学会数字化专业委员会成立于2003年11月。中国博物馆学会数字化专业委员会是组织国内各级博物馆围绕数字化建设进行研究、交流、专业培训、科研成果推广的专业学术团体。博物馆数字化建设是国家文物局部署的近几年的重点建设项目之一，国内各级博物馆的数字化建设已经呈现出大跨步发展的势头，尤其是许多省、地区、市都在建设新的现代化博物馆，而数字化建设是新馆建设中的重要内容。在此形势下，在中国博物馆学会领导和国家文物局的指导下，中国博物馆学会数字化专业委员会正式成立[②]。2010年，随中国博物馆学会更名为中国博物馆协会，中国博

---

① 来自中国文物学会官方网站，网址：http://www.zgwwxh.com/20191119news/。
② 中国博物馆学会数字化专业委员会成立，来自故宫博物院官方网站，网址：https://www.dpm.org.cn/learing_detail/225758.html。

物馆学会数字化专委会亦更名为中国博物馆协会数字化专业委员会。博物馆数字化专业委员会是博物馆数字化工作者的民间学术团体。专委会的宗旨是：团结和动员博物馆工作者，以及一切热心博物馆事业的社会力量，倡导创新、求实、协作的精神，努力推动博物馆的数字化建设。博物馆数字化专业委员会主要开展以下工作：组织研究博物馆数字化的发展战略与标准规范，为博物馆数字化建设提供咨询服务，为政府的规划与决策提出建议；开展博物馆数字化的理论与工程实践的研究、探讨和交流；评测、介绍与推广博物馆数字化科研成果、产品与技术；组织学术研究，开展国内外交流，编辑、出版博物馆数字化学术论著与资料，促进学科发展；承担文物行政部门和文物、博物馆单位委托的有关数字化工作的任务；开展对会员和博物馆工作者的继续教育和培训工作，普及博物馆数字化基本知识，表彰、奖励在博物馆数字化工作中取得优秀成绩的会员和博物馆工作者[1]。

3. 中国文物学会信息化专业委员会

2005年，中国文物学会信息化专业委员会获得民政部同意注册登记成立，成为中国文物学会分支机构[2]。作为中国文物学会分支机构，中国文物学会信息化专业委员会旨在进一步推动信息技术在文化遗产保护、管理、研究和利用工作中的普及和应用，架起文物行政管理部门、文博单位和IT行业之间沟通合作的桥梁，促进我国文物保护工作和信息化建设全面发展。中国文物学会信息化专业委员会（筹）2005年年会暨信息化标准与规划专家研讨会于2005年11月24日举行。在此次会议上，与会代表回顾了文物博物馆事业信息化的进程、成效以及面临的问题，并探讨了下一阶段信息化建设的具体方面，规划了"十一五"期间文博信息化的重点建设项目[3]。2019年中国博物馆协会数字化专业委员会与中国文物信息咨询中心等单位联合主办了"2019年智慧文博论坛"，与会代表讨论并通过了旨在共建智慧文博的《长沙宣言》。《长沙宣言》指出，全体代表将始终坚持正确的智慧文博建设导向，大力弘扬中华优秀传统文化，展示中华民族文化自信，推动智慧文博相关标准建设，努力打造互联互通、协同合作、开放共享的行业大数据体系，搭建可供全体参与者交流互通的行业交流平台，培育秩序井然、包容共享的智慧文博生态，让文物数据活起来，让智慧文博实践活起来[4]。

国家文物局领导下的信息化工作，极大地推动了全国文博领域信息化建设步伐。

---

[1] 博物馆数字化专业委员会，来自中国博物馆协会官方网站，网址：http://www.chinamuseum.org.cn/a/fenzhijigou/gezhuanyeweiyuanhuijianjie/2014/0812/5454.html。

[2] 中国文物学会2005年年鉴，来自中国文物学会官方网站，网址：http://www.zgwwxh.com/chronicle-for-2005/。

[3] 燕铭：《文物保管IT护航》，《每周电脑报》2005年12月5日第22、23页。

[4] 2019智慧文博论坛在长沙举办，来自中国博物馆协会官方网站，网址：http://www.chinamuseum.org.cn/a/xiehuizixun/20191120/13120.html。

2001年，为认真落实"保护为主，抢救第一，加强管理，合理利用"的文物工作方针，国家文物局、财政部经过认真调研，针对我国文博事业的实际情况，决定利用信息化手段在全国文博系统开展文物资料调查工作，建立文物系统人、财、物综合数据库和信息网。并逐步扩展到山西、辽宁、河南、甘肃四省，2005年又扩展到湖北、湖南两省。"文物调查及数据库管理系统建设"项目（以下简称"文物调查项目"）目标是以数字化手段调查、完善我国文物、博物馆领域的国情资料，切实摸清馆藏珍贵文物家底，做好国有文物资产清产核资，建立文物信息管理系统，为各级政府及有关部门及时、准确地掌握文物保护管理情况，切实加大文物保护和经费投入力度，充分发挥文物资源对构建中国特色社会主义文化的价值和作用，提供科学依据和技术支持。"文物调查项目"自2001年在山西省启动，经历了试点、试点推广、全面推广三个阶段，历时10年，覆盖全国（不包括港澳台地区）31个省、自治区和直辖市，取得以下重要成果：①基本摸清文博系统馆藏珍贵文物家底。国家文物局数据中心接收数据总量15.16TB，共完成1660275件/套馆藏珍贵文物数据采集，其中一级文物48006件/套，二、三级文物1612269件/套。②初步形成文博信息标准规范和应用软件体系。实现了馆藏文物的登记管理的统一化、规范化和标准化。③组建了文博信息化专业机构。如2006年，经中编办批准，国家文物局成立国家文物局数据中心，专门负责馆藏文物信息存储和管理，多数省区市都建立了相应的省级文物数据（资料）中心，部分地市还成立了地市级文物信息化工作机构。同时，"文物调查项目"也搭起了文物系统思想观念更新的平台和人才队伍锻炼培养的平台。④文物藏品数据资源利用能力和效用不断提升。"文物调查项目"的成功实施，对我国文物保护与管理能力建设产生了深刻影响和积极作用：①更新了文物信息化观念；②加强了文物保护能力建设；③提高了行政管理水平；④有效实现文化遗产传播的内容、形式、手段的创新[1]。"文物调查项目"是我国国有文物收藏单位科学建档和信息化建设的一次创举[2]。

2012年至2016年，国务院统一部署开展了第一次全国可移动文物普查。普查范围是我国境内（不包括港澳台地区）各级国家机关、事业单位、国有企业和国有控股企业、中国人民解放军和武警部队等各类国有单位收藏保管的可移动文物。经过各级政府和普查机构努力，普查工作有序推进。至2016年底，全国（不含港澳台地区）31个省、自治区、直辖市全部通过普查验收，普查工作总体完成。在国务院统一领导下，本次普查共调查102万个国有单位，普查全国可移动文物共计10815万件/套。其中按

---

[1] 单霁翔：《系统总结 大力推动 促进提高——在"文物调查及数据库管理系统建设项目"总结会议上的讲话》，《中国文物报》2011年6月29日第3版。

[2] "文物调查及数据库管理系统建设"项目工作组：《录宝辑珍千百万 十年辛苦不寻常——"文物调查及数据库管理系统建设"项目纪实》，来自国家文物局官方网站，网址：http://www.ncha.gov.cn/art/2011/11/1/art_722_109669.html。

照普查统一标准登记文物完整信息的国有可移动文物2661万件/套（实际数量6407万件），纳入普查统计的各级档案机构的纸质历史档案8154万卷/件。普查摸清并掌握了我国国有可移动文物资源总体情况，新发现一批重要文物，健全国家文物资源调查管理机制，建立起国家文物身份证制度，建设了全国文物资源数据库，夯实我国文物基础工作，全面提升我国文物保护管理水平。初步建立可移动文物社会服务和共享机制，各级普查机构积极推进普查成果共享和利用，建立网上共享平台，普查建成全国可移动文物登录网，向社会开放[①]。在本次普查过程中，还取得了一个重要成果，那就是完成了文物保护行业标准"馆藏文物登录规范"的制修订工作[②]。

2001年，根据国家"十五"计划和国家信息化建设十五规划，国家文物局制定了《全国文物、博物馆事业信息化建设"十五"规划》；2006年，国家文物局发布了《全国文物、博物馆事业信息化建设"十一五"规划》；2011年国家文物局发布《全国文物、博物馆事业信息化建设"十二五"规划》；2016年年初，国家文物局启动了"国家文博大数据公共服务平台"；并在3月启动了"国家文物局'十三五'信息化建设规划编制项目"，2017年，国家文物局印发《国家文物事业发展"十三五"规划》，明确提出"推进文物信息化建设"要求和目标，将文物、博物馆事业信息化建设作为一项主要任务。

2003年，国家文物局为突出信息化行业管理，全面推动"两库一平台"文博信息化建设任务，即可移动文物数据库、不可移动文物数据库和综合信息系统平台，在此基础上形成文物安全监控系统和中国数字博物馆。为适应全行业数据集中管理和未来的数据利用，2004年完成了中国数字博物馆预研究项目，对指导全国博物馆数字化和建立数字博物馆起到了重要的作用。

在国家文物局指导和推动下，全国各地文博单位积极开展文博信息化建设实践，并取得了一定的成效。例如在文物管理系统建设方面，部分省市根据本地实际情况，作出了许多有益尝试。具有代表性的有浙江文物管理信息系统（在实现文物信息存储、查询、显示等基本功能的基础上，运用GIS系统软件对文物空间属性、分布特点进行叠加融合、分割、提取分析[③]）、辽宁省地上文物管理信息系统（利用现有的计算机网络平台，使用数据库、3S等技术整合地上不可移动文物的信息资源，建立一个能

---

① 国务院第一次全国可移动文物普查领导小组办公室、国家文物局：《第一次全国可移动文物普查工作报告》，《中国文物报》2017年4月18日第2版。

② 《馆藏文物登录规范（WW/T 0017-2013）》，国家文物局2013年8月5日发布，2013年8月15日实施。

③ 祝炜平、王治文、吴建平：《文物管理信息系统的构建与应用——以浙江文物管理信息系统为例》，《地球信息科学》2005第4期。

够实时、准确提供有效的文物保护和管理决策支持的系统①)、湖北省文物管理信息系统(基于网络平台研发,概念涵盖文物信息采集、文物保护项目进度管理、博物馆运行评估以及文物记录档案管理、文物保护专项经费管理等多个环节,提高管理工作效率②),以及上海市不可移动文物管理信息系统③、基于WebGIS的贵州省文物管理信息系统④和基于GIS系统的吉林省文物资源保护管理信息系统⑤等。在文物信息展示与共享系统建设方面,主要体现在各文博单位自身网站(网页)建设,以及近年来不断涌现的各种手机APP、微博、微信服务号等,如上海博物馆、苏州博物馆、吉林省博物院等,率先启动了"博物馆+互联网"APP业务⑥。与此同时,少数地区亦开始尝试对较大范围内(省域或市域)的文物信息资源进行整合,采用二维三维、音视频或动漫虚拟等形式,运用互联网进行集中展示,成效较为显著⑦。其中陕西数字博物馆、成都数字三千年(成都文化文物应用展示平台)便是典型。

姚兆先生在其《文博信息化3.0时代悄然到来》一文中,总结了文博信息化建设的三个阶段(三个时代):一是以文博单位作为独立个体开展内部的信息化工作时期,始自1983年,主要以基础性应用为主,包括公文信息处理软件的普及、工资财务系统的开发应用、藏品的照片档案管理软件的研发,基本处于单机状态和局域网状态。二是以国家文物局组建设立中国文物信息咨询中心为分割点,进入整个行业数据集中式管理阶段,即2001年起,主要是基于国家电信主干网的全面铺开及互联网的广泛应用,整个行业基于统筹规划、统一标准规范、建立统一的数据采集平台、形成统一数据中心,实施了多个国家级、省级重大信息化项目,推动实现今天的大数据中心的形成。三是以2016年启动的"'互联网+中华文明'三年行动计划"以及"国家文博大数据公共服务平台"为时间节点,我国文博信息化工作进入到"互联网+"的时代,从破解制约文博大数据创新发展的突出矛盾和问题出发,特别是"'互联网+中华文明'三年行动计划"重大工程项目的实施,重点推进区块链概念下构建互联网+创新联盟,

---

① 李向东:《地上文物管理信息系统的设计与实现》,电子科技大学硕士论文,2011年,第3页。

② 杜杰:《湖北省文物管理信息系统正式上线》,《中国文物报》2014年3月28日第2版。

③ 陈燕、蔡巍:《上海市不可移动文物管理信息系统的研究与实现》,《测绘与空间地理信息》2013年第5期。

④ 刘天财、杨广斌、周德全、娄方吉:《基于WebGIS贵州省文物管理信息系统建设》,《绵阳师范学院学报》2016年第2期。

⑤ 韩洋:《基于GIS系统的吉林省文物资源保护管理信息系统的设计与实现》,吉林大学硕士论文,2016年。

⑥ 引自姚兆:《文博信息化3.0时代悄然到来》,《中国文物报》2017年8月8日第3版。

⑦ 朱明敏:《文物博物馆事业信息化建设现状及展望——以广州为例》,《中国港口》2016年增刊第1期。

实现数据资源的开放与共享,打破文博知识产权等要素形成的壁垒,将有效促进文博数据要素的流通,推动文博领域政府信息系统和公共数据互联、开放、共享,服务公众、企业和行业,形成数据流引领技术流、物质流、资金流、人才流,推动有条件的企业和个人等要素形成网络化共享、集约化整合、协作化开发和高效化利用,推动文博信息化产业结构优化升级,扩大和引导文化消费,培育新型文化业态,创造新的满足人民群众多层次、多形式、多样化的精神文化产品,促进文化繁荣和经济社会发展[①]。

文博信息化未来十年应完成的目标应包括两个方面:一是服务政务层面,围绕提高文物行政管理部门的执政能力为核心,力求在提高执政效率和执政质量两个维度全面展开。一方面,深化和扩展电子政务应用,实现文物与旅游、教育等政府部门之间,与地方文物行政管理部门之间的互联互通;另一方面,落实国家文物登录制度,辅助提高政务决策的研究能力、数据挖掘和成果呈现。二是服务社会公众层面,基于国家互联网基础、行业私有云和政府云、社会云,融合和设立众多文博"元"数据集群,通过构建文博领域区块链行业联盟,破解以文博知识产权为核心的瓶颈问题,协作研发共享工具,打造文博大数据共享平台,建立文博数据交易所,打通政府与社会、文博与教育、文博与旅游等行业数据交换的相关环节,面向社会企业、面向公众开放文博大数据,服务共享经济。关于发展原则,应是以国家文化与文物领域的五年规划为依据,以产业政策为导向,紧随信息产业国家战略目标,在互联网+战略、大数据发展战略、新一代人工智能发展战略等牵引下,打破行业和部门界限,引导社会力量,调动社会资金,为形成文物保护人人有责、保护成果人人共享的局面,打好信息化基础[②]。

第三节　藏品管理标准化

《中华人民共和国标准化法》指出,标准是指农业、工业、服务业以及社会事业等领域需要统一的技术要求。标准化工作的任务是制定标准、组织实施标准以及对标准的制定、实施进行监督。

标准化是指在经济、技术、科学和管理等社会实践中,对重复性的事物和概念,通过制订、发布和实施标准达到统一,以获得最佳秩序和社会效益。博物馆管理标准化是以获得博物馆的最佳运行秩序和社会效益为目标,对博物馆运行活动范围内的重复性事物和概念,以制定和实施博物馆工作标准,以及贯彻实施相关的国家、行业、

---

① 姚兆:《文博信息化3.0时代悄然到来》,《中国文物报》2017年8月8日第3版。
② 姚兆:《文博信息化3.0时代悄然到来》,《中国文物报》2017年8月8日第3版。

地方标准等为主要内容的过程。藏品管理标准化是博物馆管理标准化的最为核心的基础和重要组成部分。

一、标准化管理概况

《中华人民共和国标准化法》[①]规定，标准包括国家标准、行业标准、地方标准和团体标准、企业标准。国家标准分为强制性标准、推荐性标准，行业标准、地方标准是推荐性标准。标准化管理可分为国家层面和行业层面两个方面。

（一）国家层面

从国家层面而言，国家设有标准化管理机构，并且颁布了相关法规。

1. 国家标准化管理机构

中华人民共和国国家标准化管理委员会（简称"中国国家标准委""国家标准委"），是中华人民共和国国务院授权履行行政管理职能、统一管理全国标准化工作的主管机构，正式成立于2001年10月。以国家标准化管理委员会名义，下达国家标准计划，批准发布国家标准，审议并发布标准化政策、管理制度、规划、公告等重要文件；开展强制性国家标准对外通报；协调、指导和监督行业、地方、团体、企业标准工作；代表国家参加国际标准化组织、国际电工委员会和其他国际或区域性标准化组织；承担有关国际合作协议签署工作；承担国务院标准化协调机制日常工作。

2. 国家标准化法律法规

《中华人民共和国标准化法》，1988年12月29日第七届全国人民代表大会常务委员会第五次会议通过，2017年11月4日第十二届全国人民代表大会常务委员会第三十次会议修订，2018年1月1日起施行。除总则和附则外，主要对标准的制定、标准的实施、监督管理、法律责任等方面进行了规定。

《中华人民共和国标准化法实施条例》[②]，1990年4月6日国务院令第53号发布。为现行法规。除总则和附则外，主要对标准化工作的管理、标准的制定、标准的实施与监督、法律责任等方面进行了详细的规定。

---

① 来自国家标准化管理委员会官方网站，网址：http://www.sac.gov.cn/sbgs/flfg/fl/bzhf/201711/t20171108_318652.htm。

② 来自国家标准化管理委员会官方网站，网址：http://www.sac.gov.cn/sbgs/flfg/fg/xzfg/201505/t20150513_187892.htm。

（二）文博行业层面

从文博行业层面讲，同样设有行业标准管理机构，也颁发了相关行业标准管理法规。

1. 文博行业标准管理机构

国家文物局对行业标准建设十分重视。2004年，国家标准化管理委员会核准了文物保护行业标准归口管理范围，国家文物局设立了国家文物局行业标准管理办公室。并于2006年成立了全国文物保护标准化技术委员会（简称"文标委"）。文标委秘书处是文标委的常设办事机构，设在中国文化遗产研究院，负责文标委日常工作。接受国家文物局标准化主管部门的行政管理，秘书处的工作应纳入中国文化遗产研究院的工作计划。

2. 行业标准管理法规文件

国家文物局发布《文物保护行业标准管理办法（试行）》[1]，其中规定，文物保护行业标准，是指文物保护和博物馆行业范围内的技术标准、规范等。文物保护行业标准分为强制性标准和推荐性标准。明确文物保护行业标准范围，包括不可移动文物；可移动文物；文物调查与考古发掘；博物馆；文物保护、博物馆信息化及信息建设；文物保护行业内的其他领域（第三条）。

制定并发布了《全国文物保护标准化技术委员会章程》[2]。章程中明确文标委的宗旨是：贯彻落实科学发展观，促进文物、博物馆行业自主创新，规范文物保护与管理工作，推动文物保护科学技术的进步。文标委是由国务院标准化行政主管部门领导的全国性标准化技术组织，从事全国性文物保护标准化工作。专业范围是：负责不可移动文物、可移动文物、文物调查与考古发掘、博物馆、文物保护，以及文物、博物馆信息化领域的标准制修订工作（《章程》第一章"总则"第四条）。文标委的主要职能和任务是：遵循国家有关方针、政策，向国务院标准化行政主管部门和国家文物局提出文物保护标准化工作的政策和技术措施的建议；按照国家制修订标准、采用标准的原则和要求，组织制定文物保护标准体系，审议文物保护标准化发展规划和年度工作计划；提出制修订、复审文物保护国家标准和行业标准的项目建议；根据国务院标准化行政主管部门和国家文物局批准的计划，组织开展文物保护国家标准和行业标准

---

[1] 《国家文物局关于发布〈文物保护行业标准管理办法（试行）〉的通知》（文物博发〔2004〕48号），国家文物局，2004年9月3日。来自国家文物局官方网站，网址：http://www.ncha.gov.cn/art/2007/10/28/art_2302_42834.html。

[2] 《全国文物保护标准化技术委员会章程》，来自国家文物局官方网站，网址：http://www.ncha.gov.cn/art/2011/8/19/art_2237_24825.html。

的制修订及复审工作；组织开展文物保护国家标准和行业标准草案的审定工作，并与社会各相关单位协调，对标准中的技术内容、采用国际标准的情况等做出审查结论，提出拟发布为强制性或推荐性标准的建议；根据国务院标准化行政主管部门的有关规定，做好文物保护国家标准和行业标准的通报和咨询工作；受国家文物局委托，组织开展文物保护领域安全质量认证制度的研究，推荐文物保护领域的安全质量资格认证单位；组织收集和分析国际标准或国外先进标准的发展动态，以及翻译、出版、研究国外相关的标准和理论著作；代表文物、博物馆行业参与国际性的标准化活动，积极推荐我国标准成为国际标准；组织开展文物保护标准的宣传、贯彻、推广、应用及专业人员培训，并负责标准的解释工作；向国务院标准化行政主管部门和国家文物局提出行业标准化成果奖励项目的建议；承担国务院标准化行政主管部门和国家文物局委托开展的其他工作（第二章"职能与任务"第七条）。其工作机构：文标委秘书处，设在中国文化遗产研究院，负责文标委日常工作（《章程》第三章第八条）。

国家文物局还发布了《全国文物保护行业标准化技术委员会秘书处工作细则》[①]，明确其工作任务：根据国家有关方针政策，组织提出全国文物保护标准化工作的政策与措施的建议。组织开展文物保护标准化体系的建设，征集、提出标准制修订计划项目建议，组织编制文物保护标准化发展规划和年度工作计划，经文标委审议通过，报国家文物局审核后实施。根据工作计划，协调开展文物保护国家标准和行业标准的制修订工作，组织相关研究工作。负责组织预审和复核提交秘书处的标准草案（送审稿）和各种文件。经秘书长初审后，提交文标委进行审查。根据实际情况，定期或不定期组织对标准的复审，向文标委提出对标准的修订、修改、废止和确认的建议。负责文标委年会、标准审查会的筹备和组织工作，办理标准的审查、复核和报批手续。收集标准实施中的反馈意见，负责办理有关标准的解释事宜；组织开展标准的宣传、贯彻、推广及交流、研讨、培训等工作；及时向委员提供国内外文物保护标准化工作的有关信息和资料等。承担文物保护标准化工作的咨询和技术服务工作。负责提出对标准化工作成果和先进集体、个人进行表彰和奖励的建议。根据文标委决议及议定事项，制定具体贯彻措施和办法，并组织实施。负责组织标准实施中的监督、检查工作。负责与其他相关全国专业标准化技术委员会的联络与协调工作。积极跟踪国际标准化发展的动态，负责与相关国际标准化组织的联络和交流活动。负责标准化工作信息资料的收集和国外相关标准的翻译工作。负责国内外文物保护行业标准化文件资料的收发、立档和管理工作（《细则》第二章）。

2017年，国家文物局印发《国家文物事业发展"十三五"规划》，提出"加快急需标准制定"建设要求和建设目标：加强文物术语与编码等基础标准的制修订，加

---

① 《全国文物保护行业标准化技术委员会秘书处工作细则》，国家文物局办公室秘书处，2008年3月17日印发。来自国家文物局官方网站，网址：http://www.ncha.gov.cn/。

强文物数字资源采集、加工、存储、传输、交换、服务等通用标准的制修订,加强文物价值评估、风险管理、保护技术等技术标准和管理标准的制修订,完善标准复审制度,完成50项以上行业技术标准的制修订工作。推进单位(实验室)标准、地方标准建设,开展团体标准试点。强化文物标准宣传贯彻,开展标准化示范试点[①]。

二、藏品管理标准化

(一)藏品管理标准化定义

标准化,是指在某一事业的领域内,由该事业主管机关以及各有关部门协商,对这一事业的管理活动中的各类工作,制订出科学的统一的规则和技术规范,并予以贯彻执行进而修订的全部活动过程。概括地讲,就是科学地制订、贯彻、修订各项标准,使这一领域的相关活动中的各类工作逐步走向规范化、统一化的工作。

藏品管理工作的规范化、标准化,是指在藏品管理的领域内,由博物馆事业主管机关以及各有关部门协商,对藏品管理活动中的各类工作,制订出科学的统一的规则和技术规范,并予以贯彻执行进而修订的全部活动过程。概括地讲,就是科学地制订、贯彻、修订各项标准,是藏品管理逐步走向规范化、统一化的工作。

(二)藏品管理标准化建设

藏品管理标准化建设,主要涉及两方面的问题,其一是藏品管理的标准化,其二是藏品信息的标准化,这是藏品管理标准化的前提。其中,藏品信息的标准化问题参见前文的藏品管理信息化,这里重点讲一讲藏品管理的标准化问题。

藏品管理规范化、标准化是实现藏品管理现代化的前提条件。作为现代科学技术发展的主要特征的电子计算机,在博物馆有着广泛的用途,计算机已成为藏品管理现代化的重要标志。要实现藏品管理的现代化,就必须实行藏品管理电脑化。然而要达到这一步,首当其冲的是要解决藏品管理所涉及的基础工作的规范化、标准化问题,如藏品分类、定级、定名的统一标准和编目、登记的统一规范,专业词汇和标志符号的标准化等。其次是设备选择和统一规划问题,如计算机、微缩设备的选型和应用软件的联合开发和共享。只有这些工作形成统一的规范和标准,各馆统一,互相衔接,

---

① 《关于印发〈国家文物事业发展"十三五"规划〉的通知》(文物政发[2017]4号)国家文物局,2017年2月21日。来自国家文物局官方网站,网址:http://www.ncha.gov.cn/art/2017/2/27/art_2237_43663.html。

互相配套，才有利于今后的管理、配套、维护、联网等项工作，为实现藏品管理的现代化带来方便。所以，藏品管理的现代化是建立在标准化的基础上的，藏品管理规范化、标准化是实现藏品管理现代化的前提基础和基本途径。

藏品管理工作规范化、标准化的范围较广，在藏品管理活动中，凡是重复发生的工作，均可列为藏品管理标准化的对象。根据藏品管理工作的特点，应逐步制订下列各标准：

（1）藏品接收，藏品入藏标准，藏品登记标准。凡是进入博物馆的文物标本实物资料等物件，都须经过接收、鉴选、登记的过程。在这一过程中，如果没有统一标准作依据，必然影响接收、鉴选、登记的质量甚至会给以后的管理工作带来一系列混乱。所以制订藏品接收，藏品入藏标准，藏品登记标准是做好藏品管理工作和确保藏品质量的必要保证。

（2）藏品分类标准。它是藏品管理标准化最重要的内容。

（3）藏品定名标准。藏品名称是提供、识别藏品的重要标志。

（4）藏品库房建设标准，藏品库房技术管理标准。主要包括库房建筑地点、形式、结构、设备，以及温湿度调节控制、虫霉防治、防火、防盗、照明管理、藏品现状检查、库房保管质量等。

（5）藏品提用、统计标准。藏品提用标准包括利用范围、审批手续、使用要求以及工作人员职责范围的规定。藏品统计标准包括统计的时间、周期、项目、报表格式、计量单位等。

（6）藏品编目，建档标准。是为建立我国藏品检索体系、藏品目录中心打好基础，使其更好地为藏品管理与科学研究服务。

（7）代号代码标准。代号代码的使用，对于藏品管理工作的电脑化有重要的意义。它主要包括博物馆代码，藏品管理工作名词术语缩写代码，各种标号（总登记号、入馆凭证号、入藏凭证号、分类号、档案号、编目号、注销凭证号等）代码等。

（8）藏品管理电脑化建设标准。这是实现博物馆资料共享，藏品管理现代化的基本前提，它要求对应用电子计算机等先进技术制定一系列标准。例如计算机程序语言标准，计算机接口标准、磁带交换格式标准等。

总之，只有做到上述各项工作的规范化、标准化，才能使电脑在藏品管理中真正发挥效能，才能极大地提高藏品管理工作的水平，从而促使藏品管理工作的现代化尽早实现。

三、藏品管理标准化实践及其成果

藏品管理标准化的实践，主要体现在相关规范、办法、标准及法律法规文件的制修订方面的具体实践和博物馆实际工作实践等方面。

（一）法律法规类

《中华人民共和国文物保护法》中华人民共和国第五届全国人民代表大会常务委员会令［第十一号］，1982年11月19日颁发

《中华人民共和国文物保护法实施条例》国务院令第377号，2003年5月18日颁布

《博物馆藏品管理办法》文化部，1986年6月19日颁发

《博物馆管理办法》文化部令第35号，2005年12月22日发布，自2006年1月1日起施行

《博物馆条例》中华人民共和国国务院令第659号，2015年2月9日公布，自3月20日起施行

（二）标准、规范性文件

《文物藏品定级标准》2001年4月5日文化部部务会议审议通过，2011年4月9日起实施

《一级文物定级标准举例》

《近现代一级文物藏品定级标准（试行）》国家文物局，2003年5月13日发布

《古籍定级标准》文化部，2006年8月5日发布

《近现代文物征集参考范围》国家文物局，2003年5月13日发布

《博物馆藏品信息指标体系规范（试行）》国家文物局，2001年12月22日发布

《博物馆藏品二维影像技术规范（试行）》

《文物出境展览管理规定》国家文物局，2005年5月27日发布

《文物系统博物馆风险等级和安全防护级别的规定》国家文物局，2003年3月25日发布

（三）国家标准、行业标准

成立于2006年的全国文物保护标准化技术委员会（以下简称"文标委"），在国家文物局领导下，至今已开展了数百项标准的制修订工作，其中，《文物运输包装规范》等国家标准（GB）、《古代壁画现状调查规范》等行业标准（WW）已颁布实施，内容涵盖可移动文物、不可移动文物、博物馆、考古发掘等，涉及文物保护管理、文物保护技术和文物保护材料以及文物展示利用等方面（见表10-3）。

表10-3　文物藏品管理相关现行国家标准、行业标准规范统计表[①]

标准编号	标准名称	发布部门	实施日期
WH/T 20-2006	古籍定级标准	中华人民共和国文化部	2006-09-01
WH/T 22-2006	古籍特藏破损定级标准	中华人民共和国文化部	2006-09-01
WW/T 0003-2007	馆藏出土竹木漆器类文物病害分类与图示	国家文物局	2008-03-01
WW/T 0006-2007	古代壁画现状调查规范	国家文物局	2008-03-01
WW/T 0007-2007	石质文物保护修复方案编写规范	国家文物局	2008-03-01
WW/T 0008-2007	馆藏出土竹木漆器类文物保护修复方案编写规范	国家文物局	2008-03-01
WW/T 0009-2007	馆藏金属文物保护修复方案编写规范	国家文物局	2008-03-01
GB/T 22527-2008	文物保护单位标志	国家质量监督检验检疫总局、国家标准化管理委员会	2009-02-01
GB/T 22528-2008	文物保护单位开放服务规范	国家质量监督检验检疫总局、国家标准化管理委员会	2009-02-01
WW/T 0011-2008	馆藏出土竹木漆器类文物保护修复档案记录规范	国家文物局	2009-03-01
WW/T 0013-2008	馆藏丝织品病害与图示	国家文物局	2009-03-01
WW/T 0014-2008	馆藏丝织品保护修复方案编写规范	国家文物局	2009-03-01
WW/T 0015-2008	馆藏丝织品保护修复档案记录规范	国家文物局	2009-03-01
WW/T 0016-2008	馆藏文物保存环境质量检测技术规范	国家文物局	2009-03-01
WW/T 0018-2008	馆藏文物出入库规范	国家文物局	2009-03-01
WW/T 0019-2008	馆藏文物展览点交规范	国家文物局	2009-03-01
WW/T 0020-2008	文物藏品档案规范	国家文物局	2009-03-01
GB/T 23862-2009	文物运输包装规范	国家质量监督检验检疫总局、国家标准化管理委员会	2009-12-01
WW/T 0021-2010	陶质彩绘文物病害与图示	国家文物局	2010-09-01
WW/T 0022-2010	陶质彩绘文物保护修复方案编写规范	国家文物局	2010-09-01
WW/T 0023-2010	陶质彩绘文物保护修复档案记录规范	国家文物局	2010-09-01
WW/T 0024-2010	文物保护工程文件归档整理规范	国家文物局	2010-09-01
WW/T 0025-2010	馆藏纸质文物保护修复方案编写规范	国家文物局	2010-09-01
WW/T 0026-2010	馆藏纸质文物病害分类与图示	国家文物局	2010-09-01
WW/T 0027-2010	馆藏纸质文物保护修复档案记录规范	国家文物局	2010-09-01

---

① 行业标准，据国家文物局官网"行业标准"信息整理。网址：http://www.ncha.gov.cn/col/col1980/index.html。国家标准，据全国标准信息公共服务平台"国家标准"信息整理。网址：http://std.samr.gov.cn/gb。

续表

标准编号	标准名称	发布部门	实施日期
WW/T 0028-2010	砂岩质文物防风化材料保护效果评估方法	国家文物局	2010-09-01
WW/T 0029-2010	长城资源要素分类、代码与图示	国家文物局	2010-09-01
WW/T 0030-2010	古代建筑彩画病害与图示	国家文物局	2010-09-01
WW/T 0031-2010	古代壁画脱盐技术规范	国家文物局	2010-09-01
WW/T 0032-2010	古代壁画地仗层可溶盐分析的取样与测定	国家文物局	2010-09-01
WW/T 0033-2010	田野考古出土动物标本采集及实验室操作规范	国家文物局	2010-09-01
WW/T 0034-2012	古建筑保护工程施工监理规范	国家文物局	2012-08-01
WW/T 0035-2012	田野考古制图示	国家文物局	2012-08-01
WW/T 0036-2012	田野考古出土人类遗骸DNA获取技术规范	国家文物局	2012-08-01
WW/T 0037-2012	古建筑彩画保护修复技术要求	国家文物局	2012-08-01
WW/T 0039-2012	土遗址保护试验技术规范	国家文物局	2012-08-01
WW/T 0040-2012	土遗址保护工程勘察规范	国家文物局	2012-08-01
WW/T 0041-2012	室外铁质文物封护工艺规范	国家文物局	2012-08-01
WW/T 0042-2012	碳十四年代测定考古样品采集规范	国家文物局	2012-08-01
WW/T 0043-2012	碳十四年代测定骨质样品的处理方法	国家文物局	2012-08-01
WW/T 0044-2012	田野考古植物遗存浮选采集及实验室操作规范	国家文物局	2012-08-01
WW/T 0045-2012	碳氮同位素食性分析骨质样品采集及实验室操作规范	国家文物局	2012-08-01
WW/T 0046-2012	馆藏文物保存环境检测 气体扩散采样测定方法 甲酸和乙酸的测定	国家文物局	2012-08-01
WW/T 0047-2012	馆藏文物保存环境检测 气体扩散采样测定方法 氨的测定	国家文物局	2012-08-01
MH/T 1047-2012	艺术品及博物馆展（藏）品航空运输规范	中国民用航空局	2012-10-01
GB/T 16571-2012	博物馆和文物保护单位安全防范系统要求	国家质量监督检验检疫总局、国家标准化管理委员会	2013-02-01
WW/T 0017-2013	馆藏文物登录规范	国家文物局	2013-08-15
GB/T 30234-2013	文物展品标牌	国家质量监督检验检疫总局、国家标准化管理委员会	2014-12-01
GB/T 30235-2013	古代壁画保护修复档案规范	国家质量监督检验检疫总局、国家标准化管理委员会	2014-12-01

续表

标准编号	标准名称	发布部门	实施日期
GB/T 30236-2013	古代壁画保护修复方案编制规范	国家质量监督检验检疫总局、国家标准化管理委员会	2014-12-01
GB/T 30237-2013	古代壁画病害与图示	国家质量监督检验检疫总局、国家标准化管理委员会	2014-12-01
GB/T 30238-2013	可移动文物保护修复室规范化建设与仪器装备基本要求	国家质量监督检验检疫总局、国家标准化管理委员会	2014-12-01
GB/T 30239-2013	陶质文物彩绘保护修复技术要求	国家质量监督检验检疫总局、国家标准化管理委员会	2014-12-01
WW/T 0050-2014	文物建筑维修基本材料 青瓦	国家文物局	2014-06-01
WW/T 0051-2014	文物建筑维修基本材料 木材	国家文物局	2014-06-01
WW/T 0052-2014	文物建筑维修基本材料 石材	国家文物局	2014-06-01
WW/T 0053-2014	古代陶瓷科技信息提取规范 方法与原则	国家文物局	2014-06-01
WW/T 0054-2014	古代陶瓷科技信息提取规范 化学组成分析方法	国家文物局	2014-06-01
WW/T 0055-2014	古代陶瓷科技信息提取规范 形貌结构分析方法	国家文物局	2014-06-01
WW/T 0056-2014	可移动文物病害评估技术规程 陶质文物	国家文物局	2014-06-01
WW/T 0057-2014	可移动文物病害评估技术规程 瓷器类文物	国家文物局	2014-06-01
WW/T 0058-2014	可移动文物病害评估技术规程 金属类文物	国家文物局	2014-06-01
WW/T 0059-2014	可移动文物病害评估技术规程 丝织品类文物	国家文物局	2014-06-01
WW/T 0060-2014	可移动文物病害评估技术规程 竹木漆器类文物	国家文物局	2014-06-01
WW/T 0061-2014	可移动文物病害评估技术规程 馆藏壁画类文物	国家文物局	2014-06-01
WW/T 0062-2014	可移动文物病害评估技术规程 石质文物	国家文物局	2014-06-01
GB/T 30686-2014	馆藏青铜质和铁质文物病害与图示	国家质量监督检验检疫总局、国家标准化管理委员会	2015-07-01
GB/T 30687-2014	馆藏金属文物保护修复记录规范	国家质量监督检验检疫总局、国家标准化管理委员会	2015-07-01
GB/T 30688-2014	馆藏砖石文物病害与图示	国家质量监督检验检疫总局、国家标准化管理委员会	2015-07-01

续表

标准编号	标准名称	发布部门	实施日期
GB/T 31076.1-2014	汉文古籍特藏藏品定级 第1部分：古籍	国家质量监督检验检疫总局、国家标准化管理委员会	2015-07-01
WW/T 0063-2015	石质文物保护工程勘察规范	国家文物局	2016-01-01
WW/T 0064-2015	文物出境展览协议书编制规范	国家文物局	2016-01-01
WW/T 0065-2015	砖石质文物吸水性能测定 表面毛细吸收曲线法	国家文物局	2016-01-01
WW/T 0066-2015	馆藏文物预防性保护方案编写规范	国家文物局	2016-01-01
WW/T 0067-2015	馆藏文物保存环境控制 甲醛吸附材料	国家文物局	2016-01-01
WW/T 0068-2015	馆藏文物保存环境控制 调湿材料	国家文物局	2016-01-01
WW/T 0069-2015	馆藏文物防震规范	国家文物局	2016-01-01
WW/T 0070-2015	文物保护项目评估规范	国家文物局	2016-01-01
WW/T 0071-2015	文物保护项目评估机构服务质量评价规范	国家文物局	2016-01-01
WW/Z 0072-2015	大遗址保护规划规范	国家文物局	2016-01-01
GB/T 33290.1-2016	文物出境审核规范 第1部分：总则	国家质量监督检验检疫总局、国家标准化管理委员会	2017-07-01
GB/T 33290.2-2016	文物出境审核规范 第2部分：度量衡	国家质量监督检验检疫总局、国家标准化管理委员会	2017-07-01
GB/T 33290.3-2016	文物出境审核规范 第3部分：法器	国家质量监督检验检疫总局、国家标准化管理委员会	2017-07-01
GB/T 33290.4-2016	文物出境审核规范 第4部分：仪器	国家质量监督检验检疫总局、国家标准化管理委员会	2017-07-01
GB/T 33290.5-2016	文物出境审核规范 第5部分：仪仗	国家质量监督检验检疫总局、国家标准化管理委员会	2017-07-01
GB/T 33290.6-2016	文物出境审核规范 第6部分：家具	国家质量监督检验检疫总局、国家标准化管理委员会	2017-07-01
GB/T 33290.7-2016	文物出境审核规范 第7部分：织绣	国家质量监督检验检疫总局、国家标准化管理委员会	2017-07-01

续表

标准编号	标准名称	发布部门	实施日期
GB/T 33290.8-2016	文物出境审核规范 第8部分：陶瓷	国家质量监督检验检疫总局、国家标准化管理委员会	2017-07-01
GB/T 33290.9-2016	文物出境审核规范 第9部分：生产工具	国家质量监督检验检疫总局、国家标准化管理委员会	2017-07-01
GB/T 33290.10-2016	文物出境审核规范 第10部分：金属器	国家质量监督检验检疫总局、国家标准化管理委员会	2017-07-01
GB/T 33290.11-2016	文物出境审核规范 第11部分：明器	国家质量监督检验检疫总局、国家标准化管理委员会	2017-07-01
GB/T 33290.12-2016	文物出境审核规范 第12部分：钟表	国家质量监督检验检疫总局、国家标准化管理委员会	2017-07-01
GB/T 33290.13-2016	文物出境审核规范 第13部分：兵器	国家质量监督检验检疫总局、国家标准化管理委员会	2017-07-01
GB/T33290.14-2016	文物出境审核规范 第14部分：漆器	国家质量监督检验检疫总局、国家标准化管理委员会	2017-07-01
GB/T33290.15-2016	文物出境审核规范 第15部分：乐器	国家质量监督检验检疫总局、国家标准化管理委员会	2017-07-01
GB/T33290.16-2016	文物出境审核规范 第16部分：笔墨纸砚	国家质量监督检验检疫总局、国家标准化管理委员会	2017-07-01
GB/T33290.17-2016	文物出境审核规范 第17部分：烟壶和扇子	国家质量监督检验检疫总局、国家标准化管理委员会	2017-07-01
GB/T 33289-2016	馆藏砖石文物保护修复记录规范	国家质量监督检验检疫总局、国家标准化管理委员会	2017-07-01
WW/T 0073-2017	清代官式建筑修缮材料 琉璃瓦	国家文物局	2017-12-01
WW/T 0074-2017	室外铁质文物缓蚀工艺规范	国家文物局	2017-12-01

续表

标准编号	标准名称	发布部门	实施日期
WW/T 0075-2017	田野考古钻探记录规范	国家文物局	2017-12-01
WW/T 0076-2017	文物保护利用规范 名人故居	国家文物局	2017-12-01
WW/T 0077-2017	馆藏文物包装材料 无酸纸质材料	国家文物局	2017-12-01
WW/T 0078-2017	近现代文物建筑保护工程设计文件编制规范	国家文物局	2017-12-01
WW/T 0079-2017	古代壁画可溶盐测定 离子色谱法	国家文物局	2017-12-01
WW/T 0080-2017	考古发掘现场环境监测规范	国家文物局	2017-12-01
WW/T 0081-2017	考古现场土壤化学指标检测规范	国家文物局	2017-12-01
WW/T 0082-2017	古建筑壁画数字化测绘技术规程	国家文物局	2017-12-01
WW/T 0083-2017	文物保护单位游客承载量评估规范	国家文物局	2017-12-01
WW/T 0084-2017	文物建筑保护工程预算定额（南方地区）	国家文物局	2017-12-01
WW/T 0085-2017	文物建筑保护工程预算定额（北方地区）	国家文物局	2017-12-01
GB/T 36110-2018	文物展柜密封性能及检测	国家质量监督检验检疫总局、国家标准化管理委员会	2018-10-01
GB/T 36111-2018	文物展柜基本技术要求及检测	国家质量监督检验检疫总局、国家标准化管理委员会	2018-10-01
GB/T 36747-2018	干燥环境土遗址保护加固设计规范	国家质量监督检验检疫总局、国家标准化管理委员会	2019-04-01
WW/T 0086-2018	出土竹木漆器类文物含水率测定 失重法	国家文物局	2019-06-01
WW/T 0087-2018	馆藏丝织品老化程度测定 傅里叶变换红外光谱分析法	国家文物局	2019-06-01
WW/T 0088-2018	博物馆展览内容设计规范	国家文物局	2019-06-01
WW/T 0089-2018	博物馆陈列展览形式设计与施工规范	国家文物局	2019-06-01
WW/T 0090-2018	世界文化遗产地风险管理术语	国家文物局	2019-06-01
WW/T 0091-2018	文物保护利用规范 工业遗产	国家文物局	2019-06-01
WW/T 0092-2018	博物馆运行评估指标	国家文物局	2019-06-01
WW/T 0093-2018	拓片元数据著录规则	国家文物局	2019-06-01

第十一章 藏品管理法规和制度

法规是法律、法令、条例、规则、章程的总称,也包括国务院制定的行政法规等规范性文件。党中央和国务院一向重视文物博物馆法规建设,颁布了一系列文物保护和博物馆管理法规,成为藏品管理必须遵守的法律规定。

规章制度则是一个单位用来理顺工作关系、规范工作流程的行为准则。博物馆应该根据自身具体情况,制定相应的规章制度,确保博物馆藏品管理各项工作合法、合理、合规地有序开展。

第一节 藏品管理法规

遵纪守法,人人有责。从事文物博物馆工作,更应该做到学法、知法、懂法、执法,按照法律法规行事。对文物博物馆工作者而言,《中华人民共和国文物保护法》《中华人民共和国文物保护法实施条例》和《博物馆条例》是其必须遵守的最根本的法律法规,《博物馆藏品管理办法》则是从事藏品管理工作必须遵守的具体法规。

一、藏品管理法规的名称及其作用

藏品管理法规是指由国家制定或认可,并由国家强制力保证执行的博物馆藏品管理工作中各种行为规则的法律、法令、条例、规则、决定、命令、章程、办法等法律性文件的总称。这些法规是国家保护、管理博物馆藏品的法律依据,具有法律效力。

中华人民共和国成立以来,党和政府对祖国文物的保护工作十分重视,颁布了一系列有关文物保护的法律、法令、条例和办法,有许多是涉及藏品管理的。其中,关于藏品管理现行的最基本法规主要有以下各项:

(1)《中华人民共和国文物保护法》(全国人民代表大会常务委员会1982年11月19通过并首次发布;历经多次修正、修订,由中华人民共和国主席令公布,最新修订版)和《中华人民共和国文物保护法实施条例》(全国人民代表大会常务委员会通过,由中华人民共和国主席令公布,最新修订版)。

（2）《博物馆条例》（中华人民共和国国务院令第659号）（国务院，2015年2月9日颁布）。

（3）《博物馆管理办法》（文化部令第35号）（文化部，2005年12月22日颁布）。

（4）《博物馆藏品管理办法》（文化部，1986年6月19日颁布）。

（5）《文物藏品定级标准》及《一级文物定级标准举例》（文化部令第19号）（文化部，2001年4月9日颁布）。

（6）《近现代一级文物藏品定级标准（试行）》（文物博发〔2003〕38号）（国家文物局，2003年5月13日颁布）。

（7）《近现代文物征集参考范围》（文物博发〔2003〕38号）（国家文物局，2003年5月13日颁布）。

（8）《古籍定级标准》（文化部，2006年8月5日颁布）。

（9）《古人类化石和古脊椎动物化石保护管理办法》（文化部，2006年7月3日颁布）。

（10）《文物认定管理暂行办法》（文化部令第46号）（文化部，2009年8月5日颁布）。

（11）《文物复制拓印管理办法》（文物博发〔2011〕1号）（国家文物局，2011年1月28日颁布）。

（12）《可移动文物修复管理办法》（文物博发〔2014〕25号）（国家文物局，2014年颁布）。

（13）《国有馆藏文物退出管理暂行办法》（文物博发〔2018〕9号）（国家文物局，2018年颁布）。

以上十三项便是藏品（馆藏文物）管理工作必须遵守的最基本法规。其中，《中华人民共和国文物保护法》及其实施条例，以及《博物馆条例》是博物馆最根本的大法；《博物馆藏品管理办法》则是藏品管理的具体法规。

这些法律法规、行政规章、规范性文件，一方面可以加强国家对文物（藏品）的保护，另一方面也有利于开展科学研究工作，更好地传承我国优秀的历史文化遗产，进行爱国主义教育和革命传统教育，建设社会主义精神文明，是从事藏品管理工作必须遵守的法律原则。

此外，国家文物局于1989年9月6日发出《关于印发〈博物馆藏品分类办法〉（征求意见稿）的通知》，该分类办法一经修改正式颁发后，便会成为又一项有关藏品管理的法规。它对于进一步做好博物馆藏品的分类工作，逐步建立科学的藏品管理体系，形成统一检索和资料结构网络化的基础，逐步实现现代化管理手段，以及对于藏品的保护和利用将起到重要作用。

二、藏品管理法规的目的和基本要求

1. 制定法规的目的

《中华人民共和国文物保护法》（以下简称《文物保护法》）第一章总则第一条规定："为了加强对文物的保护，传承中华民族优秀历史文化遗产，促进科学研究工作，进行爱国主义和革命传统教育，增强历史自觉、坚定文化自信，建设社会主义精神文明和物质文明，根据宪法，制定本法。"这就是制定文物藏品管理法规的根本目的，这也是我们从事藏品管理工作的根本目的，而且是用法律的形式规定了的，是必须遵守的原则。

2. 法规的基本要求

（1）必须区分文物等级，设置藏品档案，建立严格管理制度。《文物保护法》第四章"馆藏文物"第三十六条规定："博物馆、图书馆和其他文物收藏单位对收藏的文物，必须区分文物等级，设置藏品档案，建立严格的管理制度，并报主管的文化行政部门备案。"《博物馆条例》第三章第二十二条规定："博物馆应当建立藏品账目及档案。藏品属于文物的，应当区分文物等级，单独设置文物档案，建立严格的管理制度，并报文物主管部门备案。"《博物馆藏品管理办法》第一章"总则"第二条规定："博物馆应根据本馆的性质和任务搜集藏品。藏品必须具有历史的或艺术的或科学的价值。藏品必须区分等级，一般分一、二、三级。其中，一级藏品必须重点保管。"

（2）博物馆对藏品负有科学管理、科学保护、整理研究、公开展出和提供使用的责任。《博物馆藏品管理办法》第一章"总则"第三条规定："博物馆对藏品负有科学管理、科学保护、整理研究、公开展出和提供使用（对社会主要是提供藏品资料、研究成果）的责任。"保管工作必须做到："制度健全、账目清楚、鉴定确切、编目详明、保管妥善、查用方便。"藏品保管的这二十四字的要求，既是保管工作的总方针，也是我们必须达到的管理目标。

（3）藏品管理是博物馆一项经常性的重要业务工作，必须加强领导，设置并强化专门组织和人员开展工作。《博物馆藏品管理办法》第一章"总则"第四条规定："藏品保管是博物馆一项经常性的重要业务工作，应由馆长分工负责领导。必须设立专门保管部门或配置专职保管人员，保管人员必须实行岗位责任制，并保持相对稳定。"

（4）藏品管理人员的工作任务繁重，技术性强，要求管理人员必须有高尚的职业道德和刻苦钻研业务的敬业精神，忠于职守，廉洁奉公，掌握较丰富的科学文化知识和管理技能。要关心他们的劳动保护福利待遇。《博物馆藏品管理办法》第一章"总则"第五条规定："保管工作人员必须认真学习马列主义，刻苦钻研业务，忠于职守，廉洁奉公。对于接触有毒药品、尘埃的保管工作人员，应按照当地有关工种享受相应的劳动保护福利待遇。"

（5）建立、健全管理制度；未经批准，不得调取馆藏文物。《文物保护法》第四章第三十八条规定："文物收藏单位应当根据馆藏文物的保护需要，按照国家有关规定建立、健全管理制度，并报主管的文物行政部门备案。未经批准，任何单位或者个人不得调取馆藏文物。"《博物馆藏品管理办法》第三章第十五条规定："建立健全各类藏品的保护管理制度和安全操作规程。"第一章"总则"第六条规定："为保证藏品安全，进行科学研究或充分发挥藏品的作用，文化部文物局可以调拨或借用全国文物系统所属各博物馆的藏品；省、自治区、直辖市文物行政管理部门可以调拨或借用本行政区域内文化系统所属各博物馆的藏品，其中一级藏品的调拨、交换，须经文化部文物局批准。"

（6）馆藏文物禁止出境、赠予、出租或出售。《文物保护法》第四章第四十四条规定："禁止国有文物收藏单位将馆藏文物赠予、出租或者出售给其他单位、个人。"《博物馆条例》第三章第二十五条规定："博物馆藏品属于国有文物、非国有文物中的珍贵文物和国家规定禁止出境的其他文物的，不得出境，不得转让、出租、质押给外国人。国有博物馆藏品属于文物的，不得赠予、出租或者出售给其他单位和个人。"《博物馆藏品管理办法》第四章第十九条规定："藏品严禁出售或作为礼品。"

三、藏品管理法规的具体内容

《博物馆藏品管理办法》，是藏品管理最基本的法规。可以说是博物馆藏品管理工作的宪法大纲，它对藏品管理工作各项工作程序都做了非常明确而具体的规定。其具体内容是：

（1）有关藏品的接收、鉴定、登账、编目和建档的规定。

这是第二章，共三条，即第七、八、九条。

第七条，是对藏品接收（征集入藏）和鉴定的具体规定。

第八条，对登账的具体规定，包括：①藏品总登记账与重复品、非藏品账等，管理总账人员不得兼管藏品库房。②藏品定名。③藏品计件。④藏品计量单位。⑤藏品时代。⑥藏品现状。⑦藏品来源。⑧藏品登记号的书写。

第九条，对编目、建档的具体规定，包括：①建立藏品编目卡片。②建立藏品档案和编制藏品分类目录、一级藏品目录。③可根据条件逐步使用电子计算机管理藏品。

（2）有关藏品库房管理的规定。

这是第三章，共六条，即第十条至第十五条。

第十条，对藏品应有固定、专用的库房和专人管理，库房建筑和保管设备要求安全、坚固、适应、经济的规定以及发生事故处理的规定。

第十一条，对库房应有防火、防盗、防潮、防虫、防尘、防光（紫外线），防震、防空气污染等设备或措施的规定和库房内及其附近应保持清洁，禁止存放易燃易爆物品、腐蚀性物品，及其他有碍文物安全的物品以及严禁烟火等的规定。

第十二条，对藏品要按照科学方法分类上架、妥善庋藏，不同类型贵重藏品设立专库或专柜重点保管的规定。

第十三条，对藏品出入库房的规定。

第十四条，对严守库房机密的规定。

第十五条，对建立健全各类藏品的保护管理制度和安全操作规程，逐年从业务经费中划出适当比例用以更新添置必要设备，改善库房条件等的规定。

（3）有关藏品的提用、注销和统计的规定。

这是第四章，共六条，即第十六条至第二十一条。

第十六条，是对馆内提用藏品时的有关具体规定。

第十七条，是对馆级负责人及藏品保管部门负责人提用藏品的规定。

第十八条，是对馆外单位提用藏品和藏品借出馆外的规定。

第十九条，是对藏品严禁出售或作为礼品赠送，馆际间调拨、交换的具体规定；

第二十条，是对藏品总数及增减数字每年年终要及时上报文物行政管理部门的规定。

第二十一条，是对经鉴定不够入藏标准，无保存价值的藏品谨慎处理和处理程序的规定。

（4）有关藏品的保养、修复、复制的规定。

这是第五章，共五条，即第二十二条至第二十六条。

第二十二条，规定要积极开展藏品保护科学技术研究活动，运用传统保护方法和现代科学技术、设备防止自然因素对藏品的损害。根据需要与可能，建立有关藏品保管、修复、复制等科学实验和技术设施，培养人才，加强藏品保护科技力量。

第二十三条，是对因藏品保护或科研特殊需要从藏品上取样分析化验及审批权限的规定。

第二十四条，是对采用新的藏品保护、修复技术须经过实验，评审鉴定后方能推广运用的规定。

第二十五条，是对藏品修复原则，修复前后、修复过程中注意事项及修复方案制定和审批权限的规定。

第二十六条，是有关复制一级藏品和其他藏品及批准权限等的规定。

（5）有关藏品保管工作奖惩的规定。

这是第六章，共三条，即第二十七、二十八、二十九条。

第二十七条，对在藏品保管工作中作出贡献的单位和个人给予表扬或奖励的规定。

第二十八条，对有违反本办法，玩忽职守等不同情形者，根据情节轻重给予批评教育或行政处罚的规定。

第二十九条，对有因渎职造成藏品重大损失、监守自盗藏品或内外勾结偷盗藏品等的情形，依法追究刑事责任的规定。

（6）有关保管部门和保管人员的权力规定。

《博物馆藏品管理办法》第七章"附则"第三十三条规定：各博物馆藏品保管部门或保管人员对违反本条例及馆内补充规章制度，妨碍文物安全的行为，有权不执行。双方认识无法统一时，由馆长决定。如仍存不同意见时，藏品保管部门可向主管文物行政管理部门反映并执行其最终决定。

第二节 藏品管理制度

制度是工作秩序的体现和保证，既是工作规律的一种反映，也是顺利完成工作任务的保证。藏品管理的规章制度就是对藏品管理工作的要求加以系统化和条理化，是藏品管理各项工作的准则。

对于保存国家和民族宝贵科学文化财产的博物馆，藏品管理必须有严密、健全的规章制度，应设岗位责任制，使各项工作都有章可循，做到手续清楚，职责分明。建立和健全各种规章制度，是实现藏品管理科学化的有力措施，它对保证藏品管理各项工作有秩序有成效地进行，使藏品管理各项工作规范化和提高工作效率，都具有重要作用。

一、制定规章制度的基本要求

（1）规章制度要合理，必须切实可行。主要依照国家发布的有关法规，同时结合本馆的人员分工、藏品数量和库房设备等实际情况，制定出本馆切实可行的规章制度，要做到既严密又不烦琐，便于记忆和执行。

（2）制定规章制度的目的要明确，内容要具体，文字要简要确切。对制定每一项规章制度的目的都要有明确认识，以便于所制定的规章制度切实做到规定合理，职责分明。同时，规章制度内容要具体，文字简要明确，结合本馆实际需要，精简确切，针对性强，一项制度所解决的问题不要贪求太多太杂。多了，不起作用；杂了，互相扯皮。

（3）制定规章制度，要走群众路线，从群众中来，到群众中去。要经过群众讨论、修改，并制定规章制度。这既便于群众学习、掌握规章制度，又易于为群众所接受,使规章制度成为群众自觉遵守的条文,且可收到集思广益的效果。

(4)规章制度要具有相对的稳定性。规章制度要相对稳定,不能朝令夕改;但对在执行过程中遇到的问题,要整理、研究,找出问题的症结,在一定时期内进行修改。

(5)规章制度一经制定公布后,必须严格执行。要提醒教育大家坚持制度,严格按章办事,以便充分发挥规章制度的作用,不要使规章制度流于形式,成为一纸空文。同时,规章制度在执行过程中,要进行检查监督,做到奖惩分明。

二、藏品管理的各项规章制度

博物馆制定藏品管理规章制度,可因各馆情况不同繁简各异。一般情况下各中小博物馆多趋于简便易行,而大馆工作人员多,分工细致,有关制度也比较详尽,并可以构成管理制度的较完整的体系。藏品管理规章制度按工作内容和性质归纳起来,大体可分为两大类:第一是对藏品科学管理方面的规章制度,第二是对藏品安全保护方面的规章制度。

(一)藏品科学管理方面的规章制度

(1)藏品入藏标准。是规定入藏文物、标本、实物资料等物件的选取条件,可以防止搜集人员和保管人员在交接藏品时发生矛盾,又能保证藏品入藏质量。

(2)藏品接收(移交)办法,是对接收(移交)手续的规定。藏品接收时需办理接收手续,移交和接收的双方要明确交接物品的名称、数量、质地、完残情况,划清责任界限;为保证藏品的科学性,交接时要弄清来源、流传经历,并交接清有关调查、搜集的原始记录材料。

(3)藏品总登记职责的规定。馆藏国家民族科学文化财产的总登记账,要按上级规定的格式、栏目,逐项填写,要使总账、文物相符合。工作职责是审查移交入库凭证或清单是否与实物完全一致,保存账目和有关书面凭证。这是做好藏品管理工作必要的保证。

(4)文物藏品编号的规定。藏品代号代码的编制,对于藏品管理工作有着重要的意义。主要包括规定馆藏文物的各种代号(总登记号、分类号、编目号等),以及在文物上标写号码方法与写号位置。

(5)藏品卡片填写说明。规定藏品各种卡片(主要指登记卡、编目卡)的填写要求。

(6)藏品定名条例。为使藏品定名科学化、规范化,制定定名条例。

(7)藏品分类大纲。应从妥善保管、便于利用的原则出发,根据藏品保管与使用的特点，制定本馆藏品分类方法。

（8）藏品定级标准。根据全国颁发的定级标准及本馆具体情况，制定本馆的定级标准细则。

（9）藏品编目细则。制定本馆编目方法及要求等细则，对编目的项目、内容、格式、书写要求，编目代号等提出要求。

（10）藏品库房管理制度。包括对日常的安全、卫生、排架等的要求、方法的规定。应规定：库房有保密性，一般不准参观；要保持库内整洁；库内藏品均要按排架归入柜、架内等。

（11）保管员工作事项。包括对库房工作制度、保管员的职责的规定。应规定：保管员进入库房时，对库房环境、门窗、电闸、电灯开关等进行认真检查；按时记录库内的温湿度情况；坚持记库房日志等。

（12）库房门禁钥匙使用管理办法。规定藏品库房门禁、藏品柜门的钥匙管理办法及编号使用制度。

（13）藏品出、入库规定。规定藏品因陈列、借出、外拨等情况的出、入库要求和手续。应规定：藏品出、入库要以出、入库凭证为据，办理手续；藏品提用要由领导批准，并办理出库手续等。

（14）藏品核对统计的规定。是关于定期核对、统计藏品的规定。应规定：对藏品各种数字要定期进行核对、统计；核对各种记录材料，确保藏品的记录材料准确、数字精确。

（15）藏品建档及档案的管理办法。确定为博物馆馆藏的文物必须逐级逐件建立档案，首先建立一级藏品的档案。完整、科学的藏品档案，是我们搞好藏品管理和研究工作的重要保证。因此，应对藏品档案的收集范围、立卷原则、分类方法、管理要求等作出规定，使其更好地为藏品管理与科学研究服务。

（二）藏品安全保护方面的规章制度

（1）关于防火防盗制度。防火是藏品保护的一件大事，要对电源、火源和其他易燃易爆物品的具体要求标准作出规定，并对门窗安全检查、警报设备管理、外来人员入库的登记手续等作出规定。

（2）藏品防尘灭菌杀虫消毒的规定。根据藏品的特性，规定防尘、灭菌、杀虫、消毒等措施的具体方法以及使用的器具、设备、药物、时间等。

（3）库房温湿度、光照度的规定。根据藏品不同质地的要求，规定藏品库房内的温湿度的最大限度要求，以及光照度的要求。

（4）通风、晾晒的规定。规定库房及藏品通风、晾晒的时间、季节，以及通风次数、每次通风时间长短等。

（5）文物拍照的规定。对文物藏品拍照，要指定时间、地点，并对环境条件（包括光的强度）提出要求；要有书面合同。

（6）藏品检测化验的规定。由于藏品年代鉴定、质地成分检测的化学检验，需要从藏品身上采样做样本。因此，要规定取样的剂量、级别、取样方法等。

（7）修复的规定。藏品修复要制定修复方案，对修复方法、步骤、使用材料等作出规定；要有批准手续，做好修复记录。

（8）复制、临摹的规定。复制藏品要制定原则和要求。复制藏品应同原件一致，不允许任意改变。尤其是复制临摹绘画，更要忠实于原作，不能用自己的创作思想代替和掩盖原作的真实面貌。复制藏品要制定复制方案，规定复制方法、使用的材料，采用的工艺流程等；同时规定临摹的时间、地点、参加人员、环境条件等。

（9）关于观摩书画的规定。书画作品原则上限制使用原作；对外单位人员观摩书画要规定时间、地点。观摩书画时的具体要求包括规定观摩人员与书画作品的距离，戴手套、口罩等。

（10）藏品搬运的注意事项。包括对各类藏品取拿方法、书画展卷办法、搬运工具、流动展览的安全规定等。应规定：搬运藏品时，要保证藏品安全，不出事故。操作时要双手捧持，轻拿轻放，严禁单手提边，不可提梁携耳或持柄而行，以防损坏。小件藏品提用要注意包装，以防散失；大件藏品也要防止磨损碰伤。取拿瓷器等藏品时，应戴上防滑手套，以防器物滑落受损；取拿书画、织绣和金属藏品时，要戴细软手套，以防汗手损伤藏品。

三、藏品管理规章制度案例：故宫博物院规章制度简介

故宫博物院是在明清两代皇宫及其收藏的基础上建立起来的综合博物馆，也是中国最大的古代文化艺术博物馆。故宫博物院作为故宫的管理者，必须通过不懈的努力，让故宫成为既值得骄傲又令人尊敬的文化典范。因此，我们必须建立一套完备的，能促进故宫博物院进一步规范化、法治化管理的规章制度，尽最大努力确保故宫"天字第一号国宝"这一文化典范得以传承和发扬[①]。

故宫博物院在几十年的历史中形成了富有特色的、系统全面的管理制度。1988年，故宫博物院形成了上下两册的规章制度汇编。20世纪90年代，故宫博物院又进行了一次制度整理汇编。此后，经过多年发展，故宫博物院各部门从工作实际出发，先后修订、总结、汇编了包括藏品保管在内的多项专门的制度。从2004年底开始，经过

---

① 节选自单霁翔：《故宫博物院规章制度汇编·前言》，故宫博物院编：《故宫博物院规章制度汇编》，故宫出版社，2013年1月版，第1页。

8年多的工作，最终初步形成了比较完整、系统的故宫博物院规章制度体系，并形成了《故宫博物院规章制度汇编》[①]。根据《故宫博物院规章制度汇编》，我们制作了与藏品管理有关的规章制度一览表（见表11-1），供参考。

表11-1　故宫博物院藏品管理相关规章制度一览表[②]

序号	类别	规章制度名称	备注
1	综合管理	《故宫博物院档案管理办法》	
		《故宫博物院保密工作实施细则》	
		《故宫博物院规章制度建设和修订办法》	
2	安全管理	《故宫博物院防盗、防爆、防破坏工作规定》	
		《故宫博物院消防安全管理制度》	
		《故宫博物院安全用电管理规定》	
		《故宫博物院领取钥匙规定》	
		《故宫博物院展室和文物库房技术防范规定》	
3	古建与工程	《故宫博物院古建筑保护管理规定》	
		《故宫博物院古建筑修缮工程管理规定》	
4	藏品保护与利用	《故宫博物院藏品管理规定》	第一章　总则 第二章　管理人员 第三章　藏品的征集和拨出 第四章　藏品登记 第五章　库房管理 第六章　藏品保管和修复 第七章　藏品提用 第八章　藏品出入院 第九章　在陈藏品的管理 第十章　奖励与处罚 第十一章　附则

---

① 故宫博物院编：《故宫博物院规章制度汇编》，故宫出版社，2013年1月版。
② 资料来自故宫博物院编：《故宫博物院规章制度汇编》，故宫出版社，2013年1月版。

续表

序号	类别	规章制度名称	备注
4	藏品保护与利用	《故宫博物院藏品管理规定·附则》（附件）	1.藏品登记规格及要求
			2.藏品单位计数法
			3.复件藏品登记法
			4.故宫博物院资料藏品编录办法
			5.藏品库房检查规定
			6.地库密码使用规定
			7.藏品分类排架操作规程
			8.藏品安全操作规程
			9.藏品出入库验放工作规定
			10.观摩藏品须知
		《故宫博物院文物保护、修复、复制工作办法》	
		《故宫博物院影像资料管理办法》	

第十二章　藏品管理机构和管理队伍

我国有关博物馆藏品管理法规都曾明确规定，对博物馆藏品进行管理，必须设置专门机构和专职人员。这个机构从大范围讲，就是各级博物馆、文管所等有关单位和地方组织部门；具体讲则是各博物馆内所设置的保管部等相关部门。而专职人员则是这些单位和部门的各有关的业务工作人员。博物馆对藏品管理机构的设置和管理队伍的建设以及对藏品管理人员的配备则要根据各馆业务需要和实际情况而定，在保证人员队伍质量的基础上适当地调配人员的数量。

第一节　藏品管理的组织机构设置

藏品管理组织机构主要职责是负责藏品的管理工作，同时搞好与博物馆内各个部门之间的协调工作。组织机构的设置合理与否，会直接影响藏品管理工作的质量与实效，应该高度重视并合理设置。

一、机构设置的依据和要求

博物馆藏品管理的组织机构设置，是根据工作的需要，进行合理分工，有效管理的组织形式，也是管理职责、权限的划分。如何设置组织机构，关系着藏品管理工作能否合理开展，并使之井然有序地组织推动起来；也关系着能否建立灵活有效的管理系统，使藏品管理工作达到程序合理、分工明确、科学系统的目的。因此，藏品管理组织机构的设置，要求必须能够适合藏品管理工作的性质、任务，从而具有自己的特点。只有这样，才能有利于充分发挥管理工作人员的积极性，完成其所担负的任务。藏品管理的机构设置，应当注意以下几个基本要求：

（1）藏品管理组织机构的设置，要根据藏品管理工作实际的需要。

不同性质的博物馆，由于藏品类型各不相同，藏品管理的任务和特点就各有异同。例如自然博物馆、历史博物馆、艺术博物馆、科技博物馆，这些不同类型的博物馆的藏品不尽相同，各具特点，因此，藏品管理组织机构的设置也应该是根据实际工作的需要，各有侧重，各具特色。虽然从大体上讲都可以设有保管部，但其职能、任务却有区别，并且进一步的分工也不尽相同。另外，不同规模的博物馆，由于藏品数量多少不等，工作起来的任务和需要也就不同，工作分工也会有所不同，其藏品管理组织机构的设置也就不同。如文物管理所中一般收藏数量有限的文物藏品，只设有文物室；大型博物馆由于藏品丰富，种类繁多，藏品管理工作复杂，任务繁重，机构设置则相对增加，除设有保管部外，往往还设有修复室、文物保护技术实验室、编目组等室（组）。所以，不同类型、不同规模博物馆藏品管理组织机构的设置，要从本馆藏品管理工作的实际需要出发，建立必要的组织机构。

（2）藏品管理组织机构的设置，要按照合理分工、科学健全的原则。

藏品管理的机构设置，犹如其他机构一样，是保证本部门日常工作和总目标完成的重要措施之一。也就是说，它是使博物馆藏品管理各项工作，能够有秩序地按规律运转的组织保障。藏品管理机构的合理设置，实际上是如何科学分工又相互协作的问题，机构设置合理与否，对工作有着重大的影响。因之，任何一个博物馆的藏品管理，如果没有健全而又合理的组织机构，就没有明确的职责和科学的分工，就必然要陷于混乱，产生许多问题，以至于影响到整个藏品管理工作甚至是全馆正常工作的开展。因此说，机构设置科学健全与否，是搞好藏品管理的关键所在。这就要求藏品管理机构设置一定要分工合理，科学健全，便于协作，职责分明，有利于加强藏品的科学管理，以发挥藏品管理组织机构应有的作用。

（3）藏品管理机构的设置，要本着精简的原则。

藏品管理机构的设置，要力求精简，层次不宜太繁、部室不宜太多。一般来说，藏品管理的组织机构可分为部（室）、组二级。机构精练既有利于加强领导，又可以避免人浮于事，彼此扯皮，既节省开支又可防止产生官僚主义，同时还有利于提高工作效率和管理水平。

二、藏品管理组织机构的职责范围和人员构成

博物馆藏品管理组织机构的职责，主要负责文物、标本、实物资料等物件即博物馆藏品的搜集、鉴选、整理研究、鉴定、定级、分类、编目、保管、提供利用、科学保护等工作。既要确保藏品的安全，又要进行科学研究，还要提供利用，并要加强科学保护工作。不仅要妥善保管藏品，还要做到查用方便；既要管理制度健全，各项账目清楚，又要鉴定结论确切，编制目录、卡片内容详明。

藏品管理工作人员的构成，要根据藏品管理工作的特点、职责范畴，管理工作的任务和性质来确定。一般情况下，设保管部主任一人，负责整个藏品管理的全局工作；副主任一人，主要负责藏品管理工作的具体业务。设总账保管员，负责藏品总登

记账的登记和保管工作;设库房保管员若干人,负责各分类库房的藏品保管工作;设技术修复人员,负责藏品的修复与复制工作;设藏品科学研究人员,负责藏品的分类、编目等工作;设文物藏品鉴定人员,负责藏品的鉴定、定级工作;设文物保护技术人员,负责文物藏品保护的科学研究和实验、科学检测和分析,用科技手段鉴定文物等工作。

总之,藏品管理工作的人员构成,可以根据本馆藏品的数量、种类、性质特点及藏品管理工作的规模、任务和具体条件等情况来设置,人员组合要以能很好地完成藏品管理各项具体工作为原则,合理安排,互相协调,以保证做好藏品管理各项工作。

三、我国藏品管理机构设置的历史与现状

一般情况下,我国博物馆传统的藏品管理组织机构是博物馆内的藏品保管部,设主任、副主任各一人,库房保管员若干人,另外设有文物保护实验室,这是两个基本同级的部门。而在保管部中,下设机构往往因馆而异。社会历史类博物馆藏品管理组织机构设置情况,以原中国历史博物馆(2003年合并之前)和现中国国家博物馆为例来说明。原中国历史博物馆藏品管理的组织机构分为部、室和组(室)二级。第一级最初仅设有保管部和文物鉴定委员会,其中保管部是常设机构,文物鉴定委员会由专家、学者组成,不属于专职常设事务性机构,其成员都有各自的工作岗位,只是在需要鉴定文物时才召集于一处开展鉴定工作。后来则把原先隶属于保管部的实验室独立出来,设置了文物保护科技部,与保管部同级。第二级则是在保管部内下设征集组、文物组、照相室、编目组、修复组、库管组、实验室(见图12-1)。

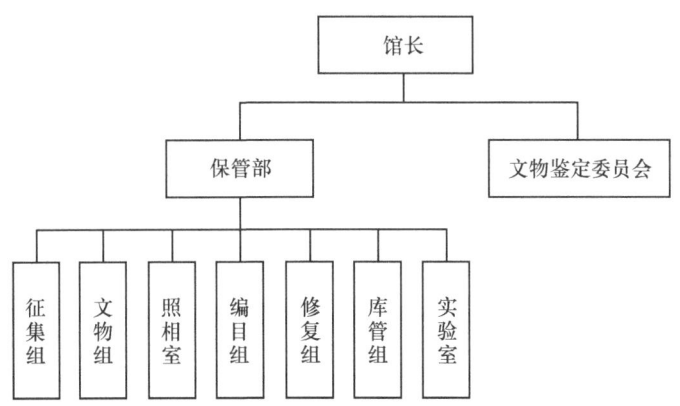

图12-1 原中国历史博物馆藏品管理机构设置示意图

2003年2月根据中央决定,中国历史博物馆和中国革命博物馆合并组建成为中国国家博物馆。中国国家博物馆现有藏品数量143万余件(套),涵盖了从远古时期到当代各个历史阶段社会发展变化不同方面的内容,其中,国家一级文物6000余件(套),具有高度的历史价值、科学价值和艺术价值,全面系统完整地展现中华优秀传统文化、革命文化、社会主义先进文化,是中华文明发展史的典藏宝库。作为国家级的博物馆,中国国家博物馆建立了一整套严格的藏品保管的规章制度,形成了国家博物馆科学严密的藏品保管体系[①]。

中国国家博物馆藏品管理组织机构设置分部和室二级。第一级设有藏品保管一部、藏品保管二部、文物科技保护部(文物科技保护中心)、艺术品鉴定中心;第二级是在藏品保管部(一部和二部)内下分别设置征集室、登编室、藏品室、图片室、摄影室等。文物保护科技部(文物科技保护中心)下设文物保护实验室、分析与环境检测实验室(金属科研基地办公室)、器物修复室、书画修复室,文献复制室、油画修复室。艺术品鉴定中心下设综合业务室、科技检测室(见图12-2)。

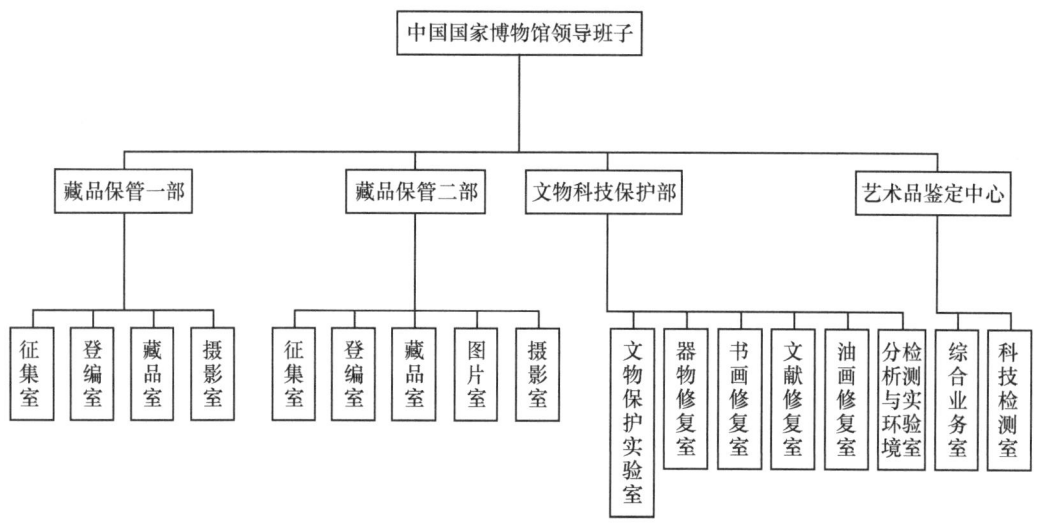

图12-2　中国国家博物馆藏品管理组织机构设置示意图

而其他规模比较大的综合性博物馆藏品管理组织机构的设置则比较复杂,往往是根据本馆实际需要,而无普遍规律可循。以故宫博物院为例,故宫博物院是一座特殊的博物馆,是中国最大的明清宫廷史迹及古代文化艺术博物馆,其馆舍建筑是我国明清两个王朝的皇宫——紫禁城,1961年故宫被国务院核定公布为全国重点文物保护单位。故宫博物院不仅一如既往精心保管着明清时代遗留下来的皇家宫殿和旧藏珍宝,

---

① 组织机构 - 关于国博 - 中国国家博物馆,网址:http://old.chnmuseum.cn/tabid/89/Default.aspx。

而且通过国家调拨、向社会征集和接受私人捐赠等方式，极大地丰富了文物藏品，形成古书画、古器物、宫廷文物、书籍档案等领域蔚成系列、总数186余万件（套）的珍贵馆藏。除了收藏明清两代皇帝、后妃的生活用具清王朝典章制度等文物外，还收藏有书画碑帖、碑碣雕刻、金玉陶瓷、漆器珐琅、文房四宝（笔墨纸砚）、纺织刺绣、中外钟表等各类艺术珍品。大多系清宫收藏的历代奇珍异宝。20世纪90年代，故宫博物院根据本院藏品的实际情况，在保管部中下设八个组：金石组、书画组、织绣组、宫廷组、陶瓷组、工艺组、资料组、总保管组来负责各类藏品的保管、研究工作，此外，还另设有修复厂，直属于故宫博物院管辖，与保管部处于并列状态。

进入21世纪，故宫博物院机构设置进行了调整和改革，与藏品管理有关的组织机构设置包括文物管理处，书画部、器物部、宫廷部，文保科技部、修缮技艺部、古建部，资料信息部等。

故宫博物院藏品管理机构的这种设置，是由故宫博物院藏品性质及藏品管理工作的特殊性和实际需要所决定的，是藏品管理组织机构设置的个别的极富特性的情况，但却体现出了一定的先进性。

在各省、自治区、直辖市除省馆以外的相当于省级博物馆中，一般情况下，藏品管理的组织机构普遍设置保管部，在保管部内下设库房组、编目组、总账保管组、修复室等。例如有这样一个博物馆，其藏品管理组织机构下辖七个科级组（室）（见图12-3）。

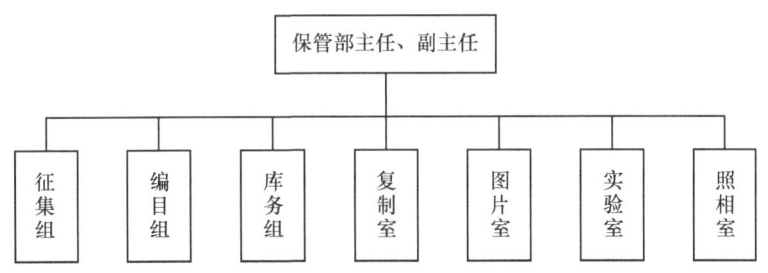

图12-3 省级博物馆藏品管理机构设置示意图

这种组织机构形式是按照保管部门的基本特点和业务分工明确的，各组室都具有明确的职责范围。这种机构设置在20世纪八九十年代我国大中型博物馆中具有普遍意义。而市、县级博物馆，藏品数量少，工作人员不多，藏品管理组织机构相对简单，只设保管部（或组）或文物室（组），不再具体细分，工作人员互相兼职，共同负责藏品的管理工作（见图12-4）。

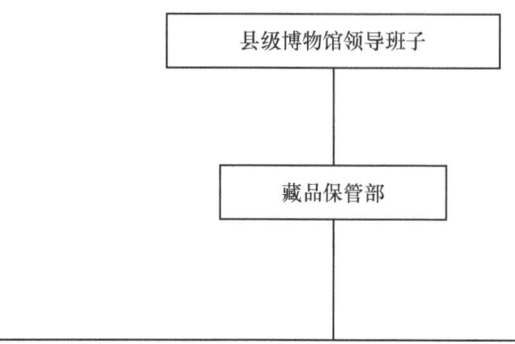

图12-4 县级博物馆藏品管理机构设置示意图

四、我国藏品管理组织机构设置的发展趋向

藏品管理学是新兴的一门学科，对它的研究还处在刚刚起步的阶段，因此许多相关的问题还有待于进一步地研究和认识。藏品管理组织机构的设置，就属于还需不断探索、不断研究的问题。随着藏品管理学对藏品管理相关问题研究的深入开展，并且，随着藏品管理实际工作的实践经验的积累和总结，对于藏品管理组织机构的设置这个问题，就会形成越来越明确统一的共识。虽然目前全国尚未形成一致意见，但从某些博物馆藏品管理组织机构设置的改变中，不难看出藏品管理组织机构设置的变化特点。

其一，重视文物保护，增设文物保护技术实验室，或提升级别，把原先已设置在保管部内的文物保护技术实验室从保管部属下分开来，独立出来，成为与保管部同级的部门。

在1980年以前，我国的博物馆中设有文物保护技术实验室的还为数不多，在当时全国350余座博物馆中（文化系统范围内），有10余座博物馆设立了文物保护技术实验室，而且多设在各省、自治区、直辖市中的省馆及国家级的大型博物馆中，如中国历史博物馆（现中国国家博物馆前身之一）、上海博物馆、南京博物院、安徽省博物馆（现安徽博物院前身）、湖南省博物馆（现湖南博物院前身）等，并且这些实验室多设在保管部属下。但从20世纪80年代开始特别是90年代以来，随着《中华人民共和国文物保护法》及其实施细则（现为实施条例）的颁布实施，在全国范围内掀起了宣传文物保护、积极开展文物保护工作，加强文物保护科学研究的热潮，文物保护得到极大的重视，有条件的博物馆在人力、物力、财力条件允许的情况下，都相继设立了文物保护技术实验室，加强对文物保护工作的开展和研究。而在原先把实验室设立在保管部内的博物馆，有的已把实验室从保管部中独立出来，成为一个单独独立的藏品管理的业务部门，其级别则与保管部相同。如原中国历史博物馆就把多年来一直隶属于保管部的文物保护实验室从保管部独立出来。这样不仅体现出对文物藏品保护工作的重视程度，也相对地加强了文物保护工作，从而使藏品管理和科学保护更广泛地开展起来。进入21世纪，文物保护更是受到进一步的高度重视，很多省份建立了独立的文物保护中心，如辽宁省文物保护中心；博物馆中的文物保护机构也相应地提升了级别，与保管部同级，突出体现了文物保护的重要性和对文物保护的重视程度。

其二，重视藏品研究，并加强编目工作。

重视藏品研究，最为显著的表现是许多省级博物馆藏品管理部门均更名为"藏品管理研究部"，体现出对藏品研究的重视。

对藏品编目工作的重视与加强，集中体现在以下两个方面。

（1）在保管部内设立编目组，使编目工作有专人负责进行。

以往的藏品编目工作是由保管部统一负责，由各分类库房保管员分别进行这项工作。由于种种原因，编目工作开展得不太理想，进度缓慢，且工作质量不高。而藏品编目又是一项非常重要的工作，其工作质量的好坏与否，直接影响藏品管理工作的水平乃至对全馆各项工作都有很大影响。随着在工作中实践经验的不断积累，博物馆工作人员认识到要提高编目工作的质量，必须实行专人分工负责制。于是从20世纪80年代以来（原中国历史博物馆早在20世纪70年代就设立了编目组），各博物馆纷纷在本馆的保管部内专设编目组。编目组的工作人员多是既有大学专科以上水平又有多年实际工作经验的人。他们对工作认真负责，对博物馆藏品编目工作越来越重视。这也反映出藏品管理工作的组织机构在逐渐由传统的保管部单一结构向多种组织机构发展。

（2）改革藏品管理机构业务体制，分离编目职能，由专业研究人员负责编目工作，提升了编目的水平。

20世纪90年代初期，上海博物馆在全国范围内率先开始了一种新尝试，即尝试一种业务体制的改革，把传统的集保管、保护、研究为一体的保管部的职能缩小到单纯库房保管方面的职能，而把原先由保管部所承担的业务一分为二：一为库房保管业务，由保管部继续承担；一为鉴定编目研究业务，交由各个专业部具体负责。这样一来，就把原保管部分为保管部和若干个专业研究部，其中保管部专门负责库房保管、藏品总登记账的登记保管和为业务部门提供服务，不再负责藏品鉴定、编目、研究等工作；成立相对独立的各专业业务部——陶瓷研究部、工艺研究部、书画研究部、青铜器研究部等，各类文物藏品的鉴定编目研究工作则由这些业务部门分别来进行[①]。

这样就上海博物馆来讲，其藏品管理的机构设置则包括保管部、文物保护与考古科学实验室、陶瓷研究部、工艺研究部、书画研究部、青铜器研究部等（见图12-5）。

---

① 马承源：《上海博物馆工作汇报提纲》，《中国博物馆》1991年第3期，第10—15页。

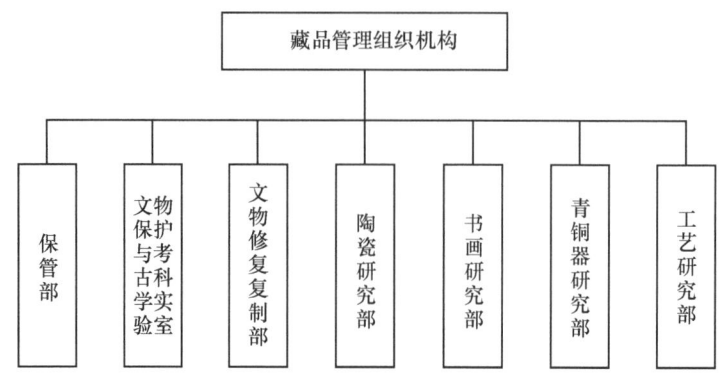

图12-5 上海博物馆藏品管理组织机构设置示意图

这种模式的藏品管理组织机构的设置，是一种新的尝试。首先，库房保管员与藏品研究业务人员合理分工、职责分明，可以使两者都能专心致志地分别进行自己的工作，互不相扰，既可节省业务人员的时间，又可使其精力全部用到对藏品的鉴定研究中去，从而可使鉴定研究工作的水平大幅度提高。其次，库房保管员专职藏品库房保管，可使库房中藏品安全系数相应地提高，库房卫生工作、温湿度监测、藏品总账的登记与保管等工作质量都会随之提高。再者这种设置方式，避免了保管员不懂文物，而业务人员又接触不到文物、无法开展研究工作的弊端。以往传统的机构设置只设保管部，保管部的工作人员既要负责日常保管工作、总账登记工作，又要负责鉴定、研究编目等工作，不仅工作量大，无法按要求及时做好各项工作，而且由于有些保管部工作人员本身水平有限，没有能力胜任藏品鉴定、编目工作；可是由于此种机构设置，使其他能开展藏品研究工作的业务人员又接触不到文物，想进行这方面的研究工作也无法进行。现在，上海博物馆藏品管理组织机构设置的改革，就解决了这个问题。由此可以看出，这种新的设置模式，比传统的设置方式具有能提高藏品研究水平和保管工作水平的优点，是可取的模式。但同时还要看到，这种设置需要有许多懂业务有专长的人员来进行藏品研究工作，所以比较适合人力、物力等方面实力较强的大馆和各省级博物馆。

为了顺应博物馆事业发展形势，故宫博物院的藏品管理组织机构也进行了重新设置。负责藏品管理的主要部门为文物管理处，其下设置四个科：文物管理科、文物数据科、业务协调科、文物征集科，负责藏品综合管理、账目信息管理和业务协调工作。此外，还设有书画部，主要负责院藏绘画、书法、碑帖类文物保管、陈列和研究出版工作。器物部，是故宫博物院主要业务部门之一，主要负责院藏陶瓷、雕塑、金石、玉器、漆器、玻璃器、金银器、珐琅器、文房四宝、竹木牙角等类文物的保管、展示与研究工作。宫廷部，主要负责院藏宫廷生活类、典章类、宗教类、织绣类文物及实物资料的保管、陈列和研究与出版等工作。同时还负责原状宫殿及陈设的保管维护和以宫廷史为特色的展览研究工作。文保科技部，主要负责故宫博物院各类文物的保护、修复和研究的业务工作。修缮技艺部,主要职责是承担故宫官式古建筑营造技艺保护、传承、研究,培养古建修缮技艺专业人才的业务工作,同时负责故宫博物院古建筑日常维护保养、宫廷园艺研究以及庭园管理工作。结合故宫为世界上规模最大的古代宫殿建筑群这一特点,故宫博物院还设置了古建部,负责故宫文物建筑保护和管理业务工作。与藏品管理有关的部门还有资料信息部,主要职责是负责故宫博物院信息化建设与管理的业务工作[1](见图12-6)。

综上所述,这种新的机构设置模式与传统的单一保管部的设置形式相比,具有鲜明的特点和明显的优越性。因此,这种新的机构设置模式会成为全国各大中型博物馆藏品管理机构设置发展的一种趋向。

其三,"大部制"改革和多元化专业管理新模式。

进入21世纪以来,党的十八届三中全会做出《中共中央关于全面深化改革若干重大问题的决定》,提出了全面深化改革的战略思想和战略目标,中国进入全面深化改革的新时代。博物馆作为建设社会主义先进文化的中坚力量,越来越受到党中央和国务院的高度重视,博物馆事业和藏品管理工作得到空前发展。博物馆藏品管理组织机构设置也出现了全新的模式探索。

中央和地方共建的"8+3"和新一轮中央和地方共建的博物馆之一的湖南省博物馆(现湖南博物院前身),在2002、2005年两轮机构改革的基础上,于2009年进行了第三轮机构改革,实行了"大部制",其中一个举措就是把陈列部和保管部合并为典藏与展示研究部,负责全馆藏品的征集、鉴定、登录、保管、保护、研究及数据库建设;负责展览的策划、内容设计、布(撤)展等相关工作;负责拟定展览计划并组织实施;负责办理本馆人员的出国(境)手续;承担相关科学研究任务。除上述常设机构外,另设学术委员会、藏品征集与鉴定委员会等专业委员会,充分发挥专家在各项业务工作中的作用[2]。这样就解决了保管部"不懂"陈列,无法为陈列部提供适合展出的藏品,陈列部接触不到藏品,不知道有哪些文物藏品可以在展览中展出的矛盾问题[3]。典藏与展示研究部的设置,是新时期博物馆藏品管理组织机构设置的探索模式之一。

首都博物馆的探索也是一个很好的案例。首都博物馆于1953年开始筹备,1981年正式对外开放,原馆址在全国重点文物保护单位——北京孔庙。作为北京市"十五"期间重点文化建设工程,进入新世纪之初,决定建设首都博物馆新馆。首都博物馆新馆于2005年12月开始试运行,2006年5月18日正式开馆。新馆的展览陈列以首都博物

---

[1] 资料来自故宫博物院官网,网址:http://www.dpm.org.cn/Home.html。

[2] 陈建明:《博物馆内部机构设置与职责再探讨——以湖南省博物馆为例》,《湖南省博物馆馆刊》2009年第六辑,第596—601页。

[3] 潘守永、覃琛:《实践中的思考:当代博物馆与博物馆学的发展观——湖南省博物馆馆长陈建明访谈录》,《中国博物馆》2012年第2期。

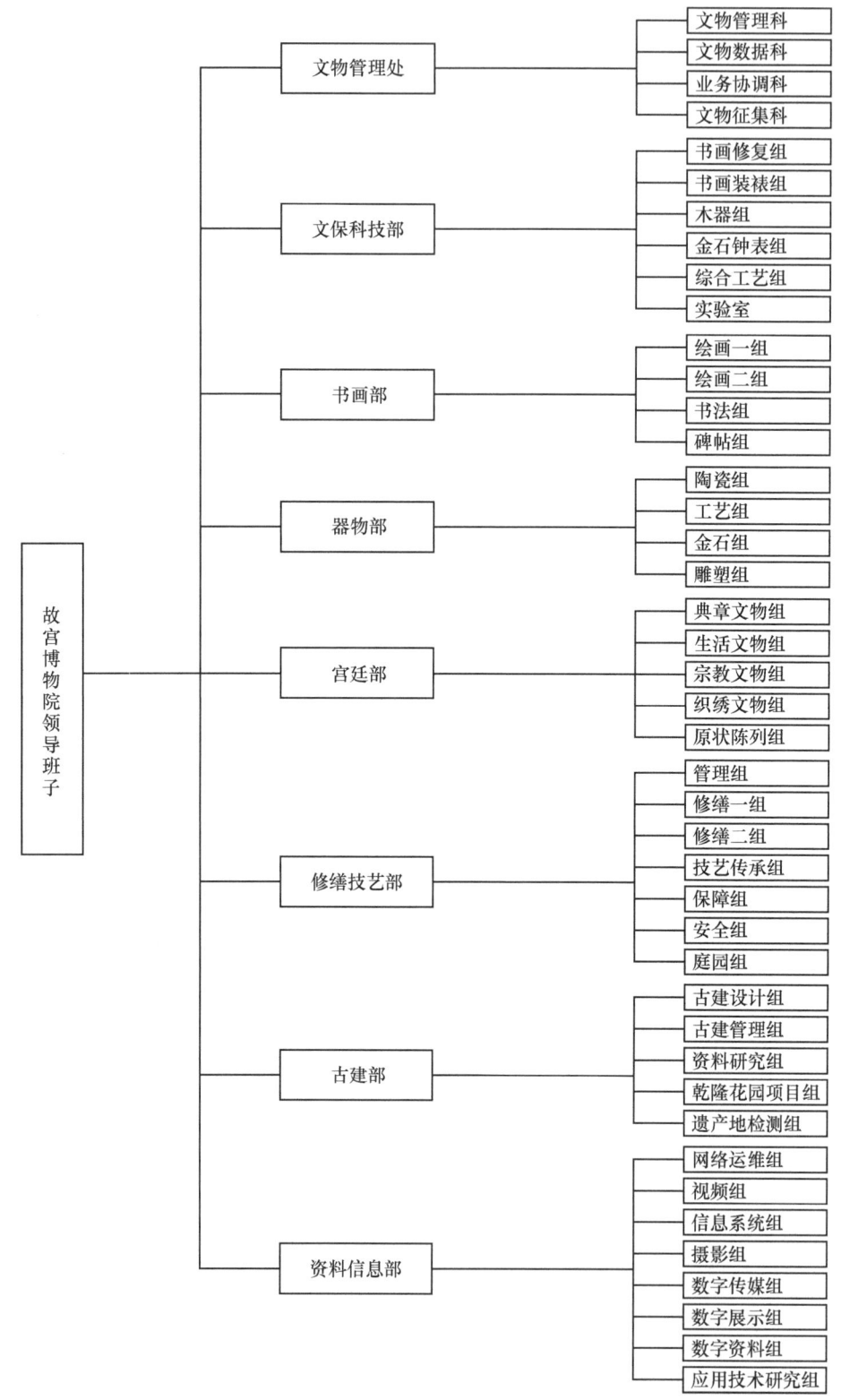

图12-6　故宫博物院藏品管理机构设置示意图

历年收藏和北京地区的出土文物为基本素材,吸收北京历史、文物、考古及相关学科的最新研究成果,借鉴国内外博物馆的成功经验,形成独具北京特色的现代化展陈。首都博物馆的定位决定了首博展览的构成:基本陈列、精品陈列和临时展览。新馆开馆举办13个陈列展览,包括基本陈列《古都北京·历史文化篇》《京城旧事——老北京民俗展》,精品陈列《古代瓷器艺术精品展》《燕地青铜艺术精品展》《古代书法艺术精品展》《古代绘画艺术精品展》《古代玉器艺术精品展》《古代佛教艺术精品展》等。以上展览共展出馆藏文物5622件[①]。

首都博物馆领导层研究决定,新馆13个陈列展览所涉及的文物工作包括从拣选、接收、集中、信息采集、修复、清洗、展托展具测量,包装、运输、布展、展厅文物管理等一系列文物工作,全部由保管部负责完成。这样一来,无形中等于把保管部的工作范畴一下子拓展到藏品(文物)管理的整个系统,可以说这是一个全新的模式探索,不仅在首都博物馆的历史上是第一次,而且在全国各博物馆也是没有先例的[②]。这一全新的模式,不仅延伸了传统的藏品管理理念和范畴,而且吸收了世界级博物馆多元化藏品管理的专业化理念,并且是对其继承和发展的结果。这一创新的工作模式,解决了首都博物馆在当时文物工作量、工作标准与时间的矛盾,工作人员与文物安全的矛盾,工作目标与结构、流程、操作系统的矛盾,在首都博物馆新馆展览布展的四十余天时间内,首博保管部克服了一边施工一边布展的巨大困难,按时、安全、精心地将5600余件文物固定在它的展览位置上,创造了一个文物工作高效安全的奇迹。同时,也为全国各级各类博物馆的藏品管理组织机构设置提供一个极具价值的参考模式,也可以说,首都博物馆新馆展览期间的文物管理模式的探索,体现出我国博物馆藏品管理组织机构设置模式的未来趋势。

综上所述,从传统的藏品管理角度讲,藏品的搜集(征集)、收藏、保护,是博物馆藏品管理部门的工作,藏品研究则是博物馆研究部的工作,藏品展示传播则是博物馆陈列展览部门的工作。不难看出,博物馆的所有职能都离不开博物馆的藏品。藏品是博物馆工作的核心。

在中国进入中国特色社会主义新时代的今天,围绕藏品这一核心,博物馆藏品管理组织机构设置,可以从藏品的多元化管理、系统化管理和专业化管理角度去思考,去探索,去实践。多元化管理是指围绕着藏品管理,由原来传统的单一的保管部的管理,向保管部、保护中心、研究部等多样性管理组织发展。系统化管理,是指围绕藏品这一业务核心,设置搜集(征集)、收藏、保护、研究、展示等一系列管理部门,

---

① 武俊玲:《初探现代化博物馆藏品专业化管理》,北京博物馆学会编:《博物馆藏品保管学术论文集》,中国林业出版社,2009年,第24—28页。

② 武俊玲:《初探现代化博物馆藏品专业化管理》,北京博物馆学会编:《博物馆藏品保管学术论文集》,中国林业出版社,2009年,第24—28页。

共同做好藏品管理工作。专业化管理,是指针对藏品所涉及的各个专业,设置相关专业性研究部门,如陶瓷研究部、书画研究部、青铜器研究部、古籍研究部等,以此加强藏品管理和藏品研究。

藏品多元化管理、系统化管理和专业化管理的"三化管理"[①],是博物馆藏品管理组织机构设置的未来发展趋势,这将是一个全新的管理理念和管理模式,这一管理模式具有极强的创新性和极大的挑战性。期待着不久的将来,可以看到在全国博物馆中,出现一个多元化系统化专业化管理藏品的"三化管理"组织机构设置建模。

第二节 藏品管理队伍

博物馆在藏品管理队伍建设以及藏品管理人员的配备方面需要根据各馆实际情况而定,在保证队伍质量的基础上适当地调配人员的数量。而对博物馆藏品管理人员队伍的质量(或称素质)要求上则是非常严格的,并且又是比较全面的。大体上可分为职业道德和业务素质两个方面。同时,国家也重视和强调藏品管理队伍的建设与藏品管理人员的培养。

一、职业道德

职业道德是指从业人员在职业活动中应当遵循的道德,在职业生活中形成和发展,以调节职业活动中的特殊道德关系和利益冲突。也是人们在从事正当的社会职业,并在履行职责过程中,在思想和行为方面理应遵守的道德规范和准则。社会主义社会职业道德的基本要求是爱岗敬业、诚实守信、办事公道、服务群众和奉献社会等,这也是社会主义核心价值观的基本内容。

(一)博物馆的职业道德

博物馆及其藏品管理人员的职业道德是由其工作性质、特点和职责决定的,是与博物馆及其藏品管理人员的具体岗位、工作任务紧密联系并受其制约和规定的道德规范。1986年国际博物馆协会召开的第十四届大会上,通过了《采用ICOM博物馆职业道德准则的决议》,着重指出"博物馆专业人员,不管从事哪项工作,都要诚实、正

---

① 吕军:《博物馆藏品管理机构设置改革历程研究——以改革开放40年为视角》,《中国博物馆》2019年第1期。

直、严格遵守职业道德准则,按客观规律办事",强调了博物馆职业道德的重要性,规定了博物馆专业人员所应遵循的职业道德。国际博物馆协会2004年第21次大会上通过的《国际博物馆协会博物馆职业道德》[①],规定了全世界所有博物馆及博物馆专业人员应遵循的最低标准,明确了最基本的行为和工作标准,提出博物馆专业工作人员应遵守认同的标准和法律,坚持职业的尊严和忠诚。其中,有关博物馆工作人员的职业道德规定,主要是在第八部分做了详细规定。

(二)藏品管理队伍的职业道德

对藏品管理队伍的职业道德标准和职业道德要求,一向是有着明确规定的。

1. 职业道德标准

我们国家一向重视文博职业道德规范建设,早在1981年,当时的国家文物事业管理局(现今国家文物局前身)就制定并颁发了《文物工作人员守则》[②],明确提出"全体文物工作人员必须遵纪守法,严格执行国家各项有关规定",并且提出了包括热爱本职工作、爱护文物、严禁倒卖文物从中得利的活动、严禁将国家收藏的文物出借给个人等在内的十项在工作中切实遵守的具体守则。1997年国家文物局印发《中国文物博物馆工作人员职业道德准则》[③],提出文物、博物馆工作人员必须严格遵守国家有关文物保护的法律法规和方针政策,热爱文物、博物馆工作,提供职业道德修养,自重、自省、自警、自励,为繁荣和发展社会主义文物保护事业作出贡献。同时提出包括"文物工作者个人不得收藏、买卖文物。严禁利用职权在文物征集、收购工作中为自己或他人留存文物"等在内的十项具体道德准则。

2001年国家文物局发布了修订后的《中国文物、博物馆工作者职业道德准则》[④],提出了:坚持正确的政治方向,忠诚文物保护事业,努力提高业务水平,发扬团结奋斗的精神,维护国家对国有文物的所有权,遵守文物法规和职业纪律,树立文物主权意识、知识产权意识和文物安全保护意识,倡导文明礼貌的社会公德等八项职业道德

---

① 《国际博物馆协会博物馆职业道德》,国际博物馆协会2004年第21次大会[韩国首尔]通过,载中国国家文物局、中国博物馆协会编:《博物馆法规文件选编》,科学出版社,2010年10月版,第143—158页。

② 《文物工作人员守则》,国家文物事业管理局1981年4月28日颁发,载国家文物事业管理局编:《新中国文物法规选编》,文物出版社,1987年10月版,第176、177页。

③ 《中国文物博物馆工作人员职业道德准则》,国家文物局1997年3月7日发布,载中国国家文物局、中国博物馆协会编:《博物馆法规文件选编》,科学出版社,2010年10月版,第54、55页。

④ 《中国文物、博物馆工作者职业道德准则》,国家文物局2001年12月10日修订发布,载《中国文物报》2001年12月14日第3版。

要求。

2012年7月再次修订发布《中国文物、博物馆工作者职业道德准则》[①]，准则内容如下："一、忠诚文物事业。以保护文化遗产、弘扬中华文化为己任；以奉献社会、服务人民为宗旨。二、严格依法履责。讲究贯彻文物方针，坚定执行《中华人民共和国文物保护法》，勇于同文物违法犯罪行为做斗争。三、追求科学精神。尊重知识、尊重人才，遵循规律，求真务实，改革创新。四、恪尽职业操守。不收藏文物，不买卖文物，不违规占用文物及资料，不以文物、博物馆职业身份谋取私利。五、树立文明新风。自觉遵纪守法，践行社会公德，艰苦奋斗，甘于奉献。"

2. 职业道德要求

根据目前文物博物馆工作者职业道德准则规定，结合博物馆的实际情况以及有关藏品管理法规中对管理人员提出的一些基本要求，我国博物馆藏品管理人员的职业道德要求概括起来可归纳为以下几点：

（1）要树立高度自觉的职业意识，践行社会主义核心价值观，对文物藏品有敬畏之心，忠诚文物博物馆事业。

藏品管理人员在日常工作中所接触的博物馆藏品，是国家和民族宝贵的科学文化财产，不仅具有相应的学术研究价值，而且还具有较高的经济价值。在当今社会环境下，藏品管理人员必须要树立高度自觉的职业道德意识，培养锤炼良好的思想品德修为，自觉践行社会主义核心价值观，增强社会责任感，要对文物藏品具有敬畏之心，要忠诚于文物博物馆事业，以保护、保管好人类文化和自然遗产为己任，以服务社会、服务人民为宗旨。

（2）要树立强烈的政策、法规意识，遵纪守法，模范执行党和国家的法律政策，自觉成为道德品行和人格操守的示范者。

博物馆藏品管理人员应该不断提高自身的道德修养，严格遵守国家有关的法律法规和方针政策，坚决贯彻、执行文物工作方针。中国是一个历史悠久、文化灿烂、传统优良的文明古国，地下出土和历代流传下来的文物以及自然遗产十分丰富，全国各级博物馆的藏品都是国家和民族宝贵的科学文化财产，为了使博物馆藏品得到科学保护和合理利用，我国针对文物保护和博物馆工作制定了一系列的政策和法规，而作为藏品管理人员，必须了解、熟悉和掌握这些文物博物馆法律法规和政策，并且树立高度的政策、法律意识，在开展藏品登账、编目、建档、入库、保管、提用等工作时，不仅要一丝不苟地按照规定程序进行，而且要严格遵守有关政策规定，这是做好藏品管理工作的保障。

（3）要树立高度的职业热情，爱岗敬业，忠于职守，具有高度的事业心和责任感。

---

① 《中国文物、博物馆工作者职业道德准则》，《中国文物报》2012年7月11日第3版。

作为一名博物馆藏品管理人员,爱岗敬业、诚实守信、廉洁自律、奉献社会是对工作的基本要求。藏品管理人员保管的是国家和民族科学文化财产,十分珍贵;日常工作虽然平凡但责任重大。因此,树立高度的事业心和责任感,忠实地履行自己的职责,不能有任何放松懈怠,更不能有悖规章或者敷衍了事。热爱本职工作、并安心于藏品管理工作,不仅是十分重要的职业道德素质而且是相当必要的职业道德要求。

(4)恪尽职守,坚持原则,淡泊名利,以身作则,廉洁奉公。

藏品管理人员要恪尽职守、坚持原则,发扬淡泊名利,自尊自律的风尚,以身作则,秉公办事。不仅做到自己严格遵守各项法规、制度,扎扎实实地执行好所有相关规定,忠实地履行自己的职责,还要对违反制度、不符合法规要求的行为,坚决反对并予以制止。藏品管理人员还要廉洁奉公、不谋私利,绝对不能利用职务和工作之便,以权谋私或假公济私。这是藏品管理人员一个最起码的职业道德准则。

(5)高度重视知识的积累和专业技能的培养,勤奋刻苦,严谨笃学,潜心钻研,虚心学习,弘扬科学精神,培养精益求精的工作作风。

由于博物馆藏品本身携带、蕴含大量的综合知识和信息,藏品管理工作涉及的范围相当广泛,这就要求藏品管理人员必须具有精湛的业务知识和熟练的专项业务技能,这是做好藏品管理工作的前提。掌握业务知识,提高业务水平,不仅关系到个人能力大小,知识水平高低,也涉及职业道德的问题。提高业务水平,是我们每个从业人员对社会应尽的道德义务。在博物馆日常工作中,充分发挥博物馆工作人员的专业技术,其实也是对博物馆藏品及国家和民族珍贵财产负责的表现。职业技能是为人民服务的基本手段,如果缺少专业的技能,不懂专业知识,往往会出现好心办坏事的情况,严重的还会给国家和民族财产造成难以挽回的损失。因此,藏品管理人员在工作中要发扬严谨笃学、潜心钻研的风尚,坚持学习,虚心向老专家、老前辈学习、请教,刻苦努力,肯于钻研,不断积累业务知识和专业技能,使藏品管理专业素质不断得以提高。同时,对工作要细致认真,弘扬科学精神,树立精益求精、一丝不苟的工作态度和工作作风,努力把藏品管理工作做好。

二、业务素质

"业务"是指个人的或某个机构的专业工作。"素质"又称素养,是指平日的修养,即理论、知识、艺术、思想等方面的一定水平。因此,"业务素质"则可以定义为个人的专业工作的知识水平,主要是指完成专业工作所应具备的知识与知识结构及实际技能。

藏品管理队伍的业务素质,是与其工作内容及其发展目标紧密相关的。藏品管理队伍的业务素质可以分为基本素质和专业素质两个方面。基本素质,是指管理人员为适应藏品管理业务需要而应当具备的基础业务素质，是对管理人员最起码的素质要求。专业素质，是指以科学的方法对某一门类藏品及其相关问题进行学术研究并进行文化传播的能力，包括科学地选择藏品，鉴定藏品，综合研究藏品，以及进行藏品修复、保护处理等方面的能力。

根据藏品管理工作的性质、特点和任务要求，藏品管理队伍的业务素质应该达到以下标准：其一，有责任感、使命感和诚信意识；其二，有规划设计和组织实施的能力；其三，有获取信息和利用信息的能力，有利用藏品服务社会和公众的意识和能力；其四，有基本知识技能和应用操作技能，具有专项业务技术，有器物学或相关学科专业知识；其五，文理兼备、兴趣广泛、思维活跃，有想象和创新的能力；其六，具有保管、研究、保护、策展的能力。

对藏品管理人员的业务素质要求有两个方面：其一可概括为"博学精专"四个字，即要有广博的学识，精湛的专业知识和技能；其二是综合工作的能力，包括藏品保管、研究、保护、策展的能力。

（一）具有"博学精专"的业务知识，即具有广博的器物学或相关学科专业知识，和精湛的专项业务技能

由于博物馆藏品本身范围广泛，包括古代文物、近现代文物以及各种自然标本和实物资料（科技成果）、非物质文化遗产等，种类繁多，性质复杂，既涉及人文社会科学（历史学、考古学、民俗学、人类学、博物馆学、美术史等），又涉及有关的自然科学（地质学、地理学、建筑学、生物学、物理学、化学等），这就决定了藏品管理人员的学识和才能要相对广博，并要达到一定的水准。"博学精专"是对博物馆藏品管理人员业务素质要求的最好概括。

1. "博学"——广博的学识和才能，包括器物学或相关学科专业知识

"博学"是指广博的学识和才能，包括器物学或相关学科专业知识。这种广博的学识和才能可以分为两个层次：其一属于基础文化知识，也就是作为一个普通文物博物馆工作者所应具备的基础知识和较高的文化水平，包括一般文化知识、历史知识，这一要求是作为一个有文化的普通公民所应达到的最低限度，那么作为"社会主义文化建设事业重要组成部分"的博物馆的藏品管理人员则应责无旁贷、理所应当地达到这最基本的素质要求。其二则属于专业文化知识，此处的专业文化知识是指从事博物馆工作的基础性专业文化知识，包括博物馆学的基础知识、藏品管理学的基础知识，相关专业的基本知识，如历史学、考古学、美术史、民族民俗学、古代汉语、历史地理学，以及物理学、化学、古生物学等。基础文化知识和专业文化知识结合在一起，就构成了"博学精专"中的"博学"。

2."精专"——精湛的专业知识和技能，包括专项业务技能

"精专"是指精湛的专业知识和技能，包括专项业务技能。藏品管理人员要做好藏品管理工作，不仅要"博学"，而且还要"精专"，也就是要精通与本职工作有关的专业学科的知识，即对自己所从事的某一专业有较深的造诣，如通史、断代史、专门史、地方史、考古学、古器物学、生物学、地质学以及文物鉴定、文物修复、复制技术和标本制作技术、影像采集技术等，并掌握一定的专业技能和专项业务技术。

"精专"强调的是"精""深"。因为人的认识能力毕竟是有限度的，不可能事事精通，样样都行。所以在知识面宽广的基础上，还必须掌握一门与自己所从事的具体工作相适应的专业知识与技能，并达到一定的深度，只有这样，才能胜任工作，才能把工作做好。藏品管理人员应该根据自己的实际工作需要，有所选择，有所侧重。例如，负责调查、搜（征）集的人员，应该懂得田野调查和田野考古知识，最好是会亲自动手进行考古发掘；要有具体的历史知识和文物鉴定能力，并要善于做群众工作。库房保管人员则要熟悉藏品管理学的基础知识，了解藏品管理的全部过程和库房保管的日常工作，要具有一定的文物常识。负责登记、编目的人员，则要掌握本馆藏品的文化财产总账，对文物藏品要具有一定的鉴定和研究能力。负责修复人员则要具有对各种质地藏品的修复技能，熟悉藏品的质地性能，了解工艺过程，会制定修复方案；负责装裱人员要具有进行书画揭裱、重新装裱和纸质、绢类藏品的装裱技术，以及囊匣制作技术。科学保护人员则要具有一定的物理、化学知识，具有对藏品进行物理化学分析、检测的技术能力，对各种质地藏品发生变化的处理能力，对自然条件对藏品影响的研究能力，以及使用先进的科学仪器设备的技术等。当然，由于人的能力是有限的，所以可以根据工作分工的不同而有所侧重，在工作中不断学习，不断积累各方面的知识和技能。

此外，随着信息技术日新月异的发展和高科技的日益渗透，博物馆藏品管理工作也同样引进了许多先进的科技，这既是大势所趋，也是发展的必然方向。藏品管理人员应对此保持清醒的认识，学习、掌握、使用好计算机及网络，数码拍摄、激光显示等技术，做到与时俱进，以推进藏品的现代化管理；同时通过数据库建设等手段来提高工作效率，满足日常工作对藏品信息资料的一般性需求，实现并扩大藏品资源信息的共享。

（二）具有综合工作的能力，包括保管、研究、保护、策展等能力

作为博物馆的藏品管理人员，仅有"博学精专"的知识还远远不够，藏品管理人员在"博学精专"的基础上，还要有"综合工作能力"。所谓"综合工作能力"可以界定为：全面地、细致地、合理地观察问题、分析问题、研究问题和解决问题的能

力,即综合地处理一切业务问题的能力,包括保管、研究、保护、策展能力[①]。作为一名藏品管理工作者,要有一定的观察能力,善于随时随地观察问题,善于及时发现异常现象,对所见到的异常情况,要及时地进行合理分析,并能采取妥善措施,适时地、恰到好处地解决问题。同时,作为藏品管理工作者,还要具有研究能力,面对着成千上万件文物、标本、实物资料等藏品,我们有着得天独厚的条件,但如果没有研究能力,不能对藏品进行研究和利用,那么拿什么来提高陈列展览水平,又怎能为博物馆其他部门和社会公众提供优质服务呢?而且只有具备了"综合工作能力",才能充分发挥"博学精专"的聪明才智,否则,就会徒有一身"才学",无法发挥应有的作用。

不难看出,"博学精专"及"综合工作能力"两者缺一不可,是相辅相成的。我们所说的"博学精专"不是空有理论知识,没有实际工作能力;我们所要求的"综合工作能力"又是建立在"博学精专"基础上的,只有具备了"博学精专",才能培养出综合工作能力。因此就藏品管理工作者的业务素质而言,"博学精专""综合工作能力"不可或缺。这是从博物馆藏品管理工作内容及特点角度出发,对藏品管理工作者的业务素质所提出的要求。

三、队伍建设和人才培养

(一)队伍建设

从当前经济和社会发展总体趋势以及对人才的客观要求角度讲,文物博物馆应该建设一支结构优化、素质过硬的人才队伍。其人才队伍的结构可以具体划分为:业务和行政管理两个方面,分别建立四个层次的人才梯队,实现人才队伍的梯次发展,以及行政业务两条线路的比例协调,交相呼应[②]。

1. 业务人才的四个层次

第一层次,具有长期的文物博物馆工作经验,精通文物博物馆专业知识,尤其是对业务工作有较深的造诣,对文物研究单位和博物馆的性质、任务有着超凡的认识,而同时又对其他相关专业知识有着较深的了解,是文物博物馆界的领导级专业人才。

第二层次,是文物博物馆界的学术带头人。在藏品管理的研究领域达到很高的境

---

① 吕军:《藏品管理电脑化与管理人员的业务素质》,《中国博物馆》2000年第3期,第84—90页。

② 郭宝发:《新世纪的中国文博人才队伍是怎样的》,《中国博物馆通讯》1997年第11期。

界。他们是本单位、本地区甚至是全国范围在这一研究领域内的学术权威。同时,他们涉猎多个学科,知识渊博,对本学科的现状及发展有着敏锐的洞察力,并且极富有影响力,在他们周围有一群专业人员在其率领下共同工作,他们是文博学术界的帅才和领军人物。

第三层次,是文博工作的中坚力量,是一大批学术骨干。他们是经过高等学府系统学习的高级专业人员,具有精深的历史、考古、艺术、科学技术等方面的知识和工作能力,而且能够率领一批工作人员开展各项科研工作,把握研究和具体工作的战略,全面组织、制定实施科研和实际工作计划。他们是文物博物馆事业的将才。

第四层次,是一批经过专业训练,长期从事文博事业具体工作的人员。这些专业技术人员,主要是一批具有初中级职称的业务干部。他们有着良好的业务技能训练,能够在学术骨干的组织下有效地完成各项业务工作,能够从事基础研究工作,能够进行文物的考古发掘、修复、保护的具体操作。他们是一批拥有较高素质的技术力量,能够将研究的结果具体反映在工作上,并为研究工作打下基础。他们是文物博物馆事业的干将[1]。

2. 行政人才的四个层次

第一层次,具有核心凝聚力和号召力,善于管理;具有宏观思维,能及时掌握国内和世界文物博物馆界的动态;具有全局观念,将全国文物博物馆视为一个整体系统,能制订和协调全面发展战略的高级领导人才。

第二层次,是文物博物馆界的高级管理人员。文物博物馆事业是一个综合体,它本身就需要大量的协调和组织工作,客观上需要有一批既有精深的文博专业知识,又具备现代化科学管理知识和能力,有着卓越的组织才华,能够正确领导和协调文物博物馆单位全面工作的新型高级管理人才。这些人是一个地区或一个文博单位行政管理的统帅。他们本身可能就是一些学术带头人,也可以是一些行政管理人员,他们具有较高的政治理论水平,具有开拓进取精神,广博的知识结构使其能够从全局把握和协调本地区、本单位的各项工作,他们对文物博物馆事业的根本目标有着深刻理解,他们是文物博物馆界的高级管理人才。

第三层次,是文博工作的中坚力量,是一大批中级管理人员。他们主要是文物博物馆单位的中层行政管理人员。这些人员应具有良好的政治素质,对文物博物馆事业深刻了解,并热爱文物博物馆事业,同时他们受过现代化管理训练,能够秉承上级领导的全面工作部署和主要意图,而且能把这些工作具体地落实到实际工作中去,并直接领导群众完成各种工作任务。他们在文物博物馆单位中起着上传下达的作用,是文博单位各项工作完成的根本保证。

---

[1] 郭宝发:《新世纪的中国文博人才队伍是怎样的》,《中国博物馆通讯》1997年第11期。

第四层次,是一批经过专业训练,长期从事文博事业具体工作的人员,也就是文物博物馆单位中从事具体行政工作的辅助人员。他们对文物博物馆事业无限热爱,并有为之奉献终生的精神和高度责任心。他们有敬业精神和良好的实际工作能力,能够在琐碎的工作之中,勤勤恳恳、兢兢业业、扎扎实实、高效率地完成各项任务,他们是博物馆必不可少的工作人员[1]。

合理布局新时期我国文物博物馆人才的两个方面的四层次梯队,就可以使我国文博事业形成金字塔形的人才结构,可以使文物博物馆事业扎扎实实地在高层次上发展,并且能人尽其才,充分发挥各层次人员的最大优势,逐步形成知识和能力的完善和发展,进而推进文物博物馆事业向前不断发展。文物博物馆事业需要业务与管理人员两条线路并重发展,这是文博工作实际的需要,也是新时期发展的客观要求。特别是在第三层次中,实际还需要一批复合型人员来领导专业部门,这些复合型人才既是学术骨干,能够组织开展研究工作,又是经过良好训练的管理干部,能够组织好部门的各项工作。业务行政两条线路对于文物博物馆事业来讲缺一不可,协调好这两条线路,会促进文物博物馆事业健康发展。

为解决文物博物馆人才短缺问题,时任国家文物局局长励小捷先生曾提出过八个方面的建议[2]:一是依据各地文物资源状况,实事求是地弄清人才短缺的数量需求和结构需求;二是努力解决各级文物行政部门和事业机构的编制紧缺问题;三是利用现有基础,充分发挥有关高校、科研基地以及民办职业培训学校的作用,调整专业设置,打造人才培养基地;四是构建适应文化遗产事业发展需求的教育教学体系;五是推进体制机制创新,充分发挥文物保护单位的积极性;六是开辟人才培养通道,将文物修复师、文物评估师等专门人才纳入国家职业大典;七是尊重知识产权,通过设立专利等形式,做好重要文物修复技术的传承保护;八是鼓励各单位通过建立目标考核、激励机制,用好现有人才、引进急需人才,形成有力有效的人才工作机制。

(二)人才培养

藏品管理工作者业务水平的提高,一方面要靠自己的学习和努力,同时还要靠各个博物馆采取措施,加强培养。我国的有关法规也强调要求全国各博物馆要加强队伍建设,要正确执行党的干部政策和知识分子政策。注意发挥他们的特长,调动一切积极因素。要采用专业和业余的方法培训业务人员。对某些技术性较强的传统工艺,可采用举办培训班和师傅带徒弟的方法进行培训,不断提高博物馆工作人员的业务技术水平。

---

[1] 郭宝发:《新世纪的中国文博人才队伍是怎样的》,《中国博物馆通讯》1997年第11期。
[2] 引自孙波:《励小捷湖北调研文物工作》,《中国文物报》2012年8月8日第1版。

1. 人才培养目标

建设一支结构优化、素质过硬的藏品管理人才队伍，能够保护好藏品、利用好文物、发展好自身。

藏品管理队伍的人才培养目标是：管理队伍人才更加优化，高级人才脱颖而出，紧缺人才得到补充，青年人才稳步成长。培养一批熟悉藏品管理工作、懂业务擅管理的复合型人才，一批善于运用现代科技手段保护和利用藏品的科技型人才，一批熟悉和掌握传统工艺技术的专业性人才，一批历史文化知识丰富、具有世界眼光、熟悉外语的外向型人才。注重培养文物保护规划、文物保护工程、文物修复、出水文物保护、文物鉴定、国际交流合作等方面紧缺的专门人才。

在国家"十二五"建设期间，文物博物馆人才培养的预期性发展指标是：开展大规模文物博物馆干部培训，培训总数达到15000人次。其中，文物博物馆管理干部培训3500人次，重点开展全国县级文物部门负责人培训；专业技术人员培训3500人次；文物行政执法人员培训8000人次；与高校合作培养研究生学历人员120人次[①]。在国家"十三五"建设期间，国家主张加大政策引导，强化资金保障，加强队伍建设，为文物事业改革发展提供有力支撑。提高人才素质，增强文物保护管理能力的建设目标和具体措施是：继续推进文博人才培养"金鼎工程"，实施高层次文博行业人才提升计划，将高层次文博人才引进和培养纳入国家"千人计划""万人计划"和文化名家暨"四个一批"人才项目。加强对急需专业技术人才、技能型人才和复合型管理人才的培养，加大跨行业、跨部门文博人才培养力度。加强文博人才培训基地建设，完善文博人才培养体系，对经济欠发达地区基层文博单位人员培训予以倾斜。强化"以修代培"，推动文博人才培养与不可移动文物保护工程、可移动文物修复项目、传统村落保护项目相结合。研究制定文博行业职业教育指导意见，将文物传统工艺的保护传承纳入职业教育，推动职业院校与文博企事业单位的产学研协同创新平台建设。研究制定文博行业相关职业标准，完善专业技术人才、技能型人才职业能力评价和人才考核评价体系。完善全国文博网络学院，实现文物行业网络培训全覆盖[②]。

《国家文物事业发展"十三五"规划》还制定了人才培养的专栏规划"专栏6 文物人才培养工程"：

（1）文博人才培养"金鼎工程"：举办文物领域培训项目达到300个以上，培养各类文博人才达到1.8万人次以上；实施"以修代培"项目20个以上。实施文物行业领

---

① 国家文物局：《国家文物博物馆事业发展"十二五"规划》，《中国文物报》2011年6月24日第7版。

② 《国家文物事业发展"十三五"规划》（2017年），载北京市文物局 中国文物信息咨询中心主编：《可移动文物保护与利用工作手册》，学苑出版社，2017年11月版，第57—70页。

军人才计划,在文物重点领域培养领军人才20名以上;实施专业技术人才培育计划,每年举办专业技术培训班10个以上;加强技能型人才培养,新增文物保护修复人才700名以上;实施文博人才扶贫计划,举办贫困地区文物专业技术和管理人员培训班30个以上。

(2)民间匠人传统工艺传承工程:开展文物保护传统工艺人才调查,加强传统工艺、工匠研究与保护,支持民间匠人参与文物保护工程项目实施,推动传统工艺纳入高等院校、职业院校教学内容,建设以传统工艺传承保护为核心的产学研协同创新平台。

国家文物局发布的《博物馆事业中长期发展规划纲要(2011—2020)》[①],在加强博物馆从业人员队伍建设的保障措施中,明确提出博物馆从业人员队伍建设的目标措施:建设高素质博物馆从业人员队伍;建立健全并严格实施博物馆从业人员准入制度;提高博物馆从业人员业务水平;加强职业道德建设和作风建设。

2016年《国务院关于进一步加强文物工作的指导意见》[②]提出:重视人才培养。实施人才培养"金鼎工程",加快文博领军人才、科技人才、技能人才、复合型管理人才培养,形成结构优化、布局合理、基本适应文物事业发展需要的人才队伍。组织高等院校、科研院所以及文物大省的专业人才,实施保护项目与人才培养联动战略,加快文物保护修复、水下考古、展览策划、法律政策研究等紧缺人才培养。重视民间匠人传统技艺的挖掘、保护与传承。加强县级文物行政执法、保护修复等急需人才培训,适当提高市县文博单位中高级专业技术人员比例。加大非国有博物馆管理人员、专业人员培训力度,完善文物保护专业技术人员评价制度,加强高等院校、职业学校文物保护相关学科建设和专业设置。

《国家文物局2019年工作要点》[③],在"全面提升文物工作支撑保障能力"标题下,明确提出文博人才建设目标"创新人才机制。推动出台《关于深化文博专业技术人员职称制度改革的指导意见》,制定《文物保护工程技能等级评价制度》。制订新时代文物人才建设工程实施方案,实施新时代文物人才建设工程,加强全国文博网络

---

① 《博物馆事业中长期发展规划纲要(2011—2020)》,国家文物局(文物博函[2011]1929号)2011年12月14日发布,载北京市文物局 中国文物信息咨询中心主编:《可移动文物保护与利用工作手册》,学苑出版社,2017年11月版,第113—123页。

② 《国务院关于进一步加强文物工作的指导意见》(国发[2016]17号),2016年3月4日发布,载北京市文物局 中国文物信息咨询中心主编:《可移动文物保护与利用工作手册》,学苑出版社,2017年11月版,第43—49页。

③ 《国家文物局2019年工作要点》,资料来自国家文物局官网:http://www.sach.gov.cn/art/2019/2/2/art_722_153630.html(2019年7月24日访问)。

学院建设"。《国家文物局2020年工作要点》[①]则再次强调："加强文博机构队伍建设。组建国家文物局考古研究中心。配合中央编办做好加强基层文博机构建设工作。实施新时代文物人才建设工程。推动成立文物保护修复职业教育联盟，推进文物保护工程从业资格制度建设。"

2. 人才培养模式

"培养同现代化要求相适应的数以亿计高素质的劳动者和数以千万计的专门人才，发挥巨大人力资源的优势，关系21世纪社会主义全局。"[②]"面对日趋激烈的国际竞争，一个国家发展能否抢占先机、赢得主动，越来越取决于国民素质特别是广大劳动者素质。要实施职工素质建设工程，推动建设宏大的知识型、技术型、创新型劳动者大军。"[③]"办好中国的事情，关键在党，关键在人，关键在人才。综合国力竞争说到底是人才竞争。"[④]"人才是实现民族振兴、赢得国际竞争主动的战略资源。"[⑤]习近平总书记一系列关于人才的重要观点充分体现出人才及其培养的重要性。

文物博物馆事业是"21世纪社会主义全局"中不可缺少的重要组成部分，文博工作者是劳动大军中的一员，因此培养高素质的文物博物馆人才是文物博物馆事业发展的必由之路。要提高藏品管理人员的业务素质，必须尊重知识，讲求培养。首先要在思想上牢牢树立尊重知识、重视人才的思想观念，"全社会都要贯彻尊重劳动、尊重知识、尊重人才、尊重创造的重大方针"[⑥]，在实际工作中采取积极措施，为那些有志成才的藏品管理人员创造良好的学习环境和学习氛围，鼓励他们学习知识，钻研业务，努力提高自己的业务素质早日达到成才的目标。只有这样，才能使广大藏品管理人员有兴趣、有志向、有积极性地努力学习，提高业务水平。其次，还要讲求培养。"人才决定未来，教育成就梦想。"

我们国家一向重视文物博物馆业务人员的培养问题。从20世纪80年代初中国博物馆学会（现称协会）成立以来，一直注重专业人员的培养与培训。国家文物局从1980年至1984年，先后创办了承德、扬州、板仓、泰安等9个培训基地；90年代初泰安基地

---

① 《国家文物局2020年工作要点》，资料来自国家文物局官网：http://www.ncha.gov.cn/art/2020/2/18/art_722_158837.html（2020年4月21日访问）。

② 江泽民：《中国共产党第十五次全国代表大会报告》，中共中央党史文献研究室编：《中国共产党第十五次全国代表大会文件汇编》，人民出版社，1997年9月。

③ 习近平：在庆祝"五一"国际劳动节暨表彰全国劳动模范和先进工作者大会上的讲话，2015年4月28日。

④ 习近平就深化人才发展体制机制改革作出重要指示，新华社，2016年5月6日。

⑤ 习近平：在中国共产党第十九次全国代表大会上的报告，2017年10月18日。

⑥ 习近平：在庆祝"五一"国际劳动节暨表彰全国劳动模范和先进工作者大会上的讲话，2015年4月28日。

还举办了"博物馆电脑应用技术培训班"和"博物馆藏品保管培训班"[①]。据不完全统计，国家文物局的各培训基地先后举办过十数次的短期培训班，轮流培训了数百人，收到了良好的效果，取得了一定的成就。但是，全国仅文物系统博物馆的职工就有十数万人，仅仅依靠国家文物局这种基地培训，短时期内是解决不了根本问题的。为此，国家文物局已经取消了先前建立的几个基地，开始寻求新的人才培养模式。

1991年6月，国家文物局教育处发出了《关于加强博物馆培训工作的意见》，提出了如下几项措施：①做好人才预测，制订培训规划；②搞好岗位培训，加强师资建设；③编好培训教材，力求适合需要；④加强与大学联合办学，培养高级人才；⑤加强国外培训，学习外国先进经验，推动我国博物馆事业进一步发展。

进入21世纪，国家文物局更加高度重视文博人才培养和队伍建设。2014年，印发了《全国文博人才发展中长期规划纲要（2014—2020年）》和《国家文物局文博人才培养"金鼎工程"实施方案》，将9个文博行业的职业列入大典，有关专业列入教育部职业教育体系。2015年4月，将故宫博物院、中国文化遗产研究院等9家单位公布为国家文物局文博人才培训示范基地。2015年9月，国家文物局会同教育部调整并公布了新一届文物保护职业教育教学指导委员会名单。文保行指委是受教育部委托，由国家文物局牵头组建和管理，对文博专业职业教育教学工作进行研究、咨询、指导和服务的专家组织，同时也是指导文博行业职业教育与培训工作的专家组织[②]。2020年国家文物局编制完成并发布《新时代文物人才建设工程实施方案》（文物人发〔2020〕40号），以提高全国文物系统干部能力素质和推动文物事业发展为目标，全面开展文物人才培养（训）工作。

但是单靠国家文物局的培训中心是不能解决所有从事博物馆文物管理工作的在岗人员的培训问题的，各地文物主管部门及各地博物馆也可以广开思路，与当地教育部门进行联合办学，举办各种类型的短期培训班，在培训班里开设藏品管理学课程，并结合参观学习，来提高藏品管理人员的专业技能。

有鉴于此，根据博物馆藏品管理工作的性质、特点以及藏品管理人员的业务素质要求和工作任务需要，结合当前我国文物博物馆事业发展现状，藏品管理队伍人才培养，可以采取的方式有：重视与社会办学机构合作，学历教育（专业教育）和业务培训并重，创建新型实践基地培训模式，同时提倡专业定向、岗位培训、自学成才。

（1）重视与社会办学机构合作，大力发展文博教育事业，加强学历（专业）教育。

藏品管理人员业务水平的提高，一方面要靠自己的学习和努力，同时还要靠各个博物馆采取措施，加强培养。从长远来看，今后文物博物馆事业的专业人才的来源，

---

① 吕济民：《中国博物馆专业人才的培训工作》，《中国博物馆》1992年第4期。

② 国家文物局召开文博人才培训示范基地暨文物保护职业教育教学指导委员会工作会议，来自国家文物局官方网站，网址：http://www.sach.gov.cn/art/2015/9/19/art_1699_124756.html。

应该主要依靠学校培养。学校教育是基础教育。因此国家文物部门已经注意到这个问题，开始积极主动地与高校横向联合，寻求多种方式、多种途径的合作，加强学历（专业）教育。2014年4月初，时任文化部副部长、国家文物局局长励小捷一行赴上海调研文博人才培养工作。励小捷指出，目前文物事业发展处于最好的机遇期，但人才短缺是事业发展的一大瓶颈。为此，国家文物局充分重视与社会办学机构合作，加大文博人才培养力度。国家文物局将积极创造条件，营造环境，加紧制订文物修复等人才职业标准，畅通人才出路；探索灵活弹性的公共博物馆人才聘用制度，适当敞开人才入口；打造学校和博物馆人才培养的协同创新平台[1]。

目前，全国范围内，建立文博学院的高校有之，成立博物馆学系的学校有之，开设文物博物馆学专业课程的学校有之。这些学校中有综合大学、普通高校、大专、高职等各类高等学校，对于加强藏品管理人员的专业教育可以起到很好的培养作用。已经开展的学历（专业）教育，除了全日制本科以外，还包括专科（文博大专班）、专科升本科的成人教育。国家文物局还重点抓了文博职业教育，加大紧缺技能人才培养力度，设立文博人才培训示范基地，成立文物保护职业教育教学指导委员会，将考古探掘技术、文物保护与修复、文物博物馆服务与管理3个专业纳入《高等职业学校专业目录》，将文物修复师、考古技工等9个职业列入《中华人民共和国职业分类大典》，全方位拓展文博人才培养途径[2]。

随着文博事业的发展，在抓普及性专业教育的同时，还要注意提高。在有条件的高等院校中，注重培养博物馆学和藏品管理学的硕士研究生，以便为博物馆培养高级管理人才。为此，我国教育部在2010年首批批准全国28个（2020年增至48个单位）高校和科研单位开设"文物与博物馆"专业学位硕士研究生学历教育，这对于提高博物馆藏品管理人员业务素质，无疑将起到很好的推动作用。与社会办学机构广泛合作，开展学历（专业）教育是必不可少的人才培养途径之一。当然，这是藏品管理人员业务培训的一种高层次培养模式，它还应该和短期业务培训很好地结合起来。

2020年9月，国家文物局办公室发出《国家文物局办公室关于开展2021年"高层次文博行业人才提升计划"的通知》（以下简称《通知》）。《通知》说明："提升计划"是国家文物局与相关高等院校合作，面向文博行业在职人员，重点向文博系统基层在职人员，招收硕士研究生。通过学历教育与文博行业实际需求紧密结合的方式，在提高文博行业在职人员学历水平的同时，培养一批具有文博专业素养的实践型、创新型高层次专业人才。《通知》指出"高层次文博行业人才提升计划"的目的是为培养适应文博行业发展需要的高素质人才和新时代文物人才建设工程的要求，《通知》

---

[1] 文宣：《励小捷赴上海调研文博人才培养工作》，《中国文物报》2014年4月11日第1版。
[2] 国家文物局局长刘玉珠就"十二五"时期文物事业发展成就答记者问，来自国家文物局官方网站，网址：http://www.ncha.gov.cn/art/2015/12/31/art_1865_127489.html（2020年4月21日访问）。

要求"提升计划"培养院校：面向文博行业需求，对培养课程进行专门设计，实行校内导师和文博行业专家、学者担任行业导师的"双导师制"，突出人才培养的针对性、实践性和应用性。教学内容包含四个部分：第一部分为研究生核心课程，由相关院校按照教育部规定课程教学；第二部分为行业专业课程，由院校与行业部门共同制定教学内容，聘请行业领导、专家学者共同承担；第三部分为行业实践教学，院校根据学员专业情况，灵活安排学员赴文博单位进行实践教学；第四部分为撰写论文，学员根据专业定向选题研究。2021年"提升计划"指定了三所高校，涉及研究方向有：田野考古、科技考古、文物保护学、文化遗产管理、博物馆学、文物研究；建筑遗产保护理论、建筑遗产保护规划与设计、建筑遗产数字化保护、建筑遗产环境保护工程与技术；考古学、文物学、科技考古与文物保护技术等十余个[①]。这一"高层次文博行业人才提升计划"的实施，对于进一步发挥高等院校在加强文物博物馆人才队伍建设方面的作用，为文物博物馆事业培养高端人才，具有非常好的推动作用和积极的人才培养实践意义。

（2）积极采取多种渠道、多层次地开办短期业余培训班。

正规的学校教育，为博物馆培养了新成员，输送了新鲜血液，高水平的研究生教育还可以提高业务人员的素质层次和业务水平。但这些都不能解决当前博物馆已有人员的知识更新和专业提高的难题。因此，还要广开学路，开办各种类型的短期培训班。可以充分依托相关高校来进行短期培训，借用高校的师资力量和教育教学资源，达到培训博物馆藏品管理人员的目的。2011年12月4日，由中国博物馆协会组织、上海博物馆具体承办、针对中国博物馆协会会员单位举办的第一期全国博物馆系统新入职员工培训班在上海复旦大学新闻学院开班，来自全国28家文博单位的61位学员参加了为期两周的学习。举办这个培训班的目的是围绕博物馆事业的发展，对新进博物馆系统的职工进行爱国、爱馆、爱岗教育，加深对博物馆工作的性质、任务、方针政策的理解，提升博物馆工作人员的专业素质和职业操守，加强行业自律，动员新职工为文博事业创建一流的文物收藏、一流的科学研究、一流的陈列展览、一流的社会教育、一流的社会服务、一流的社会形象而努力工作，激励新职工以奋发向上的精神在博物馆各个岗位上不断进取。学员们将通过系统培训，学习博物馆的相关理论，了解博物馆的基本概括、组织框架、基础性专业知识和相关规章制度，树立良好的职业道德和社会责任，掌握并遵守相关的法律法规和政策法令。学员经培训并考试合格，由中国博物馆协会颁发新入职员工培训合格证书。新入职员工培训情况将作为对博物馆综合

---

① 《国家文物局办公室关于开展2021年"高层次文博行业人才提升计划"的通知》（办人函〔2020〕797号），国家文物办公室，2020年9月9日。来自国家文物局官方网站，网址：http://www.ncha.gov.cn/art/2020/9/9/art_2318_44029.html。

评估内容的依据之一和职工继续教育的基本条件之一①。这种培训方式，我们完全可以借鉴过来用以进行藏品管理人员的业务培训。

2015年4月，国家文物局将故宫博物院、中国文化遗产研究院等9家单位公布为国家文物局文博人才培训示范基地，开启了新一轮文博人才基地培训时代。

为满足文博系统干部职工教育培训需求，进一步提升干部教育培训教学和管理信息化水平，根据《干部教育培训工作条例》②有关要求，国家文物局建设了全国文博网络学院。目前，全国文博网络学院已实现了面授班的网上报名录取工作，制作完成500余学时的在线视频课程，内容涵盖建筑遗产保护、文物鉴定与研究、文物保护修复、藏品管理、展览策划、考古发掘等方面。2019年6月20日，国家文物局拟于即日起在文博系统开展全国文博网络学院学习试用工作。全国文博网络学院是为贯彻落实中央关于干部教育培训工作的部署要求，响应"互联网+"号召而建设的，以全国文物博物馆系统干部为重点培训对象，向社会开放的国家级文博网络培训、教育和管理平台。

全国文博网络学院整合优质培训资源，坚持科学管理，建设个性化、特色化的学习平台，针对行政管理与执政能力建设，文物保护、管理和利用，文物安全执法督察，政策法规等方面内容，以普通视频、三分屏、微课等形式，提供丰富多样、灵活机动的在线学习内容，力争满足文博系统干部职工和广大人民群众日益增长的学习需求。全国文博网络学院由国家文物局主办，中国文物信息咨询中心建设并提供技术支持，域名为edu.sach.gov.cn。"edu"为英文"education（教育）"的缩写，"sach"为英文"State Administration of Cultural Heritage（国家文物局）"的缩写③。

（3）开拓思路，创建新型的实践基地培训模式。

新时期，受国家文物局委托，由吉林省文物局、吉林大学边疆考古研究中心和吉林省文物考古研究所联合组建的"吉林省田野考古实践培训与遗址保护研究基地"已经于2011年4月在吉林省白城市的大安建立起来，该基地旨在对考古人员进行田野考古实践培训和遗址保护研究培训，计划定期举办考古发掘人员的相关实践培训活动。其具体做法是，定期组织全国范围内的从事文物考古工作的业务人员，集中到吉林大安考古实践基地，进行田野考古发掘工作的实际操作培训，包括实际田野发掘、发掘资料记录、后期整理、简报编写的全过程培训④。这一新型实践基地培训方式，达到了有效培训文物考古部门业务人员田野考古专业技能的良好效果，培训效果显著。有鉴于此，我们认为藏品管理人员的业务培训，也可以借鉴上述模式，由国家文物局出面，

---

① 上海博物馆：《首期全国博物馆系统新入职员工培训班举办》，《中国文物报》2011年12月9日第2版。

② 《干部教育培训工作条例》，中共中央，2015年10月14日发布，自2015年10月14日起施行。

③ 全国文博网络学院：http://edu.sach.gov.cn/index.do。

④ 王立新、霍东峰、石晓轩、史宝琳：《吉林大安后套木嘎遗址发掘取得重要收获》，《中国文物报》2012年8月17日第8版。

在全国范围内，寻找合适的文物博物馆单位，建立一个藏品管理人员业务培训基地[①]，定期集中举办业务培训活动，采用实际操作的方式，开展培训和考核。凡参加培训人员，通过了培训考核者，由其所在的单位给予一定的政策鼓励；没有通过培训考核人员，也由其所在的单位负责监督，限期自学提高业务水平，以便最终通过考核。也可以是在某个省域范围内，由省级博物馆指定或提供培训基地，定期举办全省范围内的藏品保管人员业务培训。这应该是一个比较现实、有效地培训人才的好办法。时任国家文物局局长励小捷2014年4月初在上海调研文博人才培养时，也提出要开展文博人才培训基地建设工作。因此，我们推荐这一人才培养模式。

（4）倡导专业定向、岗位成才。

所谓专业定向，就是根据藏品管理工作的具体分工，和藏品管理人员自身的爱好、特长及其实际研究能力，每人选定一门专业作为主攻方向，围绕这一专业方向，进行学习、培养和提高。截至2019年底，全国共有注册博物馆5535座，博物馆从业人员已达十余万人。其中业务人员占三分之二左右，这三分之二中又有三分之一为藏品管理人员。这些业务人员的培训，在加强短期培训的同时，主要应该坚持倡导专业定向、岗位培训和岗位成才。要注重向所有业务人员进行岗位成才的教育，使他们坚持在自己所选定的专业岗位上，向有经验、有技术的老专家、老技师学习专业技能，尤其是对藏品保护保养修复复制等方面技术性较强的特殊传统工艺，更要靠以老带新、师傅带徒弟的方式，边干边学。既可防止传统技艺后继无人，又能促使新手在掌握这些技艺的同时，达到自学成才的目的。同时注重基础理论知识的学习和积累，以达到提高业务素质的目的。各博物馆要制定一些相应制度，采取一些奖励措施，鼓励大家自学成才，并创造一个良好的岗位自学成才环境和氛围。这是提高藏品管理人员业务素质的最佳途径。2014年7月，中国国家博物馆举行了文物保护修复技艺拜师仪式[②]。以徒弟奉茶、双方签订合同的形式，使该馆6位文物修复专家与该馆9名青年建立师徒关系。中国国家博物馆结合本馆文物保护修复工作特点，并对师承制的利弊进行了客观分析，决定将现代管理方式引入其中，去除传统师承制的弊端，在文物科技保护部实行师承制，以培养专业技术干部。为此，特别制定了文物修复技术人员师承制工作管理办法，对培养目标、师徒人员遴选、周期、考核办法等做了明确规定。根据管理办法，具有副研究馆员以上职称、在本领域有丰富经验和技术专长的文物专家可以聘为指导老师；传承人则要求大学本科以上学历，具有一定专业理论基础和实践经验并且热爱此行业的中青年骨干。师徒关系确定后将采取平时考核、年中考核、年度考核

[①] 目前的各种培训示范基地，多是采取聘请专家讲座、学员讨论、课后考察参观的模式，而实际操作方面的训练相对比较薄弱。

[②] 引自郭桂香：《将现代管理注入传统师承制——国家博物馆六位文保师傅收徒弟》，《中国文物报》2014年7月4日第1版。

和出师验收考核相结合的方式跟踪问效。这种将现代管理注入传统师承制的新型人才培养模式，可谓是一次很好的人才培养实践。

"当今世界，科技进步日新月异，互联网、云计算、大数据等现代信息技术深刻改变着人类的思维、生产、生活、学习方式，深刻展示了世界发展的前景。""'建设人人皆学、处处能学、时时可学'的学习型社会，培养大批创新人才，是人类共同面临的重大课题。"[①]

因之，文物博物馆业务人员的培养，将始终是一项重要而又迫切的任务。

---

① 习近平：《致国际教育信息化大会的贺信》，2015年5月22日。

参考书目

1. 专著

（1）苏联博物馆学科学研究所编、博物馆科学工作研究所筹备处编译：《苏联博物馆学基础》，文物出版社，1957年。

（2）吉林大学历史系考古专业、河北省文物管理处编：《工农考古基础知识》，文物出版社，1978年。

（3）中国博物馆学会编：《博物馆学论集（一）》，文物出版社，1983年3月版。

（4）文化部文物局教育处：《文物博物馆基础课纲要》，1983年12月版。

（5）江苏省博物馆学会编：《博物馆学论文选》（1983年），江苏省博物馆学会，1984年4月编印。

（6）文化部文物局主编：《中国博物馆学概论》，文物出版社，1985年12月版。

（7）宋伯胤：《博物馆学基础知识十讲》，文化部文物局教育处翻印，1985年。

（8）郑求真：《博物馆藏品保管》，紫禁城出版社，1985年6月版。

（9）中国博物馆学会编：《中国博物馆学会第二次年会论文集》，文物出版社，1986年3月版。

（10）文化部文物局教育处、南开大学历史系编：《博物馆学参考资料》（下册），1986年10月印。

（11）国家文物事业管理局编：《新中国文物法规选编》，文物出版社，1987年10月版。

（12）国家文物局泰安培训中心编：《博物馆管理论丛》，山东出版总社泰安分社，1988年12月铅印。

（13）湖北省博物馆学会秘书处编：《博物馆学论文选2》，武汉大学出版社，1989年5月版。

（14）荆三林、李元河编著：《博物馆基础理论及实用科学技术》，河南大学出版社，1990年2月版。

（15）北京市文物事业管理局编：《文物工作手册》，北京燕山出版社，1990年9月版。

（16）国家文物局编：《博物馆藏品保管工作手册》，群众出版社，1993年1月版。

（17）中国大百科全书总编辑委员会《文物·博物馆》编辑委员会、中国大百科全书出版社编辑部编：《中国大百科全书·文物 博物馆》，中国大百科全书出版社，1993年1月版。

（18）严建强著：《博物馆的理论与实践》，浙江教育出版社，1998年9月版。

（19）吴永琪、李淑萍、张文立主编：《遗址博物馆学概论》，陕西人民出版社，1999年7月版。

（20）李淑萍、宋伯胤选注：《博物馆历史文选》，陕西人民出版社，2000年11月版。

（21）甄朔南、沈永华主编：《现代博物馆学基础知识问答》，中国自然科学博物馆协会，2000年12月出版（编印）。

（22）国家文物局博物馆司、中国博物馆学会保管专业委员会编：《博物馆藏品保管文集》，中华书局，2001年6月版。

（23）王宏钧主编：《中国博物馆学基础（修订本）》，上海古籍出版社，2001年12月版。

（24）北京博物馆学会编：《北京博物馆学会第三届学术会议文集（2000）》，北京燕山出版社，2001年。

（25）李文儒主编：《全球化下的中国博物馆》，文物出版社，2002年5月版。

（26）吴诗池编著：《文物学概论》，上海文艺出版社，2002年5月版。

（27）李晓东著：《文物保护法概论》，学苑出版社，2002年11月版。

（28）范敬宜、张春生、徐玉麟、单霁翔主编：《文物保护法律指南》，中国城市出版社，2003年8月版。

（29）李晓东著：《文物学》，学苑出版社，2005年10月版。

（30）赵丛苍主编：《科技考古学概论》，高等教育出版社，2006年5月版。

（31）国家文物局博物馆司编：《博物馆工作手册》，华龄出版社，2007年5月版。

（32）陕西省博物馆学会、陕西省文物局：《博物馆理论与实践研讨会论文集2005》，三秦出版社，2007年10月版。

（33）中国地理信息系统协会等：《中国地理信息系统协会第四次会员代表大会暨第十一届年会论文集》，2007年11月编印。

（34）冯恩学主编：《田野考古学》，吉林大学出版社，2008年1月版。

（35）陈铁梅编著：《科技考古学》，北京大学出版社，2008年8月版。

（36）王蕙贞编著：《文物保护学》，文物出版社，2009年3月版。

（37）宋向光著：《物与识——当代中国博物馆理论与实践辨析》，科学出版社，2009年3月版。

（38）北京市科学技术协会信息中心、北京数字科普协会合编：《数字博物馆研究与实践2009》，中国传媒大学出版社，2009年10月版。

（39）北京博物馆学会编：《博物馆藏品保管学术论文集》，中国林业出版社，

2009年。

（40）苏东海：《博物馆的沉思——苏东海论文选》（卷一、卷二、卷三），文物出版社，1998年、2006年、2010年出版。

（41）〔英〕帕特里克·博伊兰主编，国际博协中国国家委员会、中国博物馆学会翻译，黄静雅、韦清琦译：《经营博物馆》，译林出版社，2010年9月版。

（42）国家文物局、中国博物馆协会编：《博物馆法规文件选编》，科学出版社，2010年10月版。

（43）段勇主编：《中国博物馆学研究论著目录》，新华出版社，2010年10月版。

（44）北京博物馆学会编：《继承发展 保护管理——北京博物馆学会保管专业十年学术研讨纪念集》，北京燕山出版社，2010年10月版。

（45）单霁翔著：《从"馆舍天地"到"大千世界"——关于广义博物馆的思考》，天津大学出版社，2011年2月版。

（46）姚安著：《博物馆12讲》，科学出版社，2011年12月版。

（47）北京博物馆学会编：《博物馆藏品保管工作指引》，中国书籍出版社，2012年11月版。

（48）故宫博物院编：《故宫博物院规章制度汇编》，故宫出版社，2013年1月版。

（49）国家文物局第一次全国可移动文物普查工作办公室编：《第一次全国可移动文物普查工作手册（修订版）》，文物出版社，2014年1月第2版。

（50）〔美〕爱德华·P.亚历山大、玛丽·亚历山大著，陈双双译：《博物馆变迁：博物馆历史与功能读本》，译林出版社，2014年12月版。

（51）〔英〕蒂莫西·阿姆布罗斯、克里斯平·佩恩著，郭卉译：《博物馆基础》，译林出版社，2016年6月版。

（52）刘爽著：《文物保护概论》，辽宁教育出版社，2016年7月版。

（53）段勇著：《当代中国博物馆》，译林出版社，2017年9月版。

（54）北京市文物局 中国文物信息咨询中心主编：《可移动文物保护与利用工作手册》，学苑出版社，2017年11月版。

（55）《博物馆学概论》编写组，陈红京主编：《博物馆学概论》（"马工程"重点教材），高等教育出版社，2019年1月版。

（56）陈红京著：《博物馆藏品数字化管理十讲》，上海交通大学出版社，2019年10月版。

2. 期（报）刊

（1）《博物馆研究》

（2）《博物馆管理》

（3）《博物院》

（4）《北京文博》

（5）《北方文物》

（6）《东南文化》

（7）《福建文博》

（8）《故宫博物院院刊》

（9）《湖南省博物馆馆刊》

（10）《科学教育与博物馆》

（11）《辽宁省博物馆馆刊》

（12）《旅顺博物馆馆刊》

（13）《南方文物》

（14）《上海文博论丛》

（15）《四川文物》

（16）《文博》

（17）《文物参考资料》

（18）《文物》

（19）《文物工作》

（20）《文物春秋》

（21）《文物世界》

（22）《文物天地》

（23）《中国博物馆》

（24）《中国博物馆通讯》

（25）《中国国家博物馆馆刊》

（26）《中国港口——中国港口博物馆馆刊专辑》

（27）《中国文物科学研究》

（28）《中原文物》

（29）《中国文物报》

附录 藏品管理相关法规文件（节选/全文）

藏品管理相关法规文件（节选/全文）目录

序号	文件	备注
一	中华人民共和国宪法	节选
二	中华人民共和国刑法	节选
三	中华人民共和国著作权法	节选
四	中华人民共和国公益事业捐赠法	全文
五	中华人民共和国非物质文化遗产法	全文
六	博物馆藏品管理办法	全文

一、中华人民共和国宪法（节选）

（1982年12月4日第五届全国人民代表大会第五次会议通过 1982年12月4日全国人民代表大会公告公布施行。根据1988年4月12日第七届全国人民代表大会第一次会议通过的《中华人民共和国宪法修正案》、1993年3月29日第八届全国人民代表大会第一次会议通过的《中华人民共和国宪法修正案》、1999年3月15日第九届全国人民代表大会第二次会议通过的《中华人民共和国宪法修正案》、2004年3月14日第十届全国人民代表大会第二次会议通过的《中华人民共和国宪法修正案》和2018年3月11日第十三届全国人民代表大会第一次会议通过的《中华人民共和国宪法修正案》修正）

第二十二条 国家发展为人民服务、为社会主义服务的文学艺术事业、新闻广播电视事业、出版发行事业、图书馆博物馆文化馆和其他文化事业，开展群众性的文化活动。

国家保护名胜古迹、珍贵文物和其他重要历史文化遗产。

二、中华人民共和国刑法（节选）

〔1979年7月1日第五届全国人民代表大会第二次会议通过，1997年3月14日第八届全国人民代表大会第五次会议修订。根据1999年12月25日中华人民共和国刑法修正

案，2001年8月31日中华人民共和国刑法修正案（二），2001年12月29日中华人民共和国刑法修正案（三），2002年12月28日中华人民共和国刑法修正案（四），2005年2月28日中华人民共和国刑法修正案（五），2006年6月29日中华人民共和国刑法修正案（六），2009年2月28日中华人民共和国刑法修正案（七）修正，根据2009年8月27日《全国人民代表大会常务委员会关于修改部分法律的决定》修正，根据2011年2月25日中华人民共和国刑法修正案（八）修正，《中华人民共和国刑法修正案（九）》已由中华人民共和国第十二届全国人民代表大会常务委员会第十六次会议于2015年8月29日通过，2017年11月4日第十二届全国人民代表大会常务委员会第三十次会议通过《中华人民共和国刑法修正案（十）》，2020年12月26日中华人民共和国刑法修正案（十一）修正］

第一百五十一条　【走私武器、弹药罪；走私核材料罪；走私假币罪】走私武器、弹药、核材料或者伪造的货币的，处七年以上有期徒刑，并处罚金或者没收财产；情节特别严重的，处无期徒刑，并处没收财产；情节较轻的，处三年以上七年以下有期徒刑，并处罚金。

【走私文物罪；走私贵重金属罪；走私珍贵动物、珍贵动物制品罪】走私国家禁止出口的文物、黄金、白银和其他贵重金属或者国家禁止进出口的珍贵动物及其制品的，处五年以上十年以下有期徒刑，并处罚金；情节特别严重的，处十年以上有期徒刑或者无期徒刑，并处没收财产；情节较轻的，处五年以下有期徒刑，并处罚金。

【走私国家禁止进出口的货物、物品罪】走私珍稀植物及其制品等国家禁止进出口的其他货物、物品的，处五年以下有期徒刑或者拘役，并处或者单处罚金；情节严重的，处五年以上有期徒刑，并处罚金。

单位犯本条规定之罪的，对单位判处罚金，并对其直接负责的主管人员和其他直接责任人员，依照本条各款的规定处罚。

第三百二十四条　【故意损毁文物罪；故意损毁名胜古迹罪；过失损毁文物罪】故意损毁国家保护的珍贵文物或者被确定为全国重点文物保护单位、省级文物保护单位的文物的，处三年以下有期徒刑或者拘役，并处或者单处罚金；情节严重的，处三年以上十年以下有期徒刑，并处罚金。

故意损毁国家保护的名胜古迹，情节严重的，处五年以下有期徒刑或者拘役，并处或者单处罚金。

过失损毁国家保护的珍贵文物或者被确定为全国重点文物保护单位、省级文物保护单位的文物，造成严重后果的，处三年以下有期徒刑或者拘役。

第三百二十五条　【非法向外国人出售、赠送珍贵文物罪】违反文物保护法规，将收藏的国家禁止出口的珍贵文物私自出售或者私自赠送给外国人的，处五年以下有期徒刑或者拘役，可以并处罚金。

单位犯前款罪的，对单位判处罚金，并对其直接负责的主管人员和其他直接责任人员，依照前款的规定处罚。

第三百二十六条　【倒卖文物罪】以牟利为目的，倒卖国家禁止经营的文物，情节严重的，处五年以下有期徒刑或者拘役，并处罚金；情节特别严重的，处五年以上十年以下有期徒刑，并处罚金。

单位犯前款罪的，对单位判处罚金，并对其直接负责的主管人员和其他直接责任人员，依照前款的规定处罚。

第三百二十七条　【非法出售、私赠文物藏品罪】违反文物保护法规，国有博物馆、图书馆等单位将国家保护的文物藏品出售或者私自送给非国有单位或者个人的，对单位判处罚金，并对其直接负责的主管人员和其他直接责任人员，处三年以下有期徒刑或者拘役。

第三百二十八条　【盗掘古文化遗址、古墓葬罪；盗掘古人类化石、古脊椎动物化石罪】盗掘具有历史、艺术、科学价值的古文化遗址、古墓葬的，处三年以上十年以下有期徒刑，并处罚金；情节较轻的，处三年以下有期徒刑、拘役或者管制，并处罚金；有下列情形之一的，处十年以上有期徒刑或者无期徒刑，并处罚金或者没收财产：

（一）盗掘确定为全国重点文物保护单位和省级文物保护单位的古文化遗址、古墓葬的；

（二）盗掘古文化遗址、古墓葬集团的首要分子；

（三）多次盗掘古文化遗址、古墓葬的；

（四）盗掘古文化遗址、古墓葬，并盗窃珍贵文物或者造成珍贵文物严重破坏的。

盗掘国家保护的具有科学价值的古人类化石和古脊椎动物化石的，依照前款的规定处罚。

第三百二十九条　【盗窃、抢夺国有档案罪；擅自出卖、转让国有档案罪】抢夺、窃取国家所有的档案的，处五年以下有期徒刑或者拘役。

违反档案法的规定，擅自出卖、转让国家所有的档案，情节严重的，处三年以下有期徒刑或者拘役。

有前两款行为，同时又构成本法规定的其他犯罪的，依照处罚较重的规定定罪处罚。

第三百九十七条　【滥用职权罪；玩忽职守罪】国家机关工作人员滥用职权或者玩忽职守，致使公共财产、国家和人民利益遭受重大损失的，处三年以下有期徒刑或者拘役；情节特别严重的，处三年以上七年以下有期徒刑。本法另有规定的，依照规定。

国家机关工作人员徇私舞弊，犯前款罪的，处五年以下有期徒刑或者拘役；情节特别严重的，处五年以上十年以下有期徒刑。本法另有规定的，依照规定。

第四百一十九条　【失职造成珍贵文物损毁、流失罪】国家机关工作人员严重不负责任，造成珍贵文物损毁或者流失，后果严重的，处三年以下有期徒刑或者拘役。

三、中华人民共和国著作权法（节选）

（1990年9月7日第七届全国人民代表大会常务委员会第十五次会议通过。根据2001年10月27日第九届全国人民代表大会常务委员会第二十四次会议《关于修改〈中华人民共和国著作权法〉的决定》第一次修正。根据2010年2月26日第十一届全国人民代表大会常务委员会第十三次会议《关于修改〈中华人民共和国著作权法〉的决定》第二次修正；根据2020年11月11日第十三届全国人民代表常务委员会第二十三次会议《关于修改〈中华人民共和国著作权法〉的决定》第三次修正）

第一章　总　则

第一条　为保护文学、艺术和科学作品作者的著作权，以及与著作权有关的权益，鼓励有益于社会主义精神文明、物质文明建设的作品的创作和传播，促进社会主义文化和科学事业的发展与繁荣，根据宪法制定本法。

第二条　中国公民、法人或者非法人组织的作品，不论是否发表，依照本法享有著作权。

外国人、无国籍人的作品根据其作者所属国或者经常居住地国同中国签订的协议或者共同参加的国际条约享有的著作权，受本法保护。

外国人、无国籍人的作品首先在中国境内出版的，依照本法享有著作权。

未与中国签订协议或者共同参加国际条约的国家的作者以及无国籍人的作品首次在中国参加的国际条约的成员国出版的，或者在成员国和非成员国同时出版的，受本法保护。

第三条　本法所称的作品，是指文学、艺术和科学领域内具有独创性并能以一定形式表现的智力成果，包括：

（一）文字作品；

（二）口述作品；

（三）音乐、戏剧、曲艺、舞蹈、杂技艺术作品；

（四）美术、建筑作品；

（五）摄影作品；

（六）视听作品；

（七）工程设计图、产品设计图、地图、示意图等图形作品和模型作品；

（八）计算机软件；

（九）符合作品特征的其他智力成果。

第四条　著作权人行使著作权，不得违反宪法和法律，不得损害公共利益。国家对作品的出版、传播依法进行监督管理。

第五条　本法不适用于：

（一）法律、法规，国家机关的决议、决定、命令和其他具有立法、行政、司法性质的文件，及其官方正式译文；

（二）时事新闻；

（三）历法、通用数表、通用表格和公式。

第六条　民间文学艺术作品的著作权保护办法由国务院另行规定。

第七条　国务院著作权行政管理部门主管全国的著作权管理工作；各省、自治区、直辖市人民政府的著作权行政管理部门主管本行政区域的著作权管理工作。

第八条　著作权人和与著作权有关的权利人可以授权著作权集体管理组织行使著作权或者与著作权有关的权利。著作权集体管理组织被授权后，可以以自己的名义为著作权人和与著作权有关的权利人主张权利，并可以作为当事人进行涉及著作权或者与著作权有关的权利的诉讼、仲裁活动。

著作权集体管理组织是非营利性组织，其设立方式、权利义务、著作权许可使用费的收取和分配，以及对其监督和管理等由国务院另行规定。

第二章　著　作　权

第九条　著作权人包括：

（一）作者；

（二）其他依照本法享有著作权的公民、法人或者其他组织。

第十条　著作权包括下列人身权和财产权：

（一）发表权，即决定作品是否公之于众的权利；

（二）署名权，即表明作者身份，在作品上署名的权利；

（三）修改权，即修改或者授权他人修改作品的权利；

（四）保护作品完整权，即保护作品不受歪曲、篡改的权利；

（五）复制权，即以印刷、复印、拓印、录音、录像、翻录、翻拍等方式将作品制作一份或者多份的权利；

（六）发行权，即以出售或者赠予方式向公众提供作品的原件或者复制件的权利；

（七）出租权，即有偿许可他人临时使用电影作品和以类似摄制电影的方法创作的作品、计算机软件的权利，计算机软件不是出租的主要标的除外；

（八）展览权，即公开陈列美术作品、摄影作品的原件或者复制件的权利；

（九）表演权，即公开表演作品，以及用各种手段公开播送作品的表演的权利；

（十）放映权，即通过放映机、幻灯机等技术设备公开再现美术、摄影、电影和以类似摄制电影的方法创作的作品等的权利；

（十一）广播权，即以无线方式公开广播或者传播作品，以有线传播或者转播的方式向公众传播广播的作品，以及通过扩音器或者其他传送符号、声音、图像的类似工具向公众传播广播的作品的权利；

（十二）信息网络传播权，即以有线或者无线方式向公众提供作品，使公众可以在其个人选定的时间和地点获得作品的权利；

（十三）摄制权，即以摄制电影或者以类似摄制电影的方法将作品固定在载体上的权利；

（十四）改编权，即改变作品，创作出具有独创性的新作品的权利；

（十五）翻译权，即将作品从一种语言文字转换成另一种语言文字的权利；

（十六）汇编权，即将作品或者作品的片段通过选择或者编排，汇集成新作品的权利；

（十七）应当由著作权人享有的其他权利。

著作权人可以许可他人行使前款第（五）项至第（十七）项规定的权利，并依照约定或者本法有关规定获得报酬。

著作权人可以全部或者部分转让本条第一款第（五）项至第（十七）项规定的权利，并依照约定或者本法有关规定获得报酬。

第十一条　著作权属于作者，本法另有规定的除外。

创作作品的公民是作者。

由法人或者其他组织主持，代表法人或者其他组织意志创作，并由法人或者其他组织承担责任的作品，法人或者其他组织视为作者。

如无相反证明，在作品上署名的公民、法人或者其他组织为作者。

第十二条　改编、翻译、注释、整理已有作品而产生的作品，其著作权由改编、翻译、注释、整理人享有，但行使著作权时不得侵犯原作品的著作权。

第十三条　两人以上合作创作的作品，著作权由合作作者共同享有。没有参加创作的人，不能成为合作作者。

合作作品可以分割使用的，作者对各自创作的部分可以单独享有著作权，但行使著作权时不得侵犯合作作品整体的著作权。

第十四条　汇编若干作品、作品的片段或者不构成作品的数据或者其他材料，对其内容的选择或者编排体现独创性的作品，为汇编作品，其著作权由汇编人享有，但行使著作权时，不得侵犯原作品的著作权。

第十五条　电影作品和以类似摄制电影的方法创作的作品的著作权由制片者享有，但编剧、导演、摄影、作词、作曲等作者享有署名权，并有权按照与制片者签订的合同获得报酬。

电影作品和以类似摄制电影的方法创作的作品中的剧本、音乐等可以单独使用的作品的作者有权单独行使其著作权。

第十六条　公民为完成法人或者其他组织工作任务所创作的作品是职务作品，除本条第二款的规定以外，著作权由作者享有，但法人或者其他组织有权在其业务范围内优先使用。作品完成两年内，未经单位同意，作者不得许可第三人以与单位使用的相同方式使用该作品。

有下列情形之一的职务作品，作者享有署名权，著作权的其他权利由法人或者其他组织享有，法人或者其他组织可以给予作者奖励：

（一）主要是利用法人或者其他组织的物质技术条件创作，并由法人或者其他组织承担责任的工程设计图、产品设计图、地图、计算机软件等职务作品；

（二）法律、行政法规规定或者合同约定著作权由法人或者其他组织享有的职务作品。

第十七条　受委托创作的作品，著作权的归属由委托人和受托人通过合同约定。合同未作明确约定或者没有订立合同的，著作权属于受托人。

第十八条　美术等作品原件所有权的转移，不视为作品著作权的转移，但美术作品原件的展览权由原件所有人享有。

第十九条　著作权属于公民的，公民死亡后，其本法第十条第一款第（五）项至第（十七）项规定的权利在本法规定的保护期内，依照继承法的规定转移。

著作权属于法人或者其他组织的，法人或者其他组织变更、终止后，其本法第十条第一款第（五）项至第（十七）项规定的权利在本法规定的保护期内，由承受其权利义务的法人或者其他组织享有；没有承受其权利义务的法人或者其他组织的，由国家享有。

第二十条　作者的署名权、修改权、保护作品完整权的保护期不受限制。

第二十一条　公民的作品，其发表权、本法第十条第一款第（五）项至第（十七）项规定的权利的保护期为作者终生及其死亡后五十年，截止于作者死亡后第五十年的12月31日；如果是合作作品，截止于最后死亡的作者死亡后第五十年的12月31日。

法人或者其他组织的作品、著作权（署名权除外）由法人或者其他组织享有的职务作品，其发表权、本法第十条第一款第（五）项至第（十七）项规定的权利的保护期为五十年，截止于作品首次发表后第五十年的12月31日，但作品自创作完成后五十年内未发表的，本法不再保护。

电影作品和以类似摄制电影的方法创作的作品、摄影作品，其发表权、本法第十条第一款第（五）项至第（十七）项规定的权利的保护期为五十年，截止于作品首次发表后第五十年的12月31日，但作品自创作完成后五十年内未发表的，本法不再保护。

第二十二条　在下列情况下使用作品，可以不经著作权人许可，不向其支付报酬，但应当指明作者姓名、作品名称，并且不得侵犯著作权人依照本法享有的其他权利：

（一）为个人学习、研究或者欣赏，使用他人已经发表的作品；

（二）为介绍、评论某一作品或者说明某一问题，在作品中适当引用他人已经发表的作品；

（三）为报道时事新闻，在报纸、期刊、广播电台、电视台等媒体中不可避免地再现或者引用已经发表的作品；

（四）报纸、期刊、广播电台、电视台等媒体刊登或者播放其他报纸、期刊、广播电台、电视台等媒体已经发表的关于政治、经济、宗教问题的时事性文章，但作者声明不许刊登、播放的除外；

（五）报纸、期刊、广播电台、电视台等媒体刊登或者播放在公众集会上发表的讲话，但作者声明不许刊登、播放的除外；

（六）为学校课堂教学或者科学研究，翻译或者少量复制已经发表的作品，供教学或者科研人员使用，但不得出版发行；

（七）国家机关为执行公务在合理范围内使用已经发表的作品；

（八）图书馆、档案馆、纪念馆、博物馆、美术馆等为陈列或者保存版本的需要，复制本馆收藏的作品；

（九）免费表演已经发表的作品，该表演未向公众收取费用，也未向表演者支付报酬；

（十）对设置或者陈列在室外公共场所的艺术作品进行临摹、绘画、摄影、录像；

（十一）将中国公民、法人或者其他组织已经发表的以汉语言文字创作的作品翻译成少数民族语言文字作品在国内出版发行；

（十二）将已经发表的作品改成盲文出版。前款规定适用于对出版者、表演者、录音录像制作者、广播电台、电视台的权利的限制。

第二十三条　为实施九年制义务教育和国家教育规划而编写出版教科书，除作者事先声明不许使用的外，可以不经著作权人许可，在教科书中汇编已经发表的作品片段或者短小的文字作品、音乐作品或者单幅的美术作品、摄影作品，但应当按照规定支付报酬，指明作者姓名、作品名称，并且不得侵犯著作权人依照本法享有的其他权利。

前款规定适用于对出版者、表演者、录音录像制作者、广播电台、电视台的权利的限制。

第三章　著作权许可使用和转让合同

第二十四条　使用他人作品应当同著作权人订立许可使用合同，本法规定可以不经许可的除外。许可使用合同包括下列主要内容：

（一）许可使用的权利种类；

（二）许可使用的权利是专有使用权或者非专有使用权；

（三）许可使用的地域范围、期间；

（四）付酬标准和办法；

（五）违约责任；

（六）双方认为需要约定的其他内容。

第二十五条　转让本法第十条第一款第（五）项至第（十七）项规定的权利，应当订立书面合同。权利转让合同包括下列主要内容：

（一）作品的名称；

（二）转让的权利种类、地域范围；

（三）转让价金；

（四）交付转让价金的日期和方式；

（五）违约责任；

（六）双方认为需要约定的其他内容。

第二十六条　以著作权出质的，由出质人和质权人向国务院著作权行政管理部门办理出质登记。

第二十七条　许可使用合同和转让合同中著作权人未明确许可、转让的权利，未经著作权人同意，另一方当事人不得行使。

第二十八条　使用作品的付酬标准可以由当事人约定，也可以按照国务院著作权行政管理部门会同有关部门制定的付酬标准支付报酬。当事人约定不明确的，按照国务院著作权行政管理部门会同有关部门制定的付酬标准支付报酬。

第二十九条　出版者、表演者、录音录像制作者、广播电台、电视台等依照本法有关规定使用他人作品的，不得侵犯作者的署名权、修改权、保护作品完整权和获得报酬的权利。

四、中华人民共和国公益事业捐赠法

（1999年6月28日第九届全国人大常委会第十次会议通过，1999年6月28日中华人民共和国主席令第19号公布）

第一章　总　　则

第一条　为了鼓励捐赠，规范捐赠和受赠行为，保护捐赠人、受赠人和受益人的合法权益，促进公益事业的发展，制定本法。

第二条　自然人、法人或者其他组织自愿无偿向依法成立的公益性社会团体和公益性非营利的事业单位捐赠财产，用于公益事业的，适用本法。

第三条　本法所称公益事业是指非营利的下列事项：

（一）救助灾害、救济贫困、扶助残疾人等困难的社会群体和个人的活动；

（二）教育、科学、文化、卫生、体育事业；

（三）环境保护、社会公共设施建设；

（四）促进社会发展和进步的其他社会公共和福利事业。

第四条 捐赠应当是自愿和无偿的，禁止强行摊派或者变相摊派，不得以捐赠为名从事营利活动。

第五条 捐赠财产的使用应当尊重捐赠人的意愿，符合公益目的，不得将捐赠财产挪作他用。

第六条 捐赠应当遵守法律、法规，不得违背社会公德，不得损害公共利益和其他公民的合法权益。

第七条 公益性社会团体受赠的财产及其增值为社会公共财产，受国家法律保护，任何单位和个人不得侵占、挪用和损毁。

第八条 国家鼓励公益事业的发展，对公益性社会团体和公益性非营利的事业单位给予扶持和优待。国家鼓励自然人、法人或者其他组织对公益事业进行捐赠。对公益事业捐赠有突出贡献的自然人、法人或者其他组织，由人民政府或者有关部门予以表彰。对捐赠人进行公开表彰，应当事先征求捐赠人的意见。

第二章 捐赠和受赠

第九条 自然人、法人或者其他组织可以选择符合其捐赠意愿的公益性社会团体和公益性非营利的事业单位进行捐赠。捐赠的财产应当是其有权处分的合法财产。

第十条 公益性社会团体和公益性非营利的事业单位可以依照本法接受捐赠。本法所称公益性社会团体是指依法成立的，以发展公益事业为宗旨的基金会、慈善组织等社会团体。

本法所称公益性非营利的事业单位是指依法成立的，从事公益事业的不以营利为目的的教育机构、科学研究机构、医疗卫生机构、社会公共文化机构、社会公共体育机构和社会福利机构等。

第十一条 在发生自然灾害时或者境外捐赠人要求县级以上人民政府及其部门作为受赠人时，县级以上人民政府及其部门可以接受捐赠，并依照本法的有关规定对捐赠财产进行管理。

县级以上人民政府及其部门可以将受赠财产转交公益性社会团体或者公益性非营利的事业单位；也可以按照捐赠人的意愿分发或者兴办公益事业，但是不得以本机关为受益对象。

第十二条 捐赠人可以与受赠人就捐赠财产的种类、质量、数量和用途等内容订立捐赠协议。捐赠人有权决定捐赠的数量、用途和方式。

捐赠人应当依法履行捐赠协议，按照捐赠协议约定的期限和方式将捐赠财产转移给受赠人。

第十三条 捐赠人捐赠财产兴建公益事业工程项目，应当与受赠人订立捐赠协议，对工程项目的资金、建设、管理和使用做出约定。

捐赠的公益事业工程项目由受赠单位按照国家有关规定办理项目审批手续，并组织施工或者由受赠人和捐赠人共同组织施工。工程质量应当符合国家质量标准。捐赠的公益事业工程项目竣工后，受赠单位应当将工程建设、建设资金的使用和工程质量验收情况向捐赠人通报。

第十四条　捐赠人对于捐赠的公益事业工程项目可以留名纪念；捐赠人单独捐赠的工程项目或者主要由捐赠人出资兴建的工程项目，可以由捐赠人提出工程项目的名称，报县级以上人民政府批准。

第十五条　境外捐赠人捐赠的财产，由受赠人按照国家有关规定办理入境手续；捐赠实行许可证管理的物品，由受赠人按照国家有关规定办理许可证申领手续，海关凭许可证验放、监管。

华侨向境内捐赠的，县级以上人民政府侨务部门可以协助办理有关入境手续，为捐赠人实施捐赠项目提供帮助。

第三章　捐赠财产的使用和管理

第十六条　受赠人接受捐赠后，应当向捐赠人出具合法、有效的收据，将受赠财产登记造册，妥善保管。

第十七条　公益性社会团体应当将受赠财产用于资助符合其宗旨的活动和事业。对于接受的救助灾害的捐赠财产，应当及时用于救助活动。基金会每年用于资助公益事业的资金数额，不得低于国家规定的比例。

公益性社会团体应当严格遵守国家的有关规定，按照合法、安全、有效的原则，积极实现捐赠财产的保值增值。

公益性非营利的事业单位应当将受赠财产用于发展本单位的公益事业，不得挪作他用。对于不易储存、运输和超过实际需要的受赠财产，受赠人可以变卖，所取得的全部收入，应当用于捐赠目的。

第十八条　受赠人与捐赠人订立了捐赠协议的，应当按照协议约定的用途使用捐赠财产，不得擅自改变捐赠财产的用途。如果确需改变用途的，应当征得捐赠人的同意。

第十九条　受赠人应当依照国家有关规定，建立健全财务会计制度和受赠财产的使用制度，加强对受赠财产的管理。

第二十条　受赠人每年度应当向政府有关部门报告受赠财产的使用、管理情况，接受监督。必要时，政府有关部门可以对其财务进行审计。

海关对减免关税的捐赠物品依法实施监督和管理。

县级以上人民政府侨务部门可以参与对华侨向境内捐赠财产使用与管理的监督。

第二十一条　捐赠人有权向受赠人查询捐赠财产的使用、管理情况，并提出意见和建议。对于捐赠人的查询，受赠人应当如实答复。

第二十二条　受赠人应当公开接受捐赠的情况和受赠财产的使用、管理情况，接受社会监督。

第二十三条　公益性社会团体应当厉行节约，降低管理成本，工作人员的工资和办公费用从利息等收入中按照国家规定的标准开支。

第四章 优惠措施

第二十四条 公司和其他企业依照本法的规定捐赠财产用于公益事业，依照法律、行政法规的规定享受企业所得税方面的优惠。

第二十五条 自然人和个体工商户依照本法的规定捐赠财产用于公益事业，依照法律、行政法规的规定享受个人所得税方面的优惠。

第二十六条 境外向公益性社会团体和公益性非营利的事业单位捐赠的用于公益事业的物资，依照法律、行政法规的规定减征或者免征进口关税和进口环节的增值税。

第二十七条 对于捐赠的工程项目，当地人民政府应当给予支持和优惠。

第五章 法律责任

第二十八条 受赠人未征得捐赠人的许可，擅自改变捐赠财产的性质、用途的，由县级以上人民政府有关部门责令改正，给予警告。拒不改正的，经征求捐赠人的意见，由县级以上人民政府将捐赠财产交由与其宗旨相同或者相似的公益性社会团体或者公益性非营利的事业单位管理。

第二十九条 挪用、侵占或者贪污捐赠款物的，由县级以上人民政府有关部门责令退还所用、所得款物，并处以罚款；对直接责任人员，由所在单位依照有关规定予以处理；构成犯罪的，依法追究刑事责任。依照前款追回、追缴的捐赠款物，应当用于原捐赠目的和用途。

第三十条 在捐赠活动中，有下列行为之一的，依照法律、法规的有关规定予以处罚；构成犯罪的，依法追究刑事责任：

（一）逃汇、骗购外汇的；

（二）偷税、逃税的；

（三）进行走私活动的；

（四）未经海关许可并且未补缴应缴税额，擅自将减税、免税进口的捐赠物资在境内销售、转让或者移作他用的。

第三十一条 受赠单位的工作人员，滥用职权，玩忽职守，徇私舞弊，致使捐赠财产造成重大损失的，由所在单位依照有关规定予以处理；构成犯罪的，依法追究刑事责任。

第六章 附则

第三十二条 本法自1999年9月1日起施行。

五、中华人民共和国非物质文化遗产法

（2011年2月25日第十一届全国人民代表大会常务委员会第十九次会议通过）

目录

第一章　总则

第二章　非物质文化遗产的调查

第三章　非物质文化遗产代表性项目名录

第四章　非物质文化遗产的传承与传播

第五章　法律责任

第六章　附则

第一章　总　则

第一条　为了继承和弘扬中华民族优秀传统文化，促进社会主义精神文明建设，加强非物质文化遗产保护、保存工作，制定本法。

第二条　本法所称非物质文化遗产，是指各族人民世代相传并视为其文化遗产组成部分的各种传统文化表现形式，以及与传统文化表现形式相关的实物和场所。包括：

（一）传统口头文学以及作为其载体的语言；

（二）传统美术、书法、音乐、舞蹈、戏剧、曲艺和杂技；

（三）传统技艺、医药和历法；

（四）传统礼仪、节庆等民俗；

（五）传统体育和游艺；

（六）其他非物质文化遗产。

属于非物质文化遗产组成部分的实物和场所，凡属文物的，适用《中华人民共和国文物保护法》的有关规定。

第三条　国家对非物质文化遗产采取认定、记录、建档等措施予以保存，对体现中华民族优秀传统文化，具有历史、文学、艺术、科学价值的非物质文化遗产采取传承、传播等措施予以保护。

第四条　保护非物质文化遗产，应当注重其真实性、整体性和传承性，有利于增强中华民族的文化认同，有利于维护国家统一和民族团结，有利于促进社会和谐和可持续发展。

第五条　使用非物质文化遗产，应当尊重其形式和内涵。

禁止以歪曲、贬损等方式使用非物质文化遗产。

第六条　县级以上人民政府应当将非物质文化遗产保护、保存工作纳入本级国民经济和社会发展规划，并将保护、保存经费列入本级财政预算。

国家扶持民族地区、边远地区、贫困地区的非物质文化遗产保护、保存工作。

第七条 国务院文化主管部门负责全国非物质文化遗产的保护、保存工作；县级以上地方人民政府文化主管部门负责本行政区域内非物质文化遗产的保护、保存工作。

县级以上人民政府其他有关部门在各自职责范围内，负责有关非物质文化遗产的保护、保存工作。

第八条 县级以上人民政府应当加强对非物质文化遗产保护工作的宣传，提高全社会保护非物质文化遗产的意识。

第九条 国家鼓励和支持公民、法人和其他组织参与非物质文化遗产保护工作。

第十条 对在非物质文化遗产保护工作中做出显著贡献的组织和个人，按照国家有关规定予以表彰、奖励。

第二章 非物质文化遗产的调查

第十一条 县级以上人民政府根据非物质文化遗产保护、保存工作需要，组织非物质文化遗产调查。非物质文化遗产调查由文化主管部门负责进行。

县级以上人民政府其他有关部门可以对其工作领域内的非物质文化遗产进行调查。

第十二条 文化主管部门和其他有关部门进行非物质文化遗产调查，应当对非物质文化遗产予以认定、记录、建档，建立健全调查信息共享机制。

文化主管部门和其他有关部门进行非物质文化遗产调查，应当收集属于非物质文化遗产组成部分的代表性实物，整理调查工作中取得的资料，并妥善保存，防止损毁、流失。其他有关部门取得的实物图片、资料复制件，应当汇交给同级文化主管部门。

第十三条 文化主管部门应当全面了解非物质文化遗产有关情况，建立非物质文化遗产档案及相关数据库。除依法应当保密的外，非物质文化遗产档案及相关数据信息应当公开，便于公众查阅。

第十四条 公民、法人和其他组织可以依法进行非物质文化遗产调查。

第十五条 境外组织或者个人在中华人民共和国境内进行非物质文化遗产调查，应当报经省、自治区、直辖市人民政府文化主管部门批准；调查在两个以上省、自治区、直辖市行政区域进行的，应当报经国务院文化主管部门批准；调查结束后，应当向批准调查的文化主管部门提交调查报告和调查中取得的实物图片、资料复制件。

境外组织在中华人民共和国境内进行非物质文化遗产调查，应当与境内非物质文化遗产学术研究机构合作进行。

第十六条 进行非物质文化遗产调查，应当征得调查对象的同意，尊重其风俗习惯，不得损害其合法权益。

第十七条 对通过调查或者其他途径发现的濒临消失的非物质文化遗产项目，县级人民政府文化主管部门应当立即予以记录并收集有关实物，或者采取其他抢救性保存措施；对需要传承的，应当采取有效措施支持传承。

第三章 非物质文化遗产代表性项目名录

第十八条 国务院建立国家级非物质文化遗产代表性项目名录，将体现中华民族优秀传统文化，具有重大历史、文学、艺术、科学价值的非物质文化遗产项目列入名录予以保护。

省、自治区、直辖市人民政府建立地方非物质文化遗产代表性项目名录，将本行政区域内体现中华民族优秀传统文化，具有历史、文学、艺术、科学价值的非物质文化遗产项目列入名录予以保护。

第十九条 省、自治区、直辖市人民政府可以从本省、自治区、直辖市非物质文化遗产代表性项目名录中向国务院文化主管部门推荐列入国家级非物质文化遗产代表性项目名录的项目。推荐时应当提交下列材料：

（一）项目介绍，包括项目的名称、历史、现状和价值；

（二）传承情况介绍，包括传承范围、传承谱系、传承人的技艺水平、传承活动的社会影响；

（三）保护要求，包括保护应当达到的目标和应当采取的措施、步骤、管理制度；

（四）有助于说明项目的视听资料等材料。

第二十条 公民、法人和其他组织认为某项非物质文化遗产体现中华民族优秀传统文化，具有重大历史、文学、艺术、科学价值的，可以向省、自治区、直辖市人民政府或者国务院文化主管部门提出列入国家级非物质文化遗产代表性项目名录的建议。

第二十一条 相同的非物质文化遗产项目，其形式和内涵在两个以上地区均保持完整的，可以同时列入国家级非物质文化遗产代表性项目名录。

第二十二条 国务院文化主管部门应当组织专家评审小组和专家评审委员会，对推荐或者建议列入国家级非物质文化遗产代表性项目名录的非物质文化遗产项目进行初评和审议。

初评意见应当经专家评审小组成员过半数通过。专家评审委员会对初评意见进行审议，提出审议意见。

评审工作应当遵循公开、公平、公正的原则。

第二十三条 国务院文化主管部门应当将拟列入国家级非物质文化遗产代表性项目名录的项目予以公示，征求公众意见。公示时间不得少于二十日。

第二十四条 国务院文化主管部门根据专家评审委员会的审议意见和公示结果，拟订国家级非物质文化遗产代表性项目名录，报国务院批准、公布。

第二十五条 国务院文化主管部门应当组织制定保护规划，对国家级非物质文化遗产代表性项目予以保护。

省、自治区、直辖市人民政府文化主管部门应当组织制定保护规划，对本级人民政府批准公布的地方非物质文化遗产代表性项目予以保护。

制定非物质文化遗产代表性项目保护规划，应当对濒临消失的非物质文化遗产代表性项目予以重点保护。

第二十六条　对非物质文化遗产代表性项目集中、特色鲜明、形式和内涵保持完整的特定区域，当地文化主管部门可以制定专项保护规划，报经本级人民政府批准后，实行区域性整体保护。确定对非物质文化遗产实行区域性整体保护，应当尊重当地居民的意愿，并保护属于非物质文化遗产组成部分的实物和场所，避免遭受破坏。

实行区域性整体保护涉及非物质文化遗产集中地村镇或者街区空间规划的，应当由当地城乡规划主管部门依据相关法规制定专项保护规划。

第二十七条　国务院文化主管部门和省、自治区、直辖市人民政府文化主管部门应当对非物质文化遗产代表性项目保护规划的实施情况进行监督检查；发现保护规划未能有效实施的，应当及时纠正、处理。

第四章　非物质文化遗产的传承与传播

第二十八条　国家鼓励和支持开展非物质文化遗产代表性项目的传承、传播。

第二十九条　国务院文化主管部门和省、自治区、直辖市人民政府文化主管部门对本级人民政府批准公布的非物质文化遗产代表性项目，可以认定代表性传承人。

非物质文化遗产代表性项目的代表性传承人应当符合下列条件：

（一）熟练掌握其传承的非物质文化遗产；

（二）在特定领域内具有代表性，并在一定区域内具有较大影响；

（三）积极开展传承活动。

认定非物质文化遗产代表性项目的代表性传承人，应当参照执行本法有关非物质文化遗产代表性项目评审的规定，并将所认定的代表性传承人名单予以公布。

第三十条　县级以上人民政府文化主管部门根据需要，采取下列措施，支持非物质文化遗产代表性项目的代表性传承人开展传承、传播活动：

（一）提供必要的传承场所；

（二）提供必要的经费资助其开展授徒、传艺、交流等活动；

（三）支持其参与社会公益性活动；

（四）支持其开展传承、传播活动的其他措施。

第三十一条　非物质文化遗产代表性项目的代表性传承人应当履行下列义务：

（一）开展传承活动，培养后继人才；

（二）妥善保存相关的实物、资料；

（三）配合文化主管部门和其他有关部门进行非物质文化遗产调查；

（四）参与非物质文化遗产公益性宣传。

非物质文化遗产代表性项目的代表性传承人无正当理由不履行前款规定义务的，文化主管部门可以取消其代表性传承人资格，重新认定该项目的代表性传承人；丧失传承能力的，文化主管部门可以重新认定该项目的代表性传承人。

第三十二条 县级以上人民政府应当结合实际情况，采取有效措施，组织文化主管部门和其他有关部门宣传、展示非物质文化遗产代表性项目。

第三十三条 国家鼓励开展与非物质文化遗产有关的科学技术研究和非物质文化遗产保护、保存方法研究，鼓励开展非物质文化遗产的记录和非物质文化遗产代表性项目的整理、出版等活动。

第三十四条 学校应当按照国务院教育主管部门的规定，开展相关的非物质文化遗产教育。

新闻媒体应当开展非物质文化遗产代表性项目的宣传，普及非物质文化遗产知识。

第三十五条 图书馆、文化馆、博物馆、科技馆等公共文化机构和非物质文化遗产学术研究机构、保护机构以及利用财政性资金举办的文艺表演团体、演出场所经营单位等，应当根据各自业务范围，开展非物质文化遗产的整理、研究、学术交流和非物质文化遗产代表性项目的宣传、展示。

第三十六条 国家鼓励和支持公民、法人和其他组织依法设立非物质文化遗产展示场所和传承场所，展示和传承非物质文化遗产代表性项目。

第三十七条 国家鼓励和支持发挥非物质文化遗产资源的特殊优势，在有效保护的基础上，合理利用非物质文化遗产代表性项目开发具有地方、民族特色和市场潜力的文化产品和文化服务。

开发利用非物质文化遗产代表性项目的，应当支持代表性传承人开展传承活动，保护属于该项目组成部分的实物和场所。

县级以上地方人民政府应当对合理利用非物质文化遗产代表性项目的单位予以扶持。单位合理利用非物质文化遗产代表性项目的，依法享受国家规定的税收优惠。

第五章 法律责任

第三十八条 文化主管部门和其他有关部门的工作人员在非物质文化遗产保护、保存工作中玩忽职守、滥用职权、徇私舞弊的，依法给予处分。

第三十九条 文化主管部门和其他有关部门的工作人员进行非物质文化遗产调查时侵犯调查对象风俗习惯，造成严重后果的，依法给予处分。

第四十条 违反本法规定，破坏属于非物质文化遗产组成部分的实物和场所的，依法承担民事责任；构成违反治安管理行为的，依法给予治安管理处罚。

第四十一条 境外组织违反本法第十五条规定的，由文化主管部门责令改正，给予警告，没收违法所得及调查中取得的实物、资料；情节严重的，并处十万元以上五十万元以下的罚款。

境外个人违反本法第十五条第一款规定的，由文化主管部门责令改正，给予警告，没收违法所得及调查中取得的实物、资料；情节严重的，并处一万元以上五万元以下的罚款。

第四十二条 违反本法规定，构成犯罪的，依法追究刑事责任。

第六章 附 则

第四十三条 建立地方非物质文化遗产代表性项目名录的办法，由省、自治区、直辖市参照本法有关规定制定。

第四十四条 使用非物质文化遗产涉及知识产权的，适用有关法律、行政法规的规定。

对传统医药、传统工艺美术等的保护，其他法律、行政法规另有规定的，依照其规定。

第四十五条 本法自2011年6月1日起施行。

六、博物馆藏品管理办法

（文化部，1986年6月19日颁发）

第一章 总 则

第一条 博物馆藏品是国家宝贵的科学、文化财富，是博物馆业务活动的物质基础。为了准确鉴别藏品的历史、艺术和科学价值，加强藏品的保护管理，确保藏品的安全，充分发挥藏品的作用，根据《中华人民共和国文物保护法》有关条款，制定本办法。

第二条 博物馆应根据本馆的性质和任务搜集藏品。藏品必须具有历史的或艺术的或科学的价值。藏品必须区分等级，一般分为一、二、三级。其中，一级藏品必须重点保管。

第三条 博物馆对藏品负有科学管理、科学保护、整理研究、公开展出和提供使用（对社会主要是提供藏品资料、研究成果）的责任。保管工作必须做到：制度健全、账目清楚、鉴定确切、编目详明、保管妥善、查用方便。

第四条 藏品保管是博物馆一项经常性的重要业务工作，应由馆长分工负责领导。必须设立专门保管部门或配备专职保管人员。保管人员必须实行岗位责任制，并保持相对稳定。

第五条 保管工作人员必须认真学习马列主义，刻苦钻研业务，忠于职守，廉洁奉公。对于接触有毒药品、尘埃的保管工作人员，应比照当地有关工种享受相应的劳动保护福利待遇。

第六条 为保证藏品安全、进行科学研究或充分发挥藏品的作用，文化部文物局可以调拨或借用全国文物系统所属各博物馆的藏品；省、自治区、直辖市文物行政管理部门可以调拨或借用本行政区域内文物系统所属各博物馆的藏品，其中一级藏品的调拨、交换，须经文化部文物局批准。

第二章 藏品的接收、鉴定、登账、编目和建档

第七条 征集文物、标本时，必须注意搜集原始资料，认真做好科学记录，及时办理入馆手续，逐件填写入馆凭证或清册，组织有关人员认真进行鉴定，确定真伪、年代、是否入藏并分类、定名、定级。鉴定记录应包括鉴定意见及重要分歧意见。凡符合入藏标准的，应连同有关原始资料一并入藏。各种凭证每年装订成册，集中保存。

第八条 登账

（一）藏品总登记账是国家科学、文化财产账，设专人负责管理，永久保存。登记时要严格按照文化部文物局规定的格式，逐件、逐项用不褪色墨水填写，字迹力求工整清晰。如有订正，用红墨水划双线，由经办人在订正处盖章。未登入藏品总登记账的大量重复品、参考品和作为展品使用的复制品、代用品、模型等，应另行建账，妥善保管。

管理藏品总登记账的人员不得兼管藏品库房。

（二）藏品定名

自然标本按照国际通用的有关动物、植物、矿物和岩石的命名法规定名；历史文物定名一般应有三个组成部分，即：年代、款识或作者；特征、纹饰或颜色；器形或用途。

（三）藏品计件

单件藏品编一个号，按一件计算。成套藏品按不同情况分别处理：组成部分可以独立存在的，按个体编号计件；组成部分不能独立存在的，按整体编一个号（其组成部分可列分号），也按一件计算，在备注栏内注明其组成部分的实际数量，以便查对或统计。

（四）藏品计量单位

按照国家计量总局公布的统一法定计量单位办理。

（五）藏品时代

按其所属的天文时代、地质时代、考古文化期、历史朝代或历史时期而定。中华人民共和国成立以前的文物，有具体纪年的写具体纪年，并加注公元纪年；具体纪年不明的写历史朝代或历史时期。中华人民共和国成立后的文物，一律写公元纪年。

（六）藏品现状

写明完残情况及重要附件等。

（七）藏品来源

写直接来自的单位、地区或个人，并注明"发掘""采集""收购""拨交""交换""拣选""捐赠""旧藏"等。自然标本应写明时代和产地；出土文物应写明出土时间、地点和发掘单位；近、现代历史文物应写明与使用者和保存者的关系。

（八）藏品总登记账、藏品分类账上的登记号，应用小字清晰地写在藏品的适当

部位（不妨碍观瞻、不易摩擦之处）或标签上，并回注在入馆凭证（清册）和总登记账上。

第九条 编目、建档

（一）博物馆必须建立藏品编目卡片。编目卡片是反映藏品情况的基本资料，是藏品保管和陈列、研究的基础工作。除填写总登记账的项目外，还必须填写鉴定意见、铭记、题跋、流传经历等。文字必须准确、简明，并附照片、拓片或绘图。

（二）博物馆必须建立藏品档案，编制藏品分类目录和一级藏品目录。《一级藏品档案》和《一级藏品目录》的格式由文化部文物局规定。

各博物馆的《一级藏品档案》和《一级藏品目录》报本省、自治区、直辖市文物行政管理部门和文化部文物局备案。

（三）为加强博物馆的现代化建设，各地博物馆可根据本馆经济及人才条件，逐步使用电子计算机管理藏品。

第三章 藏品库房管理

第十条 藏品应有固定、专用的库房，专人管理。库房建筑和保管设备要求安全、坚固、适用、经济。建立定期的安全检查制度，发现不安全因素或发生文物损伤要及时处理并报告主管文物行政部门。发生火灾、藏品失窃等案件，应保护好现场，并立即上报当地公安部门、文物行政管理部门和文化部文物局。发生一级藏品损伤等重大事故，应立即上报文物行政管理部门和文化部文物局，并查明原因，根据情节轻重给有关人员以必要的行政处分，直至追究法律责任。

第十一条 库房应有防火、防盗、防潮、防虫、防尘、防光（紫外线）、防震、防空气污染等设备或措施。库内及其附近应保持整洁，禁止存放易燃易爆物品、腐蚀性物品及其他有碍文物安全的物品，并严禁烟火。库房区无人时，应拉断该区所有电源开关和总闸。

第十二条 藏品要按科学方法分类上架，妥善庋藏。一级藏品、保密性藏品、经济价值贵重的藏品，要设立专库或专柜，重点保管。

第十三条 藏品出入库房必须办理出库、归库手续。对藏品的数量和现状，必须认真核对，点交清楚。藏品出库后，由接收使用部门负责保管养护，保管部门对使用情况进行监督和检查。使用部门应尊重藏品保管部门的意见，对发现的不安全因素，应及时予以纠正。

第十四条 严守库房机密，建立《库房日记》。非库房管理人员未经主管副馆长、馆长或藏品保管部门负责人许可，不得进库房。经许可者由库房管理人员陪同入库。库房一般不接待参观。

第十五条 建立健全各类藏品的保护管理制度和安全操作规程。每年均应从博物馆的业务经费中划出适当比例，用以更新和添置必要的藏品保护、藏品庋藏设备，改善库房条件，减少、防止自然的和人为的因素对藏品的损害。

第四章 藏品的提用、注销和统计

第十六条 馆内需要提用藏品时，必须填写提用凭证，一级藏品、保密性藏品、经济价值贵重的藏品经主管副馆长或馆长批准，其他藏品经保管部门负责人批准，始得办理出库手续，用毕应及时归库，按原凭证进行核对，办清手续。陈列的藏品，要以确保安全为原则，采取切实措施加强管理。纤维质素的文物要特别加强保护。每年提取的次数不宜过多，每次陈列的时间不宜过长，并应减少或避免紫外光照射。未用于陈列的藏品，必须及时归库。

第十七条 馆级负责人提用藏品，须经同级其他负责人同意，藏品保管部门负责人提用一级藏品，须经主管副馆长或馆长批准，提用其他藏品，须经本部门其他负责人同意，填写提用凭证后办理出库手续。

第十八条 馆外单位提用藏品时，一般应在馆内进行。一级藏品经主管副馆长或馆长批准，其他藏品经保管部门负责人批准后，由有关保管人员承办并负责藏品的安全，用后立即归库。

藏品借出馆外应从严掌握，一级藏品须经主管文物行政管理部门批准，其他藏品经主管副馆长或馆长批准后，办理借出手续。借用单位必须采取措施，确保藏品安全，并按期归还。

第十九条 藏品严禁出售或作为礼品。馆际之间藏品可相互支援、调剂余缺、互通有无。

调拨、交换一级藏品，须报文化部文物局批准，调拨、交换其他藏品，须报省、自治区、直辖市文物行政管理部门批准。

调拨、交换出馆的藏品，必须办理注销手续；进馆的藏品，必须办理登账、编目、入库手续。

第二十条 藏品总数及增减数字，每年年终应及时上报省、自治区、直辖市文物行政管理部门和文化部文物局。重要情况应附文字说明。

第二十一条 已进馆的文物、标本中，经鉴定不够入藏标准的，或已入藏的文物、标本中经再次鉴定，确认不够入藏标准、无保存价值的，应另行建立专库存放，谨慎处理。必须处理的，由本单位的学术委员会或社会上的有关专家复核审议后分门别类造具处理品清单，报主管文物行政部门批准后，妥善处理。

第五章 藏品的保养、修复、复制

第二十二条 积极开展藏品保护科学技术研究活动，运用传统保护方法和现代科学技术、设备，防止自然因素（温度、湿度、光线、虫害、污染等）对藏品的损害。根据需要与可能，建立藏品消毒、修复、复制、标本制作和科学实验等设施，培养专门技术人员，逐步加强藏品保护科技力量。

第二十三条 因藏品保护或科学研究的特殊需要，必须从藏品上取下部分样品进行分析化验时，由馆长或其授权的人员组织技术人员会同藏品保管部门共同制定具体方案。一级藏品一般不予取样，尽量使用时代、类型、质地相同的其他藏品替代，必须使用一级品原件进行分析化验的，其取样方案，须报文化部文物局审批。其他藏品的取样方案由省、自治区、直辖市文物行政管理部门审批。

第二十四条　凡采用新的藏品保护、修复技术，应先经过实验，通过主管文物行政管理部门组织有关技术人员和专家评审鉴定后推广运用。未经过实验和评审鉴定证明可确保藏品安全的新技术，博物馆不得随意采用。

第二十五条　藏品修复时，不得任意改变其形状、色彩、纹饰、铭文等。修复前、后要做好照相、测绘记录，修复前应由有关专家和技术人员制定修复方案；修复中要做好配方、用料、工艺流程等记录；修复工作完成后，这些资料均应归入藏品档案，并在编目卡片上注明。

一级藏品的修复方案由主管副馆长或馆长审核同意后报上一级主管文物行政管理部门批准。其他藏品的修复方案，国家博物馆和省、自治区、直辖市博物馆由藏品保管部门负责人批准或由藏品保管部门负责人会同科技修复部门负责人审批。其他博物馆由主管副馆长或馆长批准。

第二十六条　经常使用的一级藏品和容易损坏的藏品应予复制，作为陈列、研究的代用品。复制品应加标志，以免真伪混淆。复制品使用的材料、工艺程序、复制数量和复制时间等，均应做出详细记录归入藏品档案。

为藏品保管和陈列研究需要，复制一级藏品，由主管副馆长或馆长批准。这类复制品，不得作为商品对外提供。复制其他藏品，国家博物馆和省、自治区、直辖市博物馆由藏品保管部门负责人批准；其他博物馆由主管副馆长或馆长批准。

第六章　奖　惩

第二十七条　对在藏品保管工作中，有下列贡献的单位和个人，给予表扬或奖励：

（一）认真执行本办法，成绩显著的；

（二）库房保管措施落实，忠于职守，全年未发生文物损伤事故的；

（三）为保护藏品与违法犯罪行为坚决斗争的；

（四）在藏品保护科学和修复、复制技术方面有重要创造发明的；

（五）为博物馆征集文物、丰富馆藏做出特殊贡献的；

（六）长期从事藏品保管工作，贡献较大的。

第二十八条　有下列情形者，根据情节轻重给予批评教育或行政处分：

（一）违反本办法和《文物工作人员守则》的；

（二）发现藏品被盗、损坏或不安全因素，隐匿不报的；

（三）玩忽职守，违章操作，造成藏品损伤事故的；

（四）利用工作之便，以权谋私，中饱私囊但尚未构成刑事犯罪的。

第二十九条　有下列情形者，依法追究刑事责任：

（一）因渎职造成藏品（特别是一级藏品）重大损失，情节严重的；

(二)监守自盗藏品的或内外勾结、偷盗藏品的,依照《中华人民共和国刑法》有关条款从重制裁。

第七章 附 则

第三十条 本办法自公布之日起施行,适用于全国文物系统所属的各类型博物馆,同时也适用各级文物考古研究所和文物保管所。

第三十一条 本办法由馆长组织实施,当地主管文物行政管理部门和上级文物行政管理部门对实施的情况进行必要的指导、监督和检查。

第三十二条 各博物馆可根据本办法,结合具体情况,制定补充规定。原有规章制度中与本办法相违背的,以本办法为准。

第三十三条 各博物馆藏品保管部门或保管人员对违反本办法及馆内补充规章制度,妨碍文物安全的行为,有权不执行。双方认识无法统一时,由馆长决定。如仍存不同意见时,藏品保管部门可向主管文物行政管理部门反映并执行其最终决定。

后　　记

　　本书是为高等院校本（专）科学生编写的教材。书中系统阐述了有关藏品及藏品管理的基本理论、规律、方法和技术。

　　中国高校自20世纪80年代恢复招收博物馆学专业本科生以来，藏品管理学方面的课程始终都是学科基础必修课。吉林大学自1985年设立博物馆学本科专业并于同年开始招收博物馆学本科生以来，非常重视教材建设。笔者于1986年本科毕业于南开大学博物馆学专业，同年进入吉林大学博物馆学专业任教，并在吉林省博物馆（现吉林省博物院前身）保管部实习半年多，与李莲研究员学习和实践藏品管理，并为本科生开设了藏品管理学的课程。在多年的教学和实习中，积累了较为丰富的藏品管理学教学经验，形成了一个《藏品管理学》讲义，在此基础上，经过补订、增删、润色，于1996年交付吉林大学出版社正式出版了教材[①]。然而时至今日，已逾20余年，博物馆事业发展飞速，藏品管理相关理论、技术和方法也都在不断变化着，原来的教材有些内容则显得过于陈旧和落后了，为此笔者决定重新编写教材。本次重新编写，根据多年教学实际情况，做了较大地调整、修订和增补。调整、修订及增补后，第一章为"总论"，设"藏品""藏品管理""藏品管理学的学科理论"三节；第二章为"藏品搜集"；第三章为"藏品接收和鉴选"；第四章为"藏品鉴定、定级和定名"；第五章为"藏品登记"；第六章为"藏品分类"；第七章为"藏品库房管理"；第八章为"藏品编目、建档和备案"；第九章为"藏品保护、修复和复制"；第十章为"藏品管理数字化、信息化和标准化"；第十一章为"藏品管理法规和制度"；第十二章为"藏品管理机构和管理队伍"。各章节均增补了藏品管理相关理论以及藏品管理实践最新规范要求等内容。书后还附录了藏品管理相关法律、法规文件（节选或全文）。这些调整、修订、增补将更加适应新时期博物馆藏品管理专业人才培养的需要，同时也更加适用于博物馆藏品工作人员业务培训的需要。

　　本书在编写中征得复旦大学陈红京教授的同意和授权，第十章第一节"藏品管理数字化"部分选编自陈红京教授的专著《博物馆藏品数字化管理十讲》和其主编的《博物馆学概论》（"马工程"重点教材），在此非常感谢陈红京教授的加盟，为本书增色良多！本书在编写过程中，也曾考虑增加一章"藏品研究和利用"，但是查阅了相关文献后，感觉这个问题需要相当一段时间去认真研究和思考，而此时已经没有

---

　　① 吕军编著：《藏品管理学》，吉林大学出版社，1996年10月版。

太多时间了。鉴于浙江大学严建强教授在其《博物馆的理论与实践》专著中设有一节"藏品研究",于是曾联系到严建强教授,想把其论著的那节"藏品研究"直接列进本书。但是,在具体编写过程中,感觉时间不够用,仓促写作,怕写不清楚,影响效果,没办法最终虽然不忍但还是决定暂时搁置,希望下一次再修订的时候,能够增补进来。在此,也感谢严建强教授!此外,还要特别感谢一下科学出版社的赵越女士。由于本书编写过程有些漫长,赵越女士经常鼓励我,要坚持写作,每天都写一点,也就是在这种"不离不弃"的鼓励下,书稿终于到了可以写后记的时候——终于完成了!非常感谢赵越女士的耐心和鼓励!

  本书的编写和出版得到吉林大学本科"十二五"规划教材项目资助,同时被列为教育部人文社会科学百所重点研究基地吉林大学边疆考古研究中心系列教材并受到资助,在后期出版过程中还得到教育部人文社会科学重点研究基地基金、吉林大学考古学院考古学科"双一流"建设项目经费支持,科学出版社的赵越女士为本书的出版付出诸多努力和辛劳,在此一并致以衷心的感谢!

吕 军

2020年9月于长春·学府书屋